고대 중국의 패권전략과 주변국 조공화

고대 중국의 패권전략과 주변국 조공화

이춘식

KOREA UNIVERSITY PRESS
고려대학교 출판문화원

머리말

동서의 세계사 속에서 막강한 정치·경제·군사력과 선진문화를 기반으로 패권을 장악하고 일극체제의 국제질서를 수립하였던 경우를 보면 고대 오리엔트의 페르시아 제국, 유럽의 로마 제국, 중동의 이슬람 제국, 그리고 고대 지중해 세계, 중세 유럽 기독교 세계 등을 들 수 있다. 동아시아 세계에서 패권 장악과 일극체제의 국제절서 수립은 장성 이북의 흉노 제국을 비롯하여 장성 이남 중원의 양한 제국(전206~후220), 수당 제국(618~907), 명 제국(1368-1661), 청 제국(1616~1662) 시대로 이어졌다.

이 중에서 동아시아와 중앙아시아를 포함한 동중아시아 패권을 제일 먼저 장악하고 일극체제의 국제질서를 수립하였던 것은 몽골 초원에서 굴기한 흉노 유목제국이었다. 이어서 굴기한 한 제국이 흉노 유목제국의 패권에 도전하여 동중아시아 패권을 장악하고 한 제국 중심의 일극체제 국제질서를 수립하는 데 거의 2세기 가까운 시간이 걸렸다.

이 2세기 가까이 계속된 패권 쟁탈전 과정에서 한 제국은 흉노 제국은 물론 주변국과 군소 부족국가들에 대한 다양한 제이책을 개발하여 활용하였다. 우리가 역사적으로 흔히 들어 왔던 이이제이책, 분할공략책, 이간책, 협공책 등은 모두 한대에 개발되었던 대이적정책

즉 대외정책 중의 일부였다. 한 제국이 구사했던 이 같은 제이책의 대부분은 역대 중원 왕조에서 전승되어 사용되어 왔다. 예를 들면 현재 중국 시진핑 정부가 거국적으로 추진하고 있는 일대일로(一帶一路) 정책 기원도 한대 장건의 서역 파견에서 찾을 수 있으며 또 등소평이 언급했던 도광양회(韜光養晦) 정책도 개국 초기 한 제국의 대내외정책에서 그 기원을 찾을 수 있다. 그런데 현재 이 같은 중국 대외정책의 모태가 되었던 한 제국의 대내외 정책의 실체, 목적과 영향 등에 대한 연구는 거의 도외시 되어 왔다.

한대에는 또 주변국에 대한 사면정벌로 사방 점령지가 광대하였는데 이 사방 점령지는 고대 그리스 알렉산더 대왕이 정복하였던 정복 지역보다 더 넓었다. 이 사방 점령지는 생소한 자연환경과 지리조건, 상위한 인종 그리고 다양한 토착문화와 전통으로 구성되었으므로 한 제국은 이들 각 점령지의 자연조건, 지리조건, 인종과 토착문화의 특성을 분석하여 다양한 점령지 정책을 개발하여 시행하였다. 그리고 치밀한 점령지 내지화(內地化) 정책을 통하여 어김없이 한 제국 영토로 흡수하였는데 이 같은 다양한 점령지 정책의 실체, 성과와 영향 그리고 정책 특성에 관한 연구 역시 부분적으로 진행되고 있을 뿐 본질적인 규명은 아직 미흡하다.

또 주목되는 것은 당시 한 제국의 대외정책과 국제관계의 성격이다. 과거 2,000여 년 동안 지속되어 온 동중아시아 국제사회에서 각국 간의 상호관계를 살펴보면 중원 왕조 천자의 주변국 군주에 대한 봉책제수(封冊除授)와 주변국 군주의 중원 왕조 천자에 대한 봉표칭신(奉表稱臣)의 조공관계를 매개로 이루어졌다. 그리고 조공관계를 매개로 수립된 동중아시아 국제질서는 분열의 시대를 제외하고는 중원 왕조를 중심으로 봉건적 국제질서로 수립되었는데, 이 같은 봉건적 국제질서 수립은 원래 주 왕조 시대 주 천자의 제후 책봉과 제후들의 주 천자에 대한 조공의 책봉과 조공관계에서 기원하였다.

그런데 독립 자주 국가들로 구성된 춘추 초기의 국제사회에서 각국 간의 상호관계는 주대 주 천자와 제후 간의 책봉과 조공관계에 기반한 봉건적 상호관계는 사라지고 각국 군주 간의 상호 방문과 예물의 공물 헌상 즉 책봉이 없는 정상회담으로 변하였다. 또 춘추 중기와 말기의 국제사회에서는 치열한 약육강식 와중에 소위 춘추오패(春秋五霸)가 출현하여 각기 패정을 전개하고 주변 약소국들을 정치·군사적으로 압박하였으므로 약소국은 패국(霸國)에 조근과 공물 헌상의 사대의 예(事大之禮)를 행했다. 그러나 대국의 소국에 대한 책봉은 없었으므로 당시 소국의 패국에 대한 조근과 공물 헌상은 책봉이 없는 단순한 조근과 공물의 조공이었다. 전국 시대의 전국7웅도 자국 이익을 중심으로 합종책(合從策)과 연횡책(連橫策) 같은 동맹 체제를 주축으로 상호 대립하고 있었으므로 각국 간의 봉건적 책봉조공관계는 성립되지 않았다. 오로지 동맹 체제를 주축으로 국익에 기반한 상호 대립과 각축이 있었을 뿐이었다.

그런데 한 제국은 개국 후 얼마 안 되어 남쪽의 남월국과 동북의 위만조선을 차례로 외신 외번의 조공국으로 책봉하고 계속해서 주변의 군소 부족국가들도 외신, 외번의 조공국으로 책봉하였는데 한 제국의 주변국에 대한 이 같은 외신 외번의 조공국 책봉은 사실상 주 왕조 시대 주 천자를 중심한 봉건적 책봉과 조공관계로 환원한 것이고 부활한 것이었다.

이후 중원을 통일한 역대 왕조 군주들은 한 제국의 이 같은 대외정책을 답습하였으므로 중원에서 새로운 통일왕조가 출현할 때마다 주변국에 대해 책봉과 조공을 세습적으로 반복, 강요했고 주변국은 이를 거부하였다. 이에 따라 동아시아 국제사회에서는 중원에서 새 통일왕조가 출현할 때마다 정치·군사적 대립, 충돌이 야기되고 대지각 변동을 겪게 되었다. 그리고 이 같은 현상은 아편전쟁(1840)이 발발할 때까지 계속되어 왔다. 그런데 후술하는 바와 같이 동아시아 국제사회에서 책봉과 조공을 매개로 구성된 봉건적 국제질서 수립은 한 제국의 대외정책에서 시작되었다. 그러나 아직까지 한 제국 대외정책의 실체, 성격과 영향에 대한 규명은 아직 없다고 할 수 있다.

또 한 제국 굴기, 팽창과 동중아시아 패권 장악의 추동력은 정치, 경제, 사회와 문화 등 거의 모든 면에 걸쳐서 그리고 대를 이어서 추진되었던 환골탈퇴의 국가 개조와 제도 개혁 성공에서 창출되었다. 그런데 기존 연구에서는 한 제국의 국가구조와 제도의 개조 개혁에 대한 사실만 나열하고 있을 뿐 이들 국가 개조와 개혁의 실체, 성격 그리고 어떻게 굴기와 팽창의 추동력이 창출되었는가에 대한 연구는 거의 전무하다.

또 이 연구에서는 현재 국제사회에서 많이 언급되고 있는 패(覇), 패정(覇政), 패권국(覇權國)의 기원, 실체와 성격 등을 춘추전국 시대의 오패(五霸)와 흉노-한 제국 간의 대결 구도에서 패, 패정, 패권국 실체와 성격을 밝혀보고 이를 통해 한 제국 천자를 정점으로 책봉과 조공을 매개로 한 봉건적 세계질서 수립이 '천명'의 신성적 권위와 위엄에 의탁된 유가의 유토피아 사상에 의해 이념적으로 미화되었지만 실제적으로는 한 제국의 동중아시아 패권 장악과 일극체제의 봉건적 국제질서 수립이었다는 본질을 밝혀 볼 것이다. 아울러 중국 사서에 무지한 변방 유목민으로만 취급되었던 흉노족의 실체와 역사적 공훈 그리고 흉노 제국 선우의 통치사상과 성격도 밝혀 볼 것이다.

이와 아울러 필자는 이 연구에서 한 제국, 흉노 제국, 남월국, 위만조선, 서역의 도시국가와 주변 부족국가들로 구성되었던 기원전 3~2세기의 동중아시아 국제사회에서 흉노-한 제국 간의 패권 쟁탈전, 패권 쟁탈전 와중에서 주변 각국의 지정학적 위치, 전략적 가치와 대응 등의 다각적 시각에서 한 제국이 추진했던 패권의 군사전략, 외교책략과 신정책 등 대외정책의 성격 그리고 이 같은 대외정책의 최종 목표가 무엇이었는가도 밝혀 볼 것이다.

이 책을 서술하는 데 이현휘 박사와 필자와의 인연을 언급하지 않을 수 없다. 20여 년 전 고려대 정경대학 대학원에서 국제정치사상을 공부하고 있던 이 박사는 당시 중국의 급속한 굴기를 보고 중국 역사에 대한 공부 필요성을 느끼고 필자의 강의를 수강하고 있었다. 당시 필자는 '조공과 사대'를 주제로 춘추전국 시대의 국제정치를 강의하고 있었다. 조공과 사대는 550여 년간 계속된 춘추전국 시대 각국 간 대립과 항쟁의 약육강식 와중에서 대국은 패권 장악을 둘러싸고 건곤일척의 대립을 야기하고 주변의 약소국은 국명 보존을 위해 사활을 건 사대외교를 전개하고 있던 당시의 국제정치와 외교를 분석하는 내용이었다.

이와 병행하여 당시 필자는 《동양학》 제25집에 〈양한대 제이책과 기미책의 성격에 대하여〉의 논문을 투고했고, 이 논문을 당시 수강 대학원생들에게 읽어 볼 것을 권유하였는데 이 논문이 당시 이 박사에게 깊은 인상을 주었던 것 같다. 이후 필자는 정년퇴임을 하고 북한산 기슭 누옥에 칩거하면서 《유학의 천도관과 정치이념》, 《중국 패권의 뿌리와 이념》 등의 저술에 몰두하고 있으면서 이 박사의 학문적 조언과 협조를 받고 있었다.

그런데 당시 필자의 연구 계획에는 '중국 굴기와 패권의 전략과 정책'에 관한 집필 구상은 없었는데 어느 날 저녁 4·19탑 부근의 찻

집에서 이 박사와 커피를 나누면서 담소하던 중 이 박사가 〈양한대 제이책과 기미책의 성격에 대하여〉의 논문을 언급하면서 더 연구하고 보강해서 저서로 만들어 보면 어떻겠느냐는 아이디어를 제의하였다. 그리고 이 같은 이 박사 제의에 나 역시 바로 영감을 얻고 깨달은 바가 있어서 《중국패권의 뿌리와 이념》의 집필이 끝나자 바로 착수하였다.

이후 이 책의 집필 과정에서 이 박사는 많은 학문적 아이디어를 제시하고 조언을 해 주고 많은 참고 자료를 구해 주었다. 그런데 여기에 그치지 않았다. 이 박사가 제시하는 정치학도로서의 시각과 연구 방법은 역사 사실의 실증적 연구에만 집착되었던 필자의 연구 시각과 방법의 한계를 극복하고 탈출하는 데 많은 도움을 주었다. 그런 연유로 이 책은 이현휘 박사의 아이디와 조언의 결과물이라고 할 수 있다. 이 박사에게 깊은 감사를 드린다.

필자의 학문적 능력과 준비 부족 등으로 미진한 부분이 있을 것인데 다음 기회를 통하여 보충할 예정이다.

차례

제1장

기원전 3-2세기 동중 아시아의 국제사회 전개

1. 선진 시대 화하(華夏)와 이적만이

중원에서 최초의 농경은 황하가 크게 굴곡되는 황토 지역, 즉 숲이 우거진 서북부의 고지대와 늪이 많은 동부의 저지대 사이의 가장자리에서 시작되었는데 농경이 시작된 계기는 자세히 알 수는 없다. 그러나 그동안 사냥하고 채집하며 물고기를 잡아서 생활하고 있던 일부 부족들이 어떤 우연한 계기를 통하여 특정 동물들을 길들이고 특정 식물을 재배하기 시작하였는데 이것이 농경의 시작이었던 것 같다. 이후 농경은 황하의 중류와 하류를 따라서 북중국의 중원 평원으로 확산되었는데 이 지역의 한냉 건조한 기후와 척박한 황토 토질로 조, 수수, 고량 등을 재배하는 한전(旱田) 농경이 발달하였다. 그리고 이 같은 한전 농경을 기반으로 중국 최초의 앙소문화(仰昭文化 전?~2500?)와 용산문화(龍山文化, 전2300?~전800)가 차례로 발달하였다.

또 이와 비슷한 시기에 장강 유역 일대에서도 농경에 기반한 농경문화가 발달하고 있었다. 장강 유역 일대의 기후는 고온다습하고 강우량도 풍부하고 토지도 비옥하였으므로 벼를 중심으로 한 수도작(水稻作)이 발달하기 시작하였으며 이 수도작을 기반으로 대계(大溪)문화, 마가병(馬家浜)문화, 석가하(石家河)문화, 양저(良渚)문화가 차례로 발달하였다.

이와 같이 중원의 여러 지역에서는 한전(旱田) 혹은 수도작 등의 농경을 기반으로 다양한 신석기 시대 문화가 발달하고 있었는데 이것은 황하와 장강 유역을 포함한 중국의 여러 문명권에서 신석기 시대의 농업혁명이 동시다발적으로 진행되고 격렬한 경쟁 시대로 진입하고 있었던 사실을 말하고 있다.

신석기 시대의 농업혁명(Agricultural Revolution)은 18세기 산업혁명(Industrial Revolution) 이상으로 인류 역사에 심오하고 항구적인 영향을 끼쳤다. 농경 발달로 인해 인류는 비약적인 식량을 증산할 수 있었으므로 심각한 식량 문제를 해결할 수 있었다. 그리고 이 같은 식량 증산으로 인구가 급속도로 증가하고 잉여의 부를 축적할 수 있게 되었으므로 수렵, 채집, 어로의 경제적 영세성과 한계를 극복할 수 있었다. 이에 따라 생활이 윤택해져 토기를 사용하고 가옥이 발달하여 취락과 부락이 형성되고 부계(父系)사회가 출현하고 사유재산이 형성되기 시작하였다. 그리고 외부와의 접촉과 교류도 활발하게 이루어졌다. 이에 따라서 부락은 읍(邑)으로 발달하고 읍은 도시로 발달하였는데 인류 최초 문명 발상지였던 나일강 유역, 메소포타미아 지역, 인더스 강 유역의 수많은 도시는 모두 이 같은 농경을 기반으로 출현하였다. 그리고 인류사회는 접촉, 대립과 전쟁의 격렬한 경쟁의 시대로 접어들게 되었다.

이와 같이 신석기 시대에는 농업혁명이 여러 지역에서 다발적으로 진행되고 농업을 기반으로 다양한 문화가 경쟁적으로 발달하고 있었는데 이 중에서 화하계의 용산 문화권이 점차로 우위를 점하고[1] 이 화하족의 용산 문화권에서 중국 최초의 조직적인 국가 은 왕조(전1600?~전1051)와 주 왕조(전1050~전256)가 출현하였다. 화하족은 이후 은 왕조와 주 왕조의 정치·군사적 통일과 장기간의 안정 속에서 중원의 여러 지역에서 다양하게 발전하고 있던 문화를 흡수하고 종합하여 청동기 제련, 한자 창제, 예제문화 창조 등의 선진문화를 창달하면서 비약적인 발전을 계속하였다.

반면 비화하계의 이적만이(夷狄蠻夷)들은 당시까지도 본격적인 농경생활에 진입하지 못하고 있었다. 수렵, 채집, 목축 아니면 반목반농의 원시적 생활에 종사하고 음식, 언어, 생활방식도 화하족과 다르고 예의와 도덕도 부재한 미개의 상태에 있었다. 그리고 풍부한 경제생활과 고도의 선진문화를 향유하고 있던 화하세계에 대한 침입과 약탈을 반복하거나 아니면 포섭·동화되고 있었다. 이와 같이 상고의 중원 세계는 농경을 기반으로 고도의 선진문화를 창달하여 향유하고 있는 은·주 왕조의 화하세계와 수렵, 채집, 반농반목의 원시적 생활에 종사하고 있던 비화하계의 무지몽매한 이(夷), 융(戎), 적

1 황하 유역의 문화와 거의 동등한 수준으로 발달하였던 장강 유역 문화가 뒤떨어지기 시작한 것은 용산문화 말기부터였는데 자연환경과 지리조건이 양 지역의 문화 발전의 차이를 가져온 것으로 생각된다. 장강 유역은 황하 유역보다 강우량이 많고 늪과 숲이 많아서 외부와의 접촉이 어려웠고 상호 간의 교류도 힘들었다. 이에 따라서 외부로부터의 접촉, 자극, 영향과 충격이 적었을 것이며 이 같은 조건들이 장기간 계속되는 과정에서 정치·군사적 통일을 이룰 수 있는 환경과 조건 조성이 황하 유역의 문화권보다 늦게 형성되었을 것으로 생각된다. 반면 황하 유역은 장강 유역과는 달리 개방적 환경과 조건을 갖추고 있었으므로 다른 지역과 쉽게 접촉이 이루어지고 상호 간의 경쟁이 치열해지고 영향, 자극, 교류가 빈번하였을 것인데 이 같은 자연환경과 지리조건, 치열한 경쟁과 상호 영향, 그리고 도전 속에서 보다 높은 문화를 창달할 수 있었던 것으로 생각된다.

(狄), 만(蠻)의 '사이(四夷)'의 2원적 세계로 구성되어 상호 대립하고 있었다.

그런데 춘추전국 시대를 전후하여 이적만이 세계에서도 화하세계에서와 같이 무력 활동이 활발해지고 국가 수립이 진행되었다. 이적만이 출신의 진국(秦國), 초국(楚國), 월국(越國), 오국(吳國)이 출현하여 부국강병을 이루고 중원 국제사회에 진출하여 중원 패권을 차례로 장악하였다. 그리고 진 제국 수립을 전후한 시기 장성 이북에서는 다시 유목부족들의 무력 활동이 활발해지고 있는 가운데 흉노를 중심으로 북아시아 최초의 대일통 작업이 진행되고 있었다.

2. 장성(長城) 남북의 열국(列國) 시대 전개와 각축

1) 진한 제국의 중앙집권적 전제군주국가 수립

기원전 4~2세기경 장성(長城)을 중심으로 동중아시아 세계를 살펴보면 장성 이남의 중원 화하세계에서는 주 왕실의 무력 약화와 통제력 상실로 100~180여 개 제후국들이 독립 자주국가로 발전하여 국제사회를 이루고 자국의 이해관계를 중심으로 치열하게 항쟁하고 있었다. 이 대립 항쟁의 와중에서 변방의 제국(齊國), 진(晋國), 초국(楚國)이 대국으로 성장하여 국제사회로 진출하면서 중원의 패권 장악을 둘러싸고 격렬한 패권 쟁탈전을 야기하였으며, 약소 열국은 약육강식 와중에서 국명 보존을 위해 사력을 다하게 되었다. 이에 각국은 살아남기 위해서 부국강병책을 추진하지 않을 수 없었으므로 개혁이 모든 분야에서 우선적으로 추진되었는데[2] 이 같은 각국 개혁을 집약하여 국가의 핵심제도로 정착시킨 것이 진국(秦國)에서 시행된 상앙(商鞅, 전?~338)의 변법(變法)이었다.

진국은 원래 북쪽 변방에 위치한 후진국이었으나 상앙의 2차 변법 시행에 의해서 군주를 정점으로 관료제도와 군현제도로 조직된 중앙집권체제, 자작 소농민 계층 육성, 중농억상(重農抑商)정책에 기반을 둔 농본(農本)경제, 농전(農戰)체제에 기반한 강력한 무력, 엄법과 신상필벌에 의한 강력한 법치 등으로 조직된 새로운 국가로 탄생하였다.[3] 이 새로운 국가는 혈연적 씨족공동체, 봉건적 농업경제 그리고 분권적 봉건제도에 기반을 두었던 주 왕조와는 근본적으로 전혀 다른 중앙집권적 전제군주국가였다. 그리고 이 같은 부국강병책에 의해 창출된 국력을 기반으로 550여 년간 분열·대립되었던 춘추전국 시대의 중원 열국을 통일하여 진 제국(전221~전206)을 수립한 진시황은 이 중앙집권적 전제군주국가체제를 전국에 확대하여 실시하였다.

그러므로 진 제국의 통치제도는 전제군주 황제를 정점으로 중앙

2 춘추전국 시대 상앙 이전의 변법 개혁 선구자로서 관중(管仲,전685~643?), 자산(子產, 전585~522?), 이회(李里, 전403~377?), 오기(吳起, 전440~381?) 등을 들 수 있다. 관중은 제국의 재상으로 제 환공의 신임하에 정치, 행정, 사회, 경제, 군사 등에 걸친 삼국오비제(三國五鄙制) 개혁과 강력한 법치를 추진하여 부국강병을 달성하였다. 자산은 정국 재상으로 귀족 기득권층의 줄기찬 반대를 극복하면서 농지구획정리(農地區劃整理) 정책을 추진하여 농업생산성을 비약적으로 제고하였다. 또 종래의 예치(禮治)를 버리고 형정(刑鼎)의 성문법을 제정하여 강력한 법치를 시행하고 구부제(丘賦制)를 실시하여 군사비를 조달하고 산림소택을 장악하여 세수를 보강하였다. 이회는 위국 재상으로 법경6편(法經六編)을 편찬하여 법치 기초를 확립하고 진지력지교(盡地力之教)를 창안하여 농업생산력을 증가하고 평적법(苹跡法)을 시행하여 물가를 조정하였다. 이 같은 정책으로 위국은 한때 전국 초기의 패권을 장악하기도 하였다. 오기는 초국에서 재정 확립, 무력 양성, 강력한 군주권 확립과 중앙집권제 수립 등의 개혁을 추진하였다. 그러나 초 도왕의 조기 사망과 기득권을 지키려는 귀족들의 반발로 실패하였다. 그러나 이들의 선구적 개혁이 상앙 변법의 밑거름이 되었다(이춘식, 〈商鞅의 인물과 그 평가〉, 《동아시아의 인간상》, 혜안, 1995, pp. 335-338 참조).

3 이춘식, 《춘추전국 시대의 법치사상과 세(勢)·술(術)》, 아카넷, 2002, pp. 200·352.

집권적 관료제도로 조직되었다. 중앙정부는 삼공구경으로 구성되었는데 승상(丞相), 태위(太尉), 어사대부(御史大夫)의 삼공으로 구성되었다. 승상은 행정의 수반으로 전국 국무, 태위는 국방과 병사, 어사대부는 백관의 비행 탄핵의 소관 업무를 담당하였다. 구경(九卿)은 봉상(奉常), 낭중령(朗中令), 위위(衛尉), 정위(廷尉), 내사(內史), 치속내사(治粟內史), 전객(典客), 종정(宗正), 태복(太僕), 소부(少府), 장작소부(將作少府)로 구성되었는데 이들 부서 역시 각기 부여된 소관 업무를 담당하였다. 지방은 36개 군으로 조직되었다. 각 군에는 군수(郡守), 군위(郡尉), 군감(郡監)이 지방 통치를 담당하였는데 군수는 군의 최고통치자로서 민정, 군위는 병무, 군감은 군 행정 감찰을 담당하였다. 중앙과 지방의 모든 관료들은 지위 고하를 불문하고 황제가 임명하였으며 중앙 감찰어사의 감찰을 받았는데 이것이 무소불위의 황제를 정점으로 중앙집권적 관료제도에 기반한 전제군주국가 진 제국의 실체였다.

이같이 진 제국은 중국 역사상 최초로 전제군주 황제를 정점으로 한 중앙집권적 관료제도와 법치로 통치되는 강력한 중앙집권적 전제군주국가였다. 그러나 단명 왕조로 15년 만에 몰락하였고, 뒤를 이은 한 제국(전202~후9)이 진 제국의 중앙집권적 전제군주국가체제를 이어 받았다. 그러므로 한 제국의 통치제도 역시 전제군주 황제를 정점에 둔 중앙집권적 관료제도와 지방의 군현제도를 통치 근간으로 경제·사회체제는 자작 소농민 계층에 기반을 둔 농본(農本)경제, 농전(農戰)체제에 기반한 강력한 무력, 엄법과 신상필벌에 의한 강력한 법치로 조직된 중앙집권적 전제군주국가 체제였다.

이에 주 왕조 쇠락 이후 600여 년간 분열·대립되었던 중원은 한 제국의 통치하에 완전히 통일되었다. 그리고 전·후 양한의 장기간

정치·군사적 안정과 통일을 성취하여 정치, 군사, 경제, 문화 등의 각 분야에서 눈부신 발전을 거듭하여 동아시아 유일의 선진대국으로 발전하였다. 한편 이와 비슷한 시기 장성 이북의 초원 지역에서도 흉노족을 주축으로 한 유목제국이 태동하고 있었다.

2) 흉노의 북아시아 통일과 봉건적 유목제국 수립

흉노의 원래 명칭은 'Huna' 혹은 'Hunna'였는데 이 명칭이 한자로 음역되어 흉노(匈奴, Hsiung-nu)로 사용되기 시작하였다. 흉노의 종족 기원에 대해서는《사기》〈흉노열전〉에는 흉노의 선조를 하후씨(夏后氏) 후예인 순유(淳維)로, 당우(唐虞) 시대 이전에는 산융(山戎), 험윤(獫狁), 훈육(獯鬻) 등의 명칭으로 기록되어 있으나 정확한 것은 알 수 없다.

19세기 그리스 자료에는 흉노를 프리노이(Phrynoi)족과 동일시하고 있고 18세기 프랑스 학자 디키뉴는 훈, 투르크, 몽골족을 포함하는 타타르 족과 흉노를 같은 종족으로 보았다. 중국 학자들은 흉노를 융(戎), 적(狄), 험윤(獫狁) 등의 후손들로 주장하고 또 은·주 시대의 귀방(鬼方)·곤이(昆夷)·험윤(獫狁), 춘추 시대의 융(戎)과 적(狄), 전국 시대의 호(胡)의 집단에 속한다고 하였다. 이와 같이 흉노의 종족 기원에 대해서는 다양한 학설이 제기되고 있고 흉노족의 정체성과 문화 특성, 그리고 흉노가 남긴 역사적 공헌과 의미에 대해서도 아직까지 많은 연구가 진행 중에 있다.

고고학 자료에 의하면 유라시아 초원문화는 스카타이 문화와 흉노문화로 대표된다고 할 수 있다. 스카타이문화는 주로 흑해 연안에서 남부 시베리아에 이르는 지역에서 발달하고 흉노문화는 몽골초원을 중심한 동부지역을 중심으로 발달하였는데 흉노의 문화적 파급력과 영향력은 스키타이문화와는 비교할 수 없을 정도로 광범위하였다. 흉노 주변의 군소 부족들은 흉노문화의 영향을 받아 급속하게 국가로 성장하였다. 동쪽에서 흉노는 오환과 선비로 분기되어 만주 지역으로 확대되었으며 그 영향력은 고조선에도 미쳤다.[4] 또 흉노 일족인 훈족(the Huns)은 서방으로 진출하여 게르만 민족의 대이동을 야기시켜서 로마 제국의 동서 분열과 멸망의 원인을 제공하고 또 서양 중세시대 개막의 단초를 제공하였다. 이같이 흉노의 활동무대는 동서를 아우르고 문화적 영향력은 전 유라시아에 걸쳐 파급되었다.[5]

흉노 문화의 요소를 살펴보면 기원전 13~9세기의 카라숙 청동기 문화, 수키토-시베리아 문화, 흉노-사브로마트 문화, 전 8~3세기의 오르도스 청동기 문화, 전 1세기의 흉노 문화적 요소를 많이 포함하고 있는데 이것은 흉노문화가 다원적이고 흉노족은 문화 배경이 다른 많은 부족들로 융합된 사실을 말하고 있다. 이런 점에서 볼 때 흉노는 중국 문헌에 몽매한 유목부족으로 묘사된 것과 같은 단순한 중국 변방의 유목민이 아니었다.[6]

개국 이전의 흉노는 대체로 북방 몽골의 오르혼(Orhon), 오투켄(Otuken), 셀렝카(Slelenga) 강 유역 등을 포함한 광대한 초원지대에 퍼져서 부족 단위로 거주하면서 주로 말, 소, 양 등의 가축을 기르고 수초를 따라 이동하는 유목목축생활에 종사하고 있었다. 이같이 흉노는 부족 단위로 유목목축생활에 종사하고 있었지만 한편으로는 스키타이족으로부터 기마술을 습득하여 기마족으로 성장하고 청동

4 강인욱, 〈서기 1세기의 고고학자료로 본 흉노와 동아시아〉, 《중앙아시아연구》 제15호, p. 2.
5 위 논문, p. 2.
6 위와 같음.

제 무기로 무장하고 전투적인 유목생활과 육식(肉食)과 마유(馬乳) 등의 주식으로 단련된 강인한 체력을 소유하고 있었으므로 당시 농경사회에서는 상상할 수 없을 정도의 막강한 세력으로 성장하고 있었다. 그리고 기원전 3세기에는 남쪽 오르도스 지역으로 진출하여 북방 중원 열국 북변을 압박하기 시작하였다.

이에 흉노 영토와 직접 인접되어 있던 진(秦), 조(趙), 연(燕)의 중원 북방 3국은 자국 북변에 각기 장성을 구축하였다. 진국은 소왕 때 농서(隴西), 북지(北地), 상군(上郡) 지역에 장성을 수축했고, 조국은 무령왕(武靈王) 때 흉노 기마전법을 도입하여 임호(林胡), 누번(樓煩)을 정벌하여 장성을 축조하고 운중(雲中), 하문(雁門), 대군(代郡)을 설치하여 흉노의 남침에 대비하였다. 그리고 이목(李牧) 장군을 북변에 상주시켜서 흉노 10여 만 기를 사살하기도 하였다.[7] 연국은 동호를 격파하고 그 지역에 상곡(上谷), 어양(漁陽), 우북평(右北平), 요서(遼西), 요동(遼東)에 4군을 설치하고 장성을 축조하였는데 중원 각국 북변의 성곽 수축과 방대한 병력 주둔은 모두 흉노의 남침을 대비하기 위한 것이었다. 반면 흉노는 이같이 중원 북변 3국과 대립하고 있으면서도 한, 조, 위, 연, 제의 5개국과 동맹을 형성하여 진국을 공략하기도 하였는데[8] 이 같은 사실은 당시 흉노 세력이 급속도로 성장했고, 또 얼마나 위협적이었는가를 말해 주고 있다.

그러므로 이 같은 흉노의 잠재적 위협을 간파한 진시황은 기원전 215년 장군 몽염(蒙恬)에게 30만의 군사를 주어 선제적으로 흉노를 정벌하도록 하였다. 이에 몽염은 흉노를 내몽골의 음산(陰山) 이북으로 축출하여 오르도스의 황하 이남 지역을 점령하고 황하 연안을 따

7 《史記》卷81, 〈廉頗藺相如列傳〉, p. 2451.
8 위 책, 卷5, 〈秦本紀〉, p. 207.

라서 요새를 구축하고 34개의 현(縣)을 설치하여 백성들을 이주시켰다. 그리고 흉노의 남침에 대비하여 임조(臨洮, 감숙성 민현)에서 요동에 이르기까지 1만여 리에 달하는 만리장성을 구축하였다.

그러나 이미 세력이 강성해진 흉노는 비록 몽염에 의해서 오르도스에서 한때 축출되었지만 타격을 크게 받은 것은 아니었으므로 10년 후 진 제국이 조고(趙高)의 국정 농단과 진승(陳勝) 오광(吳廣)의 반란을 계기로 혼란과 무질서에 빠지자 바로 남하하여 몽염에게 상실하였던 오르도스 지역을 회복하였다. 당시 오르도스 지역은 유목과 목축의 최적지였으므로 흉노는 오르도스 지역을 기반으로 세력을 더욱 양성하고 확장하였는데 이 같은 흉노의 굴기는 묵돌 때부터 시작되었던 같다.

묵돌(전?-209)은 두만(頭曼)이라고도 하였는데 두만은 투르크어 'tuman'의 중국 음역으로 '만인의 우두머리'라는 뜻이었다. 묵돌이 이같이 만인의 우두머리 두만의 칭호를 얻었던 사실을 보면 흉노의 굴기가 묵돌 때부터 시작되었다는 것을 알 수 있다. 이후 흉노 세력은 두만의 아들 모돈 때에 이르러 더욱 가속되었다.

모돈(冒頓 재위 전209~174?) 두만 선우의 장자였다. 후계 문제로 부친과 불화하게 되자 부친을 살해하고 등극한 모돈 선우는 바로 동쪽으로는 동몽골 지역과 남만주 일대에 유목생활을 하고 있는 동호(東胡)와 주변의 군소 부족들을 급습하여 부족원과 가축 영토를 병합하고 서쪽으로는 감숙성 서부 일대에서 유목생활을 하고 있던 이란계의 월지족(月氏族)을 축출하여 중앙아시아 일대를 석권하였다. 남쪽으로는 오르도스 부근의 유목민 누란(樓蘭), 백양(白羊) 등의 부족들을 병합하여 영토를 합치고 북쪽으로는 북몽골에서 남시베리아 지역에 걸쳐서 거주하고 있는 정령(丁零), 혼유(渾庾) 등의 부족들을 복속시켜서 기원전 206년(?)경에는 몽골초원을 중심으로 광대한 북아시아 대륙을 통일하였는데 이것이 역사상 최초의 기마국가[9] 흉노 유목제국의 수립이었다.[10]

이같이 광대한 북아시아 초원에 유목 제국을 수립한 모돈은 북아시아 특유의 자연환경, 지리조건, 유목사회경제체제에 기반하여 역사에 전례가 없는 새로운 통치제도를 창안하였다. 모돈 선우는 먼저 흉노 군주 존호를 새로 교체하였다. 흉노사회에서 종래 군장의 호칭은 '우(于)'라고 하였는데 이 '우' 존호를 '대왕(大王)', 대제(大帝)'의 미의 선우(單于)로 교체하였다.[11] 다음 모돈 선우는 최고 통치자 선우를 정점으로 위계적 통치제도를 창안하였다.

통치제도는 선우를 정점으로 한 좌현왕(左賢王), 우현왕(右賢王), 좌녹려왕(左谷黎王), 우녹려왕(右谷蠡王), 좌대장(左大將), 우대장(右大將), 좌대도위(左大都尉), 우대도위(右大都尉), 좌대당호(左大當戶), 우대당호(右大當戶), 좌골도후(左骨都侯), 우골도후(右骨都侯) 등으로 조직되었으며[12] 상호 간의 위계질서는 선우를 정점으로 1) 좌현왕, 2) 우현왕, 3) 좌녹려왕, 4) 우녹려왕, 5) 좌대장, 6) 우대장, 7) 좌대도위, 8) 우대도위, 9) 좌대당호, 10) 우대당호, 11) 좌골도후, 12) 우골도후의 순이었다.

모돈은 전국 영토를 선우 왕정(王庭)이 있는 대군(代郡)을 중심으로 동쪽을 좌(左), 서쪽을 우(右) 지역으로 3분하여 중앙 지역은 선우 자신이 직접 통치하고 좌측 지역은 좌현왕이 다스리고 우측 지역은

---

9 江上波夫,《騎馬民族國家》, 東京: 中央公論社, 1992, p. 61.

10 護雅夫, 〈匈奴—古代遊牧國家の形成〉,《東アジア文明の形成》, 東京: 筑摩書房, 1960, pp. 282-283.

11 方壯猷, 〈匈奴王號考〉,《燕京學報》第8期, p. 1419.

12《漢書》卷94 上, 〈匈奴傳〉, p. 3751.

우현왕이 관할하게 하였다. 선우 연제(攣鞮) 씨족 출신으로 구성된 좌우 녹려왕, 좌우 일축왕, 좌우 골도후 등은 선우를 좌우에서 직접 보좌하였다. 정복된 부족장들로 구성된 의거왕, 혼야왕, 휴저왕 등은 자신의 부족들을 각기 통솔하면서 선우에게 복속하고 있었다. 만기장(萬騎長)의 좌·우 녹려왕은 좌우 대장, 좌우 대도위, 좌우 대당호, 좌우 골도후 등 24장을 통솔하고 그 밑으로는 천지장(千騎長), 백기장(百騎長), 십기장(十騎長) 등의 군관들을 두었다. 흉노의 일반 백성들은 이 같은 위계적 제도 속에 편입되어 평소에는 생업에 종사하고 유사시에는 병사로 활동하였다.

또 선우는 좌·우 현황과 좌·우 녹려왕 등의 유목대신들에게 국가 규모의 광대한 유목봉지를 부여하고 자율적 통치를 허용하였다. 이에 유목대신들은 광대한 유목봉지를 대대로 세습하여 통치하고 선우가 직접 지휘하는 대규모의 국가적 군사 활동을 제외한 소규모의 자체적 군사훈련은 독자적으로 추진하고 일반 행정도 자율적으로 처리하였다.

이와 같이 모돈 선우는 북아시아 특유의 유목과 목축에 기반을 둔 유목사회체제의 특성을 흉노 제국의 국가 행정제도와 군사조직에 결합하여 신속성, 간편성, 효율성을 극대화한 유목적 봉건제도를 창달하였는데 이 같은 유목적 봉건제도는 세계 역사상 처음으로 등장한 새로운 통치제도였다.[13] 이에 따라 동중아시아 세계에는 장성을 경계로 북쪽에는 몽골초원을 중심으로 유목적 봉건제도에 기반한 흉노 제국이, 남쪽 중원에는 농경에 기반한 중앙집권적 전제국가 한 제국이 거의 같은 시기에 출현하여 초강대국 간에 대립하게 되었다.

13 護雅夫, 위의 책, pp. 282-283.

3) 남월국, 위만조선의 수립과 강성

진한 제국 교체기와 한 제국 수립을 전후한 시기에 중국 남쪽의 절강, 복건, 광동 지역에는 월족(越族)에 의한 새로운 국가가 태동하고 있었다. 원래 이 지역은 백월(百越)이 거주하고 있었으며 또 중원에서 건너 온 유랑민, 도피자, 상인 등이 이들 월족과 함께 잡거하고 있었다. 또 진시황이 중국을 통일한 후에는 이 지역에 계림(桂林), 남해(南海), 상군(象郡)의 3개 군을 설치하고 중국 백성들을 이주시켜서 월족과 함께 살게 하였다. 그러나 인구는 백월이 절대 다수를 차지하고 있었는데 이들 백월 중에서 가장 대표적 집단은 절강 남부의 동구(東甌), 복건의 민월(閩越), 광동의 남월(南越) 그리고 광서의 서구(西甌) 등이었다.

그런데 진시황 사후 진 제국이 2세 황제의 무능과 조고의 농간으로 무질서와 혼란 속으로 빠지자 진승(陳勝)·오광(吳廣)이 난을 일으켰다. 그리고 이 진승과 오광의 난을 계기로 전국이 반란의 소용돌이에 빠지고 이어서 항우(項羽)와 유방(劉邦) 간의 한초전(漢楚戰)으로 확대되었는데 남월의 조타가 이 기회를 틈타 월족 세력을 규합하여 급속히 성장하기 시작하였다.

조타(趙佗, 전203~137)는 원래 월족 출신이 아니고 중국 사람이었다. 당시 남해군 용천현의 현령이었는데 남해 군수 임효(任囂)가 중원의 혼란을 틈타 자립할 계획을 세우고 있었으나 질병으로 뜻을 이룰 수 없게 되자, 조타를 불러 자신의 뜻을 계승하게 하였다. 이에 조타는 임효의 군수 직을 이어받고 진 제국이 임명한 관리들과 주변에 반대하는 자를 모두 주살하고 자립하였다. 이어서 계림과 상군을 무력으로 병합하고 광동, 광서 지역을 중심으로 남월국(南越國)을 수립하였는데, 남월국은 이후 5대 93년 간의 왕조 수명을 누렸다.

남월국의 통치제도를 살펴보면 남월국은 창업주 조타를 비롯하여 조호(趙胡), 영제(嬰齊), 조흥(趙興), 흥(興), 건덕(建德)의 5대를 거쳤는데 이것은 왕위가 조(趙) 씨로 상속되는 왕제(王制)가 확립되었던 사실을 말하고 있다.

통치제도를 살펴보면 월족 출신의 원로대신 여가(呂嘉)는 승상으로 조호, 영제, 조흥의 3대를 섬겼으며 여가의 일족 출신으로 고위 벼슬을 한 자가 70여 명이 넘었다는 기록이 있다.[14] 또 남월국 왕 조흥이 한 무제의 수차례 강권에 의해서 '3년1조(三年一朝)'의[15] 입조를 결정했을 때 무제가 승상 여가에게 은인(銀印)을 하사하고 민정을 담당하는 내사(內史), 치안과 군대를 통제하는 중위(中尉), 군주를 보필하는 태부(太傅)에게도 각기 인(印)을 하사하였는데[16] 무제가 승상 여가를 포함한 남월국 대소 관료들에게 차등적 새인(璽印)을 하사한 사실을 보면 남월국의 위계적 관료제도를 의식한 조치였다고 할 수 있다. 이 같은 사실로 종합해 볼 때 당시 남월국은 최고의 정치·군사적 수장 왕을 정점으로 승상, 내사, 중위, 태부 등으로 구성된 위계적 관료제도를 운영하고 있었음을 알 수 있다.

또 남월국은 한 무제의 집요한 입조 요구에 의해 내신 제후왕으로 내속(內屬)을 결정하였을 때 내속의 표시로 남월국의 고유 형벌이었던 경형(黥刑)과 의형(劓刑)을 폐지하고 양국 국경 사이의 관문(關門)을 철폐하고[17] 한 제국의 법을 따르겠다고[18] 하였는데 이것은 남월국이 고유의 독자적 형벌체계를 가지고 있었으며 국경에 국경

14 《史記》卷113,〈南越傳〉, p. 2973.
15 위와 같음.
16 위와 같음.
17 위와 같음.
18 위와 같음.

수비대를 주둔시켜서 자국 국경을 철저히 관리하고 있던 사실을 말하고 있다.

남월국은 또 무력 활동을 활발히 전개하였다. 남월국 강성을 우려한 여후가 부분적 경제봉쇄정책을 단행하였을 때 이에 대한 보복으로 조타는 한 제국 남쪽 장사국의 변경을 침입하여 여러 현(縣)을 유린하고 또 주변 군소 부족들을 회유하거나 무력으로 위협하여 복속시켰다. 문제 때의 관료들은 남월국의 강성을 우려하여 선제적 징벌을 건의할 정도였으며 조타 스스로도 남월국은 백만 대군을 옹유하고 있다고 언급하기도 하였다. 또 무제가 남월국의 내속을 강요하기 위해 한천추와 2,000여 명의 병력을 보내 무력시위를 감행하자 이들을 몰살시켜 버렸다.

또 한 고조가 남월국 군주 조타를 외신 제후왕으로 책봉하고 교역을 허락하였을 때 남월국은 한 제국으로부터 금, 철, 철제 농구와 말, 소, 양 등의 가축을 구입하였는데, 이 중에서 철제 농구와 말, 소, 양 등의 가축은 농경과 목축에 필수적인 산업 기간재였다. 그리고 여후가 남월국 강성을 우려하여 경제봉쇄정책을 단행하였을 때 말, 소, 양 등의 수컷은 교역을 허용하고 암컷 교역은 금지하였는데 이 같은 사실은 남월국의 경제가 농경과 목축업에 기반하고 있었던 것을 말하고 있다. 그리고 위에서 언급한 남월국의 영토 확장, 백만 대군 보유, 활발한 무력 활동 등은 상당한 경제 기반 구축 위에서 가능한 것이었으므로 당시 남월국은 유목목축경제에 의존하고 있던 북방 흉노와는 달리 농업과 목축에 기반한 탄탄한 경제구조를 가진 국가였다고 할 수 있다.

또 남월국 창업주 조타는 건국 직후 무제(武帝)로 칭제하였으나 한 고조가 외신 제후왕으로 책봉하고 금, 철제 농구와 소, 말, 양 등의 가축 교역을 허용하자 제호(帝號)를 버리고 번신(藩臣)으로 신례를 취하였다. 이후 남월국의 강성을 우려한 여후가 경제봉쇄정책을 단행하자 다시 칭제하고 한 제국 장사군의 남변을 침탈하였다. 이후 문제가 남월국과 불편한 관계를 해결하기 위해 외신 제후왕의 왕호(王號)를 복구해 주고 교역을 허용하자 조타는 다시 제호를 버리고 번신으로 칭신하였으나 국내에서는 여전히 제호를 사용하고 중국 천자와 같은 행세를 하였다.

이와 같이 남월국은 국내외 상황과 국익에 따라서 칭제(稱帝)와 칭번(稱藩)을 번갈아 사용하고 필요 시에는 무력행사도 거침없이 감행하였는데 이것은 남월국이 외신 외번 등의 봉건적 형식과 의례에 구애받지 않고 국익을 위해 능수능란하게 독자적 외교를 전개하고 있었던 사실을 말하고 있다.

남월국은 또 창업주 조타가 한 고조의 책봉을 받아 번신으로 자처하고 교역의 특권을 얻어서 한 제국으로부터 금, 철제 농구와 소, 말, 양 등의 가축 교역을 대량으로 구입하고 있었으나 한 제국 천자에 대한 입조는 한 번도 행하지 않았다. 이후 무제가 등극하고 북방의 흉노와 전면전을 개시한 후 남월국이 배후의 잠재적 위협 요소로 등장하자 남월국을 내속시키기 위해 남월국 군주의 입조를 수차 강력히 요구하였다. 그러나 독립성 상실을 우려한 남월국 왕들은 칭병을 핑계로 한 제국에 대한 입조를 무제의 공벌을 받아 남월국이 멸망할 때까지 거부하였는데 이 같은 남월국 왕의 불입조와 내신화 거부는 남월국이 한 제국의 책봉을 받은 외번이었지만 봉건적 형식과 의례에 구애받지 않고 국익에 따라 독자적인 대외정책을 강력히 수행하고 있던 자주국가였던 사실을 말하고 있다.

이 같은 사실을 종합해 보면 남월국은 사방 수만 리의 영토를 소유하고 철제 무기로 무장한 백만 대군을 보유하고 군주를 정점으로 위계적 관료제도와 고유의 형벌체제를 갖춘, 그리고 농업과 목축 경제에 기반을 둔 자주국가였다. 그러나 경제 발전과 무력 양성을 위한 선진물산 구입의 필요성에 의해 한 제국의 책봉을 받아 봉건적 외신 외번관계를 수용하였으나 봉건적 형식과 의례에 구속받지 않았다. 국익에 따라 칭제와 칭번을 반복하면서 독자적 외교노선을 추구하고 국익과 상충되면 수시로 무력행사를 감행하면서 남쪽 배후에서 한 제국을 견제하고 있던 남쪽 강국이었다.[19]

또 이와 약간 늦은 시기에 한 제국 동북 지역에서는 위만조선이 새로 흥기하고 있었다. 연국 토착 출신의 관리였던 위만(衛滿)은 진한(秦漢) 제국 교체 과정에서 야기된 중원의 정치·사회적 혼란과 무질서가 동북의 연(燕), 제(齊), 조(趙) 지역에까지 확대되자 1,000여 명의 무리를 이끌고 고조선에 망명하였다. 당시 고조선 준왕(準王)은 진한 제국 교체기의 대륙 정세에 불안을 느끼고 있었으므로 위만 집단을 수용하여 서변 100여 리의 땅을 주고 서변 방비를 위임하였다. 이후 위만은 중국에서 밀려드는 망명객과 유민들을 흡수하고 또 토착민들을 포섭하여 세력이 크게 확대되자 고조선 준왕을 한반도 남쪽으로 축출하고 왕검(王險)[20]에 도읍하여 위만조선(전195?~108)을

19 金翰圭,《古代中國的世界秩序硏究》, 一潮閣, 1982, p. 242.

20 위만조선 왕조의 수도 왕검성 위치에 대한 학계의 이론은 지금도 분분한데 크게는 한반도의 평양설과 요동설로 구분된다. 평양설은 위만조선 건국 이후 멸망 때까지 평양이 수도였다는 설, 요동설은 위만조선 수도가 요동에 있었다는 두 설이다. 정인보는 왕검성을 지금의 요녕성의 해성, 신채호는 요녕성의 개평, 윤내현은 하북성의 창려 부근, 김남중은 요동성의 환인 지역, 박성용은 하북성 북동부 해안 시대 혹은 요녕성 해안지대로 보고 있다. 필자 역시 후술하는 바와 같은 이유로 왕검성의 위치를 한반도의 평양보다는 요녕성 일대에 있었을 것으로 추정한다. 김남중, 〈위만조선의 영역과 왕검성〉,《한국고대사연구》 22(2001. 6), p. 53; 박성용 외, 〈한 나라 군사작전으로 본 위만조선 왕검성 위치 고찰〉,《국방연구》 제58권 제2호(2015. 6) 참조.

건국하였는데 3대 87년여간 존속했다.

위만조선의 통치제도를 살펴보면 위만조선은 개국 후 창업주 위만, 위만의 아들, 우거왕의 3대가 왕위(王位)를 상속하였는데 이것은 위만조선 왕위가 위(衛)씨 중심으로 상속되는 부전자전의 왕위 상속제도가 정착되었던 사실을 말하고 있다. 상고 시대 왕제 정착은 고대국가 성립과 정치 발달의 척도였으므로 위만조선에서 부자상속에 의한 3대째 왕위 계승은 왕을 정점으로 한 권력 상층부가 왕을 중심으로 구축되고 위만조선 왕이 최고의 정치적 수장이었던 사실을 말하고 있다.

위만조선의 통치제도를 살펴보면《사기》〈조선열전〉에는 조선상(朝鮮相) 로인(路人), 상(相) 한음(韓陰), 니계상(尼谿相) 참(參), 장군(將軍) 왕협(王唊) 등의 관직과 관료 이름이 열거되어 있는데, 이 중에서 로인, 한음, 왕협 등은 중국계 출신이고 참은 토착 조선계 출신의 관리였다. 또《삼국지》〈동이전〉 위략에도 토착 조선계 출신의 조선상(朝鮮相) 역계경(歷谿卿)의 관직과 인명이 보이고 있는데 이 같은 사실은 위만조선의 중앙정부 관료제도는 위만조선 군주를 정점으로 중국계 출신의 관료들과 토착 조선계 출신의 관료들로 조직되었던 것을 말하고 있다.[21]

그런데 이들 관료들의 성격을 보면 중국계 출신의 관료들은 중원의 정치·사회적 혼란과 무질서를 피해서 고조선 지역으로 밀려든 망명인 아니면 유민들 출신이었다. 이들은 중원의 신무기와 전략, 최신 정보와 기술 등을 구비한 고급 인력들이었지만 이주한 토착 지역과 토착민들과는 지연적 또는 혈연적 관계가 없었으므로 기본적으로는

---

21 三上次南,〈衛氏朝鮮國の政治·社會的 性格〉,《中國古代史の諸問題》, 東京大學出版部, 1954, pp. 217-218; 金翰奎,《天下國家》, 소나무, 2005, p. 94 참조.

뿌리 없는 유랑민들이었다. 그러나 이들 중국계 출신 관료들은 위만조선 창업에 기여한 공훈으로 관료사회에 편입되었으므로 위만조선의 정권 즉 왕권에 전적으로 의지하고 있었다고 할 수 있다.

반면 토착 조선계 관료들은 중국계 관리들과는 그 성격이 달랐다고 할 수 있다. 《한서》 〈무제기〉에는 "동이의 예족(濊族) 군장 남려(南閭)가 28만여 명을 데리고 내속하여 왔으므로 그 지역에 창해군(蒼海郡)을 설치하였다"는[22] 기록이 있다. 《후한서》 〈동이열전〉 위략에도 "무제 원삭 원년에 예족 군장 남려가 위만조선의 우거왕을 배반하고 28만여 명을 이끌고 요동에 와서 귀속하였으므로 무제가 그 지역에 창해군을 세웠으며"[23] 《삼국지》 〈오환선비동이전〉에는 "조선상 역계경(歷谿卿)이 우거왕에게 한 제국과 휴전을 건의하였는데 듣지 않으므로 2천여 호의 부족들을 데리고 동쪽의 진국(辰國)으로 이주하였다"는 기록이 있다.

그런데 28만여 명의 부족원들을 대동하고 한 제국에 귀속한 남려가 예족의 군장이었던 사실을 감안하면 2천여 호의 부족원을 대동하고 진국으로 이주한 조선상 역계경도 자기 부족의 군장이었을 것으로 추정된다. 이 같은 사실로 미루어 볼 때 위만조선 정권을 구성하고 있는 토착 조선계의 관리들은 단순한 관리들이 아니라 은·주 왕조의 제후들이 자신의 부족들을 직접 통치하면서 제후로서 은·주 왕조 정권에 참여하였던 것과 같이 조선계 관리들도 자신의 부족들을 통치하면서 위만조선 정권 구성에 참여하고 있었다고 할 수 있다. 다시 말하면 은·주왕이 정치·군사적 수장이었으나 일정의 권력을 제후들과 공유하고 있었던 것과 같이 위만조선 왕도 정치·군사적 수장이

22 《漢書》 卷6, 〈武帝紀〉 169.
23 《後漢書》, 〈東夷列傳〉 濊傳.

었으나 토착 조선계의 관리들과 일정의 권력을 공유하고 있었다고 할 수 있다. 이런 점에서 볼 때 중국계의 관료들과 조선계의 관료들은 다같이 위만조선정권 구성에 참여하고 있었지만 그 성격은 달랐다고 할 수 있다.

그런데 위에서 언급한 바와 같이 예족의 군장 남려가 우거왕과 불화하자 부족원들을 이끌고 한 제국으로 투항하고 조선상 역계경도 우거왕과 충돌하자 부족원들을 대동하고 진국으로 이탈하였는데 이탈 원인은 우거왕의 왕권 강화에 대한 토착 조선계 관리들의 반발로 여겨진다.[24] 그러나 후술하는 바와 같이 중앙관료사회의 이질적 요소는 크게 문제가 되었던 것은 아니었던 것 같다.

위만조선 멸망 후 위만조선 사회에서는 대군장(大君長)이 없어졌기 때문에 토착민 호(胡)와 중국계 한족(漢族) 사이에 차별이 생기기 시작되었다고 하면서 위만조선 왕을 대군장으로[25]지칭하고 있다. 그리고 위만조선 멸망 후 토착민 호(胡)와 중국계의 한족(漢族) 사이에 차별이 생기기 시작했다고 했는데, 이 같은 사실은 우거왕 때 위만조선 왕권이 상당한 수준으로 확립되었고, 사회도 안정되었던 정황을 반영하고 있는 것이다.

건국 후 위만조선은 급속도로 발전하여 서북으로는 요동의 패수(浿水)를 경계로 한 제국 영토와 인접하고 북으로는 예맥과 더불어 흉노 동변의 영토와 인접하고 남으로는 진국(辰國)과 인접하고 동으로는 임둔(臨屯)까지 정복하여 사방 수천 리의 영토국가로 발전하였다. 또 위만조선군은 철제 무기로 무장했으며 문제 때의 장군 진무 등은 위만조선의 위협을 감지하고 선제적으로 대응해야 한다고 건

---

24 《漢書》卷6, 〈武帝紀〉, p.169.
25 《三國志》卷30, 〈烏丸鮮卑東夷傳〉, p. 849.

의하였다. 그리고 위만조선이 한 제국과의 항전 시에 화친 목적으로 말 5천 필을 헌상하려고 했던 점, 또 한 제국을 상대로 일 년 가까이 항전했던 점 등의 사실을 종합해 보면 위만조선은 동북 지역의 강국이었다고 할 수 있다.

또 위만조선의 대외정책을 보면, 위만조선은 혜제~여후 때 요동태수의 중재에 의해 한 제국과 외번관계를 수립하고 위만조선 왕의 입조, 동북 지역의 만이 관리와 변경 안정과 주변 군소 부족국가들의 한 제국 천자의 입공 협조를 약조하고 그 대가로 '병위재물'의 군사·경제적 원조를[26] 받았다. 그러나 위만조선은 한 제국과 약조한 위만조선 왕의 입조는 물론 사신 입공도 행하지 않았으며 주변 약소 부족국가들의 한 제국 천자에 대한 입현까지 차단하였다. 또 위만조선은 양국 간의 우호관계 회복을 위해 무제가 파견한 섭하(涉河)를 홀대하고 무제의 조서 수령을 거부하였으며 더 나아가서 별동대를 국경인 패수를 도강시켜 조선군 비장(裨將) 살해하고 요동 동부도위로 부임한 섭하를 살해하기도 하였다.

이와 같이 위만조선은 한 제국과 약조한 군주 입조와 사신 입공을 행하지 않고 주변 군소 부족장들의 입현을 차단하고 또 우호관계 회복을 위해 파견된 사신을 홀대하고 무제 조서 수령까지 거부하였다. 그리고 별동대를 패수 너머로 보내어 요동 동부도위 섭하를 살해까지 하였는데 위만조선의 이 같은 강경한 대외정책은 위만조선도 남월국과 같이 외번의 봉건적 형식과 의례에 구애받지 않고 국익에 따라 독자적으로 강력한 대외정책을 수행하고 있었던 사실을 말하고 있다.

26 이춘식, 《중국패권의 뿌리와 이념》, 고려대학교출판문화원, 2014, p. 322.

또 위만조선은 북쪽으로는 흉노 제국 영토와 인접하고 서쪽으로는 한 제국 영토와 인접하고 있었기 때문에 흉노-한 제국 간에 전면전이 발생하는 경우 위만조선은 흉노 제국과 연합하여 동북쪽에서 한 제국을 압박할 수 있고 한 제국과 연합하면 흉노 제국을 동북쪽에서 공략할 수 있는 즉 흉노-한 제국 간의 전면전이 발생하는 경우 위만조선은 전세를 좌우할 수 있는 지정학적, 전략적 위치에 있었다.

이 같은 사실을 종합해 보면 위만조선은 최고의 정치 수장인 왕을 정점으로 위계적 관료제도와 강력한 무력 보유 그리고 비교적 안정된 사회를 기반으로 수립된 강력한 왕조였다. 그리고 서쪽 한 제국과 동북의 흉노 제국 사이에 위치한 위만조선은 흉노-한 제국 간의 전면전이 발생할 경우 전세를 좌우할 수 있는 지정학적 전략적 위치에 있었다. 그러므로 위만조선은 동북쪽의 흉노 제국, 중원의 한 제국 그리고 남쪽의 남월국과 더불어 천하 형세를 관망하고 있던 동북 강국이었으며[27] 동시에 한 제국을 동북 지역에서 견제하고 있는 잠재적 위협국이었다고 할 수 있다.

4) 서역 도시국가 융성과 군소 부족국가의 할거

서역은 북쪽의 천산산맥, 남쪽의 곤륜산맥, 총령(파미르 고원), 옥문관(돈황의 서북)과 양관(돈황의 남쪽)에 의해 둘러싸인 타림분지와 서쪽의 터기스탄 지역으로 구성되었는데 한 제국 돈황으로부터 1,700km 정도 떨어져 있었으므로 사실상 절역 지역이었다.

당시 서역에는 36여 개의 도시국가들이 천산남북로에 산재한 오아시스를 중심으로 산재하고 있었다. 경제는 소규모 농업과 수공업

27 《史記》卷24, 〈律書〉, p. 243.

으로 구성되어 경제력은 미약하였으나 동서 간의 중개교역에 종사하고 있었으므로 비교적 융성하고 있었다. 그러나 이들 서역 국가들은 대부분이 오아시스 주변에 밀집된 도시국가들이었으므로 국력이 미약하여 한 번도 통일된 적이 없었다. 그러나 본질적으로 자주 도시국가들이었다.[28] 이 외 흉노 제국 주변의 선비, 오환, 강족 등의 대소 부족국가, 남월국 주변의 민월, 동월 등과 같은 군소의 월족 부족국가, 그리고 서남이 지역의 야랑국, 미막, 전국 등의 군소 부족국가들이 산재하여 유목생활 아니면 반목반농의 원시적 생활에 종사하고 있었다.

이와 같이 기원전 3~2세기경의 동중아시아 세계에는 장성을 중심으로 장성 이북의 흉노 제국, 장성 남쪽 중원의 한 제국, 남쪽의 남월국, 동북의 위만조선, 서쪽의 서역 도시국가들, 그리고 이들 열국 주변의 군소 부족국가들로 구성되었다. 그런데 이들 열국 개개의 규모와 성격을 살펴보면 흉노 제국과 한 제국은 현재의 미국, 중국과 같은 초강대국, 남월국과 위만조선은 영국, 독일, 일본과 같은 중견국, 서역의 도시국가와 군소 부족국가들은 싱가포르, 시리아, 부루나이 등의 도시국가 내지 소국들로 비유할 수 있다.

또 이들 열국 간의 상호 관계를 살펴보면 상이한 환경과 지리적 조건, 도로와 교통의 미발달, 통신 불편 등의 여러 요인으로 상호 접촉과 교류는 당연히 제한될 수밖에 없었다. 오직 인접국 간의 사신, 사절단의 파견과 상인 간의 교역 그리고 빈번한 전쟁을 통해 한정된 접촉과 교류가 진행되고 있었을 뿐이었다. 그러나 이같이 한정된 접촉과 교류 속에서도 흉노는 중원의 한 제국, 동쪽의 위만조선, 서쪽

28 이춘식, 앞 책, p. 331.

의 서역과 통교하고 교류했다. 또한 한 제국은 북방의 흉노 제국, 남쪽의 남월국, 서쪽의 서역 그리고 동북의 위만조선과 접촉 교류가 있었고, 위만조선은 북쪽의 흉노 제국과 중원의 한 제국과 접촉 교류가 있었으며, 남월국은 한 제국과 서역과 접촉이 있었다. 아울러 서역은 흉노 및 한 제국과는 물론 서방과도 중개교역을 통한 접촉과 교류가 있었다. 그리고 지역 간의 문화 이동과 전파도 느리나마 부단히 계속되고 있었다.

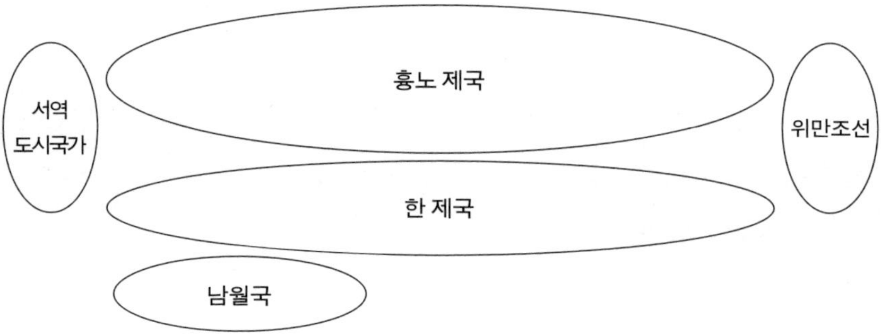

기원전 3-2세기 동중 아시아 열국도

이와 같이 기원전 3~2세기의 동중아시아 세계에는 춘추전국 시대 또는 현재의 국제사회와 같이 한 제국, 흉노 제국과 같은 초강대국, 남월국, 위만조선과 같은 지역 강대국, 도시국가, 군소 부족국가들로 구성된 국제사회(International Society)가 형성되고[29] 한정된 상호 교류와 접촉 속에서도 자국의 이해관계를 중심으로 치열하게 대립하고 있었다. 그리고 이 중에서 초강대국 흉노 제국과 한 제국은 동중아시아 패권 장악을 둘러싸고 첨예하게 대립하고 있었다.

29 마상윤은 영국학파의 국제사회론을 인용하여 "국제사회는 무엇보다도 국가들이 이루는 사회다. 마치 개인들이 한 사회의 구성원이듯 국가들도 국제사회의 일원인 것이다. … 다른 국가들에 의해 주권국가로 인정받아야 국제사회의 일원이 될 수 있는 것이다"라는 의견을 제시하고 있다.(《세계정치 10》 제29집, 2008(가을), p. 51 참조).

제2장

흉노 제국 굴기와 동중아시아 패권 장악

1. 동중아시아 패권국 대두와 패정(覇政)의 의미

동서의 역사에서 최초의 패(覇), 패권(覇權) 또는 헤게모니(Hegemony), 헤게몬(Hegemon) 등의 용어는 고대 그리스의 도시국가 시대와 중국의 춘추전국 시대에 출현하였다. 예를 들면 기원전 6~4세기 고대 그리스 도시국가 시대의 펠로폰네소스 동맹(Peloponnesian League)의 맹주 스파르타, 기원전 4세기의 델로스 동맹(Delian League)의 맹주 아테네, 기원전 3세기 코린트 동맹(League of Corinth)의 맹주 마케도니아 필립 2세 등을 들 수 있다.

동중아시아에서는 춘추 시대 최초의 패주 환공(齊桓公)을 시작으로서 춘추오패(春秋五霸)가 출현하였다. 춘추오패를 열거해 보면《순자(荀子)》왕제편(王制篇)에서 제시된 제 환공(齊桓公), 진 문공(晋文公), 초 장왕(楚莊王), 오왕 합려(闔閭), 월왕 구천(句踐)을 꼽을 수 있다. 또는《백호통(白虎通)》에서 제시된 제 환공, 진 문공, 진 목공, 송 양공, 초 장왕을 꼽을 수 있고,《한서(漢書)》에서 제시된 제 환공, 진 문공, 진 목공, 송 양공, 오 왕 부차를 꼽을 수 있다. 이같이 기록마다 인물이 약간씩 다르고 그 수효도 5인으로 한정되어 있는데 5인으로 한정된 춘추오패의 명칭은 전국 시대에 유행하였던 오행설(五行說)의 영향을 받아 형성되었던 것 같다.

이와 같이 고대 그리스에서뿐만 아니라 중국 고대 춘추 시대에도 소위 춘추오패가 출현하여 차례로 국제사회의 주도권을 장악하고 패정을 전개하였는데 중국에서 출현한 '패(霸)' '패정(霸政)'의 실체와 성격을 이해하기 위해서는 먼저 그 뜻을 알아볼 필요가 있다.

서양에서 Hegemony 혹은 Hegemon의 의미를 살펴보면 웹스터 사전에는 "Dominant influence or authority especially of one natuion over others",[1] 옥스포드 사전에는 "A Leading or Paramount Power, a Dominant State or Person" 또는 "The Political-military dominance of a city state over other city-states, the Dominant states is known as the Hegemon"[2]으로 설명하고 있다.

중국에서 패(霸)의 뜻을 살펴보면《설문해자(說文解字)》월부(月部)에 보면 '패(霸)'는 달 표면의 어두운 면을 상징하는 '백(魄)'을 의미하고 있다.[3]《관당집림(觀堂集林)》에 보면 달 표면에는 밝은 부분의 혼(魂)과 어두운 부분의 백(魄)이 있는데 '패'는 달 어두운 부분의 '백(魄)'을 뜻한다고 하였다.《증운(增韻)》〈맥운〉에서는 달 표면의 검은 부분을 백(魄) 또는 패(霸)라고 한다면서 달 표면의 어두운 부분의 '백(魄)'과 '패(霸)'를 동일시하고 있다.《백호통(白虎通)》에서는 "달이 3일이 지나면 어두워졌다가 8일이 지나면 밝아진다"고 하면서 "달이 처음으로 밝아지는 것을 패(霸)"라 하고 있다.《설문해자》에서

1 *Webster's School Dictionary*, Springfield, Ma. Merriam-Webster INC., p. 415.

2 Wikipedia, Hegemony. WWW. Wikipedia.org

3《大漢和辭典》卷12, p.79.

도 '패'는 "달이 처음으로 빛을 발하는 모습"[4]이라 하고《자통(字通)》에서도 "패는 달빛이 처음으로 하얗게 빛나는 모습"[5]으로 설명하고 있다.

또《음의(音義)》에서는 '패(覇)'를 제후의 장(長),《백호통 호(白虎通 虎)》에서는 '패'를 제후의 우두머리(伯),《풍속통 황패(風俗通 皇覇)》에서는 천자의 정령을 받들어서 제후들을 통어하는 파(把) 또는 박(駁)의 뜻으로 설명하고 있다. 또 최초의 패자 출현의 역사적 사실을 보면 아래와 같다.

> "혜왕 10년에 혜왕은 제 환공을 제후의 방백으로 임명하였다(惠王十年賜齊桓公爲伯)."[6]

위 인용문은 기원전 678년 남쪽 만이 출신의 초국(楚國)이 중원 국제사회의 제패를 노리고 북상하여 화하(華夏) 약소 열국들을 위협하자 이들 화하열국은 당시 삼국오비제의 정치·군사적 개혁을 통하여 부국강병을 이룩한 제 환공에게 구원을 요청하였다. 이에 제 환공은 노, 송, 진, 조, 허, 위, 활 등의 8국과 동맹군을 형성하여 소능(召陵)에서 초군을 굴복시키고 유(幽)에서 회맹을 개최(전667)하였다. 회맹 개최 후 제 환공은 동맹 제후들을 대동하고 주 혜왕에게 조근을 행하였는데 이때 주 혜왕은 제 환공을 패자(霸者)로 인정하였다.

> "양왕은 진 문공 창에게 궁시를 내리고 제후의 방백으로 임명하였다

4《說文解字義證》, p. 589.
5 白川 靜,《字通》, 平凡社, p. 678.
6《史記》券4,〈周本紀〉, p.151.

(襄王乃賜晉文公𨟻 弓矢 爲伯)."[7]

이에 의하면 역시 진 문공(전636-629)이 제 환공 사후 중원 제패를 노리고 북상하는 초국을 성복전(城濮戰, 전632)에서 대파하고 동맹국들과 천토(踐土)에서 회맹(전632)을 개최하였는데 진 문공은 주 양왕을 천도 회맹으로 초대하고 이 천도 회맹에서 주 양왕은 진 문공을 '백(伯)'에 임명(전631)하여 패주로 인정하였다. 이 같은 사실로 볼 때 '패'는 달이 어둠 속에서 처음으로 빛을 발산하면서 떠오르고 있는 초생달과 같이 신흥의 정치·군사적 지도자 즉 제후들의 맹주(盟主)[8] 또는 보호자(Protector)를 의미하고 있는 것을 알 수 있다.[9]

이와 같이 춘추 시대에는 제 환공과 진 문공을 포함한 춘추오패가 출현하여 중원의 국제사회의 주도권을 장악하고 패정을 행하였는데 춘추 시대에 이같이 다섯의 패주가 출현하여 치열한 쟁패전(爭霸戰)을 전개하고 국제사회를 주도했던 정치·군사적 이유와 배경을 알아보기 위해서는 춘추 시대의 시대적 특성을 먼저 이해할 필요가 있다.

춘추전국 시대의 전개는 주왕의 제후국에 대한 무력 약화와 더불어 야기된 봉건적 통어력 약화에 기인하였다. 주 왕조 개국 후 전국의 전략적 요충지에 분봉되었던 제후국은 100~180여 국에 달했는데 장구한 시일의 경과와 함께 각 지역의 상이한 자연환경과 지리적 특수 조건 속에서 자립을 가속하다가 춘추 중기에는 상호 대등한 주권국가(Sovereign States)로 발전하였다. 그리고 영토 크기, 경제 규모,

7 《史記》 券4, 〈周本紀〉, p.155.

8 Sydney Roson, "Changing Conceptions of the Hegemon in Pre-Ch'in China" in David T. Roy and Tsuen-hsuin, eds., *Ancient China*, Hong Kong: The Chinese University Press, 1978, p. 99 참조.

9 白川 靜, 《字通》, 平凡社, p. 678.

인구 과다 등으로 구성된 국력 강약에 따라 대국(大國), 차국(次國), 소국(小國) 등으로 성장하여 하나의 국제사회(The Multi-State System)를 형성하고 자국의 이해관계에 따라 치열하게 대립·항쟁하고 있었다.

이 같은 대립과 항쟁 속에서 중원 변두리에 위치한 제국(齊國), 진국(晉國), 진국(秦國), 초국(楚國)은 주변의 군소 부족국가들을 정벌하고 영토를 병합하여 대국으로 성장하고 쇠락한 주왕을 대신하여 중원을 제패하고 국제정치의 주도권을 장악하려고 하였으므로 대국 간에는 격렬한 패권 쟁탈전이 야기되었다. 이에 따라 춘추 시대에는 춘추오패가 출현하여 차례로 중원 패권을 장악하고 패정을 전개하였는데 이 중에서 제일 먼저 중원의 패권을 장악하고 패정을 시행하였던 패주는 제국(齊國)의 환공(桓公, 전685~643재위)이었다.

기원전 685년경 양공(襄公) 사망 후 왕위계승을 둘러싸고 발발하였던 내분을 수습하고 등극한 제 환공은 즉위 즉시 관중(管仲)을 상(相)으로 기용하여 행정제도 개혁, 군사제도 개편, 상공업 장려와 무역 진흥을 포함한 삼국오비제(三國五鄙制)의 국정개혁을 통하여 부국강병을 이룩하고 동방의 대국으로 부상하였다. 그런데 남쪽 만이 출신의 초국(楚國)도 거의 같은 시기에 굴기하여 중원의 노국(魯國), 송국(宋國), 진국(陳國), 정국(鄭國), 채국(蔡國) 등의 약소열국을 위협하였으므로 다급해진 약소열국은 제 환공에게 구원을 청하였으며 제 환공은 그동안 축적된 국력을 배경으로 구원 요청에 응하였다.

이에 제 환공은 기원전 678년 노, 송, 진, 조, 허, 위, 활 등의 8국과 동맹군을 형성하여 소능(召陵)에서 대치한 초군을 굴복시키고 유(幽)에서 회맹을 개최(전667)하였다. 이같이 제후들과 회맹을 개최한 후 제 환공은 제후들을 대동하고 주 혜왕에게 조근을 행하였는데 이때 주 혜왕은 제 환공을 패자(霸者)로 인정하였다.

이와 같이 주 혜왕에 의해 패자로 인정받은 제 환공은 북방 산융의 침입을 받은 연국(燕國을) 구출하고(전664), 형국(邢國)을 침입한 적인을 격퇴하였으며(전661), 적인들의 침입으로 위국(衛國)과 형국(邢國)이 멸망하자 병력을 보내어 적인들을 축출하고 두 나라를 재건하여 주었다. 또 노국(魯國)에서 후사 문제로 내분이 발생하자 희공(僖公)을 즉위시키어 노국을 안정시켰으며 적인들이 또 송국(宋國)을 침입하자 격퇴하여 송국을 구출하였다. 또 주(周)에 침입한 융족을 축출하고 병력을 주둔시켜 보호하였다.

이어서 제 환공은 기원전 651년 하남성 고성(考城)에서 규구회맹(葵丘會盟)을 개최하여 각국이 준수해야 할 국제규약을 체결하였는데 1) 불효자를 주살하고 태자를 바꾸지 않으며 첩을 처로 하지 않는다, 2) 현인을 존중하고 인재를 양성하며 유덕자를 표창한다, 3) 노인을 봉양하고 어린아이를 사랑한다, 4) 선비는 관직을 세습 또는 겸임하지 않고 또 관리를 선발하는 데 적임자를 택할 것이며 군주라도 함부로 대부들을 살해해서는 안 된다, 5) 제방(堤防)을 임의로 바꾸어 수리를 독점해서는 안 되고 또 타국의 곡물 구입을 방해해서는 안 되며 사람을 봉했을 때는 맹주(盟主)에게 보고해야 한다는 내용 등이었다.

이 규구회맹의 규약을 정리해 보면 화하열국을 부활시키고 그 자손들이 단절되지 않도록 배려한 존망계절(存亡繼絶), 화하를 보호하고 이적을 배척하는 내제하외이적(內諸夏外夷狄), 주왕을 존중하고 이적들을 척결하는 존왕양이(尊王攘夷)의 정책으로 요약할 수 있는데[10] 한마디로 말해서 화하세계의 결속, 평화와 공동 번영을 도모한

10 貝塚茂樹·伊藤道治 著,《中國の歷史 I》, 原始から春秋戰國, 昭和49, pp. 248-249.

것이었다. 그리고 100여 년 후의 공자도 자신의 시대까지 제 환공의 혜택이 미치고 있는 현상을 목격하고 제 환공의 혜택을 높이 칭찬하였는데[11] 이것은 제 환공의 패정 아래 화하세계가 장기간의 평화와 공동 번영을 누리고 있었던 사실을 말하고 있다.[12] 이런 점에서 제국은 단순히 무력으로 국제사회를 주도한 것만이 아니라 제국의 패정 아래 화하세계의 결속, 평화와 장기간의 공동 번영을 누리게 하였던 사실을 알 수 있다. 다시 말하면 제 환공은 팍스 시니카(Pax Sinica)를 이룬 것이었다고 할 수 있다.

제 환공 사후 제국의 패업을 이어받은 것은 진 문공(전636-629 재위)이었다. 진 문공은 등극 후 중원 제패를 노리고 다시 북상하는 초국을 성복전(城濮戰, 전632)에서 대파하고 동맹국들과 더불어 천토(踐土)에서 회맹(전632)을 개최하였다. 이 천도 회맹에서 주 양왕은 진 문공을 '백(伯)'에 임명(전631)하여 패주로 인정하고 진 문공도 주왕에 충성을 서약하였다.[13] 이 같은 진국의 패정은 일대에 그쳤던 제 환공의 패정과는 달리 진 양공(전627~621), 영공(전620~607), 성공(전606~600) 때까지 약 32년간 계속되었다. 그러나 진국의 패정은 제 환공의 패정과는 그 성격이 많이 달랐다.

제 환공이 패주(霸主)였을 때에는 약소열국에 대해서 군사적 의무를 부과하지 않았으며 이적 격퇴 시 공동 출병과 회맹 개최 시 각국의 참석을 바랄 뿐이었다. 반면 진 양공은 약소열국에 대해 군주 5년

11 《論語注疏及補正》憲問, p. 147.

12 Hoyt Cleveland Tillman, The Development of Tension between Virtue and Achievement in Early Confucianism: Attitudes toward Kuang Chung and Hegemon(pa) as Conceptual Symbols, *Philosophy East and West*, Vol.31, No. 1(Jan. 1981), pp. 17-18.

13 《左傳注疏及補正》16: 7a.

1조의 조공(朝貢)과 대부 3년 1조의 조빙(朝聘) 이행을 요구하고[14] 공부(貢賦)도 증액하고 징발도 가혹하였다.[15] 그리고 경우에 따라서는 약소열국의 군주도 진국의 수도로 소환하고 구속도 하고 암살도 시도하였다.[16]

진국의 패정이 이같이 고압적이었던 이유는 당시 주왕의 권위와 위엄이 날로 실추되는 현상, 각국의 노골적인 권력정치의 자행과 특히 진국 패업에 대한 초국의 부단한 도전 등의 시대적 추세와 국제정치상황이 진국의 패정을 고압적으로 만들었던 것 같다. 그러므로 진국 패주들은 화하세계의 결속, 평화와 공동번영보다는 무력에 기반을 둔 고압적 패정으로 국제정치의 주도권 장악과 자국 패권 유지에 급급할 수밖에 없었던 것으로 생각된다. 따라서 진국의 패업은 고대 그리스 폴리스 시대 아테네와 스파르타가 폴리스 연합의 단순한 맹주였던[17] 것과 같이 무력만으로 국제사회를 주도한 패업이었다고 할 수 있다.

진국의 패업을 이어받은 것은 남만 출신의 초국이었다. 초국은 위에서 언급한 바와 같이 춘추열국 간의 치열한 항쟁을 틈타 북상하여 중원 국제사회의 제패를 도모하였지만 제 환공과 진 문공에 의해 두 번이나 좌절되었다. 그러나 결코 포기한 것이 아니었으므로 진국의 패정이 현상 유지에 안주하기 시작하자 초 장왕(莊王, 전651~591)은 다시 북상을 개시하였다. 초 장왕은 먼저 채국(蔡國), 정국(鄭國), 진국(陳國)과 송국(宋國) 등의 진국 동맹국들을 침입하고 이들 동맹국을 구원하기 위해 출동한 패국 진군(晉軍)을 북림(北林)과 필(泌, 전

14 이춘식, 《조공과 사대》, 산지니, 2016, p. 214.
15 위 책, p. 214.
16 위와 같음.
17 Sydney Roson, 앞 논문, p. 99 참조.

597)에서 각기 격파하였으므로 초국의 위세에 놀란 정, 진, 송, 노국 등 중원 약소열국은 모두 초국에 복속하였다. 이에 초 장왕은 마침내 대망의 중원 패업을 달성하게 되었다.

초국 이후 중원 패권을 장악한 것은 남쪽 만이 출신의 오국(吳國)과 월국(越國)이었다. 오국은 합려(闔閭, 전514~496) 때 국력이 크게 신장되자 중원 경략에 몰두하고 있는 초국을 남쪽 배후에서 급습하여 초군을 격파하고 수도 영(郢)까지 함락하였다. 이어서 진국(陳國)과 노국(魯國)을 침입하였으며 바다를 통해 제국(齊國)와 충돌하였으며 황지(黃池)에서 중원 열국과 회맹을 개최하였다. 이 황지 회맹에는 진(晉) 정공과 노(魯) 애공이 친히 참석하고 합려는 맹주로 자처하였으므로 당시 중원의 패권은 오국에 넘어갔다. 이후 오국의 패업을 이어받은 것은 월국이었다.

월국은 윤상(允常) 때부터 국력이 팽창되자 윤상의 아들 구천(勾踐, 전496~465)은 중원 경략에 몰두하고 있는 오국을 배후에서 급습하였다. 이에 오왕 합려는 급히 회군하여 월국을 침입하였는데 이 전투에서 크게 패하고 합려 자신도 전사하였다. 이후 구천은 합려의 아들 부차(夫差, 전 495~473)에게 한때 패배당하기도 하였지만 와신상담(臥薪嘗膽)의 고행을 통해 세력을 회복하고 국정을 쇄신하였으므로 국력이 다시 크게 진작되었다. 이같이 국력이 회복되자 구천은 오국 수도 고소(姑蘇)를 공략하고 부차를 패사시켰으므로 오국은 멸망(전475)하고 월국의 세력은 장강(長江) 하류 일대까지 확대되었다.

이같이 세력이 확대되자 구천은 수도를 소주(蘇州)에서 산둥반도의 낭사(瑯邪)로 옮겨서 중원 열국을 계속 압박하면서 진(晉), 제(齊) 등과 서주(徐州)에서 회맹을 개최하였다. 이 서주 회맹에서 월왕 구천은 주 원왕(元王)에게 조근을 행하고 주 원왕도 구천을 패주로 인정하였으며.[18] 중원의 약소열국은 구천을 '패왕(覇王)'이라고 불렀다.[19] 그러나 자료 부족으로 오·월 양국의 패업 성격에 대해서는 상세히 규명할 수 없다.

그렇지만 분명한 것은 오, 월 양국도 초국과 같이 만이 출신이었으며 자력으로 패권을 장악하였기 때문에 화하열국 간의 결속, 유대와 공동번영의 추구에는 관심이 없었고 오로지 무력으로 국제사회 주도권을 장악하고 유지하는 데 급급하였다. 이런 사실에서 볼 때 오, 월국의 패업은 제 환공의 패업과는 달리 진, 초국의 패업과 유사하였을 것으로 생각된다. 다시 말하면 진국, 초국, 오국, 월국 패업의 성격은 고대 그리스 폴리스 시대 아테네와 스파르타가 무력에 기반을 둔 단순한 맹주였던[20] 것과 같이 무력만으로 국제사회를 주도한 패업이었다고 할 수 있다.[21]

이와 같이 동중아시아 세계에서는 춘추 시대 최초로 제 환공을 비롯한 춘추오패가 출현하여 패업을 이룩하고 각기 패정을 전개하였는데 이 중에서 가장 대표적 패업은 최초로 패권을 장악한 제 환공이 화하세계의 결속, 평화와 공동번영을 주도했던 패업과 진국과 같이 단순히 무력으로 국제사회를 주도하고 화하세계의 결속, 평화와 공동번영은 도외시했던 두 타입의 패업으로 나눌 수 있다.

그런데 기원전 221년 진시황의 진 제국 수립에 의해 중원 천하가 대일통됨에 따라 대소 강약의 열국으로 구성되었던 국제사회가 종식되고 국제사회 종식에 따라 국제사회를 기반으로 출현했던 패권

18 《史記》 卷41, 〈越王句踐世家〉, p. 1747.
19 위와 같음.
20 Sydney Roson, 앞 논문, p. 99 참조.
21 이춘식, 〈흉노의 동아시아 패권 장악과 일극체제 수립〉, 《정치와 평론》 제20집, 2017, p. 100.

쟁탈전, 패권국, 패정 등은 모두 사라졌다. 이 같은 사실로 미루어 볼 때 패권 쟁탈전, 패권국, 패정 출현은 대소 강약의 개별 국가들로 구성된 국제사회를 배경으로 출현하고 존속하였음을 알 수 있다.

그런데 위에서 언급한 바와 같이 기원전 3~2세기 장성 북쪽의 흉노 제국, 장성 남쪽 중원의 한 제국, 남쪽의 남월국, 동북의 위만조선, 서역의 도시국가군 그리고 이들 국가 주변의 군소 부족국가들로 구성된 국제사회가 부활함에 따라 대국 간에는 국제사회의 주도권 장악을 둘러싸고 다시 패권 쟁탈전이 전개되었다.

2. 흉노-한 제국의 상극적 구조와 충돌 불가피성

장성 북쪽의 흉노 제국과 장성 남쪽 중원의 한 제국은 자연환경, 지리조건, 경제와 정치, 사회와 문화 등의 거의 모든 면에서 상극적이고 이질적이었으며, 따라서 대립적이었다.

먼저 한 제국과 흉노 제국이 처한 자연환경과 지리조건을 비교해 보면 흉노 제국 영토는 북위 50도 지역에 걸친 유라시아 초원의 동쪽에 속해 있었으므로 대부분의 영토는 메마르고 척박한 초원, 사막과 고원, 준험한 산맥으로 이루어져 있고 기후는 한서의 차이가 극심한 대륙성 기후였다. 따라서 말, 양, 노새 등의 가축을 사육하는 유목과 목축만 발달할 수밖에 없었다. 반면 한 제국은 북위 30도 지대의 황하 유역을 중심한 중원 온대 지역에 위치하였다. 강우량은 풍부하지는 않았으나 북쪽 초원 지대에 비하여 훨씬 풍부하고 기후도 온난하였으므로 조, 고량, 밀 등을 중심한 한전(旱田) 농경이 발달하였다. 이 같이 양국이 처한 자연환경과 지리조건은 극단적으로 상이하였으므로 그 영향을 받아 양국의 정치제도, 사회경제체제와 문화 등의 모든 면이 다르게 발달할 수밖에 없었다.

인류 문화 유형을 먼저 살펴보면 유목문화, 농경문화, 상업문화 등으로[22] 분류할 수 있다. 유목문화는 북위 50도에 걸친 유라시아 지역 즉 흑해의 동북부에서 아시아의 동몽골에 이르는 광대한 지역에서 발달하였다. 이 지역은 기후가 한랭하고 강우량이 적고 토지가 척박하여 초원, 사막, 고원지대로 구성된 불모지대였으므로 오로지 목축과 유목만 발달할 수 있었다. 그런데 흉노 영토는 이 유라시아 동쪽에 위치한 몽골에 속했다.

그러므로 흉노 영내에서 농업은 척박한 토양, 한서의 차이가 극심한 기후와 수초를 따라 주기적으로 이동해야 하는 유목생활체제 등의 인간으로는 어떻게 해볼 수 없는 불가항력적 자연환경, 지리조건과 사회체제 등으로 선우와 우현왕의 영지와 같은 특정 지역을 제외하고는 발달할 수 없었다. 수공업은 철광산을 중심한 특정 지역에서 전쟁에 필요한 무기류와 사소한 생활도구 생산을 중심으로 발달하였으나 농업과 마찬가지로 척박한 자연환경과 유목생활체제 등의 제약을 받아 발달이 한정될 수밖에 없었다. 교역은 한-흉노와 서역-

---

22 상업문화는 지중해 연안, 아프리카 북안, 소아시아 지역 등지로 구성된 지중해 세계에서 발달하였다. 지중해 지역의 기후는 기온이 높은 올리브형 기후였으므로 강우량이 많고 온난하고 또 일 년을 통하여 바다가 잔잔하여 해상 활동에 더없는 편의를 제공하였으므로 교역을 중심한 상업문화가 발달하게 되었다. 농경문화는 농경에 기초한 문화였다. 농경은 기후가 온난하고 물 공급이 수월하고 평지가 많은 지역에서 발달하였다. 농경문화의 성격을 살펴보면 우선 농경에서 절대적으로 필요했던 것은 농사에 적당한 사계절의 기후, 적시에 내려주는 비, 그리고 농작물을 성장케 해 주는 비옥한 토지였다. 그러나 이 세 가지 요소는 인간의 힘으로는 어떻게 해볼 수 없는 불가항력의 요소였으며 인간이 도전할 수 있는 것이 아니었다. 인간이 할 수 있는 것은 오직 인내심으로 천지자연에 순응하고 의지하며 조화되도록 노력하고 기대할 수밖에 없는 것이었다.

흉노 간의 국경 관시와 상인 간의 교역 그리고 밀무역을 통해서 행해지고 있었다. 그러나 흉노 교역품은 모두 수렵과 삼림에서 채취되거나 획득된 모피류와 광물 아니면 주변국에서 수탈한 약탈품 등으로 구성되었으므로 역시 한계를 갖을 수밖에 없었다.

그러므로 흉노 영내에서는 유목과 목축을 제외한 농업, 수공업, 상업 등의 발달은 인력으로는 어떻게 해볼 수 없는 불가항력적 요인으로 거의 불가능하였다. 더욱이 농업에 기반한 수공업과 상업의 발달 그리고 농업 수공업 상업 발달에 기반한 총체적 문화 발달도 기대할 수 없는 형편이었다. 따라서 농업, 수공업, 상업의 불모지에 기반한 흉노사회는 오로지 양, 낙타, 말 등의 가축만을 사육하고 계절에 따라 부족 단위로 수초를 찾아 이동하는 생활이 기약 없이 반복되는 순환적 정체성에 빠져 있던 유목문화에 속했다.

반면 한 제국은 북위 30도의 지역에 위치하였으므로 황하 유역을 중심한 중원 평원은 온대 지역에 위치하였다. 강우량은 풍부하지는 않았으나 북쪽 초원 지대에 비하여 훨씬 풍부하고 기후도 비교적 온난하였으므로 조, 고량, 밀 등을 중심한 한전(旱田) 농경이 발달하고 기후가 무덥고 강우량이 풍부한 장강 일대에는 벼 재배를 중심한 수전(水田) 농경이 발달하였다. 그리고 은·주 시대 광대한 중원의 농경화(農耕化), 춘추전국 시대 우경 발달, 농구의 철제화, 치수관개수리 발달 등의 생산기술 발달과 자작 소농민 계층 형성에 의해 고대 농업 혁명을 달성하였다. 그리고 이 같은 농업의 비약적인 발달은 수공업과 상업 발달의 밑거름이 되었으며 농업, 공업, 상업의 종합적 발달로 창출된 방대한 경제력은 중국의 정치·군사·사회·인구·문화 등 모든 분야의 창달과 팽창의 밑거름이 되었다.

이에 은·주 왕조의 정치·군사적 통일과 안정 속에서 청동·철기문화, 종법제도에 기반한 가족제도와 종족제도, 한자 창제와 서적 발명, 예제(禮制)문화 등으로 구성된 동중아시아 유일의 선진문화를 창달하였는데 한 제국 문화는 은·주 왕조 이래 발달되어 온 이 같은 농경문화를 계승하였다. 이와 같이 흉노 제국 문화는 북아시아의 광대한 초원에서 발달한 유목문화에 속했으며 한 제국 문화는 광대한 중원에 전개된 농경에 기반한 농경문화에 속했으므로 양국은 문화적으로 이질적이고 상극적이었다. 따라서 통치제도도 상이하였다.

흉노 제국의 통치제도는 위에서 언급한 바와 같이 유목적 봉건제도였다. 이 유목적 봉건제도는 메마르고 척박한 자연환경과 지리조건, 주기적으로 이동해야 하는 유목사회체제와 목축과 유목만으로 구성된 유목경제체제의 특성을 국가통치제도와 군사조직에 결합하여 간편성, 신속성, 효율성 등을 극대화한 새로운 형태의 통치제도였다. 이런 점에서 흉노의 유목적 봉건제도는 농경사회와 농경문화권에서는 창출될 수 없는 흉노 유목민 특유의 전례 없는 통치제도였다고 할 수 있다.

반면 한 제국의 중앙집권적 전제군주국가체제는 광대한 중원의 농경화에 의한 농업, 수공업, 상업 등의 종합적 경제 발달과 이에 기반한 선진문화 창달 그리고 이 같은 선진문화 발달의 산물인 조직적 국가 출현과 몰락, 분열, 대립과 항쟁의 약육강식 와중에서 생성된 경험과 통찰이 누적되어 창출된 통치제도였다. 그러므로 중앙집권적 전제군주국가체제는 유목과 목축에 편중된 유목사회경제체제 아래에서는 창출될 수 없는 선진적 통치제도였다.

이와 같이 한-흉노 양국의 통치제도는 역시 인력으로는 어떻게 해볼 수 없는 불가항력적 자연환경과 지리조건의 산물이었으므로 극단적으로 상이하고 이질적일 수밖에 없었다. 그런데 양 대국은 정치이념 면에서도 상충적이고 배타적이었다.

위에서 언급한 바와 같이 흉노 제국의 최고 통치자는 선우(單于)였는데 정식 명칭은 '탱리쿠트선우(撐犁孤塗單于)'였다. 이 '탱리쿠트선우'는 탱리(撐犁), 쿠트(孤塗), 선우(單于)로 구성되었는데, 탱리는 하늘(天), 쿠트는 하늘의 아들(天子), 선우는 하늘과 같이 넓고 크다[23]의 뜻이었다. 그런데 많은 연구자들은 '탱리(撐犁)'를 고대 투르크-몽골어에서 하늘을 뜻하는 '탱그리(tengri, 天神)'로 인식하고,[24] 시라가와 시즈카(白川 靜)는 '탱리'를 터기-몽골의 주신(主神)으로 이해하고 있고 또 주족의 '천'과 동일한 신으로 인식하고 있다.[25] 모리 마사오(護雅夫)도 '탱리'를 '하늘(天)'로 이해하고[26] 있다. 또 '쿠트(孤塗)'는 '탱리'의 아들이었으므로 중국식 호칭으로는 하늘의 아들 즉 천자(天子, The Son of Heaven)였다. 또 선우는 하늘과 같이 넓고 크다는 뜻이었으므로 대선우를 의미하고 있다.

또 흉노 제국 팽창기의 영웅이었던 모돈 선우와 노상 선우가 각기 한 제국 황제에게 보낸 서신에 자신을 "하늘이 세우신 흉노 대선우",[27] "천지가 낳으시고 일월이 세우신 흉노의 대선우",[28] "하늘의 총애하는 아들"[29]로 지칭하였는데 이것은 우주천지자연의 창조주 '탱리'가 그의 아들 '쿠트'를 흉노의 대선우로 임명하였다는 뜻이었다. 바꾸어 말하면 흉노 대선우는 우주천지자연의 창조주 '탱리'의 유일

23 《漢書》 卷 94上, 〈匈奴傳〉, p. 3751; 최슬기, 〈衛滿朝鮮과 匈奴의 穢裘 交易〉, 《先史와 古代》 52, 2017, p. 58 참조.
24 고마츠 히사오 저, 이평래 역, 《중앙아시아의 역사》, 소나무, 2005, p. 56.
25 니콜라 디코스모 저, 이재정 역, 《오랑캐의 탄생》, 황금가지, 2007, p. 452, 주 38 참조.
26 고마츠 히사오, 앞 책, p. 56.
27 《史記》 卷119, 〈匈奴列傳〉, p. 2897.
28 위 책, 〈匈奴列傳〉, p. 2899.
29 《漢書》 卷 94上, 〈匈奴傳〉, p. 3781.

무이한 아들 천자였으며 '탱리'가 임명한 유일무이한 천하 통치자였다. 선우 존호 속에 내재되어 있는 이 같은 통치사상은 사실상 우주천지자연의 창조주 '탱리'의 절대적 권위와 위엄에 의탁하여 선우 통치의 정당성, 신성성, 유일성을 주창하고 있는 것인데 주 왕조 천자 존호에 함축되어 있는 통치사상과 아주 유사하였다.

주지하는 바와 같이 주 왕조의 주왕도 자신을 우주천지자연의 창조주 '천'으로부터 '천명'을 부여받은 유일무이한 천명의 봉행자로 선포하여 주왕 통치의 정통성을 수립하고 또 하늘의 '천'과 지상의 주왕을 의제적 부자관계로 설정하여 주왕을 하늘의 아들 '천자'로 승화시켜서 주왕 통치의 신성성을 수립하고, 천하를 주왕 통치영역으로 선포하여 주왕을 유일무이한 천하통치자로 설정하였다.

그런데 위에서 언급한 바와 같이 흉노의 주신(主神) '탱리(撑犁)'는 주족이 숭배하였던 '천(天)'과 동일한 신이었으므로[30] '탱리'는 주족의 '천'과 같이 우주천지자연의 창조주였다. 또 쿠트(孤塗)는 우주천지자연의 창조주 탱리의 아들이었으므로 바로 주왕과 같은 하늘의 아들 천자(天子)였다. 그러므로 주족이 우주천지자연의 창조주 '천'과 지상의 주왕을 의제적 부자관계로 설정하여 주왕을 하늘의 아들 천자로 승화시켜서 주왕의 신성성을 수립하였던 것과 같이 흉노도 우주천지자연의 창조주 '탱리'와 지상의 선우를 의제적 부자관계로 설정하여 선우를 탱리 아들 '쿠트'로 승화시켜서 선우의 신성성을 수립한 것이었다고 할 수 있다.

또 선우는 자신을 "하늘이 세운 흉노 대선우", "해와 달이 세운 흉노 대선우"로 선언하여 우주천지자연의 창조주 '탱리'에 의해 임명되

30 니콜라 디코스모, 앞 책, p. 452, 주 38 참조. 저자는 주족의 '천'과 터기-몽골의 '탱그리'는 동일 신(神)이었다는 시라가와 시즈카 주장을 제시하고 있다.

었다고 선포하였는데 이 역시 주왕이 자신을 유일무이한 천명의 봉행자로 선포하여 통치의 유일성을 주창하고 정당화하였던 것과 같다. 다시 말하면 선우도 자신을 우주천지자연의 창조주 '탱리' 명령을 받은 유일무이한 봉행자로 선포하여 통치의 유일성을 주창하고 정당화한 것이었다. 그리고 유일무이한 천명의 봉행자 주왕의 통치영역이 어떤 한정된 지역에 국한될 수 없었던 것과 같이 유일무이한 '탱리' 명령의 봉행자 선우 통치영역도 당연히 어떤 특정 지역에 국한될 수 없는 것이었으므로 선우의 통치영역도 전 세계여야 했다.

또 천자는 하늘로부터 천명을 받은 유일무이한 천명의 봉행자이기 때문에 천하의 양제(兩帝)는 절대로 있을 수 없는 것이었으므로 양제가 출현하면 전쟁을 통해서라도 제거할 수밖에 없었다.[31] 그런데 흉노 선우도 천신 '탱리'의 아들(天子)이며 '탱리' 명령의 유일무이한 봉행자였으므로 자신 이외의 다른 유일무이한 통치자 즉 천하의 양제(兩帝)는 허용할 수 없는 것이었다. 그리고 주왕 역시 '천'으로부터 천명을 받은 유일무이한 천명의 봉행자였으므로 자신 이외의 다른 유일무이한 통치자 즉 천하의 양제는 수용할 수 없는 것이었다.

다시 말하면 주왕과 흉노 선우는 다 같이 우주천지자연의 창조주 '천신'의 명령을 받은 유일무이한 봉행자였으므로 자신 이외의 통치자 즉 천하의 양제는 수용할 수 없는 것이었다. 이와 같이 주왕과 선우의 통치사상은 다 같이 우주천지자연의 창조주 '천'의 절대적 권위와 위엄에 의탁하여 통치의 정당성, 신성성, 유일성을 주창하고 정당화하고 통치영역을 전 세계로 설정하였다고 할 수 있다.

그런데 위에서 언급한 흉노의 '탱리'와 주족의 '천'은 명칭만 상위

31 《漢書》 卷95, 〈西南夷兩奧朝鮮傳〉, p. 3851.

하였지 본질적으로는 동일한 천신(天神, The God of Heaven)이었다. 천신의 출현 시기를 살펴보면 주 왕조에서 먼저 출현하고 흉노사회에서 나중에 출현하였으므로 주 왕조의 '천신'사상이 흉노사회에 유입되어 흉노 선우의 통치사상을 탄생시켰다고 할 수도 있다.[32] 그러나 '천신'은 주족뿐만 아니라 주변 유목부족들도 공유하고 있던 공통의 신앙 대상이었으므로[33] 천신사상은 시기적으로는 달랐지만 주 왕조와 흉노 제국 두 정권의 통치이념을 순차적으로 탄생시켰다고 할 수 있다.[34] 그리고 한 제국과 흉노 제국은 이 같은 '천신'의 절대적 권위와 위엄에 의탁한 통치사상과 통치이념을 그대로 계승하였다고 할 수 있다.[35]

이와 같이 주왕과 흉노 선우는 동일한 천신의 신성적 후광에 의탁하여 통치이념을 수립하고 유일무이한 천하 통치자로 선포하였으나 상호 배타적이고 상극적이었으므로 양국은 이념적으로도 양립할 수 없는 것이었다.[36] 그런데 양국은 여기에 더하여 경제적으로도 숙명적

32 니콜라 디코스모, 앞 책, p. 233. 이 외에도 방장유(方壯猷)는 흉노 선우의 명칭은 모돈 선우 때 사용되기 시작하였는데 시황제의 칭호에서 모방한 것이라고 주장하고 있다(方壯猷, 〈匈奴王號考〉, 《燕京學報》 第8期, pp. 1419-1420).

33 위 책, pp. 233-238 참조..

34 위 책, p. 233.

35 이춘식, 《중국패권의 뿌리와 이념》, 고려대학교출판문화원, 2014, p.198.

36 고대 이집트에서 파라오(Pharaoh)는 "자신은 태양의 아들이므로 자신에게 아무도 저항할 수 없고, 모든 백성들은 자신에게 복종해야 하며, 자신의 영토는 전 세계이며 신이 통치권을 부여하였다"고 선언하였다. 또 바비로니아의 나람신(Naram-sin)은 "자신을 사방의 통치자, 우주의 통치자"라고 선포하였으며, 아시리아 왕은 자신을 "사극의 왕, 모든 백성들의 태양"이라고 선포하였다. 그리고 에람과 수자(Elam and Suzk) 왕은 자신을 "사극의 왕", "하늘의 메신저"로 자처하면서 세계와 모든 백성들을 통치하는 "세계의 왕"(the World King)으로 선언하였다. 이같이 고대 정복자들은 자신들을 특정 신의 특별 소명을 받은 '신의 사자', '신의 아들', '신의 소명자' 등의 유일무이한 소명 수행자로 선포하고 세계 통치자 또는 세계의 왕으로 자처하였는데 이 같은 선포는 특정 신의 신성적 권위와 위엄에 의탁하여 통치의 정통성, 신성동, 유일성을 선포한 것이었다(A. Gardiner, *Egyptian Grammar*, Oxford University Press, 1957,

으로 상충할 수밖에 없는 상극적 조건 속에 있었다.

위에서 지적한 바와 같이 흉노 경제는 인력으로는 어떻게 해볼 수 없는 자연환경, 지리조건, 유목사회체제 등의 불가항력적 조건으로 유목과 목축을 제외한 농업, 수공업, 상업의 발달은 거의 불가능하였으므로 흉노 경제는 유목과 목축에 편중된 불균형의 비자급자족경제였다. 그러므로 곡식류의 식량, 일부 의복, 일상생활 필수품, 유목귀족들의 선호품인 회귀품과 사치품 등은 외부에서 구입할 수밖에 없었는데 구입 방법은 교역과 약탈이었다.

그러나 흉노의 대외 교역품은 주로 삼림 지역에서 산출되는 사냥물, 털옷, 가죽 그리고 주변 지역의 약탈품 등에 국한되었으므로 교역 발달 역시 한계를 갖을 수밖에 없었다. 따라서 흉노의 외부 물품 구입은 주로 약탈에 의존할 수밖에 없었는데[37] 약탈 대상은 기후가 따뜻하고 인구가 많고 물산이 풍부하고 지리적으로 근접된 남쪽의 한 제국 북변이었다. 〈표 1〉은 역대 흉노의 한 제국 북변 침탈 현

표 1.[38]

선우 이름	즉위 연대	즉위 3년 이내 침입 연대
묵특 선우	기원전 209	기원전 209, 208
노상 선우	〃 174-160	
군신 선우	〃 160-126	〃 158
이치사 선우	〃 126-114	〃 126, 125, 124
오유 선우	〃 114-105	〃 112
아 선우	〃 105-10	〃 103
구리호 선우	〃 102-101	〃 102
차제후 선우	〃 101-97	〃 99
호록고 선우	〃 97-85	〃 97
호연제 선우	〃 86-68	〃 83
허려권거 선우	〃 68-60	〃 67, 66

p. 74; D. D, Luckenbill, *Ancient Records of Assyria and Babylonia*, Vol. II, Chicago University of Chicago Press, 1968, pp. 139-203, 참조).

37 護雅夫, 〈匈奴 — 古代遊牧國家の形成〉, 《東亜細亜文明の形成》, 東京: 筑房, 1960, pp. 282-283.

황이다.

〈표 1〉에 의하면 노상 선우 때를 제외한 매 선우는 즉위 3년 내에 한 제국 북변을 침탈을 감행하여 북변 백성들을 납치하고 가축을 노략질하였다. 특히 문제 14년(전166)에는 흉노 기병 14만 명이 조나(朝那)와 소관(蕭關)을 침입하여 사람 1천여 명을 납치하고 가축 1만여 마리를 약탈하여 갔다.[39] 이 같은 대소의 침탈이 전한(前漢) 대에만 해도 60여 회에 달하고 특히 이치사 선우 때는 거의 매년 침탈을 감행하였을 정도였다.

흉노의 주요 약탈 품목을 점검해 보면 말과 양 등의 가축, 곡물, 사람 등이었다. 유목목축이 주 경제였던 흉노사회에서 가축이 약탈의 주요 대상이 되었다는 것은 이해하기 힘들다. 그런데 유목목축경제 하에서 부족의 생존과 안전을 위해서는 일정 수효의 가축 확보가 필수적이었는데[40] 혹독한 기후와 함께 장기간의 가뭄과 역병 유행 등의 잦은 자연재해로 인한 가축의 손실이 빈번히 발생하였다. 그리고 이 같은 가축 손실과 부족은 일시에 회복할 수 없는 것이었으므로 부족의 생존과 안전에 위협이 되었다. 따라서 손실된 가축 확보의 한 방법이 가축 약탈이었다. 다시 말하면 흉노는 약탈을 통해서 가축 손실을 보충하였으며 약탈 대상은 한 제국 북변의 가축들이다.[41]

사람 약탈도 중요하였다. 사람 약탈의 목적은 노동력 확보였다. 위에서 언급한 바와 같이 흉노는 제한적이었지만 농업과 수공업이 지역에 따라 부분적으로 발달하고 있었으므로 일정의 숙련된 노동

---

38 사와다 저, 김숙경 역, 《흉노》, 아이필드, 2007, p. 176; 李大龍 著, 《漢代中國邊疆史》, pp. 36-37 참조.

39 위 책, p. 176 참조.

40 위 책, p. 170 참조.

41 위와 같음.

력이 필요하였다. 그러나 흉노는 원래 인구가 희소하고 또 계절적으로 이동해야 하는 유목생활체제로 인해 숙련된 노동력을 충분히 확보하기가 어려웠다. 또 흉노는 전쟁을 빈번히 감행하였으므로 전투병력 외에 전투를 지원하는 군수품 공급과 운반 등의 노역을 담당할 많은 인력이 요구되었다. 그러므로 서역에 동복도위(僮僕都尉)를 설치하여 조세 징수와 더불어 나이 어린 노예 동복(僮僕)들을 주기적으로 징발하기도 하였다. 이같이 흉노 역내에서는 숙련, 비숙련을 불문하고 노동력의 수요가 많았고 그 노동력의 대부분은 사람 약탈과 납치 아니면 징발을 통해서 충당할 수밖에 없었는데 약탈과 납치의 대상은 지리적으로 근접된 한 제국 북변 백성들이었다. 또 약탈과 납치는 사회적 측면에서도 촉발되었다.

흉노사회의 불문율에 의하면 전쟁에 참여한 일반 병사들은 전쟁에서 얻는 모든 전리품을 자신이 가질 수 있고 적군을 생포하면 자신의 노비로 삼을 수 있으며 아군 전사자를 거두어주면 전사자 재산 전부를 자신이 가질 수 있었는데[42] 이 같은 불문율은 개개의 유목병사들에게 전쟁에서 약탈품을 포함한 모든 노획품의 소유를 합법적으로 허용하고 있는 것이었다. 이같이 흉노사회에서 전쟁과 약탈은 일반 유목병사들이 재산을 증식할 수 있는 합법적 수단이었으므로 유목병사들은 전쟁 참여에 적극적이었고 따라서 전투의식이 높을 수밖에 없었다. 그리고 유목부족장들도 자신의 세력 기반인 유목병사들의 지지를 이끌어 내고 충성심을 담보하기 위해서 전쟁과 약탈에 적극적일 수밖에 없었다.

이와 같은 자연환경, 지리조건과 유목사회 경제체제로 인해 흉노

42 《史記》 卷50, 〈匈奴列傳〉, p. 2893.

의 한 제국 북변에 대한 침탈은 빈번할 수밖에 없었다. 약탈의 주요 대상은 가축, 사람, 곡식 등이었는데 이 중에서 말을 포함한 가축 약탈은 부족의 생존과 안전의 보루인 가축 손실을 보충하기 위한 것이었으며, 사람 약탈은 흉노 역내의 농업, 수공업과 전쟁에 필요한 노동인력을 충당하기 위한 것이었고, 곡식 약탈은 유목경제의 한계와 잦은 자연재해로 인해 부족할 수밖에 없는 식량 등을 보충하기 위한 것이었다. 그리고 이 같은 현상은 다음의 사실에서도 더욱 분명하게 확인할 수 있다.

> "해마다 저에게 누룩으로 빚은 술 만 석, 도정한 곡물 오천 곡, 여러 가지 비단 만 필을 주고 그 밖의 것을 과거의 약속과 같이 해 준다면 변경을 침탈하는 것을 그만둘 것입니다(歲給遺我糱酒萬石, 稷米五千斛 雜繒萬匹 它如故約 則邊不相盜矣)."[43]

이 같은 사실로 미루어 볼 때 흉노의 한 제국 북변에 대한 빈번한 침탈은 개인 간의 충돌, 특정 부족의 욕구 분출이나 일시적, 우발적 충동에 의해서 야기된 것이 아니라 국가 주도 아래 감행되었던 경제활동이었다. 그러므로 흉노의 한 제국 북변에 대한 빈번한 침입, 약탈, 납치는 국가 주도의 약탈원정(Raids of Expedition)이었으며 국가 경제 활동 중의 하나였으며 따라서 빈번하고 장기적일 수밖에 없었다. 반면 한 제국은 이 같은 흉노의 주기적인 북변 침입, 약탈과 자국 변방민의 납치를 그대로 방임할 수 없는 것이었으므로 양국 간의 충돌은 경제적 측면에서도 불가피할 수밖에 없었다.

이와 같이 흉노 제국과 한 제국은 자연환경, 지리조건, 문화유형

43 《漢書》 卷94上, 〈匈奴傳〉, p. 3781.

이 전혀 다르고 통치체제도 상이하고 경제도 상충되고 정치이념도 대립 배타적이었으므로 양 대국은 한마디로 말해서 상호 이질적이고 상극적이었다. 이러한 상극적인 관계는 국제정치학 측면에서도 충돌이 불가피한 것이었다.

레이몽 아롱(Raymond Aron)에 따르면 국제사회는 대체로 소수의 강대국과 다수의 약소국으로 구성되지만, 강대국 중심으로 움직이는 '과점적(Oligeolistie)' 성격을 지니고 있다. 또한 국제사회는 강대국의 정치적 목적, 정치체제 형태와 성격, 무력 등의 여러 요인에 의해 양극체제(Bipolar System) 혹은 다극체제(Multipolar System)를 형성하고, 강대국의 국내 정치체제의 성격에 따라 '동질적 체제(Homogeneous System)'와 '이질적 체제(Heterogeneous System)'로 분류된다. '동질적 체제'는 특정 체제 안에서 각국의 국내정체가 같은 유형에 속하고 추구하는 정책과 가치도 비슷하여 한 범주에 넣을 수 있는 국가들을 의미하는 반면, '이질적 체제'는 강국 간의 국내정체 유형이 상이하고 추구하는 정책과 가치도 서로 달라서 같은 범주에 넣을 수 없는 국가체제를 말한다.

그런데 '동질적 체제' 안의 국가들은 상호 간의 통합과 유대에 대한 이념적 가치와 의미를 충분이 인식하고 있기 때문에 상호관계가 우호적이고 안정되어 있다. 설령 상호 간의 갈등이 발생해도 상호 합의를 통해 문제를 해결하는 경향이 많고 따라서 충돌이 자제된다. 반면 '이질적 체제' 내의 국가들은 국내 정적과 적국의 구분이 불분명하고 국가 간의 갈등이 국내의 갈등과 중첩될 가능성이 많아서 체제 전반이 불안정하다. 그리고 국내외적으로 갈등이 증폭되고 적대감이 발생하면 합의 도출이 어렵다. 또 이 같은 갈등과 적대감 등은 대체로 국가의 정통성(The Principle of Legitimacy)이나 국가 존립에 도전을 가하는 것이어서 결국 상대국의 정체 전복 등 전쟁의 주요 목표 중의 하나로 확대되기 쉽다. 그러므로 국제사회가 이질적 체질의 국가들로 구성되면 상호 간의 정체 유형이 다르고 추구하는 정책과 가치도 상이하기 때문에 전쟁 가능성이 높다고 할 수 있다.[44]

이 같은 사실에서 볼 때 장성 이북의 흉노 제국과 이남 중원의 한 제국은 자연환경과 지리조건, 정치, 경제, 사회, 문화 그리고 국제정치학 측면 등 거의 모든 면에서 상충하는 이질 상극적 체제로 형성되었다. 따라서 2세기 가까이 계속되었던 흉노-한 제국 간의 패권 쟁탈전은 사실상 불가피한 것이었다고 할 수 있다.

3. 흉노의 평성(平成) 대승과 한 고조의 입공

몽골 초원을 중심으로 북아시아를 통일하여 강력한 유목제국을 건설한 흉노는 기후가 온난하고 물산이 풍부한 남쪽의 한 제국을 동서 북의 3면에서 압박하기 시작하였다. 진한 교체기의 혼란과 무질서를 틈타 진시황 때 상실하였던 하남 지역을 전부 회복한 모돈 선우는 이어서 동북 지역의 연(燕), 대(代) 등지를 수시로 침탈하고 한 고조 6년(전201년)에는 한왕 신(信)을 마읍(馬邑)에서 포위하여 항복을 받았다. 그리고 한왕 신을 앞세워 구주산(句注山)을 넘어 태원군을 공격하고 진양성(晉陽城)까지 깊숙이 진출하였는데 이 같은 모돈 선우의 한 제국 북변 침탈은 소규모로 침탈했던 종전의 경우와는 달리

44 레이몽 아롱의 국제정치체제 개념에 관해서는, Raymond Aron, *Peace and War: A Theory of International Relations*, trans. by Richard Howard and Annette Bajer Fox (New York: Doubleday & Co., 1966), Chap. IV 참조.

대규모였으며 한 제국 내부로 깊숙이 진격한 것이었다. 따라서 전국이 흉노에 대한 공포로 진동하였다.

이에 한초전에서 항우를 제압하고 한 제국을 수립한 한 고조는 흉노의 북변 침탈을 더 이상 방치할 수 없었으므로 32만여의 보병군단을 이끌고 북상하였다. 이에 맞서 흉노의 모돈 선우도 40여 만의 기병을 이끌고 남하하여 산서성 평성(平城)에서 대결하였다. 그러나 한 고조의 보병군단은 모돈 선우의 책략에 빠져서 극도의 추위 속에서 7일간 포위되고 보급품이 차단되었으므로 전군이 추위와 아사지경에 빠져 거의 궤멸되었다. 그리고 한 고조와 수하 측근과 장수들만 겨우 포위망을 뚫고 탈출에 성공하였는데 이것이 한 고조의 무참한 평성 참패였다. 그리고 후술하는 바와 같이 이 희대의 남북 대결은 동중아시아 패권 쟁탈전의 서막이었다.

한편 평성에서 이같이 참패한 한 고조는 전의를 완전히 상실하여 흉노와 무력 대결은 다시는 시도하지 못하고 유경(劉敬)을 보내어 화친약(전198)을 맺었다. 그리고 이 화친약의 체결에 의해 한 제국은 이후 혜제, 여후, 문제, 경제, 무제 초기까지 매년 정기적으로 솜(絮), 비단(繒), 술(酒), 쌀(米), 음식물(飮食) 등을 흉노 선우에게 봉헌하고 매 선우가 새로 등극할 때는 한 제국 황실 여자를 공주로 분장시켜서 선우의 연지(閼氏, 황후)로 출가시켰다. 또 흉노의 요구에 따라서 수시로 재화를 추가하고 또 국경 주변에 관시(關市)를 열어 흉노 측의 물자 수요에 응하고 또 형제관계를 맺어서 양국의 우호를 돈독히 하였다. 이에 대한 대가는 흉노의 한 제국의 북변 침탈 중지였는데 이것이 소위 '뇌물로 화친을 맺었다'는 '회뇌여결화친(賄賂與結和親)'[45] 책

45 《漢書》 卷73, 〈韋賢傳〉, p. 3127.

이었다. 그리고 한 측은 뇌물 제공으로 흉노와 화친을 체결한 것으로 인식하였다.

그런데 이 같은 화친약에 대해서 문제(전179~157) 때의 가의(賈誼)는 다음과 같이 평가하고 있다.

> "천하의 세가 거꾸로 되어 있다. … 무릇 천자는 천하의 머리이다. 그 이유는 위에 있기 때문이다. 만이는 천하의 발이다. 그 이유는 아래에 있기 때문이다. … 지금 한은 매년 금, 솜, 비단 등의 세폐(歲幣)를 봉정하고 있다. 이적이 공물을 징구하는 것은 주상이 조정하는 바이고 천자가 공물을 납입하는 것은 신하의 예이다. … 발이 오히려 머리 위에 있고 머리가 발아래에 있다. 이같이 거꾸로 되어 있으니 해결될 수가 없다(天下之勢方倒縣 … 凡天子者 天下之首 何也 上也 蠻夷者 天下之足 何也 下也 … 而漢歲致金絮采繒以奉之 夷狄徵令 是主上之操也 天子共貢 是臣下之禮也 足反居上 首顧足下 倒縣如此 莫之能解)."[46]

> "폐하께서는 황제의 이름을 갖고 어찌 융인의 제후 노릇을 차마 하고 있는 것입니까?(陛下何忍以帝皇之號爲戎人諸侯 …)."[47]

여기에서 보면 가의는 한 제국이 흉노 선우에게 매년 금, 솜, 비단, 쌀, 음식물 등의 세폐 봉헌을 한 제국이 흉노에게 헌상하는 공물(貢物) 즉 입공(入貢)으로 인식하고 있다.

> "적국의 군주는 내가 비록 옳은 말을 해도 나한테 공물을 보내지 않는다. 나라 안의 제후들은 내 행동이 비록 옳지 않아도 새, 짐승 등의 공물을 가지고 반드시 입조한다. 그러므로 힘이 강하면 사람들이 와서 조공을 하고 힘이 약하면 남에게 조공해야 한다. 그러므로 현명한 군

46 《新書校注》, 〈解縣〉, p.127; 〈威不信〉 p.131; 《漢書》, 〈匈奴列傳〉, p. 2241 참조,
47 《漢書》 卷94上, 〈匈奴傳〉, p. 2241.

주는 힘 양성에 노력한다(故敵國之君王 雖說吾義 吾弗入貢 而臣關內之侯 雖非吾行 吾必使執禽而朝 是故力多則入朝 力寡則朝於人 故明君務力)."[48]

이것은 약육강식이 난무하였던 전국 시대 각국 간의 역학(力學)관계를 분석하였던 한비자(韓非子)의 언급이다. 한비자는 이 언급 속에서 각국 간에 힘이 강하면 공물을 받고 힘이 약하면 공물을 바친다는 국제역학관계를 명확히 지적하고 있다. 또 한대 흉노를 포함한 주변 이적만이와의 접촉관계를 취급한《염철론(鹽鐵論)》에도 똑같은 지적이 있다.

"힘이 강하면 입조를 받고 힘이 약하면 입조하게 된다(力多則入朝 力寡則朝於人)."[49]

이같이 한대에도 국가 간에 힘이 없으면 입공이나 조공을 하고 힘이 있으면 입공이나 조공을 받는다고 하여 입공 또는 조공관계는 국가 간의 역학관계에 의해서 결정되었던 사실을 지적하고 있다.

따라서 이 같은 사실로 미루어 볼 때 한 제국이 평성에서 대패한 후 북방 변경에 대한 침탈 중지 조건으로 흉노 선우에 대한 매년 다액의 금, 솜, 비단, 쌀, 음식물 등의 세폐 봉헌과 매 선우 등극 시 시행한 한 제국 황실공주 출가 등은 뇌물도 아니었고 또 선물도[50] 아니었다. 한마디로 말해서 무력이 약한 한 제국이 무력이 강한 흉노 선우에게 정기적으로 헌상하는 공물 즉 입공(入貢)이었다.[51] 그러므로 흉노와

48 《韓非子》, 〈顯學篇〉, p. 461.
49 《鹽鐵論》, 〈誅秦〉, p. 488.
50 Ying-shih Yu, 앞 책, p. 41.
51 李春植, 〈漢代의 羈縻政策과 事大·朝貢〉, 《史學志》 제2집, 1972, p.7 참조. 흉노 제국과 한 제국 간의 화친관계를 김한규는 평등조약 관계로 인식하고 있다(金翰奎, 앞 책,

한 제국 간의 화친약에 기본한 양국 관계는 평등관계가[52] 아닌 입공관계였으며 이 같은 입공관계는 한 고조 9년(전198)에서 무제 원광 2년(전133)까지 약 65년여 간 계속되었다. 이런 점에서 무제가 마읍전투를 계기로 흉노에 대한 반격 이전의 양국 상호관계는 한 제국이 흉노의 패권을 인정하고 복속의례로 공물을 헌상하는 입공관계였다고 할 수 있다.[53]

4. 흉노의 2차 서역 경략과 동복도위 설치

흉노는 이같이 한 제국의 입공을 받고 있으면서 문제 때 다시 서역을 공략하였다. 원래 흉노의 서역 경략은 한 제국이 서역을 구체적으로 인식하기 이전부터 시작되었다. 기원전 177년경 모돈 선우는 감숙 지방의 월지국(月氏國)을 이리 지방으로 축출하고 이어서 중국과 타림분지를 연결하는 교통 요지에 위치한 누란국(樓蘭國)을 정복하고 타림 분지 안의 도시국가들을 차례로 복속시켜서 지배하에 두었다.[54]

"장건이 오손국에 도착하였다. 오손왕 곤막이 한 나라 사신을 접대하는데 선우의 예법대로 하였으므로 장건이 아주 치욕스러워 했다(騫旣至烏孫 烏孫王昆幕見漢使如單于禮 騫大慙 知蠻夷貪 乃曰 天子致賜 王不拜則

---

p. 198). Nicola DiCosmo는 한 제국의 흉노 선우에 대한 매년 다액의 금·솜·비단·쌀·음식물 등의 세폐 봉헌의 성격을 'bribes' 또는 'ho-ch'in payment', 'tribute' 등으로 혼란스럽게 이해하고 있다('Ancient China and Its Enemies', *The Rise of Nomadic Power in East Asian History*, p. 195 참조).

52 李大龍,《漢代中國邊疆史》, 黑龍江教育出版社, 2014, p. 29.

53 이대용은 이 65 년간 지속된 한 제국의 흉노에 대한 입공을 화친정책의 시행으로 인식하고 있다(李大龍, 위 책, p. 28).

54 《史記》卷63,〈大宛列傳〉, p. 3171.

還賜 昆幕起拜賜 其他如故)."[55]

이같이 장건은 오손국과 동맹을 맺어서 흉노를 서쪽에서 협공하기 위한 군사동맹을 맺기 위해서 처음으로 오손국에 도착했는데 오손국이 장건을 포함한 한 나라 사신 접대를 흉노의 예법대로 행하자 장건 일행이 불쾌했었다는 내용이다. 이 같은 현상은 서역 강국 오손국도 흉노의 예법에 익숙해 있었고 흉노 세력권 아래 있었던 사실을 말하고 있다.

"서역의 여러 나라들은 대부분 정착생활을 하며 성곽, 밭, 가축을 가지고 있었다. 흉노와 오손 간에는 풍속이 달랐는데 모두 흉노에게 복속하고 있었다(西域諸國大率土著 有城郭田畜 與匈奴烏孫異俗 故皆役屬匈奴)."[56]

"오손의 서쪽에서 안식에 이르기까지는 흉노에 가까웠으므로 흉노가 월지를 괴롭히고 나서부터는 흉노 사신이 선우의 편지를 가지고 있기만 하면 나라마다 먹을 것을 차례로 보내주며 감히 억류하고 고통주는 일은 없었다. 그러나 한 나라 사신이 가면 재물을 주지 않고는 먹을 것을 얻을 수가 없고, 가축도 사지 않으면 탈 수가 없었다. … 이것은 한 나라의 사신보다 흉노를 더 두려워한 탓이었다(烏孫以西至安息 以近匈奴 匈奴困月氏也 匈奴使持單于一信 則國國傳送食 不敢留苦 及至漢使 非出幣帛不得食 不市畜不得騎用 … 然以畏匈奴於漢使焉)."[57]

이같이 흉노의 모돈 선우가 감숙성 일대에 유목생활을 하고 있던 월지(月氏)를 축출한 이후 흉노 세력은 오손국 서쪽에서 안식국에 이

55 《史記》 卷63, 〈大宛列傳〉, p. 3169.
56 《漢書》 卷96上, 〈西域傳〉, p. 3873.
57 《史記》 卷63, 〈大宛列傳〉, p. 3173.

르는 서역 전체에 확대되었으므로 흉노 제국 위명이 서역에 진동하였다. 그러므로 흉노 선우의 사신이 나타나면 각국이 흉노 사신의 편의를 서로 봐주고 극진히 대접하였다. 반면 한 나라 사신들은 냉대와 차별을 받았는데 이것은 흉노가 한 제국 세력의 서역 진출 이전에 오손국 서쪽에서 안식국 사이의 서역 국가들을 통어하고 있었던 사실을 말하고 있다.

> "하늘이 세운 흉노 대선우는 삼가 황제에게 문안하오니 그간 무양하시오? … 우현왕에게 그 벌로서 서쪽으로 월지를 토벌하게 하였소. 다행히 하늘의 가호로 단련된 병사와 강건한 말로써 월지(月氏)를 쳐서 모조리 죽이고 항복한 자를 모두 참살하였소. 누란(樓蘭) 오손(烏孫), 호게(呼揭) 및 그 주변 26개국을 평정하여 이들을 모두 흉노에 병합하였으므로 모든 유목민들은 한 집안이 되었으며 북쪽 지방은 이미 안정되었소(天所立匈奴大單于敬問皇帝無恙 … 罰右賢王 使之西求月氏擊之 以天之福 吏卒良馬彊力 以夷滅月氏 盡斬殺降下之 定樓蘭 烏孫 呼揭 及其旁二十六國 皆以爲匈奴 諸引弓之民 竝爲一價 北州已定)."[58]

이에 의하면 새로 등극한 노상 선우(전174~161재위)가 흉노-한 제국 간에 맺어진 양국 국경에 관한 협약을 위반한 우현왕에게 그 벌로써 서역을 정벌하게 하여 월지(月氏)를 포함하여 누란(樓蘭) 오손(烏孫), 호게(呼揭) 등의 주변 26개국을 정벌하여 흉노와 한 집안으로 만들었다고 하였는데 여기에서 언급되고 있는 26개국은 사실 36개국의 오자였으므로 당시 노상 선우는 당시 서역 36개국 전부를 평정한 것이었다.[59] 그리고 이 같은 서역 평정을 문제에게 통고한 것이었

58 《史記》 卷110, 〈匈奴列傳〉, p. 2897; 《漢書》 卷94上, p. 3757 참조.

59 松田壽男著作集2, 〈匈奴の僮僕都尉と西域36國〉, 《遊牧民の歷史》, 東京: 六興出版, 1986, p. 134.

는데 노상 선우의 이 같은 서신은 사실상 문제에게 서역 전체를 경략한 흉노의 위세를 과시한 것이고 경고하는 것이었다. 그러므로 문제는 이 같은 노상 선우의 의도를 알아채고 아래와 같이 회신하였다.

> "사신의 말에 의하면 선우께서는 몸소 장군이 되어 여러 나라들을 쳐서 공을 세우고 심히 싸움으로 인한 고생이 많았다고 하니 특별히 대례복(大禮服) 수겁기의(繡袷綺衣), 수겁장유(繡袷長襦), 금겁포(錦袷袍) 각각 한 벌, 비여(比余) 1개 황금 식구대(飾具帶)와 서비(胥紕) 1개, 수놓은 비단 10필, 비단 30필, 붉은 비단과 푸른 비단 각각 40필을 중대부(中大夫) 의(意)와 알자령(謁者令) 견(絹)을 시켜서 선우에게 보내는 바이오(使者言單于自將伐國有功 甚苦兵事 服繡袷綺衣 繡袷長襦 錦袷袍各一 比余一 飾具帶一 黃金胥紕一 繡十匹,錦 三十匹 赤綈 緣繒各四十匹 使中大夫意 謁者令肩遺單于)."[60]

이같이 문제는 서역 일대를 정벌한 노상 선우의 수고를 칭찬하고 그 수고에 대한 답례로 대례복(大禮服), 수겁기의(繡袷綺衣), 수겁장유(繡袷長襦), 금겁포(錦袷袍) 각각 한 벌, 비여(比余) 1개 황금 식구대(飾具帶)와 서비(胥紕) 1개, 수놓은 비단 10필, 비단 30필, 붉은 비단과 푸른 비단 등의 귀하고 사치스런 물자를 선물로 봉헌하였는데 이것은 사실상 북아시아를 석권하고 이어서 중앙아시아 일대를 장악하고 정기적으로 한 나라의 입공을 받고 있는 흉노 노상 선우에 대한 한 제국 문제의 아부와 두려움의 표시였다고 할 수 있다.

이런 사실에서 볼 때 동쪽의 동호(東胡)와 주변의 군소 유목부족들을 병합한 모돈 선우가 다시 서쪽 감숙성 서부 일대의 이란계 월지족(月氏族)을 축출하고 주변 유목부족들을 포함한 중앙아시아 일

60 《史記》卷110, 〈匈奴列傳〉, p. 2897.

대를 석권하였을 때가 흉노의 1차 서역 경략이었다고 한다면 노상 선우의 서역 36개국의 평정은 흉노의 2차 서역 경략이었다고 할 수 있다.

이와 같이 서역 36개국을 경략한 흉노는 질자(質子)제도, 감시단 파견, 동복도위 설치 등 3단계의 통어책을 시행하여 서역 국가들을 통어하였다. 먼저 흉노는 서역 각국에 질자를 요구하여 흉노 선우 정(庭)에 거주하게 하고 이들을 담보로 서역 각국의 복속과 충성을 강요하였으며 서역 각국을 감시하였다. 또 유사시에는 질자를 귀국시켜서 왕으로 등극시켜 친흉노 정권 수립에 노력하였다. 흉노는 또 서역 각국에 감시단을 주둔시켜서 각국의 동태를 감시하여 반흉노 행위를 사전에 저지하였다.[61] 그리고 동복도위를 설치하여 서역 각국으로부터 인력을 동원하고 부세(賦稅) 등을 징수하였는데, 이 동복도위 설치는 흉노의 서역 정책 중에서 가장 핵심적이었다.

"흉노 서쪽 변경의 일축왕은 동복도위를 설치하여 서역을 통령하였다. 항시 언기(焉耆), 위수(危須), 위려(尉黎)의 중간 지역에 거주하면서 여러 나라에 부세를 부과하고 재화와 물자를 취하였다(匈奴西邊日逐王置僮僕都尉 使令西域 相居焉耆 危須 尉黎間 賦稅諸國 取富給焉)."[62]

이같이 흉노의 우현왕 일축왕은 언기(焉耆), 위수(危須), 위려(尉黎) 일대의 중간 지역에 동복도위를 설치(전93경)하였다. 당시 서역은 농경과 수공업이 발달하여 물산이 풍부하고 또 각국의 특산물도 다양하여 각국 간의 중개와 교역이 활발하였는데 언기, 위수, 위려 일대가 교역 중심지였다. 그리고 후에 한 제국이 서역을 경영할 때 이

61 西域都護府的建立, 2010年01月28日: 56 新疆哲學社會科學網, pp. 1-2.
62 《漢書》 卷96上, 〈西域傳〉, p. 3873.

지역에 서역도호부를 설치하여 서역 국가들을 통어하였던 사실을 감안하면 흉노 역시 이 지역의 교통, 교역, 군사적 중요성을 일찍이 파악하고 있었다는 것을 알 수 있다.[63]

그러므로 흉노는 이 지역에 동복도위를 설치하여 서역 각국으로부터 인력과 부세를 징수하였으므로[64] 동복도위는 흉노의 서역 총독 내지 도호(都護)였다고 할 수 있다.[65] 아래 사실은 동복도위가 흉노의 대외정책에서 얼마나 중요했는가를 말하고 있다.

> "… 이에 정길(鄭吉)로 하여금 북도를 함께 보호하게 하고 그로 인해 도호(都護)라고 부르게 되었으므로 도호는 정길에서부터 시작되었다. 이로 인해서 동복도위는 폐지되고 흉노는 더욱 쇠약해져서 서역에 가까이 올 수 없게 되었다(乃因使吉幷護北道 故號曰都護 都護之起 自吉置矣 僮僕都尉由此罷 匈奴益弱 不得近西域)."[66]

> "당시 한 나라는 동쪽으로는 예맥과 조선을 멸하여 군(郡)으로 삼고 … 또 서쪽의 월지, 대하와 통교하고 공주를 오손왕의 처로 출가시켜서 흉노를 지원하는 서역 국가와 흉노와의 사이를 차단하였다(漢使楊信於匈奴 是時漢東拔穢貊 朝鮮以爲郡 … 漢西通月氏 大夏 又以公主妻烏孫王

---

63 松田壽男, 앞 책, p. 134.

64 동복도위의 뜻을 살펴보면 동복(僮僕)은 나이 어린 노비를 의미하고 도위(都尉)는 노비 공급 담당의 관리였다. 후에 한 제국이 후에 서역으로 진출할 때 수속도위(搜粟都尉)를 두어서 식량 조달을 담당하게 하였던 사실을 감안하면 흉노에게 부족하였던 인력과 물자 부족을 보충하기 위해서 설치되었던 것으로 생각된다. 사실 흉노는 초기의 팽창 과정 그리고 한 제국과 장기간의 쟁패전 과정에서 전투 병력 외에 부역을 담당하는 많은 인력과 전쟁에서 소요되는 물자가 대량 필요하였는데 당시 흉노는 인구가 희소하였고 유목에 의탁한 빈약한 경제였으므로 흉노의 팽창정책을 충분히 지원할 수 없었을 것이다. 그러므로 흉노는 전쟁 수행에 필요한 인력과 물자를 조달하고 징발하기 위해서 동복도위를 설치하였던 것으로 생각된다.

65 羽田 明,《西域》, 世界の歷史 10, 河出書房新社, 1969, p. 143.

66 《漢書》 卷96上, 〈西域傳〉, p. 3875.

以分匈奴西方之援國)"[67]

"무제 때에 흉노를 도모하기 위해서 … 서역과 통교하여 흉노의 오른 팔을 끊고 남쪽의 강족과 월지를 단절시켰다. 이에 흉노는 모든 지원을 잃고 이로 인해서 멀리 도망갔으므로 사막 남쪽에는 선우의 왕정이 없게 되었다(孝武之世 圖制匈奴 … 通西域 以斷匈奴右臂 隔絶南羌 月氏 單于失援 由是遠遁 而幕南無王庭)."[68]

이와 같이 한 제국의 서역 진출과 흉노와 서역 간의 연계 차단으로 서역의 물자와 인력 지원을 상실하게 된 흉노는 그 세력이 급속도 약화되어 마침내 사막 이북으로 퇴각하였는데 이것은 서역이 흉노의 오른팔로 역속(皆役屬匈奴)[69]되거나 원조국(匈奴西方之援國)이 되어 인력과 물자를 지원하는 병참기지 역할을 하고 있었던 사실을 말하고 있다.

5. 흉노의 동북 전략과 위만조선

앞 장에서 설명한 바와 같이 위만조선은 건국 이후 급속한 발전을 계속하여 사방 수천 리의 영토를 소유한 동북 지역의 강국으로 성장하여 서쪽의 한 제국과 북쪽의 흉노 제국과 영토를 맞대고 병립하고 있었으므로 흉노 제국과 위만조선 간에는 영토 문제, 물자 교역, 월경인 처리, 충돌 등을 포함한 상호 간의 대소 접촉과 교류가 상당히

---

67 《漢書》, 〈匈奴傳〉, p. 2013.
68 위 책, 〈西域傳〉, p. 3929.
69 위 책, 〈西域傳〉, p. 3873.

있었을 것은 분명한데 자료의 결핍으로 자세히 알 수가 없다. 그러므로 위만조선과 흉노 제국 간의 상호관계 분석에 앞서 한 제국과 위만조선 간의 관계부터 우회적으로 검토해 볼 필요가 있다.

위만조선이 한 제국과 공식적 관계를 수립한 것은 혜제~여후(전 195~188?) 때였다. 위만조선은 요동 태수가 중재한 조약을 통하여 한 제국과 외신 외번의 조공국으로 책봉을 받아 위만조선 왕의 입조, 동북 변경 주변의 만이 관리와 변경 안정 등의 번병(藩屛) 임무를 수용하고[70] 또 주변 군소 부족국가의 한 제국 천자의 입현 협조를 약조하였다. 그리고 위만조선은 그 대가로 군사·경제적 원조를 받아서 국력을 양성하여 주변 군소 부족국가들을 복속시키고 무마하여 영토를 사방 수천 리로 확대하였다.

그러나 위만조선은 한 제국 천자의 책봉을 받아 외신 외번 관계를 수립하였지만 외신 외번 관계 수립의 전제였던 위만조선 왕의 입조는 물론 사신 입공도 행하지 않았으며 또 주변의 만이군장들의 한 제국 천자 입현까지 차단하였다. 따라서 양국 관계는 극히 비우호적이었을 수밖에 없었는데 무제가 섭하를 위만조선에 파견하였을 때까지 양국 간의 사신 파견 등에 관한 아무 기록이 없다. 그런데 영토가 인접된 상호 인접국이었음에도 불구하고 이같이 장기간 기록이 없었다는 것은 사실상 양국 간의 관계가 극히 비우호적이었던 것으로 추정된다. 그리고 이 같은 비우호적 상호 관계는 대체로 위만조선이 한 제국 천자의 책봉 수용과 '병위재물'의 군사·경제적 원조를 받았던 개국 초기를 제외한 문제, 경제, 무제의 섭하 파견 직전까지의 시기 즉 기원전 179년(?)에서 109년(?)까지 약 70여 년이 넘는 장기간

70 이춘식, 《중국패권의 뿌리와 이념》, 고려대학교출판문화원, p. 215.

이었을 것으로 추정된다.[71]

또 이후 양국 관계도 섭하의 오만한 자세, 우거왕의 경직된 태도와 무제의 조서 수령 거부, 섭하의 위만조선군 별장 살해와 요동동부도위 섭하의 살해 등의 불미스런 사건의 연속적 발생으로 양국 관계는 돌이킬 수 없게 악화되고 이어서 전쟁으로 이어졌으므로 한 제국과 위만조선의 양국 관계는 초기를 제외하고는 장기간 극히 비우호적 내지 적대적이었을 것으로 추정된다.

반면 이 시기의 흉노 제국과 위만조선의 양국 관계도 자료의 결핍으로 우호적 또는 비우호적이었는지 알 수가 없다. 최근에는 흉노의 난방법과 고구려 난방법의 유사성, 고분(古墳, the Tumulus) 축조 매장법의 공통성, 흉노의 화살촉(嚆矢, Whistling Arrowheads)과 경주에서 발견된 화살촉의 유사성 등의 풍속과 유물의 유사성, 흉노와 인접된 고조선에서 출토된 마구, 무덤 등의 출토물이 흉노 양식을 계승하고 있는 등의 사실을 들어 흉노, 부여, 고구려가 만주 지역에서 흥기한 동족(同族)으로 인식하는 가설, 모돈 선우가 몽골초원에서 흉노 제국을 건설할 때 동북지역 관리를 위만에게 맡겼으므로 위만조선은 흉노의 위성국가(Satellite State)였을 것이라는 위탁설,[72] 또 위만조선 임둔(臨屯) 지역에서 생산된 표범가죽(文豹)이 중개교역을 통해서 흉노 좌현왕 지역을 거쳐서 한 제국에 유통되고[73] 있던 중개교역 사

---

71 이춘식, 《중국패권의 뿌리와 이념》, 고려대학교출판문화원, p. 250.

72 Maurizio RiOTTO, 'Ancient Koreans-Xiungnu: What was the Nature of Their Relation?', *Journal of Northeast Asians History*, Vo. 6, No.1(June 2009), pp. 5-35. 이 글에서 Maurizio RiOTTO는 위만조선의 창업주 "위만이 연 나라 관리였다"는 《사기》, 《한서》, 《삼국지》 등의 중국 측 기록을 무시하고 고고학적 출토물, 풍속과 제도상의 유사성에 근거하여 흉노와 위만조선 간의 관계를 파악하고 있다. 그리고 필자 역시 위의 여러 사실을 종합하여 보면 흉노-위만조선 간의 상호관계는 극히 우호적이었을 것으로 생각된다.

73 최슬기, 〈衛滿朝鮮과 흉노의 '穢裘'交易〉, 《先史와 古代》 52, 2017, p. 76

실을 들어서 흉노와 위만조선 간에는 어떠한 유기적 우호관계가 형성되었을 가능성을[74] 제기하고 있다. 이같이 고고학 출토물, 풍속의 유사성, 중개교역 측면에서 볼 때 흉노-위만조선 간의 상호관계는 분명히 우호적 관계였을 것은 분명하다. 그런데 이 같은 우호적 관계를 정치·군사적 측면에서 검토해 볼 필요가 있다.

> "당시 한 나라는 동쪽으로는 예맥과 조선을 멸하여 군으로 삼고 서쪽으로는 주천군을 두어서 흉노와 강족과의 통로를 차단하였다. 한 나라는 또 서쪽의 월지 및 대하와 통교하고 공주를 오손왕의 처로 출가시켜서 흉노를 지원하는 서방의 국가와 흉노와의 사이를 차단하였다(是時漢東拔穢貊 朝鮮以爲郡 而西置酒泉郡 以鬲絶胡與羌通之路 漢右西通月氏 大夏 又以公主妻烏孫王 以分匈奴西方之援國)."[75]

> "효무제는 … 동쪽으로 조선을 정벌하여 현토와 낙랑 2군을 설치하여 흉노의 왼팔을 잘랐다(孝武皇帝 … 東伐朝鮮 起玄菟 樂浪 以斷匈奴左臂)."[76]

이에 의하면 무제가 서역 각국과 통교한 것은 흉노의 오른팔을 자르기 위한 것이었고 위만조선을 정벌한 것은 흉노의 왼팔을 자르기 위한 것이었다고 설명하고 있다. 그런데 위 인용문 중에서 서역을 지목하여 '흉노를 지원하고 있는 원국(援國)' 또는 '흉노에게 물자와 인력을 징발당하고 있는 역속국(役屬國)'의 뜻으로 설명하고 있는데 이 같은 '역속' 또는 '원국'의 뜻은 당시 서역은 흉노에게 인력과 물자를

74 강인욱, 〈기원전4~기원전 1세기의 고고학 자료로 본 흉노와 동아시아〉, 《중앙아시아 연구》 제15호, pp. 9-10; 채지용, 〈고조선의 멸망 원인 — 한의 대흉노정책과 관련하여〉.

75 《漢書》 卷94上, 〈匈奴傳〉, p. 2913.

76 《漢書》 卷73, 〈韋賢傳〉, p. 2913.

지원하거나 징발당하고 있는 흉노의 병참기지 역할을 하고 있었던 사실을 말하고 있는 것이다. 그러므로 서역은 흉노의 오른팔로 지목되어 경략되었지만 위만조선이 흉노의 왼팔로 낙인 찍혔던 이유에 대해서는 언급이 없다.

그런데 위에서 언급한 바와 같이 한 제국이 위만조선과 장기간의 비우호적 관계였음에도 불구하고 홀연히 섭하를 파견하여 양국 간의 우호관계 수립을 도모하고[77] 또 한 제국이 위만조선을 흉노의 왼팔로 지목하고 방대한 무력을 동원하여 정벌한 것은 분명한 사실이므로 흉노-위만조선 간에도 어떤 정치·군사적 연계가 있었고 이로 인한 어떠한 잠재적 위협이 있었기 때문에 한 제국은 위만조선을 흉노 왼팔로 지목하고 공략한 것이었다고 생각할 수밖에 없다.

또 당시 흉노 제국과 한 제국 주변에는 서역과 위만조선만이 있었던 것이 아니고 동호, 월지, 정령 등의 많은 유목부족국가들이 존재하고 있었다. 그런데 이 중에서 서역과 위만조선만이 각기 흉노의 오른팔과 왼팔로 지목되었는데 위만조선의 왼팔 지목은 흉노의 동아시아 패권전략에서 위만조선도 서역에 못지않은 어떤 정치·군사적 역할을 하고 있었고 잠재적 위협을 주고 있었기 때문에 한 제국에 흉노의 왼팔로 지목하였으리라고 추정된다. 다시 말하면 한 제국의 위만조선에 대한 흉노 왼팔 지목과 정벌은 흉노와 위만조선 간의 어떠한 형태의 정치·군사적 관계 형성하고 있었기 때문에 잠재적 위협을 느낀 한 제국이 선제적으로 대응한 것이었다고 추정된다. 그런데 아래 기사를 주시할 필요가 있다.

"지금 선우는 한 나라에 곤경당하고 있고 곤막 땅은 비어 있으며 만이

77 이춘식,《중국패권의 뿌리와 이념》, 고려대학교출판문화원, p. 249.

는 옛 땅을 그리워하고 있습니다. 또 한나라 재물을 탐내고 있으므로 이때 오손에게 성실히 후한 뇌물을 보내주고 동쪽의 땅을 내주어 살게 하고 한 나라 공주를 부인으로 삼게 하고 형제관계를 맺으면 오손은 형세에 따를 것입니다. 이렇게 되면 흉노의 오른팔을 절단하는 것입니다. 그리고 오손과 연합하면 서쪽 대하의 무리들을 초치하여 외신으로 삼을 수 있습니다(今單于新困於漢 而昆莫地空 蠻夷戀故地 又貪漢物 誠以此時厚賂烏孫 招以東居故地 漢遣公主爲夫人 結昆弟 其勢宜聽 則是斷匈奴右臂也 旣連烏孫 自其西大夏之屬皆可招來而爲外臣)."[78]

위 인용문은 서역의 대월지국과 군사동맹을 맺어서 흉노를 서쪽에서 협공할 수 있는 가능성을 알아보기 위해 서역으로 파견되었던 장건이 10여 년 만에 귀국하여 서역에 관해서 자신이 목격하고 경험한 모든 견문, 지식과 정보를 무제에게 보고하였던 상주문의 일부이다.

이 상주문에서 장건은 서역의 오손국을 재물로 회유하여 이전의 혼야왕 땅으로 이주하여 살게 하고 한 황실 공주를 출가시키고 의형제 관계를 맺어서 상호 연합하면 '흉노의 오른팔을 자를 수 있다(是斷匈奴友臂也)'고 건의하였는데 여기에서 장건은 서역을 흉노의 오른팔로 이미 지목하고 있는 것이다. 그리고 장건이 서역을 흉노의 오른팔로 지목하였다는 것은 흉노의 왼팔을 전제하고 있는 것인데 여기에서 흉노의 왼팔 이름은 거론되고 있지 않지만 사실상 동북의 강국 위만조선을 지칭하고 있는 것이라고 할 수 있다.

그러므로 장건은 당시 서역을 오른팔로 역속시키고, 위만조선을 왼팔로 복속시키어 한 제국을 정면으로 압박하고 있는 흉노 제국의 동중아시아 패권전략을 바로 꿰뚫어 보고 귀국한 후 흉노 제국의 동중아시아 패권전략에 대한 대응전략과 서역에 관한 상세한 정보 보

78 《漢書》 卷61, 〈張騫李廣利傳〉, p. 2693.

고서를 무제에게 함께 제출하였던 것으로 추정된다. 그리고 이 같은 흉노 제국의 동중아시아 패권전략 구도를 파악한 한 제국은 흉노의 오른팔 서역을 절단시키려는 전략을 수립하고 장건을 필두로 천자의 지절(指節, 일종의 신임장)과 많은 선물과 뇌물을 소지한 사신과 사절단을 2차로 서역으로 파견하여 서역과 통상 통교를 추진했다고 할 수 있다. 이런 사실에서 볼 때 한 제국의 서역 진출과 통교 추진은 흉노의 오른팔 서역을 절단시키려는 한 제국의 동중아시아 패권 전략 차원에서 출발한 것이었으며 이 같은 대흉노 협공전략은 장건이 처음으로 제시하였다고 할 수 있다.

한편 흉노의 패권에 대한 한 제국의 대응전략을 통해서 볼 때 당시 흉노 제국은 서역을 오른팔로 역속시키고 위만조선을 왼팔로 복속시켜서 한 제국을 서, 북, 동북쪽에서 압박하고 있었던 것으로 추정된다. 그리고 이 같은 흉노의 3면 압박의 국제 역학구도 속에서 국력을 축적한 한 제국이 흉노 패권에 도전하였을 때 흉노에게 역속되어 인력과 물자를 징발당하고 있는 서역을 흉노의 오른팔로 지목한 것은 당연한 것이었으며 서역의 오른팔 지목은 동시에 왼팔 지목을 전제하고 있는 것인데 그 왼팔은 당시 동북 지역의 강국 위만조선일 수밖에 없는 것이었다.

이 같은 사실에서 볼 때 한 제국에 의한 위만조선의 흉노 왼팔 지목은 서역과 마찬가지로 위만조선도 흉노 제국과 어떠한 형태의 정치·군사적 관계를 형성하고 있었기 때문에 잠재적 위협을 느낀 한 제국이 흉노 왼팔로 지목되고 정벌하였던 것으로 사료된다. 그러므로 흉노-위만조선 간의 어떠한 형태의 정치·군사적 관계 형성은 분명한 것인데 자료의 결핍으로 구체적인 내용은 알 수가 없다. 그러나 흉노-위만조선 간 어떠한 형태의 정치·군사적 관계 형성은 분명하므로 이 같은 양국 간의 정치·군사적 관계를 좀 우회적 방법이지만 위만조선의 지정학적 위치와 전략적 가치에서 접근해 볼 수 있을 것 같다.

> "좌방의 왕과 장수들은 동쪽에 살고 있는데 상곡군에서부터 동쪽을 맡고 있는데 예맥과 조선에 접해 있었다. 우방의 왕과 장수들은 서쪽에 살고 있었는데 상군에서부터 서쪽을 맡고 있는데 월지, 저, 강족과 접해 있었다. 선우의 정(庭)은 대군, 운중과 마주 보고 있었다(諸左方王將居東方 直上谷以往者 東接濊貊 朝鮮 右方王將居西方 直上郡以西 接月氏氐羌而單于之庭直代雲中)."[79]

> "그 이듬해 오환이 흉노 동쪽 변경의 고석왕(姑夕王)을 공격하여 백성들을 납치하였으므로 선우가 화를 냈다(其明年 烏桓擊匈奴東邊姑夕王頗得人民 單于怒)."[80]

위 인용문에 의하면 흉노 제국 영토의 좌측 왕과 장수들은 상곡군(上谷郡) 동쪽의 예맥(濊貊), 조선(朝鮮)과 인접되어 있고 우측 왕과 장수들은 상군(上郡) 서쪽의 월지(月氏), 저(氐), 강적(姜族)과 인접되어 있다고 하였는데 이것은 위만조선은 동북쪽으로 흉노 제국의 좌현왕 영토와 인접되어 있었던 사실을 말하고 있다.

> "한(漢) 나라가 일어나자 그곳이 멀어서 지키기 어렵기 때문에 다시 요동의 옛 요새를 수축하고 패수(浿水)에 이르러 경계를 정하고 연(燕)나라에 속하게 하였다. … 위만(衛滿)이 망명하여 천여 명의 무리를 모아서 상투를 매고서 만이 복장으로 동쪽으로 가서 요새를 나와서 패

79 《史記》卷110, 〈匈奴列傳〉, p. 2890; 《漢書》卷94下, 〈匈奴傳〉, p. 3791 참조.
80 《漢書》卷94下, 〈匈奴傳〉, p. 3791.

수를 건너서 한 나라의 옛 땅에 살면서 상하의 장(障) 지역을 오르내리락하였다(漢興 爲其遠難守 復修遼東故塞 至浿水爲界 … 滿亡命 聚黨千餘人 椎結蠻夷服而東走出塞 渡浿水 居秦故空地上下鄣)."[81]

"한 나라는 섭하를 사신으로 보내 우거왕을 꾸짖고 타일렀으나 우거왕은 끝까지 무제의 조서를 받들지 않았다. 이에 섭하는 양국 국경인 패수에 이르자 호송하는 조선 비왕 장(長)을 살해하고 바로 강을 건너서 한 나라 요새로 들어갔다(漢使涉何譙諭 右渠 終不肯奉詔 何去至界上 臨浿水 使御刺殺送何者 朝鮮裨王長 卽渡 馳入塞)."[82]

위 인용문에 의하면 우거왕 설득과 협상에 실패한 한 제국 사신 섭하가 앙심을 품고 귀국하던 중 패수에 이르자 자신을 호송하고 있던 조선 비왕 장(長)을 살해하고 패수를 건너서 바로 한 제국 요새로 들어갔다는 내용인데 이것은 패수를 경계로 패수 동쪽은 위만조선 영토, 패수 서쪽은 한 나라 요새가 있는 한 제국 영토임을 말하고 있다. 다시 말하면 한 제국과 위만조선 양국은 요동의 패수를 경계로 국경을 마주 대하고 있었다.

그런데 이 패수의 위치에 대해서 많은 의견이 제시되어 있다. 근래 연구자들은 패수를 란하(灤河), 혼하(渾河), 대능하, 압록강, 청천강 등으로 다양하게 비정하고 있는데 이 중에서 주목되는 것은 패수의 란하 설과 혼하 설이다. 란하 설에 의하면 패수는《한서》〈지리지〉에 기록된 요동군 번한현(番汗縣)의 패수(沛水)로 현재의 북경 가까이 있는 란하(灤河)로 추정하고[83] 혼하설은 패수를 요수(遼水)에서 분기된 소요수(小遼水)로 요동성 일대를 가로질러 흐르고 있는 현재의

81 《史記》卷115,〈朝鮮列傳〉, p. 2985.
82 위 책,〈朝鮮列傳〉, p. 2987.
83 윤내현,《韓國古代史新論》, 일지사, 1994, pp. 38-58.

혼하(渾河)로 비정하고 있다.[84]

그런데 위만조선과 한 제국과의 경계를 '패수=청천강' 혹은 '패수=압록강'으로 비정하는 경우 압록강과 청천강 유역과 그 주변 일대에 흉노계의 유적과 유물이 많이 발견되어야 하는데 아직까지 발견되지 않는 사실로 보아 이 같은 설은 부정되고 있다.[85] 위만조선은 '패수=혼하'를 경계로 서쪽으로는 한 제국과 영토를 맞대고 위의 북쪽으로는 흉노 제국과 경계를 맞대고 있었으므로 한 제국은 '패수=혼하'를 경계로 위만조선과 흉노 제국을 동시에 상대해야 한다고 하였다.[86]

이와 같이 위만조선과 한 제국과의 경계가 '패수=란하' 또는 '패수=혼하'설로 대립되어 있는데 위에서 언급한 주 79, 80의 인용문에 의하면 위만조선의 북쪽 영토는 분명히 흉노 좌현왕 영토와 인접하고 있으므로 패수는 요동의 혼하를 지칭하고 있는 것이다. 그러므로 위만조선은 서쪽으로는 요동의 패수를 경계로 한 제국의 동쪽 국경과 인접하고 북쪽으로는 예맥(濊貊)과 더불어 흉노의 동북쪽 영토와 인접하고 있었던 것을 알 수 있다.[87] 따라서 흉노-한 제국 간의 전면전이 발발하는 경우 위만조선은 흉노와 연합하여 동쪽에서 한 제국을 압박할 수 있고 반대로 한 제국과 연합하여 흉노를 동북 측면에서 공략할 수 있는 전략적 위치에 있었다. 그러므로 흉노-한 제국 간의 전면전이 발발하는 경우 위만조선의 대외정책 향방에 따라서 흉노-

84 박준형,《고조선사의 전개》, 서경문화사, 2014, p. 215.

85 위 책, 주 43, p. 215 참조.

86 위 책, 2014, p. 215.

87 박준형은 위만조선과 한 제국과의 경계를 청천강이나 압록강으로 볼 경우 청천강이나 압록강의 이북 지역에 흉노계의 유적과 유물이 발견되지 않는 사실로 '패수=압록강', '패수=청천강'설을 부정하고 있다(박준형, 앞 책, p. 215 참조).

한 제국 양국간의 전세가 결정될 수 있는, 즉 동중아시아 국제정세가 요동칠 수 있는 것이었다.

이와 같이 당시 동중아시아 국제정세에서 위만조선의 지정학적 위치와 전략적 가치는 중요하였는데 위만조선의 지정학적 위치와 전략적 가치의 중요성은 후일 국력을 축적한 한 제국이 흉노 패권에 도전하였을 때 다시 한 번 입증되었다.

앞에서 서술한 바와 같이 한 제국이 흉노 공략을 시작하였을 때 한 제국은 장건을 서역에 보내어 흉노와의 연계를 차단하고 나아가서 서역과 군사동맹을 맺어서 흉노를 공략할 수 있는 대흉노 협공전략을 추진하였다. 또 섭하를 위만조선에 파견하여 동북쪽에서 위만조선과 우호관계를 회복하고 군사동맹을 맺어서 동쪽에서 흉노를 협공할 수 있는 대흉노 협공전략을 수립하였는데[88] 이 같은 한 제국 패권전략의 기본 틀은 그 방향만 달랐을 뿐 서역을 흉노의 오른팔로 역속시키고 위만조선을 흉노의 왼팔로 복속시키면서 남쪽 정면에서 한 제국을 압박하였던 흉노의 패권전략의 기본 틀과 사실상 일치하고 있는 것이다.

이같이 흉노와 한 제국의 양국은 위만조선의 지정학적 위치와 전략적 가치와 중요성을 시간 차이는 있었지만 똑같이 인지하고 있었는데 이것은 장성을 중심으로 전개된 흉노-한 제국 간의 동중아시아 패권 장악의 국제 역학구도 속에서 동북의 위만조선도 서쪽의 서역에 못지않게 지정학적 위치와 전략적 가치를 가지고 있었으며 또 이 같은 위만조선의 지정학적 위치와 전략적 가치의 중요성을 흉노 제국은 한 제국보다 먼저 인지하고 있었던 것을 알 수 있다. 따라서 흉

88 이춘식, 《중국 패권의 뿌리와 이념》, 고려대학교출판문화원, 2014, pp. 251-253.

노 제국은 위만조선을 동쪽의 우호국으로 그냥 대우하고 있지는 않았을 것이다.

또 앞 절에서 언급한 바와 같이 우주천지자연의 창조주 '탱리(撑犁, 天神)'의 절대적 권위와 위엄에 의탁하여 통치의 정통성과 합법성을 수립하고 천하를 자신의 통치 영역으로 설정하여 유일무이한 천하 통치자로 자처한 흉노 선우의 통치이념은 유일무이한 천명의 봉행자 주왕의 통치이념에 못지않게 제국주의적이었는데[89] 이 같은 제국주의적 통치이념을 가지고 있던 흉노 제국이 위만조선을 단순한 인접국으로 대우하고 있지도 않았을 것이다.

또 흉노-위만조선 양국의 국력을 비교해 보면 당시 흉노 제국은 동중아시아 패권국으로서 동쪽으로는 위만조선의 영토와 인접하고 서쪽으로는 중앙아시아의 서역까지 걸쳐 있었는데 이 같은 광대한 흉노 제국의 영토 면적은 추측컨대 한 제국의 영토 면적을 능가했을 것이다. 반면 위만조선 영토는 동북에 치우친 사방 수천 리 영토에 불과하였으므로 양국의 국력은 사실상 비교할 수 없을 정도의 격차가 있었다고 할 수 있다. 그리고 전근대의 국제사회에서 대소 각국 간의 대등한 상호관계는 존재하지 않았던 사실을 감안하면 흉노 제국은 위만조선을 그냥 우호적인 인접국으로 대우하지는 않았을 것이다.

그러므로 기원전 2세기 흉노 제국과 한 제국의 남북 두 축을 중심으로 전개된 동중아시아 패권쟁탈전에서 흉노 제국은 서쪽으로는 서역을 오른팔로 역속시키고 동북쪽으로는 위만조선을 왼팔로 복속시키고 남쪽 중원 한 제국의 정기적 입공을 받고 있었으므로 당시 동

89 이춘식, 위 책, pp. 342-325.

중아시아 세계는 유일의 패권국(Unipolar Hegemony) 흉노 제국을 중심으로 일극체제의 국제질서가 수립되어 있었다고 할 수 있다. 그리고 이 같은 흉노 제국의 동중아시아 패권구도는 이후 국력을 축적한 한 제국이 흉노 패권에 도전하였을 때 위에서 언급한 것과 같이 방향만 달랐을 뿐이지 전략적 기본 틀은 그대로 답습하였다. 다시 말하면 흉노·한 제국의 동중아시아 패권 장악의 기본 전략은 방향만 달랐을 뿐 기본적으로는 같았다고 할 수 있다.

이 같은 사실에서 볼 때 동중아시아 패권 쟁탈전의 국제 역학구도에서 사방 수천 리의 영토를 소유하고 철제 무기로 무장된 무력을 보유하고 있으면서 흉노-한 제국과 영토를 맞대고 있는 위만조선의 지정학적 위치와 전략적 가치가 얼마나 중요하였는가를 알 수 있다. 그리고 이 같은 위만조선의 지정학적 위치와 전략적 가치를 한 제국보다 먼저 파악한 흉노 제국이 위만조선을 동북 왼팔로 먼저 포섭하였을 것으로 판단된다.

그러므로 문헌상의 자료는 없지만 흉노-위만조선 간의 상호관계는 단순한 인접국 또는 우호적 관계는 아니었고 위만조선도 분명히 흉노 제국의 패권을 인정하고 정치·군사적으로 복속하고 있던 복속국으로 흉노 왼팔 역할을 하고 있었을 것으로 생각된다.

제3장

한초의 대외 위협과 제이책의 개발

1. 회뇌결화친의 입공 제이책

앞 장에서 서술한 바와 같이 기원전 200년 평성전투에서 흉노 기마군단에 대패한 한 고조는 전의를 완전히 상실하여 흉노와 무력대결을 포기하고 유경(劉敬)의 건의를 받아들여 북변 침탈 중지의 조건으로 흉노와 화친약(和親約)을 맺고(전198) 입공을 조건으로 당장 급한 흉노의 침탈을 제어하고 있었지만 대외 위기가 전부 해소된 것은 아니었다.

흉노는 화친약을 수시로 배약하여 북변 침탈을 빈번히 자행하고 있었다. 남쪽의 남월국은 한 제국과 외신 외번 관계를 수립하였음에도 불구하고 칭번(稱藩)과 칭제(稱帝)를 수시로 반복하면서 영토를 사방 수만 리로 확장하여 한 제국의 장사군과 국경을 맞대고 있었다. 동북의 위만조선 역시 한 제국과 외신 외번 관계를 수립하고 왕의 입조, 동북 만이의 관리와 변경 안정을 약속하고 군사·경제적 원조를 받았으나 위만조선은 이 같은 약속을 번복하고 영토를 사방 수천 리로 확대하여 요동의 패수를 경계로 한 제국과 국경을 맞대고 있으면서 비우호적 관계를 유지하고 있었다.《한서》에는 당시 한 제국의 대외적 위기 상황을 아래와 같이 묘사하고 있다.

> "한 고조가 천하를 장악하였으나 세 변방에서 반란이 있었다. … 한 고조는 전쟁을 싫어하였고 소하와 장량은 지모가 있어서 전쟁을 그치고 큰 휴식을 갖게 하였으나 이적들을 얽어매는 수단은 갖지 못하였다.(高祖有天下 三邊外畔 … 會高祖壓苦軍事 亦有蕭張之謀 故偃武一休息 羈縻不備)."[1]

> "한 나라가 흥기함에 따라 모돈 선우도 강성하기 시작하여 동호를 격파하고 월지 왕을 사로잡고 그 토지를 병합하였는데 땅이 넓고 군대가 강하여 중국의 해가 되었다. 남월 위타가 월족들을 규합하여 자칭 칭제하고 있다. 중국은 평온하다고 하나 사방 이적들의 변환으로 편안한 해가 없었다. 한 곳이 급하면 다른 3곳이 합쳐서 구하였으므로 천하가 동요되어 그 피해를 입었다(及漢興 冒頓始彊 破東胡 禽月氏 幷其土地 地廣兵彊 爲中國害 南越尉佗總百粵 自稱帝 故中國雖平 猶有四夷之患 且無寧歲 一方有急 三面救之 是天下皆動而被其害也)."[2]

이와 같이 개국 초기 한 제국이 당면한 대외 위협은 북방 흉노만이 아니었다. 흉노 외의 다른 주변국도 위협적이었고 결코 우호적이지 않았으므로 한 제국은 이 같은 대외 위협을 타개하기 위해서 화친책과 입공을 포함한 전례 없는 다양한 대외 전략과 정책을 강구하지 않으면 안 되었다.

앞 장에서 서술한 바와 같이 기원전 200년 평성전투에서 흉노 기마군단에 대패한 한 고조는 흉노와 무력대결을 포기하고 유경의 건

1 《漢書》 卷25, 〈律書〉, p. 1243.
2 위 책, 卷43, 〈韋賢傳〉, p. 3127.

의를 받아들여 북변 침탈 중지의 조건으로 흉노와 화친약을 맺었다(전198). 그리고 이 화친약에 의해 한 제국은 한 고조 9년(전198)에서 무제 원광 2년(전133)까지 65년여 간 흉노 선우에게 매년 정기적으로 입공을 행하였다. 그러나 한 제국의 입공은 공물을 헌상하는 단순한 입공이 아니라 깊은 저의가 있었다. 한 제국의 흉노에 대한 역대 입공의 저의와 성격을 파악하기 위해서는 당시 한 제국의 입공 상황을 살펴볼 필요가 있다.

> "이에 고조가 걱정을 하다가 유경으로 하여금 종실녀를 공주로 분장하여 선우 황후로 삼게 하고 해마다 일정량의 무명, 비단, 누룩, 곡식 등을 보내 주고 형제가 되기로 약속하였다(於是高祖患之 乃使劉敬奉宗室女翁主爲匈奴閼氏 歲奉匈奴 絮繒酒食物各有數 約爲兄弟以和親)."[3]

> "혜제 3년 종실녀를 공주로 삼아서 흉노 선우에게 출가시켰다(惠帝三年 以宗室女爲公主 匈奴單于)."[4]

> "문제 3년 … 흉노는 한(漢)과 형제가 되어 변경을 침범하지 않기로 약속했으므로 많은 물자를 보냈다(文帝 三年 … 漢與匈奴約爲昆弟 毋使害邊境 所以輸遺匈奴甚厚)."[5]

> "사신의 말에 의하면 선우가 몸소 장군이 되어 여러 나라를 쳐서 공을 세우고 고생이 많았다고 하니 대례복인 수겹기의, 수겹장유, 금겹포 각각 1벌, 비여 1개, 황금 식구대와 서비 1개, 수놓은 비단 10필, … 붉은 비단과 푸른 비단 각각 40필을 보내는 바이요(使者言 單于自將伐國有功 甚苦兵事 服繡袷綺衣 繡袷長襦 錦袷袍 各一 比余一 黃金飾具帶一 黃金胥

3 《史記》 卷99, 〈劉敬叔孫通列傳〉, p. 2719.
4 《漢書》 卷2, 〈惠帝紀〉, p. 89.
5 《史記》 卷10, 〈文帝紀〉, p. 425.

絖一 繡十匹 錦三十匹 赤綈 綠繒各四十匹)."[6]

"경제는 흉노와 화친을 회복하고 관시를 통해서 흉노에게 비단을 보내주고 이전 약속대로 흉노 선우에게 공주를 출가시켰다(景帝復與匈奴和親 通關市 給絹單于 遣公主與故約)."[7]

"무제가 즉위하자 화친 약속을 명확히 하여 흉노를 후히 대우하고 관시를 통해서 많은 물자를 보내 주었다(今帝卽位 明和親約束 厚遇 通關市 饒給之)."[8]

위 인용문은 평성 대패 후 한 고조에서 무제 초기까지(전198~전133?) 한 제국이 화친약에 따라 흉노 선우에게 봉헌한 입공품과 유관된 사항을 열거한 것이다. 그 내용 구성과 성격에 따라 1) 솜, 비단, 술, 쌀, 의복, 음식물 등의 봉헌, 2) 매 선우 등극 시 한 황실 공주의 출가, 3) 국경의 관시 개설과 교역, 4) 형제 결의와 우호 관계 수립 등으로 분류할 수 있는데 이 절에서는 1)항만 먼저 분석하고 나머지 항은 다음 절에서 차례로 분석할 것이다.

한 제국이 흉노 선우에게 매년 정기적으로 봉헌한 입공품의 성격을 분석하기 위해서는 후술하는 가의(賈誼)의 오이책(五餌策)을 먼저 살펴볼 필요가 있다.

가의의 오이책은 사치스럽고 아름다운 의복, 맛있고 기름진 음식, 편리하고 멋있는 주택, 향기로운 술과 미인들로 흉노의 눈, 입, 귀, 배, 몸, 마음을 중독시켜서 유목과 목축으로 단련된 흉노의 강인한 체력을 약화시키고 호전적 상무 정신을 유순하게 만들어서 흉노 세

6 위 책, 卷110, 〈匈奴列傳〉, p. 2897.
7 《漢書》卷94, 〈匈奴傳〉, p. 3765.
8 《史記》卷110, 〈匈奴列傳〉, p. 2895.

력을 약화시키고 투항을 유도하는 데 목적이 있었다. 따라서 가의의 오이책은 '다섯 가지의 미끼 책략'이었다고 할 수 있다. 그런데 한 제국 황실의 내관이었다가 흉노에 투항하여 노상 선우를 보필하고 있던 중항열(仲行說)은 한 나라의 사치스럽고 소비적인 물산에 대해서 흉노 백성들이 현혹되는 현상을 목격하고 후술하는 바와 같이 그 위험성을 노상 선우에게 알리고 한 나라 물산 유입 금지에 대한 대책을 건의하였다.

또 춘추전국 시대 부초(夫椒)에서 월왕 부차(夫差)에게 패배한 오왕 구천(句踐)은 부차에게 칭신하면서 뇌물과 미녀를 보내어 환심을 사고 와신상담(臥薪嘗膽)을 통해 국정을 쇄신하고 국력을 배양하였다. 이후 부차가 황지에서 중원 열국과 회맹을 개최하고 있는 틈을 타 오국의 수도 고소(姑蘇)를 공략하고 이를 구원하러 온 부차를 패사시키고 오국을 멸망시켰는데 이 같은 구천의 호화 사치스런 선물과 미녀 제공은 구천의 부차에 대한 뇌물책략이었다고 할 수 있다.

이 같은 사실로 미루어 볼 때 한 제국의 흉노 선우에 대한 매년 정기적인 솜, 비단, 술, 쌀, 음식물 등의 세폐 봉헌은 겉으로는 한 제국의 흉노 패권에 대한 복속의례의 입공이었지만 안으로는 한 제국의 선진물산으로 흉노의 강인한 체력을 약화시키고 호전적 기질을 개조하여 흉노 세력의 약화를 도모한 뇌물책략이었다고 할 수 있다.

2. 유경의 통혼 제이책

앞 절에서 언급한 바와 같이 평성에서 모돈 선우에게 대패한 한 고조는 회뇌결화친의 화친약을 체결(전198)하였는데 이 화친약의 조항 속에는 한 제국 황실의 맏공주를 매 선우 즉위 때 선우 연지(閼氏, 황후)로 출가시킨다는 통혼 조항이 들어 있었다. 이 조항에 의해 한 제국은 매 흉노 선우 즉위 때 많은 세폐 봉헌과 더불어 황실 맏공주를 선우의 연지로 출가시켰는데[9] 그 목적은 흉노의 한 제국 북변 침탈 중지와 양국 간의 친목과 우의 증진이었다. 그러나 흉노의 북변 침탈 중지도 친목과 우의 증진도 이루어지지 않았으므로 한 고조는 화친약을 입안하고 추진하였던 유경에게 다시 자문을 구하였는데 유경은 아래와 같이 대답하였다.

> "'천하가 처음으로 안정되어서 군사들이 전쟁에 지쳐 있으므로 무력으로 흉노를 복종시킬 수 없습니다. … 다만 계책으로 그의 자손들을 영구히 신하로 만들 수밖에 없습니다.' … '만일 그 같은 일이 가능하다고 하면 못할 것이 무엇이 있겠느냐?' … 유경이 대답하였다. '폐하께서 만일 맏공주를 묵돌에게 출가시키고 후한 선물을 보내주신다면 … 만이들은 반드시 공주를 존중하여 연지(閼氏, 황후)로 삼을 것입니다. 공주께서 아들을 낳으면 태자로 삼아서 선우의 대를 잇게 할 것입니다. … 폐하는 새해에 그들에게 잉여의 귀한 물건으로 자주 위문하고 말 잘하는 사신을 보내어 은근히 예절을 가르친다면 묵돌이 살아 있는 동안에는 폐하의 사위가 되는 것이며 그가 죽을 경우에는 폐하의 외손이 선우가 될 것입니다. 폐하께서는 외손이 외할아버지와 대등한 예를 주장하였다는 말을 들으신 적이 있습니까? 이것은 군대를 내어 싸우지 않고도 점차로 그들을 신하로 만드는 방법입니다.'(天下初定 士卒罷於兵 未可以武服也 … 未可以仁義說也 獨可以計久遠子孫爲臣耳 然恐陛下不能爲 上曰 誠可 何爲不能 顧爲奈何 劉敬對曰 陛下誠能以適長公主妻之 厚

9 맏공주를 선우 알씨로 출가시키게 되자 황후 여후(呂后)가 밤낮으로 울면서 극력 반대하였으므로 한 고조도 차마 자신의 딸을 흉노 선우에게 출가시키지 못하고 종실녀를 공주로 분장시키어 선우 알씨로 출가시켰다. 이후 흉노 선우에 출가하는 한 황실 공주는 황실 공주가 아닌 종실녀로 대체되었다.

奉遣之 … 蠻夷必慕以爲閼氏 生子必爲太子 代單于 … 陛下以歲時漢所餘彼所鮮數問遣 因使辯士風諭以禮節 冒頓在 固爲子胥 死 則外孫爲單于 豈嘗聞外孫敢與大父杭禮者 兵可無戰以漸臣也)."[10]

위 인용문에 의하면 한 제국은 흉노와 통혼을 통해서 흉노 선우를 사위(子胥)로, 한 제국 천자를 장인(大父)으로 삼는 구생(舅甥)관계를 형성하는 것이었다. 이같이 흉노-한 제국 양국 간의 관계를 장인과 사위 간의 구생관계로 만든 후 매년 새해에 귀한 물건으로 위문하고 말 잘 하는 사신을 보내어 중국의 예절을 가르쳐야 한다고 하였다. 그러면 선우는 살아 있는 동안에는 한 고조의 사위가 되므로 사위는 장인에게 공손할 수밖에 없을 것이고 선우가 사망하고 그 아들이 다음 선우로 등극하면 외손자가 되므로 외손자 흉노 선우는 외할아버지 한 제국 천자에게 순종할 수밖에 없을 것이므로 흉노 선우는 점차로 순종해지고 신하로 될 것이라는 것이다.

이 같은 유경의 대답에서 볼 때 한 제국의 흉노 선우에 대한 매년 막대한 세폐 봉헌과 더불어 황실 공주 출가의 이면에는 흉노 선우와 한 제국 천자 간의 관계를 장인과 사위, 외할아버지와 외손자 간의 위계적 구생관계로 만들어 흉노 선우를 복속시키려고 했던 깊은 책략이 내재되어 있었던 사실을 엿볼 수 있다. 따라서 유경이 제시한 통혼책은 통혼을 통한 중국의 위계적 예의질서 주입에 의해 흉노를 제어하려고 했던 통혼 제이책이었다고 할 수 있다.

그러나 위에서 언급한 바와 같이 흉노는 화친약을 체결하고 통혼과 구생관계 형성 후에도 거의 매년 북변 침탈을 계속하고 있었으므로 유경이 추진한 통혼책과 구생관계 수립은 별 효과가 없었다. 그

10 《漢書》 卷43, 〈酈陸朱劉叔孫傳〉, p. 2123.

러나 이 통혼책은 이후 서역 각국에 활용되어 많은 성과를 거두었고, 또 당대(唐代)에는 주변 이적만이 군장들에게 널리 활용되었던 화번공주(和藩公主)의 기원이 되었다.[11]

3. 가의의 삼표오이책

가의(賈誼, 전200-168)는 낙양(洛陽) 출신의 인재였다.[12] 문제 때 활동하였는데 이 시기는 개국 초기였으므로 국가 기반이 아직 공고하지 않았다. 정치적으로는 군국제도하에서 거의 독립적이었던 제

11 화번공주의 뜻을 보면 공주(公主)는 천자의 여식들을 말하고 번(蕃)은 이적만이의 총칭이었다. 그러므로 화번공주는 이들 이적만이 군장들에게 정략적으로 결혼시키는 황실의 공주를 의미하였다. 화번(和蕃) 명칭의 유래를 살펴보면《책부원구(册府元龜)》〈외신부(外臣部)〉의 화친문(和親門)에는 번한(蕃漢) 간의 통혼에 관한 자료가 많이 서술되어 있는데 번한 간의 통혼을 청화친(請和親)으로 기재하고 있다. 또 번한 간의 통혼은 화친을 의미했으므로 화번(和蕃)공주의 명칭이 여기에서 유래하였다. 그리고 그 기원은 한 제국의 창업주 유방이 평성에서 흉노 모돈 선우에게 대패하고 화친약을 체결하였는데 이 화친약 체결 조건 중에 한 제국 황실 공주의 출가가 포함되어 있는데 이것이 화번공주의 기원이 되었다(日野開三郎,〈唐代の和藩公主〉,《日野開三郎 東洋史學論集》第9卷, 東京: 1984, p. 234).

12 가의는 18세 때 이미 '시', '서'에 능통하였으므로 고향 사람들이 그를 칭찬하여 가생(賈生)이라고 불렀다. 하남 태수 오공(吳公)이 가의의 총명함을 듣고 발탁하여 그 문하에 두었는데 이후 오공이 중앙정부의 정위(廷尉)로 승진하자 가의를 문제에게 추천하였다. 문제는 가의를 바로 박사로 임명하였는데 당시 가의의 나이가 20세로 박사 중에서 나이가 제일 어렸다. 이후 가의는 급속도로 승진하여 태중대부(太中大夫)로 임명되었으며 법령 정리와 개정, 흉노 대책, 제후왕 대책, 권농정책 등에 많은 정책과 개혁을 건의하였다. 가의는 33세의 나이로 요절하였는데 저서《신서(新書)》58편이 전하고 있다. 가의의 학문 성향을 살펴보면 가의는 유학의 인의, 예의, 도덕을 가장 중시하면서도 노장학, 음양오행 사상, 법가사상 등의 영향을 많이 받았는데 이것은 가의의 학문이 유학을 뼈대로 제자백가 학문의 섭렵으로 형성되었음을 말하고 있다.《한서(漢書)》〈예문지〉 유가류(儒家類)에는 〈가의오십팔편(賈誼五十八篇)〉이 포함되어 있는데 〈가의오십팔편〉이 유가류에 포함된 사실을 보면 가의는 기본적으로 유가였던 것을 알 수 있다.

후왕들의 황제와 중앙정부에 대한 교만과 방종이 날로 심해지고 있었으며 제북왕 유흥거(劉興居)와 회남왕 유장(劉長)의 모반 사건도 발생하였다. 사회적으로는 황노사상이 풍미하여 정치·사회적 기강이 크게 흔들리고 무기력하였다. 대외적으로는 북방 흉노에게 평성에서 참패한 이후 매년 입공을 행하고 있었으나 흉노의 수시 침탈로 북변은 항시 불안정하였다.

그러므로 가의는 당시 이 같은 국내외의 불안한 상황을 예의 통찰하고 정삭(正朔) 개정, 관제(官制) 개혁, 예치(禮治) 시행, 중건제후정책(衆建諸侯政策) 등의 여러 가지 개혁정책을 건의하였는데 이 중에서 가장 시의적절하고 탁월하였던 것은 흉노대책이었다. 먼저 가의는 한 제국과 흉노와의 관계를 현실적으로 분석하였다.

가의는 한 제국이 흉노 선우에게 매년 보내는 금, 솜, 비단, 쌀, 음식물 등의 세폐 봉헌을 입공[13]으로 단정하고 아래와 같이 흉노대책을 제시하였다.

> "앞으로 투항한 흉노 무리들은 한 나라 백성들로 만들어야 합니다. 이들을 천가(千家) 단위로 조직하여 국(國)을 편성하고 국경 밖 새외(塞外)의 농서(隴西)에서부터 요동(遼東) 사이에 배치하여 각기 땅을 나눠주고 변방을 지키게 하여 월지(月氏)와 관찬(灌竄)의 변란을 대비하고 주변 군에 위촉하여 관리하게 하면 전란이 없어지고 변방이 쉬게 되어 천하에 전쟁이 없어질 것입니다. 폐하의 위엄과 덕이 나라 안과 밖에서 행해지고 신뢰되어 사방 이적만이들이 즐거이 복속해 올 것입니다(將必以匈奴之衆 爲漢臣民 制之令千家而爲一國 列處之塞外 自隴西下延至遼東 各有分地以衛邊 使備月氏 皆屬之置郡 然後罷戎休邊 民天下之兵 帝之威德內行外信 四荒悅服)."[14]

13 이춘식, 《중국패권의 뿌리와 이념》, 고려대학교출판문화원, 2014, p. 208.
14 賈誼 撰, 《新書(抱經堂叢書)》 卷4, 匈奴, 1b.

이 당시 한 제국은 주변 이적들의 투항자를 많이 받아들여서 새내(塞內)에 수용하고 있었는데, 가의는 이들 투항 이적들이 흉노와 똑같은 특기를 가지고 있으므로 흉노가 빈번히 침입하는 지역에 투입하여 활용하자는 것이었다. 그런데 위 인용문은《한서》〈가의전〉에 보이지 않고 또《신서》의 작자와 저작연대에 대해서도 이견이 있으므로[15] 가의가 실제로 이 같은 책략을 제시하였는지는 의문스럽다. 그러나 "투항한 흉노 무리들을 … 천가(千家) 단위로 조직하여 변경에 배치하면 변경이 편안해질 것이다(將必以匈奴之衆 … 制之令千家而爲一國 列處之塞外 休邊 …)."의 내용은 가의가 분명히 투항한 이적들을 변경에 배치하여 이적들의 침탈을 대비하자는 것이었으므로 가의는 투항 이적들을 활용하자는 전략을 제시한 것이었다.

그러나 가의가 흉노의 약점과 단점을 간파하여 체계적이고 구체적으로 제시한 제이책은 '삼표오이책(三表五餌策)'이었다. 먼저 삼표(三表)의 뜻을 살펴보면 아래와 같다.

> "저는 폐하를 위하여 3가지 준칙을 제시합니다. … 폐하께서 저의 계책을 기꺼이 들어주신다면 저는 사리와 위세로서 천자의 신의(信義)를 깨닫게 하여 흉노 백성들이 믿고 따르도록 하겠습니다. 말을 통하기 위해서는 하겠다고 한 약속은 반드시 지키고 바꿔서는 안 됩니다. 설령 꿈속에서 다른 사람과 약속한 일이라도 깨어나서는 그 신의를 어기지 않아야 하며 폐하께서 승낙한 일은 태양이 떠오르듯 밝아야 합니다. 그러면 폐하의 말 한마디를 들으면 멀리 있는 미천한 자도 의심하지 않을 것이며 비록 적이라 해도 마음이 불안하지 않을 것입니다. 이렇게 되면 폐하의 신의를 알게 되어서 의도한 일이 모두 이루어질 것입니다. 이것이 한 가지 준칙입니다(臣爲陛下建三表 … 陛下肯幸用臣之計

15 戴若仁,〈論賈誼的學術並及其前後的學者〉,《大陸雜誌》三十六卷 四期, p.168. 이외 重澤俊郎,〈賈誼新書の思想〉,《東洋史研究》十卷 四期, p. 1949 참조.

臣且以事勢諭天子之信 使匈奴大衆之信陛下也 爲通言耳 必行而弗易 夢中許人 覺且不背其信 陛下已諾 若日出之灼灼 故聞君一言 雖有微遠 其志不疑 仇讎之人 其心不殆 若此則信諭矣 所孤莫不行矣 一表)."[16]

"신은 또 사리와 위세로서 폐하의 사랑을 흉노에게 타일러서 흉노 스스로 자신을 돌보게 할 것입니다. 오랑캐 꼴을 하고 있는 자신들이 천자의 사랑을 받고 있다고 여기게 되면 마치 연약한 아이가 자애로운 어머니를 만난 것같이 될 것입니다. 이렇게 되면 폐하의 사랑이 알려지게 될 것이므로 이것이 또 하나의 준칙입니다(臣又且以事勢 諭陛下之愛 令匈奴之自視也 苟胡面而戎狀者 其自以爲見愛於天子也 猶若子之愕慈母也 若此 則愛猶矣 一表 臣又且陛下之好 令胡人之自視也 苟其技之所長與其所工 一可當天子之意 若此則好猶矣 一表)."[17]

"신은 또 폐하께서 좋아하는 것을 흉노에게 타일러서 흉노 스스로 자신을 돌아보게 하고 그들의 뛰어난 장기나 재주를 한결같이 천자의 뜻에 맞추게 할 것입니다. 이렇게 되면 폐하께서 무엇을 좋아하시는지 알게 될 것이므로 이것이 또 하나의 준칙입니다(臣又且諭陛下之好 令胡人之自視也 苟其技之所長與其所工 一可以當天子之意 若此則好諭矣 一表)."[18]

"다른 사람을 사랑하고 다른 사람의 재주를 좋아하는 것은 일반 사람의 도리이며 믿음을 신조로 삼는 것은 제왕의 도리입니다. 사랑하고 좋아해야 결실이 있고 이미 응답하신 일을 기약대로 지킨다면 열 명이 죽고 한 명만 살아남게 된다고 해도 그들은 반드시 찾아올 것입니다. 이것을 세 가지 준칙이라고 합니다(愛人之狀 好人之技 仁道也 信爲大操 帝義也 愛 好有實 已諾可期 十死一生 被必將至 此謂三表)."[19]

16 《新書校注》, 卷4, 〈匈奴〉, p. 135.
17 위 책, 〈匈奴〉, p. 135.
18 위와 같음.
19 위와 같음.

위 인용문 중에서 삼표(三表)는 1)신유(信諭), 2)애유(愛諭), 3)호유(好諭)로 구성되고 표(表)는 준칙 또는 법칙을 의미하고 있다. 이 중에서 1)은 군주의 언행일치를 통해서 흉노에게 신뢰를 주고 신망을 확대하는 신유(信諭)의 일표(一表), 2)는 흉노가 천자의 사랑을 느끼게 하여 감화시키는 애유(愛諭)의 일표(一表), 3)은 흉노의 특기자를 중용하는 호유(好諭) 일표(一表)의 '삼표'로 구성되었다.[20]

이같이 신유, 애유, 호유로 구성된 '삼표'의 본질을 보면 멀리 있는 무지몽매한 이적만이들을 신뢰, 사랑, 중용의 덕(德)으로 수용하고 포섭하면 모두 따르고 복종할 것이라는 덕치(德治)를 기본으로 하고 있다. 그러므로 '삼표'는 무지몽매하고 포악한 흉노를 '덕'으로 대하고 다스려서 복속시키겠다는 일종의 덕전(德戰)이었다고 할 수 있다.

다음 가의는 물질로서 흉노 세력을 약화시키고 개조하려고 하였는데[21] 이것이 '오이책(五餌策)'이었다. '오이책'은 아래와 같이 구성되어 있다.

> "나라에 공을 세운 사람에게 상을 줄 때는 균등하게 주면 안 됩니다. 상을 똑같이 많이 주면 나라의 재물이 비게 되며 상이 적은 경우에는 사람들을 격려하기가 어렵습니다. 그러므로 상을 잘 쓰는 자는 상받는 사람을 특별하게 대우하고 여러 가지 종류와 등급의 상을 만들어 때에 따라 후하게 상을 줍니다. 사람들이 상을 받는 모습을 충분히 볼 수 있게 하고 그에 관해서 말하고 싶은 사람은 누구든지 이야기할 수 있도록 하면 온 나라 사람의 마음을 폐하께 향하도록 할 수 있습니다. … 흉노 가운데 귀순하여 오는 사람 중에 오십가(五十家)의 수장은 반

20 曹德本 主編,《中國政治思想史》, 北京: 高等教育出版社, 1999, p. 98; 朱日耀 著, 鄭貴和 譯,《傳統中國政治思想史》, 서울: 新知書院, 1999, pp. 225-226.

21 徐復觀,《兩漢思想史 》卷二, 臺灣學生書局, 民國 68년, p. 130.

드시 수놓은 비단옷을 입을 수 있게 하고 그 이하는 화려하고 무늬 있는 옷을 하사하고 은으로 화려하게 장식된 다섯 대의 마차에 태워서 차양막을 세우고 네 마리의 말을 매어 끌도록 하며 녹색의 양산을 덮어 고귀한 지위를 드러내게 하고 몇 명의 기마병이 그 뒤를 따르게 하고 호위병을 부리게 하며 설사 흉노 선우 자신이 오고 간다고 할지라도 이러한 호화는 함부로 누릴 수 없게 합니다. 그리고 흉노 가운데 항복하여 온 사람에게 종종 이같이 갖추게 해줍니다. 온 나라에서 이것을 듣고 부러운 마음에 서로 알리고 사람마다 이런 행운을 바라고 자신도 귀화하면 이 같은 대우를 받을 수 있을 것으로 생각할 것입니다. 이것이 그들의 눈을 상하게 하는 한 가지 미끼입니다(凡賞於國者 此不可以均 賞均則國窾 而賞薄不足以動人 故善賞者踔之 駁轢之 從而時厚之 令視之足見也 誦之足語也 乃可傾一國之心 … 匈奴之來者 家長已上固必衣繡 家少者必衣文錦 將爲銀車五乘 大雕畵之 駕四馬 載綠蓋 從數騎 御驂乘 且雖單于之出入也 不輕都此矣 令匈奴降者時時得此而賜之耳 一國聞之者見之者 希必而相告 人人冀行 以爲吾至亦可以得 此 將以壞其目 一餌)."[22]

이것은 한 나라의 선진 물산과 사치품으로 유혹하는 것이다. 많은 고급 상품과 예물 등을 하사하여 우대하고 이 장면을 흉노 모든 백성들이 보게 하고 소문을 널리 내게 하여 흉노 백성들의 눈(目)을 현혹시키고 유혹하여 한 나라에 자발적으로 투항을 유도하는 것이라고 할 수 있다.

"흉노의 사신이 오면 마치 귀순하여 온 큰 인물처럼 대우하고 사람들이 많이 모인 곳에 폐하가 그를 초대하여 음식을 내리고 밥을 네댓 가지로 풍성하게 차리고 맛있는 탕과 고기와 산적 요리에 장과 식초를 곁들이게 합니다. 그들 앞에 큰 상을 차려주어 혼자 앉도록 하고 흉노 백성 수백 명이 이 광경을 보게 합니다. 음식을 하사받은 자는 기뻐서

22 《新書校注》卷4, 〈匈奴〉, p. 136.

> 웃으면서 먹고 그들이 특히 좋아하는 것과 이제까지 먹어보지 못한 맛있는 음식을 모두 먹게 합니다. 한 나라에 올 때마다 항상 이렇게 풍성한 향연을 받을 수 있게 합니다. 그러면 흉노의 온 나라에서 이것을 듣고 본 사람들은 부러워서 침을 흘리면서 서로 이야기할 것이며 각기 욕심을 내어 자기도 귀순하면 이렇게 대접받을 것으로 생각할 것입니다. 이런 방법으로 그들의 입을 유혹하는 것이 또 하나의 미끼입니다(匈奴之使至者 若大人降者也 大衆之所聚也 上必有所召賜食焉 飯物故四五盛美胾膹炙肉具醯醢 方數尺於前 令一人坐此 胡人欲觀者 固百數在旁 得賜者之喜也 且笑且飯 味皆所嗜而所未嘗得也 令來者 時時得此而饗之耳 一國聞之者見之者 垂涎而相告 人悇憚其所自 以悟至亦得此 將以此壞其口 一餌)."[23]

이것은 한 나라의 미식(美食)과 성찬(盛饌)으로 유혹하는 것이다. 흉노의 사신들을 진수성찬으로 대접하면 흉노 백성들이 이를 듣고 보고 흠모하여 자신도 투항하면 이같이 대접받을 수 있을 것으로 기대하게 만드는 것이다. 이것은 한 나라의 미식과 성찬으로 흉노 백성들의 입(口)을 현혹시키어 자발적 투항을 유도하는 것이라고 할 수 있다.

> "투항한 자 중에서 걸출한 자 또는 흉노의 사신이 왔을 때 황제께서 반드시 사람을 보내어 빈객으로 대접하고 그들이 아는 자도 초대하고 이 광경을 보려고 온 흉노 백성들을 막지 마십시오. 화려하게 화장하고 수놓은 옷을 입은 이삼십 명의 여인들이 마루에서 시중들게 하고 장막의 앞뒤에서 호족의 유희로 밥맛을 돋우게 합니다. 황제께서 악대를 시켜서 단악을 연주하고 퉁소를 불고 소고를 치며 공중제비돌기와 가면극을 차례로 내보내서 춤추는 자와 뛰는 자가 때때로 나오게 합니다. 잠깐 쉬는 틈에는 북을 치고 나무인형을 춤추게 하며 저물 무렵에는 오랑캐의 음악을 연주하게 해서 손을 맞잡고 귀빈을 이끌어 억지라

---

23 위 책, p. 136.

도 무대의 맨 앞에 오르게 하고 십여 명의 여인들이 이를 앞뒤에서 부축하며 시중 들도록 합니다. 한 나라에 항복한 자들도 때때로 이렇게 즐길 수 있도록 합니다. 그러면 그들 나라에서 이를 듣고 본 자들이 기뻐서 서로 이야기할 것이고 사람들마다 내가 너무 늦게 투항하는 것이 아닐까 하고 조바심을 낼 것입니다. 이렇게 하여 그들의 귀를 상하게 하는 것이 또 하나의 미끼입니다(降者之傑也 若使者至也 上必使人有所召客焉 令得召其知識 胡人之欲觀者勿禁 令婦人傳墨黑 繡衣而侍其堂者二十三十人 或薄或ｒ爲其胡戲以相飯 上使樂府幸假之倡樂 吹簫鼓鞀 倒絜面者更進 舞者蹈者時作 少間擊鼓舞其偶人 莫時乃爲戎樂 携手胥彊上客之後 婦人先後扶侍之者固十餘人 令使者 降者時或得此而樂之耳 一國聞之者 見之者 希盱相告 人人忣忣唯恐其後來至也 將以此壞其耳 一餌)."[24]

이같이 한 나라의 아름다운 음악, 춤, 곡예로 흉노의 걸출한 자와 흉노 사신들을 극진히 대접하고 이 같은 장면을 다른 흉노 백성들도 볼 수 있게 하면 모두 흠모하여 자신들도 투항하면 저 같은 대접을 받을 수 있을 것으로 기대하게 된다는 것이다. 이것은 한 나라의 아름다운 음악, 춤, 곡예로 흉노 백성들의 귀(耳)를 현혹시켜서 자발적 투항을 유도하는 미끼라고 할 수 있다.

"투항한 자를 폐하께서 불러 친근히 대해 주신다면 그들은 마치 미리 약속해 놓은 것처럼 투항해 올 것입니다. 폐하께서 반드시 때에 따라서 그들에게 재물을 풍성하게 내려주시고 그들에게 높은 집, 넓은 뜰과 좋은 주방과 큰 창고를 갖추고 마구간에는 말을 매어 두며 수레 창고에는 여러 대의 마차를 두고 노비와 여러 아이들과 가축을 갖추어 줍니다. 이 때 만약 큰 연회를 마련하게 되면 투항한 오랑캐들을 초청하고 오랑캐의 사신들을 접대하게 되면 폐하께서는 관청에 명령을 내려서 그 준비를 돕게 합니다. … 그들이 거처하는 곳을 안락하게 해 주

24 《新書校注》卷4, 〈匈奴〉, p. 136.

고 창고에 비축한 물자도 모두 흉노의 왕을 능가하도록 갖춰 줍니다. 그리하여 선우가 다스리는 지역에서 빠져나오면 이 같은 대접을 받고 가족이 될 수 있을 것이라고 생각하게 하십시오. 그렇게 되면 흉노의 온 나라가 진심으로 바라고 사람마다 행여 남보다 뒤늦게 투항할까봐서 조바심을 낼 것입니다. 이런 방법이 그들의 배를 상하게 하는 또 하나의 미끼입니다(凡降者 陛下之所召幸 若所以約致也 陛下必有時有所官 必令此有高堂邃宇 善廚處 大囷京 廐有編馬 庫有陳車 奴婢 諸嬰兒 畜生具 令此時大具召胡客 饗胡使 上幸令官助之具 … 令此其居處樂虞 囷京之畜 畜皆過其故王 慮出其單于或 時時賜此而爲家耳 匈奴一國傾心而冀 人人伋伋惟恐其後來至也 將以此壞其腹 一餌)."[25]

이것은 투항한 흉노에게 많은 재물, 넓은 집, 큰 창고, 마구간과 수렛간, 많은 노비, 안락한 거처 등을 흉노왕을 능가할 수 있도록 마련해 주고 또 이 같은 장면을 다른 흉노 백성들도 볼 수 있게 해주면 모두 이같이 대접받을 수 있을 것으로 기대하고 서로 앞을 다투어 투항할 것이라는 것인데 이것은 한 나라의 아름다운 음악, 춤, 곡예, 음식 등으로 흉노 백성들의 배(腹)를 현혹시켜서 자발적 투항을 유도하는 미끼였다고 할 수 있다.

"폐하께서 투항한 자들을 때때로 불러서 접견하고 위로해 준 다음에 관직을 내려줍니다. 대체로 오랑캐 귀인들은 친하기 어려우므로 만일 황제께서 오랑캐 귀인들의 어린애들 … 수십 명을 불러 직접 만나보고 곱게 수놓은 옷을 입혀서 출타할 때에 뒤를 따르게 하고 궁중에 있을 때는 차례로 시중들게 하고 … 오랑캐의 귀인들도 번갈아 앞에 나와 술을 올리도록 합니다. … 폐하께서 일어나실 때에는 오랑캐의 어린 아이들을 앞뒤로 따르게 하고 궁중에 있을 때는 교대로 시중들게 하고 … 폐하께서 일어나실 때 오랑캐의 아이들이 앞뒤로 따르게 합니다.

25 《新書校注》卷4, 〈匈奴〉, p. 136.

… 몇 사람만 이렇게 살도록 하면 … 온 나라에서 이를 듣고 본 사람들은 자기도 그렇게 되기를 바라고 남보다 뒤질세라 조바심을 낼 것입니다. 이러한 방법이 그들의 마음을 이끄는 하나의 미끼입니다(於來降者 上必時時而有所召幸 拊循而後得入官 夫胡大人難親也 若上於故嬰兒召貴人子 … 上起 胡嬰兒或前或後 … 令數人得此而居耳 一國聞者 見者 希盱而欲 人人怓怓 惟恐其後來至也 將以此壞其心 一餌)."[26]

이것은 흉노 어린이들을 이용하여 굳어진 흉노 성인들의 마음을 사로잡는 것이다. 흉노 성인들은 친하기가 힘들기 때문에 먼저 흉노 어린애들을 사랑으로 보살펴준다면 흉노 성인들의 감정을 움직일 수 있다고 한 것이다. 그리고 이 같은 '오이책'을 시행하면 아래와 같이 그 효과를 볼 수 있다고 하였다.

"그들의 눈을 끌고 입을 끌고 귀를 끌고 배를 끌어내 네 가지를 다 상하게 하고 또 그들의 마음까지 이끌어 내면 어떻게 투항하지 않겠습니까? 오랑캐를 항복시키는 것은 낙엽 떨구듯이 아주 쉬운 일입니다. 이것을 다섯 가지 미끼라고 합니다(故牽其耳 牽其目 牽其口 牽其腹 四者已牽 又引其心 安得不來 下胡抑抎也 此謂五餌)."[27]

이같이 가의의 '오이책'은 1)많은 예물로 흉노를 유도하는 것, 2) 맛있는 음식으로 대접하는 것, 3) 아름다운 음악, 무용, 연극 등으로 접대하는 것, 4) 화려한 거처를 제공하는 것, 5) 어린 아이들의 마음을 사로잡아서 흉노 성인들의 감정을 움직여 투항을 유도하는 다섯 가지의 미끼로 구성되었다.

다시 말하면 오이책은 한 나라의 사치스럽고 아름답고 발달된 물

---

26 위 책, 卷4, 〈匈奴〉, p. 136.

27 위와 같음.

품으로 흉노의 눈, 입, 귀, 배, 몸, 마음을 중독시켜서 유목과 목축으로 단련된 흉노의 강인한 체력을 약화시키고 호전적 상무(尙武) 정신을 유순하게 만들어서 흉노 세력을 약화시키고 궁극적으로 투항을 유도하는 데 목적이 있었다. 이같이 가의의 오이책은 '다섯 가지의 미끼'로 구성된 일종의 미끼책략이었다. 그런데 이 같은 미끼책략의 효과에 대해서는 아래 중항열(仲行說)의 언급을 참고할 필요가 있다.

중항열은 원래 무제 때 한 황실의 내관이었다. 흉노 선우의 연지(閼氏, 황후)로 출가하는 한 나라 공주를 시중하는 수행원으로 강제 선발되자 앙심을 품고 있다가 흉노에 도착하자 바로 투항하여 노상 선우를 보필하고 있었다. 그런데 한 나라의 사치스럽고 소비적인 물자가 대량으로 흉노에 들어오고 흉노 백성들이 이 같은 사치스럽고 소비적인 물자에 푹 빠지고 중독되는 현상을 목격하자 그 위험성에 대해서 아래와 같이 지적하고 경고하였다.

"흉노가 한 나라의 비단, 무명, 음식 등을 매우 좋아하자 중항열이 이렇게 말하였다. 흉노의 인구는 한 나라의 한 군(郡)에도 미치지 못합니다. 흉노가 강한 것은 입고 먹는 것이 한 나라와 다르기 때문이며 한 나라에 의존하는 일이 없기 때문입니다. 지금 선우가 풍습을 바꾸어 한 나라 물자를 좋아하게 되면 한 나라에서 소비하는 물자의 10분지 2를 흉노에게 다 소비하기도 전에 흉노는 모두 한 나라에 귀속되고 말 것입니다. 한 나라의 비단과 무명옷을 입수하여 입고 풀과 가시밭 사이를 헤치고 돌아다니면 옷과 바지가 모두 찢어져 못 쓰게 될 것입니다. 비단과 무명이 털로 된 옷이나 가죽 옷만큼 튼튼하지 않고 좋지 않다는 것을 보여 주십시오. 또 한 나라의 음식을 얻게 되면 모두 버리십시오. 그리고 젖과 유제품의 편리하고 맛있는 것에 따를 수 없다는 것을 보여 주십시오(初 單于好漢繒絮食物 中行說曰 匈奴人衆不能當漢之一郡 然所以强之者 以衣食異 無印於漢 今單于變俗好漢物 漢物不過什一 則匈奴盡歸

於漢矣 其得漢絮繒 以馳草棘中 衣袴皆裂弊 以視不如旃裘堅善也 得漢食物皆去之 以視不如重酪之便美也)."[28]

이같이 중항열은 한 나라의 사치스럽고 소비적인 물자에 대한 흉노의 약점과 허점을 간파하고 그 중독의 위험성을 노상 선우에게 알리고 한 나라 물자 유입 금지와 그 대책을 건의하였는데 흉노의 약점과 허점에 대한 중항열의 지적은 위에서 언급한 가의의 분석과 사실상 일치하고 있다. 이런 점에서 가의의 '오이책'은 유목민 흉노의 약점과 허점을 간파한 실로 탁월한 책략이었다고 할 수 있다.

가의는 이같이 군주의 언행일치를 통하여 흉노에게 신뢰를 주고 신망을 확대하는 신유(信諭), 흉노가 천자의 사랑을 느끼게 하여 감화시키는 애유(愛諭), 흉노의 특기자를 중용하는 호유(好諭)의 '삼표'를 통하여 무지몽매한 이적만이들을 황제의 신민으로 포섭해야 한다고 하였으므로 '삼표'의 본질은 덕치(德治)였으며 이적만이들에 대한 덕치의 확대였다고 할 수 있다. '오이책'은 사치스럽고 아름다운 의복, 맛있고 기름진 음식, 편리하고 멋있는 주택, 향기 좋은 술과 미인들로 구성된 다섯 가지의 미끼로 흉노의 눈, 입, 귀, 배, 몸, 마음을 중독시켜서 흉노의 체질 변화와 심성 개조와 약화를 도모한 것이었으므로 '오이책'는 선진문물 미끼로 강인하고 상무적인 체질 변화를 유도한 것이었다고 할 수 있다.

이 같은 사실로 볼 때 한 제국은 신유, 애유, 호유로 구성된 포용적인 덕치 확대와 아름다운 의복, 기름진 음식, 멋있는 주택, 향기 좋은 술과 미인 등의 다섯 가지 선진문물 미끼로 구성된 삼표오이책을 통하여 흉노의 심성 개조와 체질 변화를 유도하여 흉노 세력의 근본적

28 《史記》卷110, 〈匈奴列傳〉, p. 2899.

약화를 도모한 것이었다고 할 수 있다.

4. 조조의 이이제이책

조조(전?~154)는 문제 때 가의와 더불어 한 초의 걸출한 정치 사상가였다.[29] 문제가 승하하고 태자 계(契)가 경제로 등극하자 조조는 좌내사(左內史)에 임명되었으며 누차 승진을 거듭하여 어사대부를 지냈다. 재임 시절 조조는 30여 편의 상소를 올려서 정치와 국방 등에 대한 자신의 의견을 개진하였다. 당시 국가의 가장 큰 걱정거리는 날로 확대되는 지방 제후왕국의 세력과 북변을 수시로 침탈하는 흉노 문제였는데 조조는 삭번정책(削藩政策)을 상주하여 제후왕국 세력의 약화를 도모하고 흉노 문제에 대해서는 흉노대책을 제시하였

29 조조는 영천(潁川) 출신으로 유년 시절부터 유학을 중심으로 신불해(申不害)와 상앙(商鞅)의 형명학(刑名學)을 공부하였다. 문제 때 태상장고(太常掌故)에 임명되고 정부 지원으로 금문(金文)의 대가 제(齊)의 복생(伏生)에게 《상서》를 전수받았다. 이후 태자사인(太子舍人)이 되고 문대부(文大夫)를 거쳐서 박사관(博士官)에 임명되었다. 문제가 승하하고 태자 계(啓)가 경제로 즉위하자 조조는 좌내사(左內史)에 임명되었으며 누차 승진하여 어사대부(御使大夫)를 지냈다. 재임 시에 조조는 30여 편의 상소를 올려서 정치와 국방 등에 대한 자신의 의견을 개진하였는데 경제의 신임이 두터웠기 때문에 의견이 많이 반영되었다. 또 경제 3년에 조조는 가의의 '중건제후책(衆建諸侯策)'을 이어 받아서 더 강경한 '제후삭지정책(諸侯削地政策)'을 건의하였다. '제후삭지정책'은 제후왕의 한 황실에 대한 죄과의 정도에 따라서 제후국의 영토 일부를 중앙정부가 강제로 몰수하는 정책이었는데 당시 문제는 이 정책을 시행하지 않았다. 그런데 문제가 죽고 경제가 즉위하자 경제는 이 '삭지정책'을 강력히 시행하였다. 그리고 이 같은 '삭지정책'이 무한히 계속될 것을 두려한 지방 제후왕들은 오(吳)·초(楚)를 중심으로 7국이 모의하여 "종친을 이간시키는 조조를 주벌한다"는 명목으로 20여만 명의 병력을 동원하여 반란을 일으켰는데 이것이 오초칠국난(吳楚七國亂)이었다. 이에 크게 당황한 경제는 원앙의 건의를 받아들여 거병의 이유가 되었던 조조를 참수하여 7국을 회유하려고 하였다. 조조는 조회에서 조복(朝服)을 입은 채 저잣거리에 끌려나가 참수당하였다.

다. 이 삭번정책과 흉노대책은 당시에 있어서는 가장 현실적이고 탁월한 정책이었다.

조조는 먼저 북변 문제를 특정 지역에 한정된 지엽적인 문제로 보지 않고 흉노를 포함한 변방 전체의 문제로 인식하고 포괄적인 정책을 제시하였다. 조조는 먼저 내지 백성들을 변경으로 이주시켜 장기간 거주하게 하여 변경을 충실하게 지키는 사민실변책(徙民實邊策)과 둔전책(屯田策)을 제시하였다. 그리고 그 재정적 뒷받침으로 곡물을 납입하는 납입자에게는 관작을 수여하는 납속사작(納粟賜爵)제도와 지방 관직을 금전으로 살 수 있는 매작령(賣爵令) 시행을 주장하고 군량미 확보를 위한 둔전제(屯田制) 시행도 건의하였는데 모두 채택되어 시행되었다. 다음 조조는 흉노 문제에 대해서 보다 현실적이고 근본적인 정책을 제시하였다.

> "신은 작은 것과 큰 것은 형태가 다르고 약하고 강한 것은 세력이 다르고 험준한 것과 평탄한 것은 방비가 다르다고 들었습니다. 대체 몸을 낮추어 강자를 섬기는 것은 소국의 형세이고 소국이 합하여 대국을 공략하는 것은 대등한 국가 간의 형세이고 만이로써 만이를 공격하는 것은 중국의 형세입니다(臣又聞 小大異形 彊弱異勢 險易異備 夫卑身以事彊 小國之形也 合小以攻大 敵國之形也 以蠻夷攻蠻夷 中國之形也)."[30]

이 같은 조조의 흉노 대책에 의하면 대소의 국가는 각자의 국력에 따라 사대(事大)와 연합(聯合) 등의 책략을 구사해야 하는데 중국은 많은 이적만이들에 의해 둘러싸여 있으므로 마땅히 이적들로써 이적들을 제어하는 '이이제이책(以夷制夷策)'을 사용해야 한다고 하였다.

30 《漢書》 卷49, 〈袁盎晁錯傳〉, p. 2281.

사고(師古)의 주석에 의하면 '이이제이책'은 "화하의 병력을 훼손하지 않고 오랑캐들끼리 서로 싸우게 하는 것(不煩華夏之兵 使其同類自相攻擊也)"이라고 하여 중국의 병력을 훼손하지 않고 주변 오랑캐들끼리 서로 싸우게 하여 실리를 얻는 책략이라고 한 것이다. 물론 이 '이이제이책'은 조조가 처음 제시한 것이 아니었다. 《관자(管子)》〈패언〉편에 보면 다음과 같은 언급이 있다.

> "대체로 나라는 크고 작고 간에 깊은 계획이 있어야 하고 나라가 강하고 약하고 간에 형세를 살펴야 한다. 주변 작은 나라는 복속시키고 멀리 있는 나라는 가까이 해야 하는 것은 왕국의 형세이다. 작은 나라가 연합하여 대국을 공격하는 것은 대등한 국가의 형세이다. 오랑캐로써 오랑캐와 싸우게 하는 것은 중국의 형세이다. 뜻을 굽히고 대국을 섬기어 죄책을 모면하는 것은 소국의 형세이다(夫國小大有謨 彊弱有形 服近而彊遠 王國之形也 合小而攻大 敵國之形也 以負海攻負海 中國之形也 折範事大 以避罪 小國之形也)."[31]

위 인용문에서 "오랑캐로 오랑캐와 싸우게 하는 것은 중국의 형세이다(以負海攻負海 中國之形也)"라는 것은 '이이공이(以夷攻夷)'의 뜻으로 오랑캐들끼리 서로 싸우게 하는 것이고 이것이 중국의 전략이라 하고 있는 것이다. 다시 말하면 사방의 이적만이들로 둘러싸인 중국의 입장에서는 사방 오랑캐들끼리 서로 싸우게 하는 것이 중국에 제일 좋은 전략이라는 것이다. 이런 점에서 볼 때 '이이제이책'은 춘추 시대 열국 간의 약육강식 와중에서 기원하였으며 한대 주변 이적들과 대립이 다시 격화되자 조조에 의해 다시 제시되었던 것으로 추정된다.

31 《管子 商君書》, 〈霸言〉, p. 145.

또 조조는 '이이제이책'의 제시만이 아니고 흉노군과 한군의 군사적 장단점을 체계적으로 분석하여 흉노를 제압할 수 있는 전략도 제시하였다.

> "지금 흉노의 형세와 기예는 중국과는 다릅니다. 산과 골짜기를 오르내리고 깊은 골짜기를 들락날락하는 것을 중국의 말은 따라갈 수 없습니다. 험하고 경사진 길을 달리면서 활을 쏘는 것은 중국의 기병들이 따를 수 없습니다. 풍우에 시달리지 않고 굶주림에 피로하지 않고 배고픔과 목마름에도 시달리지 않는 것은 중국 병사들이 따를 수 없습니다. 이것이 흉노의 장기입니다. 만약 평원 평지에서 전차와 돌격기병으로 싸운다면 흉노 무리들은 쉽게 문란하게 되어 흐트러질 것입니다. 강한 쇠뇌와 장창으로 무장하고 활로 멀리 쏘면 흉노의 활은 당해내지 못할 것입니다. 견고한 갑옷과 예리한 칼로 무장하고 장거리 단거리 활들을 섞어서 배치하고 유격수들이 앞뒤로 이동하면서 십오대로 짜서 전진시키면 흉노 병사들은 감당하지 못할 것입니다. 강건한 궁수들이 한 곳에 집중하여 쏘면 흉노의 가죽옷과 나무로 만든 방패도 당해내지 못할 것입니다. 말에서 내려서 지상에서 칼과 창으로 싸워서 일진일퇴하게 되면 흉노 병사들은 따르지 못할 것입니다. 이것이 중국의 장기입니다. 이로써 보면 흉노의 장기는 3가지이고 중국의 장기는 5가지입니다. 폐하가 수십만의 대군을 일으켜서 수만의 흉노를 주멸하면 다수로 소수를 제압하는 계략이며 나아가서는 하나로써 열을 치는 책술입니다(今匈奴之形技藝與中國異 上下山阪 出入深澗 中國之馬弗與也 險道傾仄 且馳且射 中國之騎弗與也 風雨罷勞 飢渴不困 中國之人弗與也 此匈奴之長技也 若夫平原易地 輕車突騎 則匈奴之衆易橈亂也 勁弩長戟 射疎及遠 則匈奴之弓弗能格也 堅甲利刃 長短相雜 遊弩往來 什伍俱前 則匈奴之兵弗能當也 材官-發 矢道同的 則匈奴之革笥木薦不能支也 下馬地鬪 劍戟相接 去就相薄 則匈奴之足弗能給也 此中國之長技也 以此觀之 匈奴之長技三 中國之長技五 陛下興數十萬之衆 以誅數萬之匈奴 衆寡之計 以一擊十之術也)."[32]

32 《漢書》 卷49, 〈袁盎晁錯傳〉, p. 2281.

이같이 조조는 흉노와 중국 병사의 수효, 체질, 지형, 전략, 무기성능, 전투방식 등의 여러 측면에서 양측 군의 장·단점과 특성 특히 무기의 특성을 면밀히 분석하여 흉노는 중국에 대해 3가지 장점을 가지고 있고, 중국은 흉노에 대해 5가지 장점을 가지고 있다고 하였다. 이 중에서 흉노 기마군단의 신속한 기동력, 풍우와 습지에 대한 강인한 체력, 마상 궁술 등은 중국군이 흉노 병사들을 감당할 수 없는 3가지 강점이라고 지적하였다. 그리고 흉노군의 강점에 대한 전략적 대안을 아래와 같이 제시하고 있다.

> "이제 투항한 호(胡)와 의거(義渠) 등 만이들의 투항한 무리가 수천 명입니다. 그들이 먹는 음식과 사용하는 특기가 흉노와 동일하므로 그들에게 견고한 갑옷과 비단 옷, 예리한 궁시를 내리고 변군(邊軍)의 기병을 더해 주십시오. 그리고 이들의 습성을 알고 마음을 규합할 수 있는 현명한 장수에게 명령을 내리어 통솔하게 하십시오. … 만일 험준하고 장애가 있는 지역에는 이들로 대적케 하고 평야와 도로에서는 경차(輕車)와 지방군으로 대적하게 하면 제압할 수 있습니다. 양군이 앞뒤를 이루고 각기의 장기(長技)를 사용하고 여기에 많은 병력을 더하면 만전의 계책이 될 겁니다(今降胡義渠蠻夷之屬來歸義者 其衆數千 飮食長技與匈奴同 可賜之堅用 絮衣 勁弓 利失 益以邊郡之良騎 今明將能知其習俗和輯其心者 以陛下之明約將之 … 卽有險阻 以此當之 平地通道 則輕車村官制之 兩軍相爲表裏 各用其技 衡加之 此萬全之術也)."[33]

이에 의하면 조조는 흉노가 우세한 지역의 전투에서는 흉노와 같은 특기를 가진 투항 이적들을 잘 대우하고 무장시켜서 투입하고 한군이 우세한 지역의 전투에서는 한군의 장기인 전차, 궁시, 기병 등으로 구성된 병력으로 흉노를 공략하게 해야 한다고 하였는데 이것

33 《漢書》卷49, 〈袁盎晁錯傳〉, p. 2283.

은 흉노가 우세한 지역에서는 흉노와 동일한 특기를 가진 투항 이적들을 투입하여 흉노를 대적하자는 전략이었다. 그리고 이 같은 전략은 실제로 활용되었다. 《사기》 〈흉노열전〉에 보면 아래와 같은 기록이 있다.

> "문제 3년 5월에 흉노 우현왕이 하남 지역에 들어와서 상군(上郡) 요새에 있는 만이들을 공격하고 인민들을 살해하고 약탈하였다(至孝文帝 … 其三年五月 匈奴右賢王入居河南地 侵盜上郡葆塞蠻夷 殺略人民)."[34]

위 인용문은 흉노 우현왕이 상군 요새에 투입된 만이들을 공격하였다는 기사인데 이것은 투항한 만이들이 상군 요새에 투입되어 흉노와의 전투에 참여하였던 상황을 말하고 있다. 이같이 투항 이적들의 요새 투입과 전투 참여는 반드시 상군 요새에 국한되었던 것만은 아니고 다른 전략적 요새에도 투입되어 흉노 침탈 방어에 동원되었을 것으로 생각된다. 이런 점에서 볼 때 춘추 시대에 기원한 '이이제이책'은 한대 주변 이적들과 대립이 격화되자 다시 대두되어 활용되었던 것으로 생각된다.

5. 교역, 원조, 관작 수여의 제이책

1) 남월국에 대한 교역 제이책

앞 장에서 언급한 바와 같이 평성 전투에서 대패한 한 고조가 흉노의 막강한 무력에 전의를 상실하고 매년 다액의 세폐 봉헌과 매 선

34 《史記》 卷110, 〈匈奴列傳〉, p. 2895.

우 등극 시 한 황실 공주의 출가 등의 조건으로 화친약을 체결하여 흉노의 침탈을 무마하면서 북쪽 변경의 안정을 겨우 유지하고 있었다.

그런데 이 시기에 남쪽 절강, 복건, 광동 지역에서는 남월국을 수립한 조타가 무제로 칭제하고 이어서 주변 월족 부족국가들을 위협하여 복속시켰으므로 영토가 사방 수만 리로 확대되어 한 제국의 장사군과 국경을 맞대고 있었다. 그러나 평성 전투에서 흉노에게 참패한 한 고조는 조타를 원정할 여력이 없었으므로[35] 육고(陸賈)를 사신으로 파견하여 남월국 수립을 부득불 인정하고 조타를 남월국 왕으로 책봉하였는데 책봉 당시의 상황을 보면 아래와 같다.

> "한 11년 육고를 사신으로 보내어 위타를 세워서 남월왕으로 삼고 부절(符節)을 나누어 주고 사신을 통하게 하였다(漢十一年 遣陸賈因立佗爲南越王 與剖符通使)."[36]

> "… 조타가 말하기를 고조 황제께서 나를 남월왕으로 세우고 사신 왕래와 교역을 통하게 했다(… 佗曰 高帝立我王 通使物 …)."[37]

> "고황제가 신 조타에게 새인을 내리어 남월왕으로 봉하여 외신으로 삼고 시시로 공물을 헌상할 수 있게 하였다(高皇帝幸使臣佗璽 以爲南越王 使爲外臣 時內貢職)."[38]

> "한 나라가 이미 중국을 평정하고 조타가 능히 월족들을 규합하여 남번을 보호할 수 있으므로 공납을 허용하였다(漢既平中國 而佗能集楊越

35 《史記》卷113, 〈南越列傳〉, p. 2967.
36 위 책, 〈南越列傳〉, p. 2967.
37 위 책, 〈南越列傳〉, p . 2969.
38 《漢書》卷95, 〈西南夷兩奧朝鮮傳〉, p. 3851.

以保南藩 納貢職)."[39]

이와 같이 한 고조는 육고를 보내어 조타를 남월국 왕으로 책봉하고 제후왕의 상징인 황금 새인(璽印)을 하사하고[40] 사신 왕래와 공물 헌상을 허용하였으므로 남월국은 '제호' 사용을 포기하고 한 제국과 외신 외번관계를 수립하였다. 이후 남월국은 한 제국에 입공을 행하고 철, 철제 농구와 소, 말, 양 등의 가축을 국경 관시에서 구입하여 경제 발달과 무력 양성에 주력하였으므로 국력이 크게 신장되었다.

그런데 남월국이 한 제국의 금, 철, 농기구와 소, 말, 양 등의 가축 구입을 통해서 급속도로 강성해지자 이를 우려한 일부 관료들은 남월국이 국경 관시에서 철기를 구입하지 못하도록 상소를 올렸다.[41] 이에 여후는 아래와 같은 조치를 취했다.

"여후가 친히 정사를 시행하자 소인들을 가까이 하고 참소하는 신하들의 말만 믿고 만이들을 차별하고 명령을 내려 만이들에게 금·철·농기구를 주지 못하게 하고 소·말·양은 수놈만 주고 암놈은 못 주게 하였다(高后自臨用事 近細士 信讒臣 別異蠻夷 出令曰 毋予蠻夷外 金鐵田器 牛

39 《史記》, 〈太史公自序〉, p. 3317.

40 '왕'과 '새인'의 의미를 보면 '왕'은 원래 은 왕조의 군주 존호였다. 주 왕조는 '왕'과 '천자' 존호를 함께 사용하고 진 제국은 '황제' 존호만을 사용하였다. 그런데 한 제국이 수립되면서 진 제국의 황제 존호와 주 왕조의 천자 존호만을 사용하였으므로 '왕' 존호는 한 제국 제후의 호칭으로 사용되었다. 그러므로 조타가 봉해진 왕의 의미는 제후왕을 의미하고 있다. 또 조타는 제후왕의 책봉과 더불어 한 제국 천자로부터 황금새를 받았다. '새인'은 원래 한 제국 황제가 자신이 임명한 신하 관료들에게 수여한 신분, 직위, 직책을 표시하는 공식적 징표였는데 한 제국의 제후왕들은 제후왕 책봉의 징표로써 황금새를 받았다. 그러므로 남월국 군주 조타가 황금새를 받은 것은 한 제국 천자의 제후왕 책봉을 의미한 것이다(栗原朋信, 《秦漢史の研究》, 東京: 吉川弘文館, pp. 160-173 참조).

41 《史記》 卷113, 〈南越列傳〉, p. 2969.

馬羊 卽予 予牡毋與牝)."[42]

"고후 때 관리들은 남월이 관시에서 철기 매입을 못하게 요청했다. 그러자 조타는 다음과 같이 말했다. '고조 황제께서 나를 남월왕으로 세워 사신을 왕래하고 물자를 교역하게 하였습니다. 이제 고후가 참소하는 신하의 말만 듣고 다른 만이와 차별하여 기구와 물자의 교역을 끊게 하였는데 이것은 분명 장사왕의 계책일 것입니다. 장사왕이 중국에 의지하여 남월을 쳐서 멸망시키고 병합하여 스스로 공을 세우려고 한 것입니다.' 이에 조타는 스스로 자신을 남월의 무제로 칭제하고 군대를 동원하여 장사 변방의 여려 고을을 공략하고 물러갔다(高侯時 有司請禁南越關市鐵器 佗曰 高帝立我 通使物 今高侯聽讒臣 別異蠻夷 鬲絶器物 此必長沙王計也 欲倚中國 擊滅南越而幷王之 自爲功也 於是佗乃自尊號爲南越武帝 發兵攻長沙邊邑 敗數縣而去)."[43]

이같이 일부 관료들의 상소를 받은 여후는 남월국에 교역되는 품목 중에서 금, 철, 농기구, 가축 등 일부 품목의 교역을 제한하였는데 이 같은 교역 제한 조치는 사실상 부분적 경제봉쇄정책이었다. 이에 따라 한 제국의 선진물산을 구입할 수 없게 된 남월국은 바로 반발하여 한 제국 남변 장사국의 여러 현을 무력으로 침탈하였는데 이것은 조타가 여후의 경제봉쇄정책 단행에 무력으로 대응한 것이었다. 그런데 이뿐만이 아니었다.

"이에 … 조타는 … 좌독을 꽂은 황옥을 타고 다니면서 칭제하고 중국 천자와 같이 행세하였다(於是 … 佗 … 乃乘黃屋左纛 稱帝 與中國侔)."[44]

42 《漢書》 卷95, 〈西南夷兩奧朝鮮傳〉, p. 3851.

43 《史記》 卷113, 〈南越列傳〉, p. 2969. 이 같은 내용의 기사는 《漢書》 卷95, 〈西 南 夷兩奧朝鮮傳〉, p. 3849에도 실려 있다.

44 《漢書》 卷 95, 〈西南夷兩奧朝鮮傳〉, p. 3849.

이같이 조타는 여후의 경제봉쇄정책 단행에 대해 무력으로 대응하였을 뿐만 아니라 황옥으로 장식된 천자 전용의 수레를 타고 다니면서 무제라고 다시 칭제하였는데 조타의 황제 전용의 수레 탑승과 무제 칭제는 외신 남월국 왕이 한 제국 천자와 더불어 천하의 양제(兩帝)를 주장하는 것이고 유일무이한 천명의 봉행자 한 제국 천자의 위엄과 권위에 정면으로 도전하는 것이었다. 이에 크게 노한 여후는 원정대를 보내어 조타를 응징하였으나 무더운 기후, 잦은 비와 풍토병에 시달린 병사들의 사상자 속출로 실패하고 말았다.

한편 이 시기에 한 제국이 직면한 국내외의 상황은 더욱 악화되고 있었다. 밖으로는 북쪽 흉노의 위협과 북변 침탈이 계속되고 여후 때 남월국 원정은 실패하였으며 안으로는 동성 제후왕들이 점차 교만과 방종에 빠지고 중앙정부에 대해 반독립적 입장을 취하고 있었다. 이같이 국내외의 어려운 시기에 여후가 사망하고 문제(文帝, 전 179~157)가 등극하였는데 문제는 남월국 문제를 먼저 해결할 필요를 느끼고 남월국 사정에 비교적 밝은 육고를 사신으로 다시 파견하여 조타의 '제호' 사용을 꾸짖으면서 회유하였다.

> "…관리가 '왕이 가진 땅은 그렇게 크지 않고 왕이 가진 재물도 그렇게 부유하지 않으므로 복령 이남의 땅은 왕이 다스리는 것이 좋다고 하였소. 그렇다고 해도 왕은 칭제하였소. 두 황제가 양립한다는 것은 일승의 사신(一乘之使)도 통과할 수 없다는 것을 뜻하니 이것은 전쟁이요.… 원컨대 왕과 함께 이전에 있었던 근심을 털어버리고 지금부터 옛날과 같이 사신을 왕래할 수 있게 했으면 좋겠소'라고 말하였다(… 得王之地不足以爲大 得王之財不足以爲富 服領以南 王自治之 … 雖然 王之號爲帝 兩帝竝立 亡一乘之使以通其道 是爭也 … 願與王分棄前患 終今以來 通使如故)."[45]

45 《漢書》 卷95, 〈西南夷兩奧朝鮮傳〉, p. 3851.

"육고가 도착하니 남월왕이 놀라서 머리를 숙여 사과하고 현명한 황제의 조서를 받들어 영원히 번신이 되어 공직(貢職)을 받들 것을 청하였다 … 황제는 어진 분이다. 지금부터 제제(帝制)와 황옥 좌독을 버린다고 선포하였다(陸賈至 南奧王恐 乃頓首謝 願奉明詔 長爲藩臣 奉貢職 … 皇帝 賢天子也 自今以後 去帝制黃屋左纛)."[46]

"이제 폐하가 다행히 조타를 불쌍히 여겨서 이전의 호를 회복해 주고 옛날과 마찬가지로 한 나라에 사신을 왕래케 해주시니 노부는 죽어도 뼈가 썩지 않을 것입니다(今陛下幸哀憐 復故號 通使漢如故 老夫死骨不腐)."[47]

이같이 문제는 복령 이남의 땅을 남월국 왕 조타의 영역으로 인정해주면서 한 제국 황제와 같은 제호(帝號)를 사용해서는 안 되고 만일 계속해서 사용한다면 무력으로 응징할 수밖에 없다는 양국 간의 전쟁 발발을 강력히 경고하였다. 그리고 이 같은 강력한 경고와 함께 문제는 조타에게 이전의 왕호(王號)를 회복해 주고 사신 왕래와 교역을 다시 허락하였는데[48] 이 같은 문제의 조치에 감읍한 조타는 '제호' 사용을 즉시 포기하고 문제를 '황제 폐하' 자신을 '신타(臣佗)'라고 하면서[49] 종래와 같이 신례를 다시 취하였다.

그런데 이 같은 일련의 사태를 주시해 보면 조타가 한 제국에 대해서 격렬하게 반발, 항의하고, 장사군 변읍을 침탈하고 '제호'를 다시 사용한 주요 원인은 여후가 금, 철, 농기구, 가축 등 한 제국의 물산 구입을 봉쇄하였기 때문이었다.[50] 바꾸어 말하면 여후의 경제봉쇄

46 《漢書》 卷95, 〈西南夷兩奧朝鮮傳〉, p. 3851.
47 위 책, 〈西南夷兩奧朝鮮傳〉, p. 3853.
48 이춘식, 《중국패권의 뿌리와 이념》, 고려대학교출판문화원, 2014, p. 315.
49 《漢書》 卷95, 〈西南夷兩奧朝鮮傳〉, p. 3853.
50 이춘식, 〈兩漢代 制夷策과 羈靡策의 性格에 대하여〉, 《東洋學》 第25輯, p. 30.

정책에 의해서 철, 철제 농구, 가축 등의 물산을 구입할 수 없게 된 조타는 반발해서 항의하고 무력 도발로 대응하고 제호를 다시 사용한 것이었다고 할 수 있다. 그리고 이 같은 남월국의 내부 사정과 조타 의중을 감지한 문제가 조타의 왕호 복구와 사신 왕래 승인과 더불어 금, 철, 농기구와 가축 등의 교역 재개를 다시 허용하자 감읍한 조타는 바로 '제호' 사용을 중단하고 다시 한 제국 천자의 외신으로 복귀하여 신례를 취하였던 것으로 생각된다. 다시 말하면 조타는 문제로부터 사신 왕래와 금, 철, 농기구, 가축 등의 교역 재개와 같은 반대급부가 있었기 때문에 '칭제를 중단하고 다시 신례를 취하였던 것인데 이 같은 조타의 칭번(稱藩), 칭제(稱帝)의 반복 정책에는 정치·경제적 이유가 있었다.

남월국이 국경의 관시를 통해 한 제국과 교역하였던 물자는 금, 철, 농기구와 소, 양 등의 가축이었다. 이 중에서 금은 고가의 사치품에 속하는 귀금속이었으므로 남월국 지배층의 수요를 위한 것이었다. 철은 당시 철제 농구와 철제 무기 제조의 첨단 산업재였다.[51] 당시 남월국은 백만이 넘는 병력을 보유하고 있었는데 이같이 방대한 병력을 무장시키기 위해서는 막대한 분량의 철이 필요하였을 것이며 이를 생산하고 공급할 수 있는 국가는 주변에서 한 제국 외에는 사실상 없었다. 그러므로 남월국은 백만 이상의 병력을 무장시키고 유지하기 위해서 필요한 철의 상당 부분을 한 제국에서 구입하는 철에 의존할 수밖에 없었을 것이므로 한 제국으로부터 구입되는 철은 남월국의 무력 양성과 유지에 필수적이었다고 할 수 있다.

또 남월국이 한 제국에서 구입하는 농기구는 철제 농구였다. 중국

---

51 중국에서 철기 사용은 무제 시대에 보편화되기 시작하였고 전면적 사용은 전한(前漢)과 후한(後漢)의 교체 시기로 보고 있다(潮見浩,《東アジア初期鐵器文化》, p. 197 참조).

에서 철제 농구 사용은 전국 시대에 시작되었지만 그 효용성으로 인해 급속도로 확산되고 있었으므로 한대 초기의 농구는 모두 철제 농구로 교체되었다. 그러므로 남월국이 한 제국으로부터 구입하였던 농구는 나무, 돌 또는 뿔로 만든 농구가 아니라 철제 농구였다. 그런데 농경은 산업혁명 이전의 경제에서는 가장 선진적 경제였으므로 철제 농구는 바로 첨단 산업기간재였다. 그리고 남월국은 농업을 발달시키기 위해서 반드시 철제 농구가 필요하였을 것이며 이 같은 철제 농구를 한 제국으로부터 구입하고 있었다고 할 수 있다.

또 남월국은 한 제국으로부터 소, 말, 양 등의 가축을 수입하였다. 소, 말, 양 등의 가축에 기반한 목축은 농경사회에서는 농경에 버금갈 정도의 경제적 비중이 높았으며, 특히 소는 우경(牛耕)에 필수적이었다. 또 남월국이 위치한 복건, 절강, 광동 등의 지역은 농경과 더불어 목축이 발달할 수 있는 비옥한 지역이었다. 그리고 신생 남월국은 농업과 목축업을 포함한 경제 발달이 급선무였을 것이므로 한 제국으로부터 수입되는 철제 농구와 더불어 소, 말, 양 등의 가축 등은 남월국의 경제 발달에 필수적이었다고 할 수 있다.

그런데 이같이 남월국의 무력 양성과 경제 발달에 필수적이었던 철 및 철제 농구와 가축 등의 일부 교역 품목을 여후가 봉쇄하자 조타는 중국이 그렇게 기피하고 싫어하는 '제호'를 다시 사용하고 병력을 동원하여 장사군의 변읍을 유린하면서 무력으로 대응하였던 것이다. 그리고 문제가 육고를 다시 파견하여 왕호를 복구해 주고 교역을 허용하자 '제호' 사용을 포기하고 신례를 취하였던 것이다.

이와 같이 남월국은 한 제국이 사신 왕래와 교역을 허용하면 제호 사용을 포기하여 신례를 취하고 철, 농기구와 가축 등을 구입하였으며 교역을 중단시키면 반발하여 무력 침탈을 자행하고 제호를 다시 사용하였다. 남월국과 한 제국과의 이 같은 관계는 교역 여부에 의해 좌우되었던 사실을 말하고 있는데 그 이유는 한 제국의 철, 농기구와 가축 등의 구입이 남월국 경제 발달과 무력 양성에 필수적이었기 때문이었다.

반면 개국 후 평성 참패로 남월국을 응징할 여력이 없었던 한 제국은 남월국의 경제 발달과 무력 양성에 필수적인 철, 철제 농구와 가축 등의 교역 허용으로 남월국과 외신 외번 관계를 수립하고 제호 사용을 중단시키면서 남변 안정을 도모하였던 것인데 이것은 한 제국이 우수한 물산 교역으로 남월국을 제어하고 있었다고 할 수 있다. 그런데 한 제국의 주변국에 대한 교역정책은 서역에서도 활용되었다.

"… 만이들은 한 나라 재물을 욕심내고 있으므로 이때 진심으로 후한 재물을 오손에게 보내주고 … 그전 혼야왕의 땅에 살게 하고 한 나라와 형제의를 맺으면 오손은 형세에 따를 것입니다(… 蠻夷俗貪漢財物 今誠以此時而厚幣賂烏孫 招以益東 居故渾邪之地 與漢結昆弟·其勢宜聽 …)."[52]

"대완에서는 한 나라는 물자가 풍부하다는 말을 듣고 서로 왕래하고자 했으나 그러지를 못하였다(大宛聞漢之饒財 欲通不得)."[53]

이것은 장건이 대월지국과 군사동맹을 형성하기 위해서 서역에 파견되었을 때의 상황이다. 서역 국가들은 한 제국과 통교 이전부터 한 제국의 선진물산을 선망하고 교역 기회를 기대하고 있었으며 한 제국도 서역 국가들이 선망하고 있는 자국 물자를 이용하여 정치적

52 《史記》卷123, 〈大宛列傳〉, p. 3169.
53 위 책, p. 3159.

목적을 달성하려고 했던 사실을 말하고 있다.

그러므로 한 제국은 서역과의 교역을 극도로 중시하고 국력을 기울여 추진하고 있었는데 당시 서역과 한 제국 간에 교역되었던 물자를 살펴보면 서역에서 한 나라에 유입되었던 문물은 포도, 거여목, 참깨 ,오이, 누에콩, 마늘, 호두, 석류, 완두콩, 당근 등의 식품류, 환술(幻術) 기인(奇人) 같은 곡예사, 바빌로니아의 천문과 역학, 비파 공후(箜篌, 하아프) 등의 악기, 호상(胡床, 접는 의자), 탑(榻, 걸상) 등의 생활용품, 불교, 불경과 불교예술 등이었다. 그리고 한 나라에서는 비단, 칠기, 철기, 연옥과 다양한 장식품 등이 대량으로 서역으로 수출되었는데 이 중에서 한 나라의 주종 품목은 비단(Silk)이었다[54].

비단은 세르(Ser) 또는 세래스(Seres)라는 이름으로 사차(莎車), 선선(善善), 언기(焉耆), 쿠차(龜兹) 등 서역 국가와 서아시아 국가 간의 중개무역을 통하여 로마 제국에까지 교역되었으며 로마 귀족들의 일상품이 되었다. 그리고 이 같은 동서 간의 중개무역에 의해서 서역은 막대한 이익을 창출하고 경제 발달과 문화 융성의 기반을 마련할 수 있었으므로 서역 각국은 한 제국과의 교역에 적극적일 수밖에 없었다.

"성제 시기에 이르러 강거가 아들을 인질로 보내어 입시케 하고 공물을 바쳤다. 그러나 멀리 떨어져 있는 것을 이용하여 교만해지고 서역의 다른 국가와 마주 대하려고 하지 않았다. 도호 곽순이 수차례 상소를 올렸는데 … 강거는 교만하고 교활하여 한 나라 사자에게 경의를 표하지 않습니다. … 이것은 한 나라 관리들을 무시하고 오손에게 아부하는 것입니다. 이 같은 사실로 헤아려 볼 때 아들을 보내어 입시케 하는 이유는 교역을 원하여 그럴싸한 말로 속이는 것입니다. 마땅히

54 沈福傳,《中西文化交流史》, 上海: 上海出版社, 1988, p. 56.

그 인질을 돌려보내고 다시 사자를 파견하지 않아야 합니다. … (至成帝時 康居遣子侍漢 貢獻 然自以絶遠 獨驕慢 不肯與諸國相望 都護郭舜數上言 … 而康居驕黠 訖不肯拜使者… 都護吏至其國 坐之烏孫諸使下 王及貴人先飮食已 乃飮啗都護吏 故爲無所省以夸旁國 以此度之 何故遣子入侍 其欲賈市爲好辭之詐也 … 宜歸其侍子 絶勿復使 …)."[55]

"… 지금 회개하고 돌아왔지만 왕의 친속이나 귀인들은 하나도 없고 헌물을 바치는 자들은 모두 장사하는 천민들이며 상품을 교환하고 장사를 하려고 할 뿐 봉헌한다는 것은 명분일 뿐입니다(… 今悔過來 而無親屬貴人 奉獻者皆行賈賤人 欲通貨市賈 以獻爲名)."[56]

"계빈은 실제로 조정의 하사품과 교역에서 이익을 얻기 위해서 그 사신들은 수년에 한 번씩 보낸다(罽賓實利賞賜賈市 其使數年而壹至云)."[57]

이같이 강거(康居), 계빈(罽賓)을 포함한 서역 국가들이 한 제국에 사신을 파견하여 공물을 헌상하고 자제를 입시시키어 충성을 서약하였는데 빈번한 사신 파견과 충성 서약의 목적은 한 나라의 교역 허락을 얻는 데 있었다. 그러나 한 나라는 한 제국 천자의 천하통치 유일무이성을 전제한 봉건적 외번관계를 수립하지 않으면 교역을 허용하지 않았으므로[58] 서역 국가들은 한 제국이 요구하는 봉건적 외번

---

55 《漢書》 卷66上, 〈西域傳〉, p. 3893.

56 위 책, 〈西域傳〉, p. 3887.

57 위와 같음.

58 예를 들면 남월국이 한 제국 천자의 천하통치 유일무이성을 전제한 책봉과 입공의 봉건적 외번관계를 수용한 후에 한 제국의 금, 철, 농기구, 가축 등의 교역이 허용되었고 위만조선 역시 한 제국 천자의 천하통치 유일무이성을 전제한 책봉과 입공의 외번관계 수용 후에 '병위재물'의 군사·경제적 원조를 받았던 것과 같이 서역 국가들도 한 제국 천자의 천하통치 유일무이성을 전제한 책봉과 입공의 외번관계 수용 후에 교역이 허용되고 한 나라의 물자를 구입할 수 있었다(이춘식, 《중국패권의 뿌리와 이념》, 고려대학교출판문화원, 2014, p. 209, p. 302).

관계를 수립한 후에 한 제국과 교역에 종사할 수 있었다. 그리고 이같이 구입된 한 나라 물산으로 동서 간의 중개무역에 종사하여 막대한 이윤을 창출하고 있었다.

반면 한 제국은 우수한 물산을 앞세워 통교와 교역을 추진하고 빈번한 사신 왕래, 질자 담보, 연병제도 수립, 군사동맹 체결 등의 다양한 정책을 개발하여 서역 국가들을 친한 국가로 포섭하여 봉건적 외번관계를 수립하고 흉노 세력을 잠식할 수 있었다. 이 같은 사실로 볼 때 남월국과 서역 경우에서와 같이 한 제국이 주변국과 수행한 교역은 상업적 이윤 추구보다는 자국의 우수한 물산으로 후진적 주변국을 제어하고 관리하는 대외정책 중의 하나였다.

2) 위만조선에 대한 군사·경제원조 제이책

위만조선 건국(전195?)을 전후한 시기의 동아시아 정세를 살펴보면 위에서 말한 바와 같이 평성전투에서 대패한 한 고조는 흉노에게 매년 세폐 봉헌의 입공을 통하여 흉노의 북변 침탈을 겨우 무마하고 있었다. 또한 남쪽에서는 조타가 남월국을 독자적으로 수립하고 무제로 칭제하면서 세력을 급속도로 확장하고 있었다. 그런데 이와 비슷한 시기의 동북쪽에서는 위만조선이 급속도로 성장하여 요동과 요서 쪽으로 세력을 확장하고 있었다.[59]

이에 한 제국은 요동 태수의 주선을 통하여 위만조선 왕 위만과 '약(約)'을 체결하여 위만을 외신 제후왕으로 책봉하여 봉건적 외번관계를 수립하였다. 그리고 한 제국 천자에 대한 입조, 주변 만이들의 관리와 변경 안정, 주변 군소 부족장들의 한 제국 천자에 대한 입

59 《史記》 卷115, 〈朝鮮列傳〉, p. 2986.

현 협조 등의 번병(藩屛) 임무를[60] 부여하여 동북 변경의 안정을 도모하였다. 그리고 그 대가로 한 제국은 병위재물의 군사·경제적 원조를 위만조선에 제공하였다.

> "… 이로써 위만은 병위와 재물을 얻어 주변의 소읍들을 침입해서 항복을 받았으며 진번과 임둔이 다 내속하였으므로 영토가 사방 수천 리가 되었다(… 以故滿得兵威財物 侵降其旁小邑 眞番 臨屯皆來服屬 方數千里 …)."[61]

여기에서 '병위(兵威)'의 뜻을 살펴보면 《사기(史記)》와 《한서(漢書)》 중의 위만에 관한 기록 중에는 '병위'에 대한 주석이 없다. 《대한화사전(大漢和辭典)》 2권에서는 '병위'를 "軍의 威勢", "兵勢"[62]로 해석하고 있고 오다케 다케오(小竹武夫)의 일본어 번역의 《한서》에는 '병위'를 "兵權"[63]으로 설명하고 있다. 또 한국 연구자들은 '병위'를 '군사',[64] '군사의 위세',[65] '우수한 무기',[66] '철제 무기',[67] '병(兵)',[68] '군장비(軍裝備)' 등으로[69] 해석하고 있으므로 사실상 '병위'에 대한 해석은 다양하다. 그런데 '병위'를 "軍의 威勢", "兵勢", "兵權"으로 해석하여 "위만조선이 한 제국으로부터 "軍의 威勢, 兵勢, 또는 兵權 얻

60 이춘식, 《중국 패권의 뿌리와 이념》, 고려대학교출판문화원, 2014, p. 318.

61 《漢書》 卷95, 〈西南夷兩奧朝鮮傳〉, p. 3865.

62 諸橋轍次, 《大漢和辭典》 券二, p. 1167.; 金瑛河, 〈韓國古代社會의 政治構造〉, 《韓國古代史硏究》 8, 1995, p.36.

63 小竹武夫 譯, 《漢書》 下卷, 〈列傳 II〉, 東京: 筑摩書房, 1979, p. 332.

64 김재선 외 역, 《한글동이전》, 서문문화사, 1999, p. 14.

65 國史編纂委員會 역, 《中國正史朝鮮傳》 1, 2007, p. 7.

66 서영수, 〈衛滿朝鮮의 形成過程과 國家的 性格〉, 《韓國古代史硏究》 9, 1996, pp. 105-106.

67 김한규, 《古代中國的世界秩序硏究》, 一朝閣, 1982, p. 261.

68 金貞培, 《韓國古代의 國家起源과 形成》, 고려대학교출판문화원, 1986, p. 40.

69 尹乃鉉, 《韓國古代史新論》, 一志社, 1999, p. 264.

어서 주변 소국들을 병합하고 영토를 사방 수천 리로 확대하였다"고 해석하면 이것은 앞뒤 사정과 맞지도 않고 해석도 되지 않는다.

그런데 당시 동북 지역과 한반도 북부 지역에는 철기 사용이 점차로 확대되고 위만집단도 망명 시에 철제 무기로 무장하고 있었으므로[70] 위만조선은 철과 철제 무기의 효용성을 잘 알고 있었다. 그러므로 한 제국과 약(約) 체결 시 위만조선은 동북 변경의 만이 침탈 중지, 변경 안정 도모, 만이 군장들의 한 제국 천자에 대한 입현 협조 등의 한 제국이 요구하는 번병 임무를 수용하고 그 대가로 철과 철제 무기를 요청하고 또 받았던 것으로 생각된다.

이 같은 사실을 감안하면 '병위(兵威)'는 철제 무기로 이해하는 데 무리가 없을 것 같다. 또 한 제국은 위만조선에 '병위'와 더불어 '재물(財物)'을 제공하였다. '재물'은 물자(物資),[71] 재물(財物),[72] 군비(軍費) 등으로 이해할 수 있으므로 '재물'은 일종의 경제원조였을 것으로 생각된다. 이런 점에서 한 제국이 위만조선에 제공한 '병위재물'은 군사·경제원조였다고 할 수 있다.

다시 말하면 사방 수천 리의 영토를 소유하고 농경에 기반한 위만조선은 척박한 땅에서 유목목축생활을 영위하고 있는 흉노와 반농반목의 원시적 생활을 영위하고 있는 오환, 서남이, 선비 등의 군소부족국가들과는 자연환경과 경제·사회적 조건이 근본적으로 다른 국가였다. 그러므로 위만조선은 흉노, 오환, 선비 등에게 제공되었던 고급 의류, 술, 수레, 황금 등의 일시적인 소비 향락의 사치성 물품보다는 국가 발전의 기본이 되는 철제 무기와 경제력이 필요하였을 것

70 박준형,《고조선사의 전개》, 서경문화사, 2014, p.221.
71 金貞培,《韓國古代의 國家起源과 形成》, p. 40.
72 尹乃鉉, 앞 책, p 264.

이므로 한 제국의 번병 임무 수행 대가로 병위재물의 철제 무기와 경제원조를 요청하였을 것이다. 그리고 신생 위만조선의 경제·사회적 사정을 잘 알고 있던 한 제국은 위만조선이 요청하는 철제 무기와 경제원조를 제공하면서 위만조선 왕의 입조와 동북 변경 안정과 만이 군장들의 한 제국 천자에 대한 입현 협조 등의 번병 임무를 부여하고 이를 통해 동북 변경의 안정을 도모하였던 것으로 생각된다. 그러므로 한 제국이 위만조선에 병위재물의 군사·경제원조를 제공한 것은 신생 위만조선이 원하는 군사·경제원조 제공을 통해서 동북 변경의 안정과 평온을 도모하는 데 있었다고 할 수 있다.

3) 군소 부족국가들에 대한 관작수여 제이책

한 제국이 주변 군소 이적만이들을 다루고 무마했던 다른 방법은 관작(官爵) 수여였다. 주변 군소 이적만이 중에서 제일 먼저 주목을 받았던 종족은 강족(羌族)이었는데 그 이유는 강족 주거지가 한 제국의 서역 진출 길목에 위치하고 또 흉노와 서역과의 관계를 단절할 수 있는 전략적 요충지에 자리 잡고 있었기 때문이었다. 그러나 당시 강족은 다수의 군소 부족으로 여러 지역에 분산되어 활거하고 있었으므로 한 제국은 이들 강족을 부락의 위치, 형태와 전략적 이해에 따라 다양한 방법으로 무마하면서 포섭하였다.

> "그 해 가을 강족의 약령(若零), 이유(離留), 차종(且種), 아고(兒庫) 무리가 선강의 대호 유비(猷非)와 양왕(楊王)의 수급을 베고 또 제택(弟澤), 양조(陽雕), 량아(良兒), 미망(靡忘)들이 전고(煎鞏)와 황저(黄羝) 등의 4천여의 무리를 이끌고 한 나라에 투항하였다. 이에 한 나라는 약령과 제택 2인을 수중왕, 이유와 차종 2인을 후, 아고를 군, 양주를 언병후, 양아를 군, 마망을 헌우군으로 각기 봉하였다. 처음으로 금성

에 속국을 설치하여 거주하게 하였다(其秋, 羌若零 離留 且種 兒庫共斬先零大豪猶非 楊玉首, 及諸豪弟澤 陽雕 良兒 靡忘 皆帥煎鞏黃羝之屬四千餘人降漢 封若零 弟澤二人爲師衆王 離留 且種二人爲侯 兒庫爲君 陽雕爲言兵侯 良兒爲君 靡忘爲獻牛君. 初置金城屬國 以處降羌)."[73]

이것은 신작 원년(전61)에 소위 대강난(大羌亂)이 발생하자 조충국(趙充國)이 이를 진압하였는데 이때 많은 강족들이 한 제국에 투항하였다. 이들 투항 강족 중에서 한 제국은 약령(若零), 제택(弟澤) 2인에게 '사중왕(師衆王)', 잡유(離留)와 차종(且種) 2인에게 '후(侯)', 아고(兒庫)와 량아(良兒)에게 '군(君)', 양조(陽雕)에게 '양조후(陽雕侯)', 미망(靡忘)에게 헌우군(獻牛君)을 각각 봉했다. 또한 금성 속국을 설치하여 이들을 안치하였는데 이것은 투항 강족들의 족장, 거수들에게 왕(王), 후(侯), 군(君), 장(長) 등의 관작을 수여하여 한 제국 관작질서 안으로 끌어들이고 속국을 새로 설치하여 안주시키면서 포섭한 것이었다.

오환(烏桓)은 동호(東胡)의 일족으로 흉노가 강성하였을 때는 흉노에게 예속되어 매년 우, 마, 양가죽, 노비 등을 흉노에게 헌상하고 흉노가 출병할 때에는 병력 제공을 강요당하였다. 그리고 이 같은 흉노-오환의 연계와 측면 지원은 한 제국에 대단히 불리하게 작용하였으므로 한 제국은 오환을 흉노로부터 분리시키려고 여러 가지 노력을 기울였으나 실패하였다.

그런데 흉노가 한 제국과 장기간의 대결 속에서 점차로 세력이 약화되자 흉노에게 오랫동안 원한이 쌓였던 오환은 흉노를 공략하기 시작하였으므로 오환과 흉노의 관계는 점차 멀어지기 시작하였다.

---

73 《漢書》 卷69, 〈趙充國列傳〉, p. 2992.

한 제국은 이 같은 기회를 포착하여 오환에게 많은 재물을 보내어 회유하고 흉노와의 이간을 더욱 부추겼으므로 오환의 군장 학차(郝旦) 등이 마침내 내조하였다.

> "요서의 오환 대인 혁차(郝旦) 등이 922인의 무리를 이끌고 대궐에 이르러 노비, 소, 말, 활, 호랑이, 표범, 담비가죽 등을 공납하였다. 이에 한 나라는 이들 대인 거수들을 후, 왕, 군, 장에 각기 봉하였는데 모두 81명이었다. 이들을 새내에 거주하게 하였다(遼西烏大人郝旦等九百二十二人 率衆向化 詣闕朝貢 獻奴婢牛馬及弓虎豹貂皮 … 於是封其渠帥爲侯王君長八十一人 皆居塞內)."[74]

이같이 요서 지역 오환의 대인 혁차 등이 922인의 무리를 이끌고 내조하여 노비, 소, 말, 활, 호피, 표범, 담비가죽 등을 공납하자 한 제국은 내제후(內諸侯)에 해당되는 왕, 후, 군, 장 등의 관작을 수여하고 새내에 거주하게 하였다.

또 오환의 일족이었던 선비족 역시 흉노가 한군에 밀려서 고비사막 깊숙이 숨어 버리자 급속도로 세력을 회복하고 오환과 함께 한 제국 북변을 빈번히 침탈하였다. 이에 한 제국은 무력으로 수차례 응징하면서도 평화적으로 포섭 무마하였으며 경우에 따라서는 이용하기도 하였다. 그리고 투항 이적들에 대한 관작 수여와 많은 상사품을 하사하여 주변 이적들의 투항을 유도하였으므로 변경 안정을 보다 효과적으로 도모할 수 있었다.

물론 이 같은 관작 수여, 재물 제공, 새내 거주 허용 등의 회유와 무마책이 모두 성공했던 것은 아니었다. 투항 이적들은 자신들의 이익에 맞지 않으면 바로 적대적으로 돌변하였으며 반란 등의 무력 행

---

74 《後漢書》 卷69, 〈南匈奴列傳〉, p. 2982.

동도 주저하지 않았다. 그러나 이 같은 주변 군소 부족들의 반발은 모두 일시적으로 끝나거나 진압되었으므로 한 제국은 변경의 안정과 평화를 유지할 수 있었다. 그리고 긴 시간이 지남에 따라 서서히 한 제국에 동화되어 갔다.

이와 같이 한 제국은 평성 전투에서 대패한 후 회뇌결화친의 입공을 통하여 흉노의 지속적인 위협과 침탈을 제어하여 북변 안정을 도모하였다. 남쪽에서 남월국의 건국과 칭제에 대해서는 외신 제후왕 책봉과 더불어 사신 왕래와 교역 허용으로 남월국을 무마하여 칭제를 포기시키고 남변 안정과 평온을 도모하였다. 요동 요서 쪽으로 세력을 확대하고 있는 동북의 위만조선에 대해서도 외신 제후왕 책봉과 더불어 병위재물의 군사·경제 원조를 제공하여 동북변경의 만이 관리와 변경 안정을 도모하였다. 변경 침탈을 빈번히 자행하는 주변 군소 부족들에게는 푸짐한 하사품과 함께 왕, 후, 군, 장 등의 관작을 수여하고 새내에 거주하게 하여 변경 안정을 도모하였다.

한 제국은 이같이 국력이 미약하였던 개국 초기에 다양한 제이책을 개발하여 흉노 제국을 포함한 사방 주변국과 친선관계를 수립하여 70여 년간 사방 변경의 안정과 평온을 유지하였다. 그리고 후술하는 바와 같이 이 기간 동안에 국가구조 개조와 제도 개혁을 대를 이어 추진하였다.

제4장

한 제국 국가구조제도 개혁과 굴기 추동력 창출

1. 한 초의 황노무위정책과 민생 안정

한 제국은 개국 후 극도의 사회 경제적 참상에 직면하였다. 한 고조가 풍읍(豊邑)에서 기병한 이래 항우를 격퇴하고 한 제국을 수립하기까지 70여 차례의 큰 전투와 40여 차례의 작은 전투 등 모두 110여 차례의 전투를 거쳤는데 이 같은 치열한 전투 과정에서 백성들의 간과 골이 땅에 묻히고 아버지와 자식의 뼈가 함께 들판에 뒹굴고 부상당한 사람들은 회복되지 못하고 있었다.[1]

또 남자들은 전쟁 동안 모두 징집당하여 장기간 종군하였으므로 모든 분야에서 생산 인력이 고갈되어 생산이 정체되고 사재기꾼들의 농간으로 시장 물가는 천정부지로 치솟고 있었다. 당시 곡가는 일석(一石)이 5000천 전에 이를 정도로 올랐고 생업을 잃고 굶주림에 지친 사람들은 자식을 팔아서 다른 지방으로 이주하기도 하고 또 상식하였으므로 죽은 사람들이 절반을 넘을 정도였다. 황제도 의례에

1 《史記》卷99, 〈劉敬叔孫通列傳〉, p. 2717.

규정된 네 필의 말이 끄는 수레를 탈 수가 없었고 공경 대신들도 소가 끄는 수레를 타고 등청할 정도로[2] 경제는 완전히 파탄되고 사회의 불안과 무질서는 극도에 달하고 있었다.

그러므로 개국 후 한 고조가 취한 국내 정책을 보면 군사들을 귀가시켜서 농사에 전념하게 하고 전쟁 중에 노비로 전락된 백성들의 신분을 회복시켜서 민심을 회유하고 조세를 15분의 1로 경감하여 백성들의 부담을 줄여주고 황폐된 농경지를 개간하는 경우 세금을 가볍게 부과하거나 면제해 주고 백성들의 요역도 2년 동안 면제해 주었다. 이 같은 한 고조의 정책은 한마디로 말해서 농업 생산 장려와 민생 회복에 목적을 둔 것이었다.[3] 그리고 이 같은 한 고조의 정책은 다음 혜제~여후 시대에도 계승되었다.

그러므로 혜제~여후도 한 고조의 정책을 이어 받아서 15분의 1 조세 감면정책은 계속 시행하고 부역도 수도 장안성(長安城) 수축 등의 극히 필요한 경우를 제외하고는 모두 피하거나 연기하였다. 또 사면령을 내리고 백성들을 괴롭히는 법령들을 줄이거나 폐지하였으며 북변을 자주 침탈하는 흉노에 대해서도 고조 때의 화친책을 그대로 계승하여 회뇌결화친의 입공을 계속하고 흉노 회유에 주력하면서 군사적 대응을 최대한으로 자제하였다.

이 외에도 삼족죄(三族罪)와 요언령(妖言令)을 폐지하고 효제역전

---

2 《史記》卷99, 〈平準書〉, p. 2717.

3 한 고조는 개국 이전에 이미 진 제국 치하에서 민생이 파탄된 것을 알고 있었다. 그러므로 초(楚) 회왕(懷王)의 명령에 따라 항우와 더불어 수도 함양을 목표로 진군하였을 때 함양에 먼저 입성하자 유방은 궁실과 보화 재물을 부고(府庫)에 봉하여 제후들과 공동으로 관리하였다. 그리고 진 제국의 법률이 혹독 각박하였으므로 '살인한 자는 죽이고 사람을 상하게 한 자는 상하게 하고 남의 물건을 훔친 자는 죄를 준다'는 약법삼장(約法三章)만을 공포하고 나머지 악법은 모두 폐지하여 혹독 각박했던 진 제국의 법률로부터 백성들을 풀어주었다.

자(孝悌力田者)를 2천 석의 고위관리로 임용하여 백성들의 농업생산 의욕을 고취시키고 사전(私錢) 주조를 금지시켜서 유통질서를 바로잡고 또 상인들에 대한 억압정책도 완화하여 민심을 회유하였으므로 여후 말기에는 경제가 점차로 회복되고 사회가 안정되기 시작하였다. 그런데 이 같은 경제 회복과 사회 안정을 이룩한 이면에는 바로 황노무위정책(黃老無爲政策)이 자리 잡고 있었다.

한 제국 수립 후 사상계의 동향을 살펴보면 진 제국 시대에 가해졌던 학문과 사상에 대한 탄압과 속박이 해제되기 시작하였다. 이에 따라 음양가(陰陽家), 명가(名家), 법가(法家), 도가(道家), 종횡가(縱橫家) 등 제자백가의 학문과 사상이 다시 자유럽게 발달하기 시작하였는데 이 중에서 특히 황노사상이 크게 유행하여 당시 사회·사상계의 주류를 형성하고 있었다.[4]

황노(黃老)의 의미를 살펴보면 '황'은 황제(黃帝), '노'는 노자(老子)를 의미하고 중심사상은 청정무위(淸淨無爲), 무위자연(無爲自

4 황노사상이 언제 누구에 의해서 시작되었는지는 확실히 알 수 없다. 황노사상의 형성시기는 대체로 전국 초기에서 중기로 이행되는 기원전 4세기 초로 보고 있다. 또 황노사상은 제(齊) 나라의 직하학사(稷下學舍)에서 형성되었을 것으로 추정되고 있다. 황노사상과 관계가 있는 최초의 인물로는 신도(愼到), 전병(田駢), 접자(接子), 화년(環淵) 등으로 추정되며《사기》에는 신불해(申不害)를 지목하고 있다. 그러나 이들의 황노사상에 관한 기록은 모두 극히 단편적인 것이어서 누가 황노사상의 시조였는지는 알기 어렵다. 황노(黃老) 용어는《사기》권74, 황노의 명칭은〈맹자순경열전〉중의 "黃老道德之術"에서 처음 보이고 있다. 황노학파의 초기 작품으로는 군주가 허정(虛靜) 상태에서 신료들을 통제하여 정치 목적을 달성하는 '명실론(名實論)'을 담고 있는《관자》4편을 들 수 있다. 그러나 황노사상의 실체와 성격은 황노학파의 저작으로 간주되는《황노백서(黃老帛書)》에서 구체적으로 나타나 있다.《황노백서》는 기원 전후 또 진한 교체기에 성립되었던 것으로 추정되는데《황노백서》의 4편을 보면 군주가 취해야 할 기본적 자세는 법을 제정하고 시행하여 국가의 질서를 지키는 통치자, 도(道)의 원리에 기본한 허정무위의 객관적 태도로 신하와 백성들을 '형명(形名)'에 따라 평가하여 책임을 다하게 하는 국정의 총괄자로 묘사하고 있다(鄭日童,《漢初의 政治와 黃老思想》, p. 101-116 참조).

然), 무위지치(無爲之治) 등의 도가사상으로 구성되었는데, 이 황노사상을 처음 정책으로 채택하였던 인물은 제 나라 승상 조삼(曺參)이었다.

한 제국 개국 후 제 나라 상국(相國)으로 부임한 조삼은 백성들의 경제 파탄과 피폐 상황을 목격하고 민생을 안정시킬 수 있는 방법을 원로들과 유생들에게 문의하였지만 의견이 각기 달라서 어느 한 의견만을 채택할 수 없었다. 그런데 교서 지방의 개공(蓋公)이 황노술에 능하다는 소문을 듣고 초빙하여 치도(治道) 방법을 자문하였는데 개공은 황노무위정책을 건의하였다. 이에 크게 깨달은 조삼은 유가들이 제시한 많은 치도 방법을 뿌리치고 개공이 제시한 황노무위정책을 채택하였다. 그리고 시행 9년 만에 경제를 부흥시키고 사회를 안정시켰으므로 제 나라 백성들이 조삼을 현상(賢相)으로 칭송 하였다.[5]

그런데 혜제 2년에 소하(蕭何)가 홀연히 사망하고 조삼이 소하의 뒤를 이어서 한 제국 중앙정부의 승상으로 임명되었다. 이에 중앙정부의 승상으로 취임한 조삼은 전국 백성들의 피폐한 상황을 목도하고 제 나라에서 경제 회복과 민생 안정에 탁월한 효과를 보았던 황노무위정책을 전국적으로 확대하여 시행하였다. 그런데 당시 조삼이 어떠한 구체적인 황노무위정책을 취했는지는 현재 알 수가 없지만 아래 일화를 통해 조삼이 취한 황노무위 정책의 성격을 유추해볼 수 있을 것 같다.

> "… 법령이 제정되었으므로 폐하께서는 팔짱만 끼고 계시고 저희들은 직분을 지키면서 법도를 따르고 잃지 않는 것이 또한 좋지 않겠습니

5 《史記》卷54, 〈曹相國世家〉, p. 2029.

까?(… 法令旣明 今陛下垂拱 參等守職 遵而勿失 不亦可乎)."[6]

이것은 조삼은 소하의 뒤를 이어서 승상이 되었지만 정사(政事)는 돌보지 않고 오직 소하가 제정하여 놓았던 법령만 지키고 자신은 술만 마시고 아무것도 하지 않았다는 것이다.

"…그대가 집에 돌아가거든 남 모르게 조용히 부친에게 물어보게. 고제가 돌아가시어 신하들과 이별한 지 얼마 되지 않았고 또 황제의 나이도 젊은데 아버님은 상국이 되어서 날마다 술만 마시고 황제에게 소청하거나 보고하는 일도 없으니 무엇으로 천하사를 걱정하십니까? 라고 묻되 짐이 그대에게 시켰다고 말하지 말라고 하였다. 줄(窋)이 휴가를 얻어서 집에 와서 부친을 모시고 있다가 혜제의 말대로 부친에게 간하였다. 이에 조삼은 크게 화를 내면서 줄의 종아리를 200대나 때리고서 '빨리 궁에 돌아가서 황제를 모시어라, 천하의 일은 네가 말할 것이 아니다'라고 꾸짖었다(… 若歸 試私從容問而父曰 高帝新棄群臣 帝富於春秋 君爲相 日飮 無所請事 下以憂天下乎 然無言吾告若也 窋旣洗沐歸 閒侍 自從其所諫參 參怒 而笞窋二百 曰 趣入侍 天下事非若所當言也)."[7]

"조회 때 혜제는 조삼을 나무라며 말하였다. '왜 줄(窋)을 혼냈소? 지난번 일은 짐이 시켜서 그대에게 간하게 한 것이었소.' 조삼이 관을 벗고 사죄하여 말하였다. '폐하께서 보실 때 폐하와 고제 중 누가 더 성명(聖明)하고 영무(英武)하다고 생각하십니까?' '짐이 어찌 감히 선제(先帝)를 넘보리오?' '폐하께서 보실 때 저와 소하 중 누가 더 능력이 낫다고 생각하십니까?' '그대가 못 미칠 것 같소.' 조삼이 말하였다. '폐하의 말씀이 옳습니다. 고제와 소하가 천하를 평정하고 법령도 밝게 정리하였습니다. 폐하께서는 팔짱만 끼고 계시고 저희들은 직분을 지키면서 법도를 따르고 잃지 않는 것이 또한 좋지 않겠습니까?' 혜제

6 《史記》 卷54, 〈曹相國世家〉, p. 2031.
7 위 책, 〈曹相國世家〉, p. 2031; 《漢書》 卷39, 〈蕭何曺參列傳〉, p. 2019 참조.

가 '이제 경은 쉬도록 하시오'라고 하였다(至朝時 惠帝讓參曰 與窋胡治乎 乃者我使諫君也 參免冠謝曰 陛下察聖武孰與高帝 上曰 朕乃安敢望先帝乎 曰 陛下觀臣能孰與蕭何賢 上曰 君似不及也 參曰 陛下言之是也 且高帝與蕭何定 天下 法令旣明 今陛下垂拱 參等守職 遵而勿失 不亦可乎 惠帝曰 善 君休矣)."[8]

위 인용문은 혜제가 즉위하였는데 승상 조삼이 정사는 돌보지 않고 매일 술만 마시고 있으므로 나이 어린 혜제가 보기에도 답답하였다. 그러나 원로 개국공신 조삼에게 직접 말은 차마 못하고 조삼의 아들 아들 줄(窋)에게 그 이유를 묻게 하였는데 줄은 오히려 아버지 조삼에게 꾸중만 듣고 매만 맞았다. 다음 날 조삼은 등청하여 혜제에게 혜제와 조삼은 능력 면에서 한 고조와 소하만 못하므로 고조와 소하가 만든 법도를 지키고 따르는 것이 옳다는 자신의 의견 즉 무위정책을 제시한 것이다.

"소하와 조삼이 재상이 되어서 신중히 아무것도 하지 않고 백성들이 원하는 대로 하였으므로 소란이 없었고 의식이 풍부해지고 형벌 사용이 적어졌다(蕭曺爲相 愼以無爲 從民之欲 而不擾亂 是以衣食滋殖 刑罰用稀)."[9]

이와 같이 소하와 조삼의 두 사람은 승상으로 있으면서도 정사(政事)는 돌보지 않고 오직 백성들이 원하는 대로 하였으므로 소란도 없어졌고 의식이 풍부해지고 형벌 사용이 적어졌다는 것이다.

"찬에서 말하기를 혜제·여후 시대에 … 군신 모두가 무위하고자 하였다. 혜제는 두 손을 내려놓고 여후는 여주(女主)로서 정치를 하였으나

8 《史記》卷54, 〈曹相國世家〉, p. 2031.
9 《漢書》卷23, 〈刑法志〉, p. 1097.

규방을 벗어나지 않았다. 천하가 태평하여 형벌 사용이 적어지고 백성들은 농사에 전념하였으므로 의식(衣食)이 풍부해졌다(贊曰 孝惠,高后之時 … 君臣俱欲無爲 故惠帝拱己 高后女主制 政不出房闥 而天下晏然 刑罰罕用 民無稼穡 衣食慈殖)."[10]

위 인용문에서 "… 법령을 이미 제정하였으므로 폐하께서는 팔장만 끼고 계시고(… 法令旣明 今陛下垂拱)", "… 소하와 조삼이 재상으로 되어서 신중히 아무것도 하지 않고 백성들이 원하는 대로 하였으므로(…蕭曺爲相 愼以無爲 從民之欲)" 등의 사실에서와 같이 정부가 아무것도 않고 백성들이 원하는 대로만 하였는데 오히려 세상은 태평해지고 형벌 사용은 적어지고 의식이 풍부해졌다는 것이다.

이와 같이 아무것도 하지 않는 무위정책은 혜제, 여후, 문제, 경제 그리고 무제 초기까지 약 70여 년간 계속되었다. 이 시기에 한 제국 정부는 모든 백성들에게 농사에만 전념케 하고 불필요한 노역을 줄이고 조세를 경감하였으며 민생에 대해서 일체의 불간섭과 방임정책을 취하였던 것이다. 또 궁중에서도 지출과 소비를 극도로 줄이고 긴축정책을 시행하면서 국가의 모든 역량을 경제 회복과 사회 안정에 집중하였다.

이 같은 사실에서 볼 때 황노무위정책은 백성들에게 휴식을 주고 간섭하지 않고 방임하는 정치였다고 할 수 있다. 바꾸어 말하면 한초 위정자와 관료들은 아무것도 하지 않는 황노무위정치를 통하여 경제 회복과 민생 안정에 전력을 기울이고 있었다고 할 수 있다. 그리고 조삼이 승상이 된 지 3년 만에 사망하자 당시 백성들이 노래를 지어서 소하와 조삼의 위덕을 아래와 같이 기리었다.

10 《漢書》 卷3, 〈高后紀〉, p. 105.

소하가 제정한 법은(蕭何爲法)
일자(一字)처럼 밝고 곧았네(顜若畫一)
조삼이 대를 이어서(曹參代之)
지켜가며 잃지 않았네(守而勿失)
청정무위 정책을 집행하니(載其淸淨)
백성들이 한결같이 편안하였네(民以寧一)

이와 같이 소하와 조삼을 포함한 한 초의 위정자들은 황노무위정책을 견지하여 백성들이 농사에 전념하게 하고 불필요한 노역을 줄이고 조세를 경감하고 민생에 대해서 일체의 불간섭과 방임정책을 취하면서 모든 역량을 경제 회복과 사회 안정에 집중하였다. 이 황노무위정책은 이후 혜제, 여후, 문제, 경제 그리고 무제 초기까지 약 70여 년간 계속되었다. 그리고 70여 년이 지난 무제 초기에는 아래와 같은 태평시대를 이루었다.

"무제 초에 이르기까지 70년간 국가에는 큰 일이 없고 수해와 가뭄도 없었으며 백성들은 모두 만족하고 집집마다 풍족했다. 각 군과 현의 곡식창고는 꽉 차 있고 정부 창고에는 많은 재화가 남아돌았다. 경사의 금고에 보관되어 있는 돈은 쌓여서 억만금이나 되었는데 돈을 묶은 줄이 낡아서 셀 수도 없었다. 태창의 곡식도 나날이 늘어났다. 층층으로 쌓아도 넘쳐나서 결국에는 노천에 모아 두었는데 썩어서 먹지 못하게 되었다. … 마을 입구를 지키는 사람도 좋은 음식을 먹었으며 하급 관리도 전직하지 않고 한 자리에 근무하여 자손을 길렀으며 관직에 있는 자는 자신의 관직으로 성씨를 삼았다. 그러므로 사람들은 스스로를 아끼고 법을 어기는 일을 어렵게 여겼으며 의를 행하는 것을 우선하고 치욕스런 행동을 물리쳤다(至武帝初七十年間 國家亡事 非遇水旱 則民人給家足 都鄙廩庾盡滿 而府庫餘財 京師之錢累百鉅萬 貫朽而不可校 太倉之粟陳陳相因 充溢露積於外 腐敗不可食 … 守閭閻者食粱肉 爲吏者長子孫 居

官者以爲姓號 人人自愛而重犯法 先行誼而黜媿辱 焉…)."[11]

이같이 한 제국 초기에 시행된 황노무위정책은 크게 주효하여 70여 년이 지난 무제 초기에는 경제가 회복되어 민생이 안정되고 사회질서가 수립되어 이른바 집집마다 풍족하고 모든 사람들이 넉넉한 가급인족(家給人足)의 풍요 시대를 맞이하게 되었다.

그런데 한 제국은 황노무위정책을 중심으로 경제 부흥과 사회 안정 정책을 추진하면서 동시에 국가구조와 제도의 근본적 개혁을 추진하고 있었다.

2. 이성·동성 제후왕국 해체와 군현제도의 확대

기원전 202년 중국을 다시 통일한 유방은 제후와 장수들의 추대에 의해 정도(定陶) 부근의 범수(氾水)에서 한 제국 황제에 즉위했다. 등극 후 한 고조 유방은 수도를 장안(長安)으로 정하고 진(秦) 제국과 같이 황제를 정점으로 한 중앙집권적 관료국가를 수립하려고 하였다. 그러나 개국 후 당면한 공신들에 대한 포상 문제, 급진적으로 강행된 진 제국 군현제도의 결함, 항우의 시대착오적인 봉건제도 복귀 등의 여러 요인들을 감안하여 주대의 분권적 봉건제도와 진 제국의 중앙집권적 관료제도의 장단점을 절충한 군국(郡國)제도를 부득불 시행할 수밖에 없었다.

11 200)《漢書》卷24上, 〈食貨志〉, p. 1135. 한 제국의 흉노 패권에 대한 도전과 주변국에 대한 사면정벌 이전 무제 초기의 가급인족의 경제·사회적 번영에 관한 기록은《史記》에도 기록되어 있다(《史記》卷30, 〈平準書〉, p. 1420 참조).

군국제도의 시행에 의해 한 고조는 7개의 이성 제후왕과 일족들을 포함하여 모두 143개의 동성·이성의 제후왕국과 후국(侯國)을 분봉하였다.[12] 이 중에서 이성 제후왕의 7국은 황하 하류와 장강 중·하류의 비옥한 지대를 포함한 광대한 영토를 점유하고 있었는데 이것은 황제에게 속한 15군보다 더 넓은 것이었다. 그러므로 황제는 수도 장안을 중심으로 한 기보(畿輔) 지역만 통치하였을 뿐 전국의 약 2/3에 가까운 영토는 제후왕의 통치 지역에 속했다.

이들 이성·동성 제후왕국은 모두 국(國)으로 불리었다. 통치제도는 중앙정부의 통치제도에 비해 규모는 작았으나 독자적인 관료제도를 운영하고 있었다. 상국(相國)만 중앙정부에서 임명하고, 그 외의 관료는 모두 제후왕이 직접 임명하였으며 또 국내의 조세 징수와 부역 동원을 포함한 모든 재정권을 장악하고 왕국 내의 정치는 독자적으로 행하고 있었다. 그리고 중앙정부에 대해서는 봄과 가을에 수도 장안으로 상경하여 황제에게 입조(入朝)하는 것 뿐이었다. 이 외에도 이성 제후왕들은 한초전을 통해서 전쟁 경험이 풍부하였고, 용병(用兵)과 지략(智略)이 출중하였으며, 방대한 병력을 소유하고 있었으므로 주 왕조의 제후국과 같이 독립적 성격이 강하였으며 유사시에는 중앙정부에 심각한 위협이 될 수도 있었다.

그러므로 이같이 잠재적 위협 요소를 간파한 한 고조는 여러 가지

12 한초전 당시 유방은 항우가 책봉한 연왕(燕王) 장차(臧荼)가 자신에게 협조하였기 때문에 연왕 지위를 묵인하여 주었다. 또 유방은 황제 등극 이전의 한왕 2년(전205)에 한(韓) 고지에 한신(韓信, 초왕 한신과는 다른 동명이인)을 한왕(韓王), 3년에 장이(張耳)를 조왕(趙王), 4년에 영포(英布)를 회남왕, 한신(韓信)을 제왕(齊王, 후의 초왕으로 이봉)으로 각기 봉하고, 또 5년(전 202)에는 팽월(彭越)을 양왕(梁王), 오예(吳芮)를 장사왕(長沙王)으로 각기 봉하였는데 모두 7명의 이성제후왕들이 분봉된 것이었다. 이 같은 이성제후왕의 분봉은 당시 군사력이 항우에 비하여 열세하였던 유방이 다른 제후왕들과 장수들의 협력을 얻기 위해서 취한 불가피한 조치였다고 할 수 있다(徐復觀, 〈漢代專制政治下的封建問題〉, 《大陸雜志》 38-7, pp. 217-230 참조).

의 이유와 수단을 동원하여 이성 제후왕들을 하나씩 거세하기 시작하였다. 초왕 한신을 제거하였을 때 그 봉지를 초(楚)와 형(荊) 2국으로 나누어 동생인 유교(劉交)를 초왕, 당형 유가(劉賈)를 형왕으로 봉하고, 영포에게 유가가 살해되었을 때에 형(荊)을 오(吳)로 고치고, 조카인 비(濞)를 오왕으로 봉하였다. 이 같은 방식으로 한 고조는 이성제후왕의 봉지에 초, 오, 대, 조, 양, 회양, 회남, 연 등의 9개 왕국을 모두 동성인 유씨 제후왕으로 교체하였다. 그리고 이성 제후왕의 재기를 막기 위하여 왕능(王陵), 주발(周勃), 진평(陳平) 등의 측근 공신들과 비밀회의를 개최하고 '백마의 맹서(白馬之誓)를 맺었는데 '유씨 아닌 제후왕은 모두 배격한다'는 내용이었다. 그러나 제후왕국의 중앙정부에 대한 위협은 이것으로 해결된 것이 아니었다. 한 고조 사후 동성 제후왕들이 다시 문제가 되기 시작하였다.

당시 동성 제후왕국은 15개국이었고 점유한 영토는 한 제국 영토의 2/3에 달했는데, 큰 제후왕국은 5, 6군을 합친 정도의 광대한 봉지를 소유하고 있었다. 그리고 문·경제 때의 불간섭·방임정책으로 이들 동성 제후왕들은 교만과 방종에 빠져 있었으며 또 중앙정부에 대하여 적대적 입장을 취하고 있었다. 회남왕 장(長)은 문제를 그냥 대형(大兄)이라고 불렀으며, 또 스스로 법을 제정하여 시행하고 작위를 수여하는 등 황제와 유사한 행위를 하다가 모반죄에 걸려 폐위되었다가 자살하였다. 제북왕 흥거(興居)는 문제 3년에 봉지가 적은 것을 불만으로 여겨 반란을 일으키기도 하였다.

이들 동성 제후왕 중에서 제일 강하고 중앙정부에 가장 적대적이었던 것은 오왕 비(濞)였다. 당시 오국은 3군 53성을 소유하고 있었는데 왕국 내에서 구리가 대량 산출되고, 또 바다에 연해 있었기 때문에 해산물과 소금이 풍부하여 왕국의 재정이 풍족하였다. 그러나 비는 자신의 태자가 문제의 황태자에게 죽은 것을 원망하여 칭병하고 입조하지 않았을 뿐만 아니라 전국의 망명객과 식객을 불러 모으면서 병력을 규합하고 있었다.

이와 같이 동성 제후왕들은 모두 황실과 같은 유씨(劉氏)였으며 아주 가까운 근친이었지만 자신들의 이익만을 추구하고 중앙정부에 반항적이었으므로 마침내 동성 제후왕들과 황실 사이에 균열이 생기고, 오왕과 같은 강력한 제후왕은 중앙정부에 대해 직접적인 위협이 되었다. 이에 문제는 가의가 헌책한 중건제후정책(衆建諸侯政策)으로 대응하였다.

문제는 가의의 헌책에 따라 제국(齊國)을 7국으로 분할하여 일곱 아들들에게 분봉시키고, 회남을 3분하여 세 아들에게 분봉하였으며 회양왕 무(武)를 양왕으로 옮기고, 회양은 중앙정부의 직접 통제하에 두었다. 이같이 문제는 큰 제후왕국을 다수의 소제후국으로 분리하고 봉지, 인구, 경제 규모를 분산하여 약화시키고 행동 통일을 어렵게 만들어 제후왕국의 문제를 해결할 수 있는 계기를 만들었다.[13]

문제 사망 후 즉위한 경제는 중건제후정책보다 더 강력한 삭지정책(削地政策)을 강행하였다. 삭지정책은 조조(晁錯)가 제시하였는데 제후왕의 황실에 범한 죄과의 정도에 따라 제후왕의 봉지 일부를 중앙정부에서 몰수하는 조치였다. 이에 경제 3년 초왕이 내조하였을

13 동성 제후왕국 문제의 심각성을 제일 먼저 알아차리고 그 대책을 건의한 사람은 낭중 원앙(袁盎)이었다. 원앙은 제후왕국 세력의 약화 방법으로 봉지 삭감을 주장하였는데 당시에는 채택되지 않았다. 원앙 다음으로 제후왕 대책을 건의한 사람은 가의였다. 가의(賈誼, 전 200-168)는 제북왕 흥거의 반란사건과 회남왕 장의 모반사건이 있은 뒤에 동성 제후왕의 불법과 위협은 제후왕이 소유한 광대한 영토와 방대한 경제력에서 온다고 판단하고 제후왕의 세력을 분산하고 경제력을 약화시킬 수 있는 '중건제후(衆建諸侯)' 정책을 건의하였는데 이 중건제후정책 시행이 동성 제후왕국 해체의 시발이었다.

때에 사간(私姦)의 죄목으로 동해군을 삭탈하였고, 조왕의 상산군을 삭탈했으며, 관직 매매의 소문이 자자한 교서왕 앙(卬)도 6현을 상실하였다. 이 같은 삭지정책은 오왕 비(濞)에게도 확대되어 회계와 예장 2군을 삭탈하고자 했다.

그러나 오왕 비의 입장에서 볼 때 예장은 구리가 산출되고 회계는 소금이 산출되고 있었기 때문에 내놓을 수가 없었다. 또한 오왕 비는 이 같은 삭지정책이 무한히 계속될 것을 두려워한 나머지 초(楚), 조(趙), 교서(膠西), 교동(膠東), 치천(菑川), 제남(濟南)의 여러 제후왕들과 모의하여 "종친을 이간시키는 조조를 주벌한다"는 명목으로 반란을 일으켰는데 이것이 오초(吳楚)7국의 난이었다. 그러나 이 난은 3개월 만에 진압되었다.

오초7국의 난을 진압한 경제는 이 기회를 이용하여 제후왕국 제도를 철저히 정비하였다. 먼저 제후왕과 정치를 분리시켜서 제후왕의 친정(親政)을 금하였다. 승상의 명칭을 상(相)으로 바꾸고, 어사대부(御史大夫), 정위(庭尉), 소부(少府), 박사(博士) 같은 중앙정부의 관직 명칭과 동일한 관직은 전부 폐지하였으며 중건제후정책도 계속하여 실시하였으므로 제후왕국은 마침내 일반 군현과 다름없는 존재로 위축되기 시작하였는데 이 같은 제후왕국의 세력 약화와 위축에 결정적 타격을 가한 인물이 바로 무제였다.

무제(전159~87)는 문·경제 때의 '제후중건정책'과 '삭지정책'을 이어서 추은령(推恩令)을 강행하였다. 추은령은 제후왕의 사망 시에 장자 이외의 아들에게도 영지를 나누어주고, 이들을 열후(列侯)로 승격시켜서 중앙정부의 관할하의 군(郡)에 속하게 하는 정책이었다. 이 추은령을 행하자 제후왕의 영토는 더욱 축소되었다. 그리고 제후왕국의 수효도 많아져 오초7국의 난에서와 같이 중앙정부에 대한 행동

통일은 거의 불가능하게 되었다.

또 무제는 좌관율(左官律)을 제정하여 제후왕의 관리 임명을 중단시켰으며 부익율(附益律)을 발표하여 제후왕의 일반 백성들에 대한 사역을 금지시켰다. 그리고 주금율(酒金律)을 제정하여 제후왕, 열후들이 황실 제사에 바치는 주금의 수량이 부족하거나 성분이 나쁘면 작위를 취소하였으므로 많은 제후왕과 열후들이 폐위되고 봉지가 몰수되었다. 그리고 몰수한 봉지는 황제 직속의 군현제도에 편입시켰으므로 군현제도가 전국적으로 확대되었다.

무제는 또 전국의 군(郡)을 7주로 나누고 각 주에 자사(刺史) 1인을 임명하여 제후왕들의 동태와 지방 군 태수들의 지방통치를 철저히 감시하게 하고 기회만 있으면 벌을 내려 폐위시키고 봉지를 몰수하였으므로 그나마 남아 있던 제후왕국은 일반 군현(郡縣)과 거의 다름이 없게 되어 버렸으며 동시에 황제 직속의 군현제도가 전국적으로 확대되었다. 이에 따라 한 제국의 국가구조는 분권적 군국체제에서 중앙집권적 국가체제로 변하게 되었다.

3. 호족의 탄압과 자작 소농민층 보호

한대의 호족은 호성(豪姓), 족성(族姓), 호강(豪强), 대족(大族), 대성(大姓), 호종(豪宗) 등으로 불렸는데 그 기원은 춘추전국 시대까지 올라갈 수 있다. 서주 말기와 춘추 초기의 농촌사회는 동일혈연의 씨족공동체로 구성되었으나 춘추 중기 이래 우경 발명, 철기 사용, 인구 증가 및 상공업 발달 등으로 토지를 자가 소유한 개별 소농민 층으로 분해되면서 상호 혼합되어 소위 이성잡거의 농촌사회로 변하기 시작하였는데 한대에는 이 같은 농촌사회의 변화가 전국적으로 확대되었다. 그러므로 한대의 소농민들은 100~150무에 해당되는 토지를 명전(名田)의 이름으로 자가 소유하여 경작하고, 국가의 조세, 노역, 병역을 부담하였으므로 국가의 핵심 계층이었다.

그런데 당시 전면적인 철기 사용, 관개수리사업 확충, 대전법(代田法)과 구전법(區田法) 사용 등 농경기술의 발전으로 농업 생산력이 비약적으로 발전하였다. 특히 문·경제 시대는 북변 일부 지역을 제외하고는 전쟁이 드물었고 장기간의 평화 시대가 계속되었으므로 농업 생산력의 회복은 물론 상공업까지 발달하여 경제가 크게 향상되었다. 그러나 경제 발달의 혜택이 전국의 모든 농민들에게 균등히 돌아갔던 것이 아니고 일부 소수 계층에 독점되었으므로 사회에서는 빈부 차이가 심각해지고 소농민들의 몰락이 시작되는 반면 일부에서는 많은 토지를 소유한 대토지 소유자, 즉 호족이 출현하기 시작하였다.

한대 호족이 강성하였던 지역은 장강 이북의 태산(泰山), 태원(太原), 상당(上黨), 조(趙), 위(魏), 청하(淸河), 영천(潁川), 하내(河內) 등의 지역이었다. 이들 호족들은 불법 탈법 등의 수단을 가리지 않고 소농민들의 토지를 겸병하면서 세력을 확대해 나갔다. 그리고 방대한 대토지를 호족의 직계가족과 일족만으로 운영하기 힘들었으므로 각처의 유랑민들과 몰락 농민들을 모집하고 또 주변의 빈농을 동원하여 농경에 종사시켰는데 이들을 하호(下戶), 객호(客戶), 전객(佃客) 등으로 불렀다. 이들 하호들은 토지나 농구 등의 기본자산이 없었으므로 호족은 토지, 농구, 씨앗 등 일체를 대여하여 경작시켰다. 그리고 가작지(假作地) 가까운 지역에 집단적으로 거주시키고 생활 전반에 걸쳐 감시하였으므로 호족의 하호들에 대한 지배는 직접적이고

전반적이어서 하호들의 예속은 갈수록 심화되었다.[14]

그런데 이들 하호들은 원래 자작 소농민들로 국가의 조세, 병역, 노역을 전담하고 있는 국가의 핵심 계층이었으므로 이들의 하호 전락과 예속은 국가의 사회·경제적 근간을 흔드는 것이었으며 통치기반을 와해시키는 것이었다. 이에 무제는 지방의 호족들을 수도 장안으로 강제적으로 이주시켜 중앙정부의 직접적인 감시와 통제 아래에 두고, 법가 출신의 관리들을 호족들이 득세하는 난치(難治) 지역에 파견하여 호족들을 감시하고 다스리게 하였다.

이에 임지에 부임한 관리들은 호족들이 집단적으로 거주하고 있는 족거(族居)를[15] 강제적으로 분산시키거나 금지시키고, 지방의 치안 질서를 유린하거나 불법을 자행하는 호족들은 귀천을 가리지 않고 주멸하였는데 유혈이 천 리에 달할 정도였다. 또 지방의 자사(刺史)들도 중앙정부의 엄명에 의해 호족의 대토지 소유 상황, 서민들 토지에 대한 침탈 상태, 2천 석 이상 관리들과의 결탁 등을 철저히 감시 하였으므로 호족의 세력이 크게 위축되고 지하에 잠복하기 시작

14 일부에서는 하호들을 봉건적인 농노(Serf) 또는 로마 말기의 콜로누스(Colonus)와 같은 존재로 보고 있다. 그러나 하호들의 경제적 생활 상태는 노예와 같이 비참하였으나 근본적으로 자유민의 성격을 유지하고 있었기 때문에 호족의 예속을 벗어나 도시로 이주·유랑할 수 있었다. 이 같은 사실은 한대 하호들이 근본적으로는 자유농민의 성격을 잃지 않고 있었던 사실을 말하고 있다.

15 한대의 가족은 일반적으로 1가는 5-6인에서 많으면 30-40인으로 구성되었으며 호주 부친이 사망하면 형제들이 재산을 나누어 별거하는 것이 일반적이었다. 그리고 빈농가에서는 상속할 토지와 재산이 없기 때문에 부친이 사망하면 그 가족이 각지로 분산되었다. 그러나 부농가의 경우에는 형제가 재산을 나누어도 재산 관리와 특정 재산에 대한 공동 관리 필요성 등의 요인으로 타지역으로 이주하거나 분산되는 경우가 드물었으며 대체로 분산하지 않고 한 지역에 모여서 거주하였다. 그리고 여러 지역에 산재한 경우에도 결코 먼 지역으로 분산하지 않고 가까운 지역에 거주하였다. 또 그 범위도 대개 일 현(縣)을 넘지 않았는데 호족은 이 같은 동성집단을 기반으로 형성되었다. 그러므로 호족은 특정 개인의 대토지 소유에 의해 형성된 것이 아니고, 수십 수백 가의 동족집단으로 구성되었다.

하였다. 이같이 무제는 호족의 탄압과 주멸을 통하여 인구 절대다수를 차지하고 국가의 조세, 노역, 병역을 전담하고 있는 자작 소농민들을 보호하고 육성하였으므로 국가의 사회·경제적 기반이 다시 확립되었다.[16]

4. 중앙집권적 관료제도 확립과 전제군주정치의 완성

기원전 141년에 즉위한 무제의 첫 치적은 연호의 제정이었다. 원래 무제 이전에는 연호(年號)가 사용되지 않았다. 새로 군주가 등극하면 그 즉위년을 기준으로 연대를 계산하는 기년법(紀年法)을 사용하였는데 이 같은 기년법은 전국 시대 및 한 제국 초기까지 사용되었다. 또 제후왕들도 자신의 영내에서는 자신의 즉위년을 기준으로 계산하기도 했다. 이같이 기록의 기준이 각 지역에 따라 달라서 혼잡하고 복잡하였으며 고증하는 데도 대단히 불편하였다. 이에 무제는 이 같은 기록상의 불편과 혼란을 피하고 또 통일하기 위해 황제의 이름에 해당되는 연호를 새로 제정하고 첫 연호를 건원(建元)으로 정했다. 이 연호의 제정으로 전국의 기록 기준이 통일되고 연대 계산이 아주 편리하게 되었다.

16 호족의 발흥과 팽창 원인은 근본적으로 대토지 소유에 있었다, 대토지 소유 기반은 토지사유제도에 있었다. 그러므로 토지사유제도에 대한 개혁론이 여러 번 일어났다. 무제 때의 동중서(董仲舒)는 명전(名田)의 소유를 제한하는 한전책(限田策)을 제시하였으나 실시되지 않았다. 이후 빈부 격차와 사회 불안이 더욱 가중되자 애제(哀帝) 시에 사단(師丹)은 토지와 노비 수효를 제한하는 정책을 한때 시행하였으나 주변의 외척과 총신들의 반대에 부딪혀 실패하였다. 이후 왕망이 신(新)을 건국하자 정전제(井田制)의 이상을 받들어 천하의 토지를 왕전(王田)으로 명명하고 토지 소유의 분산을 시도하였으나 이미 강대해진 호족의 반대에 부딪혀 실패하였다.

다음 무제는 역법 개정에 착수하였다. 당시의 역법은 대체로 4분력(四分曆)을 사용하였는데 여러 가지로 불편하였다. 또 역법은 농경과 깊은 관계가 있고 점성술과 관련되어 통치 수단의 하나로 사용되어 왔기 때문에 대단히 중요하였다. 이에 무제는 공손경(公孫卿), 사마천(司馬遷), 호수(壺遂)와 민간의 역법 전문가들에게 역법을 새로 제정하도록 하였으므로 마침내 태초력(太初曆)이 제정되었다. 이 태초력은 달의 운행을 기본으로 한 태음력과 태양의 운행에 기초한 태양력을 합친 것이었는데 한 제국 영내에서 일률적으로 사용되었다. 또 주변국도 중국 황제의 달력을 하사받아 공동으로 사용하였는데 정삭(正朔)이라고 하였으며 중국 황제의 종주권(宗主權)을 인정하는 것이었다.

또 무제는 관료제도 개혁을 본격적으로 추진하였다. 개국 초의 관료제도는 한 고조와 함께 한 제국을 수립했던 공신집단이 중앙과 지방의 요직을 장악하여 한 제국 권력구조의 핵심을 이루고 있었다. 그러나 안으로는 임협(任俠) 기풍에 빠져 있었고, 또 황노술에 심취하여 모든 쇄신과 변화를 거부하고 현상 유지에만 만족하고 있었다. 또 이들 사후 주요 관직은 공신 2세들에 세습되었는데 이들 공신 2세들은 세습에 의해 조상의 훈작과 권력을 물려받았을 뿐 국가를 운영할 능력이나 경륜은 없었다. 이에 무제는 구태의연한 관료사회 혁신의 필요성을 느끼고 선거제도(選擧制度)를 개혁하여 새로운 인재들을 등용하기 시작했다.

선거제도는 무제가 처음 실시한 것은 아니었다. 한 고조는 개국 직후에 유능한 인재들을 제후왕, 상국, 군 태수 등에게 추천하도록 하명한 적이 있었으며, 문제 역시 선거제도를 통하여 국가를 경영할 인재들을 구하기도 하였다. 그러나 선거제도의 개혁을 통한 신진관료의 정기적 충원은 무제가 처음으로 시작하였다. 선거제도의 운영을 보면 각지에서 추천된 인재들은 경사에서 시행된 '책시(策試)'를 거쳤다. 이 '책시'는 황제가 하문하는 '책문(策問)'과 후보들이 응답하는 '대책(對策)'으로 구성되었는데 전한 대에 모두 30여 회 실시되었다.

배출된 대표적인 인물들을 들어 보면 문제 때의 조조(晁錯), 무제 때의 풍당(馮唐), 원고(轅固), 등공(登公), 동중서(董仲舒), 공손홍(公孫弘) 등 6인, 소제 시에는 위상(魏相)·왕길(王吉) 등으로 모두 24인에 이르고 있다. 이들 24인의 관직생활을 보면 8인이 3공에, 6인이 9경에 승진하였으며, 고위 지방관이 4인, 제후, 태부 등이 4인, 낭관, 시중이 각기 2인이었다. 이런 점에서 볼 때 '책시'를 통한 관리 선발의 목적은 중앙과 지방 군현의 하급관리 충원에 있었던 것이 아니고, 황제를 보필하여 정책을 제시하고, 국가를 운영할 고위 관리 충원에 있었던 것을 알 수 있다.

또 무제는 동중서(董仲舒)의 건의에 의하여 지방 군국(郡國)에서 반드시 효렴(孝廉) 1명씩을 천거하도록 엄명을 내렸다. 효렴은 효자(孝子)와 염리(廉吏)를 줄인 말인데 효렴 추천의 대상자는 40세 이상의 남자로서 효행이 지극하고 염치와 겸양을 갖춘 하급 관료들이었다.

이와 같이 지방에서 효렴에 추천된 인재들은 어전에서《효경》등을 포함한 경서(經書)와 정치에 관한 시험을 받고 성적과 평가에 따라 낭중(郎中), 태자사인(太子舍人) 등에 임명되어 관리로서 소양과 훈련을 쌓으면서 서서히 고위 관료로 진출하였다.《한서》에 보면 효렴으로 관료에 취임한 자가 280여 명이었는데 효행과 청렴으로 훈련된 이들 관료들은 지방통치뿐만 아니라 백성의 교화와 사회정화에 큰 역할을 하였으며 황제의 은덕과 통치가 지방에까지 미칠 수 있게 하였다.

무제는 이같이 관료제도를 혁신한 후 관료 상호 간의 감시와 고발을 의무적으로 부과시키고, 이를 어기면 엄중히 처벌하는 견지법(見知法)을 제정하여 정책수행 과정에서 발생한 불편과 불만 그리고 시행을 저해하는 행위는 지위 고하를 막론하고 가차 없이 처단하였는데 이 견지법은 진대 혹법의 부활이라고 할 정도로 가혹하였다. 그러나 관료들에 대한 이 같은 상호 감시와 고발 그리고 엄형을 통하여 전국적으로 산재한 관료들의 직무 태만과 불법 자행 등을 차단하고 관료 업무 능력을 향상시키고 기강을 확립할 수 있었다.

또 무제는 전국의 군(郡)을 7주(州)로 나누고 각 주에 자사 1인을 임명하여 제후왕들의 동태와 지방 군 태수들의 통치를 철저히 감시하게 하고 기회만 있으면 벌을 내려 직위를 파면하거나 봉지를 몰수하였으므로 제후왕국은 일반 군현과 거의 다름이 없게 되고 지방 관료들도 중앙정부의 철저한 감시 아래 있게 되어 직무에 충실할 수 밖게 없었다. 또 무제의 정치 자체도 전제적이었다.

등극 초부터 무제는 모든 정치를 자신이 직접 장악하여 추진하고 근친과 외척의 정치 간섭을 철저히 차단하였다. 또 주변 시종과 수행원을 크게 늘리고 주변에 유능한 낭관(郎官)을 다수 배치하여 신변호위를 강화하였다. 그리고 정책 수행 과정에서 대신들의 반대가 있으면 총신들을 보내어 정책의 취지와 목적을 개별적으로 설명하고 설득하면서 강행하였는데 이들 총신들을 황제의 지낭단(智囊團)이라고 불렀다.

또 무제는 당시 금기시 되어 있는 법가 출신의 관료들을 대거 등용하였으며 법령에 대한 불평불만을 토로하고 시행을 저해하는 행위는 가차 없이 처단하였다. 무제 재위 기간에 승상 7인 가운데 5인, 부승상 어사대부 9인 가운데 4인이 사소한 죄목으로 사사(賜死)되었는데 이 같은 고위관료들의 엄한 처벌과 사형은 무제의 전제정치가 진시황의 각박하고 혹독했던 정치에 못지않았던 것을 말하고 있다.

그러나 이 같은 강력한 전제정치와 혹독 각박한 법치로 무제는 세력을 확대해 가는 호족과 대상인들을 제압할 수 있었으며 주대(周代) 봉건제도 복귀만을 동경하는 유가들의 도덕정치와 이상주의 편향을 막고 중앙정부를 위협하는 국내 여러 세력들을 제거할 수 있었다. 그리고 황제를 정점으로 중앙집권적 관료제도에 기반한 전제군주국가 체제를 완성하여 고대 통일제국의 이상을 달성할 수 있었다.

5. 유학의 국학 채택과 사상통일

1) 유학독존의 사상통일과 사회지도이념 확립

진대의 유학은 진시황의 분서갱유(焚書坑儒) 사건에 의해서 학통이 거의 끊어지고 제(齊)·노(魯) 등의 산동 지역에서만 명맥을 유지하고 있었다.[17] 그러나 이 같은 극심한 탄압과 압박 속에서도 유가들은 지하에 잠복하여 연구의 분업화, 평생 연구, 대를 이은 연구를 통하여 경학 연구를 지속하고 있었다. 그런데 한 제국이 수립되면서 학문과 사상 활동을 통제하고 있던 진대의 요언령(妖言令), 비방법(誹謗

17 당시 유가의 경학 연구를 살펴보면 유가들은 특정의 경(經) 하나만을, 즉 일경(一經)만을 선정하여 평생을 통해 연구하고 그 연구 결과를 문하생들에게 전수하고 또 문하생들도 이 같은 스승의 사법(師法)을 그대로 따르고 지키고 있었으므로 당시 경학 연구는 분업화되고 평생 연구가 진행되고 또 대(代)를 이어서 계속되었다. 이같이 유가의 경학 연구는 특정의 '경'에 대한 집중적 연구, 평생 연구, 대를 이은 연구를 통하여 계속되고 있었으므로 다른 제자백가의 추종을 불허할 정도로 발달하고 있었다.

法) 등이 차례로 폐지되고 지방 제후왕국들도 다투어 사인들을 양성하고 후원하기 시작하였으므로 유학을 포함한 음양가(陰陽家), 명가(名家), 법가(法家), 도가(道家), 종횡가(縱橫家) 등의 제자백가의 학문과 사상이 다시 부흥하기 시작하였는데 이 중에서 유학의 부흥이 가장 눈부셨다.[18]

또 일부 유가들은 현실에 직접 참여하여 적극적으로 활동하고 있었다. 한초전 당시 유방의 주변에는 육고(陸賈), 유경(劉敬), 숙손통(叔孫通) 등의 유가들이 참모로서 활동하고 있으면서 수시로 정책을 조언하고[19] 한 제국 수립 후에도 정치에 깊숙이 관여하고 있었다. 한 고조도 재위 12년에 순행을 마친 뒤 노국(魯國)에 들러서 공자의 사당에 제사를 성대하게 지냈다.[20] 그리고 임종 시에는 "내가 포의와 삼

18 한초 유가의 경학 연구 상황을 살펴보면 역(易)은 왕씨역전(王氏易傳) 2편, 양씨역전(楊氏易傳), 주씨역전(周氏易傳) 2편, 정씨역전(丁氏易傳) 2편 외에 채공역전(蔡公易傳)과 한씨역전(韓氏易傳)이 융성하고 있었고 시(詩)는 노(魯)의 신공(申公), 제(齊)의 원고생(轅固生), 연(燕)의 한영(韓嬰)이 문하생과 더불어 각기 노시(魯詩), 제시(齊詩), 한시(韓詩)의 3파를 형성하고 있었다. 서(書)는 제남인 복생(伏生)이 문하생 조조(晁錯), 장생(張生), 구양생(歐陽生) 등에게 자신의 이론을 전수하고 있었으며 예(禮)는 고당생(高堂生)과 문하생 소분(蕭奮), 맹경(孟卿), 후창(后倉) 등이 연구에 몰두하고 있었다. 그리고 춘추(春秋)는 호모생(胡母生)과 동중서(董仲舒)가 연구에 몰두하고 있었으며 이 외에도 이름 없는 수많은 유가들이 지방 도처에서 경학 연구에 몰두하고 있었는데 사실 학문의 성과가 하루아침에 이루어질 수 없는 사실을 감안하면 유학의 경학 연구는 장기간에 걸쳐서 계속되었으며 한 제국이 수립되고 학문과 사상에 대한 속박이 풀리자 그 동안의 경학 연구 성과가 바로 눈부시게 나타난 것이다.

19 예를 들면 유방이 항우를 물리치고 한 제국을 수립하였을 때 유가 출신의 육고(陸賈)는 유방에게 "폐하가 마상에서 천하를 얻었어도 마상에서 천하를 다스릴 수는 없다(居馬上得之 寧可以馬上治之乎)"고 하면서 《시(詩)》《서(書)》에 의한 정치를 건의하였고, 유경(劉敬)은 유학의 단순한 덕치보다는 시세의 변화에 따른 현실적 덕치를 제시하였다. 진대의 박사였던 유학자 숙손통(叔孫通)은 한 고조의 요청에 응하여 옛 의례와 진 제국의 조정 의례를 참고하여 황제를 정점으로 군신 간의 명분(名分)을 밝히고 신하 관료 간 상하의 위계질서를 수립하는 조례를 제정하였다(이춘식. 《중국패권의 뿌리와 이념》, 고려대학교출판문화원, p. 103 참조)

20 《漢書》 卷1上, 〈高帝紀〉, p. 77.

척 칼 한 자루로 천하를 취하였는데 이것이 천명이 아니고 무엇이겠는가?"[21]라고 하여 자신의 한 제국 창업을 천명에 의한 것으로 선포하였다.[22] 그리고 천명에 의한 한 제국 창업 선포는 한 고조가 비록 무식한 임협 출신이었지만 창업주로서 다년간의 전란에서 얻은 깊은 경륜과 시대 전환을 꿰뚫어 보는 총명한 안목을 가지고 있었고 유학의 가치와 의미를 깊이 인식하고 있었던 사실을 말하고 있다.[23]

또 문제는 자신이 천(天)에 의해 즉위되었다고 생각하고 천재지변을 자신의 부덕으로 간주하고 주변의 이적만이들에게 수도 장안에 내조하여 한 제국의 덕치(德治), 왕화(王化)에 감은할 것을 종용하였다. 또 경제는 유학자 위관(衛綰)을 태자태부로 삼아 태자 철(徹, 후의 무제)의 교육을 담당하게 하였으므로 무제는 유년시절부터 유학교육을 체계적으로 받았다. 그러나 무엇보다 중요하였던 것은 신생 한 제국 자체가 현실적으로 유학사상과 이념을 필요로 하고 있었다.

한 제국 창업주 유방은 비천한 농가 출신이었으며 조삼(曹參), 소하(蕭何), 왕능(王陵), 진평(陳平), 주발(周勃), 번쾌(樊噲), 노관(盧管) 등의 주변 창업공신들도 진평을 제외하고는 모두 사회 하층민 출신이었다. 그러므로 개국 후 한 제국은 한 제국 수립과 통치의 정통성 및 합법성을 옹호해줄 뿐만 아니라, 한 제국 황실의 위엄과 권위까지 높여 줄 어떠한 사상과 이념이 필요하였다. 또 한대 사회는 사·농·공

21 《漢書》 卷1上, 〈高帝紀〉, p .79.

22 원래 한 고조 유방은 젊었을 때 임협(任俠)을 좋아하여 무뢰배들과 어울려서 각지를 오랫동안 유랑하였으며 주막에서 유생을 만나면 유생의 관(冠)을 벗겨서 오줌을 누어버릴 정도로 유학을 싫어하였다. 이같이 유방은 개국 이전에는《시경》《서경》을 노골적으로 비난하고 유생들을 능멸하였지만(《史記》 卷57, 酈生陸賈列傳, p. 2693 참조) 개국 이후에는 유학에 대한 인식이 근본적으로 변하였는데 유학에 대한 근본적 인식 변화는 육고와 유경을 포함한 유가들의 영향 때문이었다(金谷 治,《秦漢思想史研究》, p. 259 참조).

23 金谷 治,《秦漢思想史研究》, 京都: 平樂寺書店, 1981, p. 291.

·상의 사민(四民)사회로 구성되었다. 이 중에서 100무 내외의 토지를 소유한 자작 소농민들이 인구의 절대다수를 차지하면서 국가의 조세, 노역, 병역 등을 부담하고 있었는데, 이들 자작 소농민들을 황제의 통치 아래로 포섭할 어떠한 이념도 필요하였다.

또 한대에는 학문과 사상 활동을 제약했던 진대의 혹독하고 각박했던 법령들이 차례로 폐지되면서 학문이 진흥할 수 있는 분위기가 팽배하였다. 이에 학문의 함양, 수양, 독서에 종사하는 문사(文士)·유사(遊士)들로 구성된 문학지사(文學之士)들이 출현하였다. 이들은 대부분 빈천한 가문 출신이었으나 학문과 지식을 구비한 지식인들이었으며[24] 학식과 지식을 기반으로 신진 관료로 임관하려고 하였다. 그리고 선거제도 개편은 이들 사인들에게 임관과 정치 참여의 문호를 개방해주었다.

당시 사상계의 동향을 보면 유학을 포함한 형명학(刑名學), 신상학(申商學), 황노사상(黃老思想) 등의 학문과 사상 활동이 활발하였는데 이 중에서 유가들의 학문·사상적 활동이 월등하였다. 특히 유가들은 유덕자의 정치를 주장하였는데 도덕은 지식(知識)을 의미하고 유덕자(有德者)는 이 같은 학식과 지식을 갖춘 지식인을 의미하였으므로 유덕자의 정치는 지식인의 정치를 말하고 있다.[25] 그리고 지식인의 정치는 당연히 지식인의 정치 참여를 전제하는 것이었으므로 신흥 사인들은 유학을 절호의 학문으로 환영하였다.[26] 또 당시에는 지방 제후왕국이 해체되고 이들 봉지는 대부분이 군현제도로 편입되고 있었으므로 방대한 관료 충원이 요구되고 이들의 황제와 국가

24 金翰圭, 〈西漢의 求賢과 文學之士〉, 《歷史學報》 第七十五·六合輯, 1977, p. 303.
25 李春植, 〈儒家政治思想의 理念的 帝國主義〉, 《人文論叢》 第27輯, 1982, p. 10.
26 위 책, p. 19.

에 대한 충성을 이념적으로 고양시킬 필요가 있었다.

이와 같이 한 제국은 개국 후 정치·사회·사상적 측면에서 새로운 사상과 이념이 필요하였는데 당시 유학은 주대 이래의 전통문화를 계승하고, 삼강오륜에 입각해서 존비고하의 위계적 사회질서를 강조하고 황제를 정점으로 한 가부장적 사회체제를 옹호하고, 충효를 역설하며 한 제국의 황제를 유일무이한 천명의 봉행자로 부각시키고 있었으므로 유학이야말로 한 제국이 절실히 필요로 했던 사상과 이념이었다. 이 같은 여러 사실들을 감안하면 유학의 국학 채택은 무제 이전에 그 씨앗이 이미 뿌려졌다고 할 수 있다.[27]

이에 동중서(董仲舒, 전176?~104?)는 유학의 국학(國學) 채택을 건의하였다. 한 무제는 동중성의 건의를 받아들여[28] 원삭 5년(전124) 학문을 권장하고 예를 진흥시키라는 권학조(勸學詔)를 내렸다. 이후 무제의 지시를 받은 유가 출신의 승상 공손홍(公孫弘)은 수도 장안에 박사제자원(博士弟子員)을[29] 설치하고 5경박사(五經博士)를 임명하여 《시(詩)》, 《서(書)》, 《예(禮)》, 《역(易)》, 《춘추(春秋)》의 5경을 전문적으

27 金谷 治, 앞의 책, p. 259.

28 유학의 국학(國學) 채택과 태학 설치의 건의는 동중서에 의해 먼저 이루어졌지만 구체적 시행은 공손홍(公孫弘)에 의해 시작되었다. 또 후일에 설립되었던 태학(太學)의 출발이라고 할 수 있는 이 박사제자원의 설치가 유가들이 주장하여 왔고 박사제자원 설치에 참여한 사람들이 대부분 유가들이었으며 박사원의 교육이 경학(經學) 중심이었던 사실을 감안하면 이 박사제자원의 설치야말로 태학의 설립 및 유학 국학화의 출발이었다고 할 수 있다

29 박사제자원의 주요 내용을 보면 1) 박사관에서 공부할 제자원 수는 50인으로 한다, 2) 박사 제자의 선거는 태상위문(太常衛門)이 주관한다, 3) 박사 제자의 나이는 18세 이상으로 하고 요역을 면제한다, 4) 선발 방법은 태상(太常)이 18세 이상의 의표(儀表) 단정한 자를 선택한다. 군국 현관(郡國 縣官)의 관리 중에서 문학을 좋아하고 윗사람을 공경하고 향리 질서에 순응하는 자를 천거한다, 5) 수업 연한은 1년으로 한다, 6) 졸업 후 일예(一藝) 이상에 능통한 자는 문학(文學, 군국의 박사)과 장고(掌故, 태상의 속관)에 보임하고 성적이 특히 우수한 자는 낭중(郎中)에 임명한다 등의 내용으로 되어 있다.

로 교육하도록 하였다.[30] 그리고 12년 후에는 마침내 국립대학에 해당되는 태학(太學)을 창설하고 지방에는 군국학교를 설립하였다. 이에 교육은 종래 민간 주도의 사학(私學)에서 국가 주도의 관학(官學)으로 옮겨지고 귀족 자제들에게 편중되었던 교육이 일반백성의 자제들에게도 확대되었다.

따라서 사회적 신분과 출신을 불문하고 학문으로 관료가 될 수 있는 통로가 국가에 의해서 제도적으로 마련되었으며 국가도 전국에서 학식을 갖춘 가장 우수한 인재들을 신진 관리로 충원할 수 있는 항구적 제도를 갖추게 되었다. 그리고 태학 설립에 의해 유학의 학식과 윤리 도덕으로 교육된 인재들이 대량으로 배출되어 관료사회에 대거 진출하고 유학 지식인들이 새로 형성되고 유학의 윤리 도덕 가치관 등이 사회의 공덕(公德)으로 자리 잡기 시작하였다.

이에 따라 유학 이외의 제자백가 학문과 사상은 배척되고 전례 없는 유학독존(儒學獨尊)의 사상통일이 이루어지고 유일무이한 천명의 봉행자 황제를 정점으로 수직적인 사회 지도이념이 수립되었으며 전제군주 통치를 이념적으로 합리화할 수 있게 되었다.

2) 한 무제의 춘추공양학과 천하일통사상

한 제국은 진 제국이 진시황이 사망할 때까지 태자를 세우지 않고 있다가 결국 멸망의 직접 원인이 되었던 사실을 감안하여 일찍부터 태자를 책봉하여 후계 문제를 미리 대비하였다.[31] 한 고조 유방은

30 중국 고대에서 '경(經)'은 상도(常道)를 의미하고 경서(經書)는 사람들이 지키고 따라야 할 도(道)를 기록한 책을 의미하였다. 한 무제 때 유학이 국학으로 채택되면서 《詩》, 《書》, 《禮》, 《春秋》, 《易》이 오경으로 지정되었는데 이 오경 중에서 《역》과 《춘추》는 원래 경(經)에 포함되지 않았는데 유가들이 정치적 필요에 의해서 오경에 편입하였다.

31 金珍佑 〈前漢 武帝末 이후의 황실교육과 孝經〉, 《史叢》 57, 2003, p. 155.

한왕 2년에 혜제를 태자로 결정하고 문제는 즉위 후 바로 경제를 태자로 세우고 경제도 즉위 4년에 무제를 태자로 세웠는데 이 같은 사실은 태자 교육에 대한 황실의 관심이 얼마나 깊었는가를 말하고 있다.[32]

이와 같이 한대에는 태자가 일찍 책봉되었기 때문에 태자 교육이 중요한 문제로 떠올랐으므로 한 고조는 9년에 태자 교육을 전담하는 질 2,000석의 태자태부(太子太傅)를 설치하고[33] 당시 태상이던 숙손통을 초대 태자태부로 임명하였는데 이 태자태부는 진대에는 없었던 새로운 제도의 설치였다. 그리고 위에서 언급한 바와 같이 무제도 태자 시절부터 이 같은 황실의 엄격한 태자교육을 받았는데 유학과 무제와의 관계는 태자 시절부터 시작되었던 같다.

당시 유학은 황노사상에 짓눌려 있었으나 인간 중심, 합리성 강조, 문화주의를 표방한 진보적 학문이었으므로[34] 부친이었던 경제는 유학자 위관(衛綰)을 태자태부로 임명하여 태자 철(徹, 등극 전의 무제 이름)의 교육을 담당하게 하였다. 이에 무제는 태자 시절부터 유학 교육을 정기적으로 받으면서 성장하였으므로 성년이 되어서는 유학적 학문과 소양으로 충만했다. 또 당대 춘추공양학의 대가였던 동중서와 무제의 관계도 이 시기에 형성되었던 같다.

건원 원년(전140) 제7대 황제로 즉위한 무제는 의욕적으로 유학에 기초한 새로운 정치를 시도하였으나 보수적이고 황노술에 심취한 조모 두 태후(竇太后)의 견제를 받아서 뜻을 이루지 못하였다. 그런데 5년 후 두 태후가 사망하고 두 태후 사망과 함께 주변의 근친 세

32 한대 태자 교육의 내용에 대해서는 金燁의 〈漢代太子保傅制度〉, 《경대논문집(인문·사회)》 11, 1967, pp. 69-68 참조.

33 《漢書》 卷19上, 〈百官公卿表〉, p. 748.

34 吉川幸次郎, 《漢の武帝》, 東京: 岩波書店, 1970, p. 14.

력도 사라지게 되자 무제는 자신의 정치를 바로 펼치기 시작하였다.

무제는 우선 무능하고 무공한 공신집단 2세들에 의해 독점된 관료제도 개선을 추진하였다. 원강 원년(전134) 전국에 하명하여 현량 방정한 인재들을 추천하도록 하명하였으며, 추천을 받아 올라 온 100여 명의 현량들에게 '책시(策試)'를 시행하였다. 이 '책시'에서 무제는 3개의 책문(策問)을 출제했다. 이 책시에 현량으로 참여한 동중서는 3개의 대책(對策)으로 응답했는데, 바로 천인삼책(天人三策) 또는 천인대책(天人對策)이었다.

동중서는 이 천인삼책에서 '천'을 우주천지만물의 창조주로서 천도의 운행자, 천명 수여자, 백성들의 보호자로 설정한 다음, 제1 대책에서 천인상관론(天人相關論)을 제시하여 군주는 하늘의 뜻(天意)에 따라 정치를 행해야 하고 교화(教化)를 통해 백성들을 선도해야 한다고 하였다. 그리고 춘추재이설(春秋災異說)을 제시하여 군주가 하늘의 뜻에 따라 정치를 행하지 않으면 하늘의 벌(天罰)을 받는다고 하였다. 제2 대책에서는 요(堯)·순(舜) 이래의 역대 정치를 상세히 비교 비판했으며, 태학(太學)을 세워 현사(賢士)를 양성하고 선거제도를 시행하여 신진 인재들을 등용할 것을 주장하였다. 제3 대책에서 제자백가의 학설과 사상을 배척하고 유학을 진흥시켜서 춘추(春秋)에서 말하는 대일통을 이루어야 한다고 하였는데,[35] 이 같은 동중서의 건의는 앞 장에서 설명한 바와 같이 무제에 의해서 모두 채택되었다. 이에 춘추전국 시대 이래 다양하게 발전하고 있던 제자백가의 학문과 사상이 모두 배척되고 유학만이 신봉되는 유학독존의 사상통일과 사상독재가 이루어지게 되었다.[36]

---

35 《漢書》卷56, 〈董仲舒傳〉 참조.

36 曹德本 主編,《中國政治思想史》, 北京: 高等教育出版社, 1999, p. 103.

그런데 이 중에서 동중서 유학의 사상적 기반이 되었던 학문은 춘추공양학(春秋公洋學)이었다. 이 춘추공양학은《춘추곡량전(春秋穀梁傳)》,《춘추좌씨전(春秋左氏傳)》,《춘추공양전(春秋公羊傳)》으로 구성된《춘추삼전(春秋三傳)》 중에서 동중서는《춘추공양전》만을 집중적으로 연구하였다. 춘추공약학파의 학문과 사상적 특징을 보면 역사적 사실 규명보다는 '화이차별(華夷差別)', '존왕양이(尊王攘夷)', '대일통(大一統)'을 중시했다. 또한 주(周) 왕조를 정통으로 이후 출현하는 왕조에 대한 개국 명분과 정통성 부여에 치중했는데 특히 동중서는 화(華)·이(夷)로 구성된 천하대일통사상에 주목했다.

천하대일통사상이 춘추공양학에서 처음 제시된 것은 아니었다. 공자, 맹자, 순자가 차례로 제시하고, 이후 법가의 한비자와 이사도 천하대일통사상을 계승했는데 공자와 맹자는 인(仁), 순자는 예(禮), 한비자와 이사는 법(法)에 의한 천하대일통을 주창하였다.[37] 이런 점에서 볼 때 천하대일통사상은 당연히 공자와 맹자의 천하대일통사상에서 기원하였다고 할 수 있다. 그러나 천하대일통사상을 체계적으로 전승하고 구체적 실천 방법까지 제시하였던 것은 춘추공양학파였다.《춘추공양전》은공 원년의 기사를 보면 아래와 같다.

"원년의 봄 왕이 월력을 바로 한다(元年春王正月)."[38]

주소에는 "왜 먼저 왕을 말하고 그 뒤에 정월을 말하는가? 그것은 왕이 월력을 제정하기 때문이다. 왜 왕이 월력을 제정하는가? 그것은 하늘 아래의 모든 것을 '대일통'하기 위해서이다."[39]라고 해석하여

---

37 華友根 著,《董仲舒思想研究》, 上海社會科學院出版社, 1992, p. 19-20.

38《春秋公羊傳注疏及補正》, 隱公 元年, p. 2a.

39 Michael Loewe, *Dong Zhongshu, a Confucian' Heritage and the Chunqiu fanlu*, Brill:

왕이 월력을 제정하는 것은 천하를 대일통하기 위한 작업으로 설명하고 있다. 그리고 동중서는《춘추》에 있는 이 같은 대일통론에 근거하여 자신의 대일통론을 아래와 같이 전개하였다.[40]

"춘추에 있는 대일통은 하늘과 땅의 불변의 상도(常道)이고 고금을 관통하는 통의(通義)이다(春秋大一通者 天地之常經 古今之通宜也)."[41]

"… 그래서 춘추에서는 일(一)을 원(元)이라고 부르는데 원(元)은 근원과 같은 것이며 그 의(義)는 천지와 함께 시작하고 끝난다(… 是以春秋變一謂之原 元猶原也 其義以隨天地終始也)."[42]

"일(一)은 하나이다. … 하늘의 도이기 때문이다. 그러므로 일은 항시 불멸이다. 하늘의 도인 일에는 대소가 없고 사물에는 쉽고 어려운 것이 없다. 하늘의 도를 어기면 큰일이건 작은 일이건 혹은 어려운 일이건 쉬운 일이건 모두 이룰 수 없다. 그러므로 눈은 동시에 두 가지를 볼 수 없고 귀는 동시에 두 소리를 들을 수 없고 손은 동시에 두 가지 일을 할 수 없다. 한 손으로 사각형을 그리면서 다른 손으로 원을 그리려고

Leiden Boston, 2011, p. 317.

40 동중서는 무제 때 활약하였던 춘추공양학의 대가였다. 지금의 하북성 오교현에서 태어났는데 어려서부터 춘추공양학에 정통하였다. 무제가 등극하자 현량(賢良)에 응시하여 발탁되었으며 무제의 형 이왕(易王)에 벼슬하여 강도(江都)의 상(相)이 되었고 이왕 사후에는 중대부(中大夫)를 지냈다. 한때 그의 정치이론인 춘추재이설(春秋災異說)로 인해 사형을 언도받기도 하였으나 사면되었다. 사면된 후 동중서는 오로지《춘추공양전》연구에 몰두하였다. 춘추공양학의 학문·사상적 특징은 춘추 시대의 역사적 사실 규명보다는 '존왕양이(尊王攘夷)'와 '대일통(大一統)'을 주창하고 주(周) 왕조 이후 출현하는 새 왕조에 건국 명분과 정통성을 부여하는 것이었는데 동중서는 이 같은 춘추공양학의 학문과 사상을 그대로 수용하고 여기에 자신의 이론과 사상을 첨가하여《춘추번로(春秋繁露)》를 저술하였다. 따라서 동중서의 중심사상은 17편으로 구성된《춘추번로》에 집약되어 있는데 우주 천지 자연의 창조주 '천'이 동중서 사상의 중핵을 이루고 있다

41《漢書》卷56,〈董仲舒傳〉, p. 2522.

42《春秋繁露義證》,〈重政〉, p. 147.

하는 것은 불가능하다(一者一也 … 一天之道也 故常一而不滅·天之道 事無大小 物無難易 反天之道 無成者 是以目不能二視 耳不能二聽 手不能二事 一手畵方 一手畵圓 莫能成)."[43]

이와 같이 동중서는 '일(一, 일통)'을 고금 불변의 진리, 영원불멸의 천도, 그리고 천지 자연 만물의 근원인 '원(元)'과 더불어 우주의 최고 원리의 하나로 설정하고 모든 사물은 이 '일(一)'의 원리를 벗어나서는 아무것도 이룰 수 없고 또 이루어지지 않는다고 하였다. 따라서 모든 사물은 천도인 '일'의 원리에 의해서 반드시 일통되어야 한다는 것이다.

이같이 모든 사물은 일(일통)의 원리에 의해서 일통되어야 하지만 또 '합(合, 結合)'의 원리에 의해서 종속적으로 이루어진다고 하였다. 동중서는 '합(결합)'의 원리에 의한 대일통의 구성과 성격에 대해서 아래와 같이 언급하고 있다.

"모든 사물에는 합이 있다(凡物必有合)."[44]

"사물은 모두 짝과 합한다. 짝이 있어야 합해지고 합하면 좋은 것이다(百物皆有合偶 偶之合之 仇之匹之 善矣)."[45]

"모든 사물에는 반드시 합이 있다. 합에는 반드시 위가 있고 아래가 있다. 반드시 왼쪽이 있고 반드시 오른쪽이 있다. 반드시 앞이 있고 반드시 뒤가 있다. 반드시 겉이 있고 반드시 속이 있다. … 추위가 있으면 반드시 더위가 있고 낮이 있으면 반드시 밤이 있다. 이 모든 것이 합

43 《春秋繁露義證》, 〈天道無二〉, p. 346.
44 위 책, 〈基義〉, p. 350.
45 위 책, 〈楚莊王〉, p. 11.

(合)이다 … (凡物必有合 合必有上必有下 必有左必有右 必有前必有後 必有票必有裏 … 有寒必有暑 有晝必有夜 此皆其合也)."[46]

"… 양은 음과의 합이다. 처는 남편과의 합이며 자식은 부모와의 합이며 신하는 군주와의 합이다. 모든 사물은 합하지 않는 것이 없는데 합에는 각기 음양이 있다. 양은 음을 겸하고 음도 양을 겸하고 있다. 남편은 처를 겸하고 처도 남편을 겸하며 아버지도 아들을 겸하고 아들도 아버지를 겸하고 군주는 신하를 겸하고 신하도 군주를 겸하고 있다. 군주와 신하, 아버지와 아들, 남편과 처의 의(義)는 모두 음과 양의 도에서 취한 것이다(… 陰者陽之合 妻者夫之合 子者父之合 臣者君之合 物莫無合 而合各有陰陽 陽者兼于陰 陰兼于陽 夫兼于妻 妻兼于夫 父兼于子 子兼于父 君兼于臣 臣兼于君 君臣父子夫婦之義 皆取諸陰陽之道 …)."[47]

이와 같이 천지자연의 모든 사물은 복수의 합(合)으로 구성되고 조직되어 있다. 예를 들면 여름과 겨울, 낮과 밤, 겉과 속, 군주와 신하, 아버지와 자식, 남편과 처, 위와 아래, 왼쪽과 오른쪽, 앞과 뒤, 겉과 속 등에서와 같이 반드시 '복수의 합'으로 구성되어 있으며, 또 이 같은 '복수의 합'은 상반, 상충, 모순, 차등 등의 이질적인 2원적 요소로 구성되어 '합(결합)'을 이루고 있다고 하였다. 그런데 이 합(결합)의 상호관계, 역할, 성격은 각기 다르다고 하였다.

"양과 음은 상반된 것이다. 하나가 나타나면 다른 하나는 들어가고 하나가 우측에 있으면 다른 하나는 좌측에 있다. 양기가 봄에는 동에서 남으로 운행하며 가을에는 서에서 북으로 운행한다. 여름에는 음양이 앞에서 합하고 겨울에는 뒤에서 합한다. 서로 병행하되 길이 다르고 서로 만나도 하는 일이 다르다(陰與陽 相反之物也 故或出或入 或右或左 春

46 위 책, 〈基義〉, p. 350.
47 위 책, 〈基義〉, pp. 350~351.

倶南 秋倶北 夏交於前 冬交於後 竝行而不同路 交會而各代理)."[48]

이 같은 '합(결합)'의 작동을 살펴보면 '하나가 나오면 다른 하나가 들어가는 것(一出而一入)', '하나를 열면 다른 하나가 닫히는 것(開一而一塞)', '하나가 나타나면 다른 하나는 없어지는 것(起一廢一)'[49] 등에서와 같이 상반되고 상충하는 두 개체가 합(결합)을 이루고 있으며, 그 역할과 성격 또한 서로 다르다고 하였다. 그리고 이같이 각기의 역할과 성격이 다르면서도 한쪽은 다른 한쪽의 존재를 인정하면서 이끌고 다른 한쪽은 따르면서 의지하고 또 상호 역할을 교대해가면서 공(功)을 이루어 간다고 하였으며[50] 그 상호관계는 종속적이라고 하였다.

모든 사물은 이같이 천도인 '일(일통)'과 '합(결합)'의 원리에 의하여 종속적으로 일통되어야 하므로 천하대일통은 필연적인 것이며 종속적으로 이루어진다고 하였다. 다시 말하면 동중서는 화하와 이적만이 간의 종속적 천하대일통론을 제시한 것이다. 또 동중서는 이 같은 종속적 천하대일통은 반드시 성인에 의해서만 이루어진다고 하였다.

---

48 《春秋繁露義證》, 〈基義〉, pp. 350~351.

49 위 책, 〈天道無二〉, p. 346.

50 동중서가 제시한 '합(결합)'의 구성, 작동, 성격은 변증법에서 말하는 '정(正)-반(反)-합(合)'의 원리와는 다른 것이다. 변증법에서 '정-반-합'의 과정은 '정'과 '반'의 대등 대립적 관계에 있는 상반된 독립적 두 개체가 '합(결합)'의 진행 과정에서 '정'과 '반'의 독립적 두 개체는 살아지고 '합(결합)'이라는 하나의 새로운 개체로 탄생되는 것을 말한다. 그런데 동중서가 제시하는 '합(결합)'은 '정'과 '반'의 대등 대립의 양립 관계에 있는 독립적 두 개체가 결합되어서 하나의 새로운 개체로 생성되는 것이 아니라 군주와 신하, 아버지와 자식, 남편과 처, 위와 아래, 왼쪽과 오른쪽, 앞과 뒤, 겉과 속 등에서와 같이 상하의 '종속적 합(결합)'의 개체로 생성된다고 하였으며 모든 사물은 이 같은 '종속적 결합'으로 조직되어 있지 않은 것이 없다고 하였다.

"오직 성인만 만물을 천도인 일(一)에 귀속시키고 원(元)에 연계할 수 있다(唯聖人能屬萬物於一而繫之元也)."[51]

여기에서 만물을 일통시킬 수 있는 성인으로는 유일무이한 천명의 봉행자인 천자로 지정하고 있다. 또 '대일통'을 천도인 '원'에 연계시켰는데, 이것은 '대일통'은 오직 유일무이한 천명의 봉행자 천자에 의해서만 가능하고 또 '대일통'은 천도이기 때문에 천자에 의한 '대일통'의 신성성과 필연성을 강조하고 있는 것이다. 다시 말하면 '대일통'은 천도이기 때문에 필연적으로 이루어지고 종속적으로 이루어지는데, 오직 유일무이한 천명의 봉행자인 천자에 의해서만 이루어질 수 있다는 것이다.

또《춘추공양전》에서는 천하대일통에 대한 구체적 과정과 방법을 제시하고 있는데 아래와 같다.

"춘추에 의하면 자기 나라를 먼저 가까이하고, 그 다음으로 화하를 가까이한다. 화하를 가까이한 다음에 이적을 가까이한다. 왕이 천하를 통일하는 데 왜 내외를 언급하는가? 통일은 가까운 데서 시작하기 때문이다(春秋內其國而外諸夏內諸夏而外夷狄 王者欲一乎天下 曷爲以外內之辭言之 言自近者始也)."[52]

이같이 춘추공양가들은 천하를 자국, 화하제후국, 그리고 이적만이국의 3개 지역으로 설정하고 천하대일통 과정을 3단계 구도로 상정하였다. 즉 첫 단계는 자국을 먼저 일통하고, 두 번째 단계는 화하제후국들을 일통하고, 세 번째 단계는 이적만이들을 일통하여 천하

51 위 책, 〈重政〉, p. 147.
52 《春秋公羊傳注疎及補正》, 成公 16년, p. 16a.

대일통을 이루어야 한다고 하였다. 그런데 동중서 역시 이 같은 춘추공양가의 천하대일통의 방법과 과정을 그대로 계승하고 있다.

> "그러므로 왕의 사랑을 사방의 이적만이에까지 미치게 해야 한다(故王者愛及四夷)."[53]

여기에서 동중서는 천자의 정치는 반드시 이적만이에까지 미치게 해야 한다고 주장하고 있는데, 이것은 춘추공양가의 사상을 그대로 이어받은 동중서가 천하대일통의 대상과 범주를 화하세계뿐만이 아니고 주변 사방의 이적만이에까지 확대하고 있는 것이다.

> "그러므로 그 나라를 먼저 안으로 하고 화하를 밖으로 한다. 화하를 안으로 하고 이적들을 밖으로 하는데 이것은 가까운 것에서 먼저 시작하는 것을 말한다(故內其國而外諸夏 內諸夏而外夷狄 言自近者始也)."[54]

동중서는 이같이 춘추공양가들이 제시한 천하대일통의 단계와 방법까지 답습하여 자국, 화하제후국, 이적만이국의 3단계 순서로 설정한 다음, 자국에서 먼저 시작되어 화하세계로, 또 화하세계에서 이적만이세계로 확대되어 이루어져야 한다고 하였다. 다시 말하면 천하대일통은 자국에서 시작되어 화하세계로, 또 화하세계에서 이적만이세계로 확대되어 화·이를 망라한 천하대일통이 이루어져야 한다는 것이다. 이같이 모든 사물은 천도인 '일(일통)'과 '합(결합)'의 원리에 의해서 종속적 일통이 이루어지므로 화하와 이적만이 간의 대일통은 인력으로는 어떻게 해볼 수 없는 불가항력적 것이고, 필연

---

53 《春秋繁露義證》, 〈仁義法〉, p. 252.
54 위 책, 〈王道〉, p. 116.

적인 것이며, 또 종속적 대일통일 수밖에 없다고 주장한 것이다.

그러므로 동중서의 천도인 '일(일통)'의 원리와 '합(결합)'의 원리에 의한[55] 화하와 이적만이 간의 천하대일통은 유일무이한 천명의 봉행자인 천자를 정점으로 화하에 이적만이가 종속되는 종속적 천하대일통이었다. 그런데 동중서는 종속적 천하대일통사상을 단순히 이론과 사상으로 주창한 것만이 아니고 그 실현의 방법과 정책까지 제시하였다.

> "춘추의 글을 살펴보면 왕도의 단초는 올바름(正)에서 구하고 있다. 정(正) 다음에는 왕(王)이 있고 왕 다음에는 춘(春)이 있다. 춘은 하늘의 행위이고 올바름은 군주의 행위이다. 그 뜻은 위로는 하늘의 행위를 이어받고 아래로는 군주의 행위를 올바르게 하는 것이다. 그러므로 올바름은 왕도의 단초인 것이다. … 그런즉 군주가 정치를 하려고 하면 마땅히 그 단초를 하늘에서 구해야 한다(臣勤案春秋之文 求王道之端 得之於正 正次王 王次春 春者 天之所爲也 正者 王之所爲也 其義曰 上承天之所爲 而下以正其所爲 正王道之端 … 然則王者欲有所爲 宜求其端於天)."[56]

> "천자는 하늘로부터 명령을 받고 제후는 천자로부터 명령을 받고 자식은 아버지로부터 명령을 받고 신하는 군주로부터 명령을 받고 처는 남편한테서 명령을 받는다. 모든 명령을 받는 자의 가장 높은 것은 하늘이므로 하늘로부터 명령을 받는 것이다(天子受命於天 諸侯受命於天子 子受命於父 臣妾受命於君 妻受命於夫 諸所受命者 其尊皆天也 雖謂受命於天)."[57]

55 李景明은 화하를 양(陽)으로, 이적만이를 음(陰)으로 (《中國儒學史》, 廣東教育出版社, pp. 194-195 참조) 보고 있으며, 劉洋華는 화하와 이적만이 간의 상호관계를 주종(主從)로 보고 있다. 그러므로 이들의 이하관(夷夏觀)은 동중서와 마찬가지로 화하와 이적만이가 대일통이 되는 경우에는 이적만이가 화하에 종속된 종속적 천하대일통을 주창하고 있는 것이다.

56 《漢書》 卷56, 〈董仲舒傳〉, p. 2502.

57 《春秋繁露義證》, 〈順命〉, p. 412.

이와 같이 군주는 하늘에서 대일통의 단초를 찾아야 하므로 군주는 천지자연의 만물이 소생하고 한 해가 시작되는 봄철에 나타나는 하늘의 천기를 받아서 자신의 행위를 먼저 올바르게 하고 정치를 바르게 해야 한다고 하였다. 또 올바름(正)은 하늘의 뜻(天意)을 의미하므로[58] 군주가 하늘의 뜻을 받들어서 정치를 올바르게 하면 조정과 백관이 올바르게 되고 조정과 백관이 올바르게 되면 백성들이 차례로 올바르게 되어 하늘의 뜻을 받든 군주를 정점으로 조정, 백관, 백성들이 올바르게 일통되므로 마침내 천자의 명령이 사회의 말단까지 수직적으로 하달되어 대일통이 된다고 하였다.

> "그러므로 군주가 마음을 올바르게 하여 조정을 대하고, 조정을 바르게 하여 백관들을 대하고, 백관들을 바르게 하여 만민들을 바르게 해야 한다. 만민이 바르게 되면 사방이 올바르게 되고, 사방이 올바르게 되면 원근이 올바르게 통일되며, 그 사이에 간악과 사기가 없어지게 된다. 이로써 음양이 조화롭게 되고, 풍우가 때맞게 내리므로 만물이 번창하고, 만백성들이 농사에 열중하며 오곡이 무르익고 초목이 울창해진다. 천지가 윤택해져 대풍년이 든다. 사해가 그 성덕을 듣고 와서 신하가 되므로 왕도가 구현된다(故爲人君者 正心以朝廷 正朝廷以正百官 正百官以正萬民 正萬民以正四方 四方正 遠近莫敢不壹 於正 而亡有邪氣奸其間者 是以陰陽調而風雨時 群生和而萬民殖 五穀熟而屮木茂 天地之間彼潤澤而大豊美 … 是以陰陽調而風雨時 群生和而萬民殖 五穀熟而屮木茂 天地之間 被潤澤而大豊美 … 四海之內 聞聖德皆徠臣 … 四海之內 聞聖德皆徠臣 … 而王道終矣)."[59]

이같이 천자가 하늘의 뜻(天意)을 받들어서 정치를 올바르게 하면

58 王永祥은 '정(正)'을 천의(天意) 또는 천의 소위(所爲)로 이해하고 있다(王永祥, 《董仲舒評傳》, p. 373).

59 《漢書》 卷56, 〈董仲舒傳〉, p. 2503.

"사방이 바르게 되고 원근이 일통되지 않을 수 없으므로(四方正 遠近莫敢不壹於正)" 이적만이들이 내조하고 신하가 되어 천하대일통이 마침내 이루어진다고 하였다. 그리고 이 같은 천하대일통은 천도인 음양의 도리에 부합하는 것이므로 당연히 대풍년이 들고 태평성대가 도래하여 왕도가 구현된다고 하였다.

여기에서 동중서가 언급하고 있는 왕도(王道)는 원래 전국 시대의 맹자가 처음으로 제시하였다. 맹자는 당시의 정치를 패도(覇道)와 왕도(王道)로 구분하고 인(仁)을 가장한 무력정치를 패도(覇道)라 하고, 인(仁)에 기반을 둔 정치를 왕도(王道)라고 하면서 전국 시대 각국의 정치는 패도라고 비판하였는데, 당시 맹자가 언급한 패도와 왕도의 대상과 범위는 전국 시대 7국으로 구성된 화하세계가 전부였다.

그런데 동중서가 "… 사해의 만이가 성덕을 듣고 모두 와서 신하가 되므로 왕도가 구현된다(… 四海之內聞盛德而皆來臣 … 而王道終矣)"고 한 것은 왕도 구현의 범위와 대상을 화하세계를 중심으로 이적만이세계까지 포함한 천하로 확대하고 있는 것이다. 이 같은 동중서의 논리에 의해서 종래 유가의 유토피아 정치로 추앙되었던 왕도는 그 구현의 대상과 범위가 화하세계를 넘어서 주변의 이적만이 즉 천하에로 확대되고 있는 것이다. 다시 말하면 한 제국 천자를 정점으로 화하와 이적만이 간의 종속적 천하대일통 수립과 완성이 동중서가 말하는 왕도의 구현인 것이다.

그런데 동중서만이 이 같은 천하대일통을 주창한 것만은 아니었다. 동중서 못지않게 무제의 총애를 받고 있던 사마상여(司馬相如) 역시 아래와 같이 화하와 이적만이 간의 천하대일통을 옹호하고 주장하였다.

"… 지금 중국 내의 백성들은 한 사람도 빠짐없이 행복합니다. 그러나 이적·만이는 풍속이 다르고 멀리 떨어져 있고 종족이 달라서 배와 수레가 통하지 않고 인적도 드물며 정치와 교화가 아직 베풀어지지 않고 덕화도 미미합니다. 이들을 안으로 받아들이면 변경에서 의를 범하고 예를 침범하며, 밖으로는 내치면 간사한 행동을 멋대로 하여 군주를 내쫓아 죽이고 군주와 신하의 지위를 바꾸고 존비질서를 무너뜨리고 부형은 죄가 없어도 처벌을 받고 어린이와 고아는 종이 되어 울게 합니다. 그리고 중원을 원망하여 말하기를 '대체로 들으니 중원에는 지극히 어진 이가 있어서 덕은 성대하고 은택은 널리 덮여 있어서 만물이 제자리를 얻지 못한 것이 없다고 합니다. 그런데 어찌하여 우리만 버리는가?'라고 하면서 발뒤꿈치를 들고 사모하는 것이 마치 가뭄에 비를 기다리고 있는 것과 같습니다. 포학한 자도 이 때문에 눈물을 흘리는데 하물며 성상께서 어떻게 견디어 내시겠습니까? 그리하여 북쪽으로는 군대를 출동시켜 강한 오랑캐를 치고, 남쪽으로 사자를 보내어 강한 월을 꾸짖었으므로 사방이 덕에 감화되었습니다 … 장차 은혜를 널리 베풀고 멀리 미치게 하여 … 미개몽매한 지방도 광명의 빛을 얻게 하여 전쟁을 쉬게 하고 토벌을 그치게 하는 것입니다. 멀고 가까운 곳이 일체가 되고 안과 밖을 안락하고 행복하게 하는 것도 즐거운 일이 아니겠습니까? 대체로 백성들을 곤궁 속에서 구제하고 … 끊어진 주 나라의 맥락을 잇게 하는 것이 천자의 급선무일 것입니다. 설령 백성들이 수고로울지라도 어찌 그칠 수 있겠습니까?(今封疆之內 冠帶之倫 咸獲嘉祉 靡有闕遺矣 而夷狄殊俗之國 遼節異黨之地 舟輿不通 人迹罕至 政教未加 流風猶微 內之則犯義侵禮於邊境 外之則邪行橫作 放弑其上 君臣易位 尊卑失序 父兄不辜 幼孤爲奴 係루 號泣 內嚮而怨 曰 蓋聞中國有至仁焉 德洋而恩普 物靡不得其所 今獨曷爲遺己 擧踵思慕 若枯旱之望雨 盭夫爲之垂涕 況乎上聖 又惡能已 故北出師以討彊胡 南馳使以誚勁越 四面風德 … 將博恩廣施 … 阻沈闇昧 得耀乎光明 以偃甲兵於此 而息誅伐於被 遐邇一體 中外提福 不亦康乎 夫拯民於沈溺 … 衰世之陵遲 繼周氏之絶業 斯乃天子之急務也 百姓雖勞 又惡可以已哉?)."[60]

60 《史記》卷117,〈司馬相如列傳〉, p. 3051

이에 의하면 중국 백성들은 성군의 은택에 의해서 모두 태평한 생활을 누리고 있는데 이적만이는 무지몽매한 생활 속에서 중국 성군의 은택을 목마르게 기다리고 있으므로, "… 은혜를 널리 베풀고 멀리 미치게 하여 … 미개몽매한 지방도 광명의 빛을 얻게 함으로써 전쟁을 쉬게 하려는 것이다(… 將博恩廣施 … 阻沈闇昧 得耀乎光明 以偃甲兵於此)", "원근이 하나로 합치게 된다(遐邇一體)", "안과 밖이 안락하고 행복하게 된다(中外提福)"라고 하여 천자의 은택에 의한 이적만이의 문명화, 이적만이 문명화에 의한 화하와 이적만이 간의 천하대일통을 주창하고 있는 것이다.

그런데 여기에서 주목되는 것은 "북쪽으로는 군대를 출동시켜 강한 오랑캐를 치고 남쪽으로 사자를 보내어 강한 월(越)을 꾸짖었으므로 사방이 덕에 감화되었습니다. … 설령 백성들이 수고로울지라도 어찌 그칠 수 있겠습니까?(故北出師以討彊胡 南馳使以誚勁越 四面風德 … 百姓雖勞 又惡可以已哉?)"라고 말한 부분이다.

위에서 말한 바와 같이 동중서는 "사해의 이적만이가 성덕을 듣고 모두 와서 신하가 된다(… 四海之內聞盛德而皆來臣 …)"에서와 같이 덕화(德化)와 감화(感化)에 의한 천하대일통을 주창하였다고 한다면 사마상여는 "북쪽으로는 군대를 출동시켜 강한 오랑캐를 치고 남쪽으로 사자를 보내어 강한 월(越)을 꾸짖고 … 설령 백성들이 수고로울지라도 어찌 그칠 수 있겠습니까?(故北出師以討彊胡 南馳使以誚勁越 … 百姓雖勞 又惡可以已哉?)"에서와 같이 무력에 의한 천하대일통을 주창하고 있는 것이다. 다시 말하면 동중서는 덕화와 감화에 의한 화·이 간의 대일통을 주장하였다고 한다면, 사마상여는 한발 더 나아가서 무력에 의한 화·이 간의 대일통을 주창하고 있는 것이다.

"성스런 황제께서 위에 계셔서 덕이 천하에 흐르고 제후들이 복종하고 위엄이 사방 오랑캐에 떨치고 사해 밖까지도 자리를 삼아서 사발을 엎어 놓은 것보다 편안하며 천하가 골고루 되고 합쳐져서 일가가 되었다(今聖帝在上 德流天下 諸侯賓服 威振四夷 連四海之外以爲席 安於覆盂 天下平均 合爲一家)."[61]

이것은 무제의 측근이었던 동방삭(東方朔)도 무제의 사면정벌을 천자의 은택에 의한 이적만이의 문명화, 화하와 이적만이 간의 일가(一家) 형성에 의한 천하일통, 그리고 천하일통에 의한 태평성대의 도래를 찬미하고 있는 것이다. 그런데 이 같은 화·이 간의 천하대일통사상은 절대로 하루아침에, 그리고 몇 총신들에 의해서 급조될 수 없는 것이므로 그 기원을 소급해 볼 필요가 있다.

천하대일통사상의 기원을 보면 위에서 언급한 바와 같이 춘추전국 시대 공자와 맹자가 유일무이한 천명의 봉행자 천자를 정점으로 화·이를 망라한 봉건적 천하일국상을 제시하였으며, 이 같은 봉건적 천하일국상은《춘추삼전(春秋三傳)》의 하나인《춘추공양전》에서 구체화되었다. 그리고《춘추공양전》이 한 제국 초기 유학의 국학 채택에 따라 오경의 일경(一經)으로 포함된 사실을 감안하면 화하와 이적만이 간의 천하대일통사상은 한 제국의 중원 통일과 당시 굴기하고 있는 국력을 배경으로 정·관계 위정자들 사이에 이미 광범위하게 풍미되고 있었으며, 또 무제도 예외는 아니었을 것이다.

실제로 무제는 위에서 언급한 바와 같이 등극 이전의 태자 시절부터 유가 출신 태부(太傅)들의 교육을 받았기 때문에 유학의 학식과 소양으로 충만되어 있었다. 등극 후에는 동중서, 사마상여, 공손홍

61《漢書》卷126,〈滑稽列傳〉, p. 3207.

(公孫弘), 아관(兒寬) 등 유가 출신의 신하들을 신임하고 있었는데,[62] 이 중에서 동중서는 당대 춘추공양학의 대가였다. 또 동중서는 원강 원년에 시행된 책문(策問)에서 '천인삼책'을 제시하여 한 제국 관료 제도와 교육제도 혁신을 주창하고 유학일존의 사상통일을 건의하여 모두 정책으로 채택되었는데 이 같은 정책 채택은 사실상 무제의 결단 없이는 불가능한 것이었다.

이와 같이 무제는 유년 시절부터 유학 교육을 받고 유가 출신의 총신들에게 둘러싸여 있었으며, 동중서의 건의가 모두 채택된 사실을 감안하면 무제는 유가, 특히 동중서의 깊은 영향 아래 있었다고 할 수 있다. 사실 무제 자신도 중국을 문화가 제일 발달한 선진 지역 그리고 주변 이적만이 지역은 무지몽매한 후진 지역으로 인식하고 있었으며, 문화가 발달된 선진의 중국이 무지몽매한 이적만이를 대일통하여 문화적 혜택을 받게 해야 한다는 화·이 간의 대일통 구상에 젖어 있었다.[63] 또 아래의 기사를 볼 필요가 있다.

> "이제 중국은 통일되었으나 북변은 안정되지 못하고 있다. 짐은 그것을 대단히 마음 아프게 생각하고 있다(今中國一統而 北邊未安 朕甚悼之)."[64]

위 인용문은 무제가 남쪽의 남월국과 주변 군소의 월족, 동쪽의 위만조선, 서쪽의 서역 국가들을 정벌하여 중국으로 통일(병합)하였는데 북쪽의 흉노는 통일하지 못하고 있었으므로 무제는 이 같은 상황을 매우 가슴 아파하고 있었다는 것이다.

---

62 《漢書》 卷89, 〈循吏傳〉, p. 3623-3624.
63 吉川幸次郎, 《漢 の 武帝》, 東京: 岩波書店, 1970, p. 54.
64 《漢書》 卷6, 〈武帝紀〉, p. 173.

"무제가 이적들을 쳐서 국경을 넓혔는데 그 면적이 수천 리였다. 동으로는 낙랑군을 개척하고 서로는 돈황군을 설치하고 남으로는 교지를 넘고 북으로는 삭방군을 쌓고 돌연히 남월국을 정벌하고 대완국을 주멸하였다. 무제의 군대가 이르는 곳에 이적들이 주멸되지 않음이 없었다(武皇帝攘夷折境 面數千里 東開樂浪 西置潡煌 南踰交趾 北築朔方 卒定南越 誅斬大宛 武軍所嚮 無不夷滅)."[65]

이것은 동쪽으로는 동북의 위만조선을 정벌하여 낙랑군을 개척하고 서쪽으로는 하서 지역을 탈취하여 돈황군을 설치하고 북쪽으로는 흉노를 축출하여 삭방군을 쌓고 남쪽으로는 남월국을 정벌하고 서쪽으로는 대완국을 주멸하여 당시 정벌 면적이 수천만 리에 달했다는 것과 군대가 이르는 곳에 이적들이 주멸되지 않음이 없었던 사실을 상기하고 있는 것이다. 이런 점에서 볼 때 무제의 흉노 공벌, 주변국에 대한 사면정벌 그리고 점령지의 군현화는 바로 무력에 의한 화·이 간의 천하대일통 작업이었던 사실을 말하고 있다.

이 같은 사실에서 볼 때 무제의 흉노 공벌과 주변국에 대한 사면정벌은 흉노 선우에게 매년 헌상하는 입공의 치욕을 설욕하기 위한 설욕 동기에서 출발하였지만 본질적으로 동중아시아 패권 쟁탈전이었으며[66] 그 목적은 《춘추공양전》에 제시된 유일무이한 천명의 봉행자 한 제국 천자를 정점으로 화·이가 종속적으로 일통된 천하일국 수립이었다. 그리고 이 같은 무제의 흉노 공략, 주변국 정벌과 패권 쟁탈전은 그 정치·군사적 실현 작업이었다고 할 수 있다. 이런 점에서 볼 때 《춘추공양전》에 제시된 유일무이한 천명의 봉행자 천자를 정점으로 화하와 이적만이가 종속적으로 일통된 천하일국상의 정치·군

65 《潛夫論》 卷5, 〈救邊〉, p. 260.

66 이춘식, 《중국패권의 뿌리와 이념》, 고려대학교출판문화원, 2014, p. 343.

사적 구현이 무제의 흉노 공략, 주변국 정벌과 패권 쟁탈전의 이념적 원동력이었다고 할 수 있다.

그러나 무제 등극을 전후한 당시의 국제상황을 보면 한 제국에 그렇게 우호적이지 않았다. 흉노 제국은 서역 국가들을 역속시켜서 인력과 물자를 징발하고, 동북의 위만조선을 복속시키고, 남쪽의 한 제국으로부터 매년 입공을 받으면서 동중아시아 유일의 패권을 누리고 있었다. 남쪽의 남월국은 외신 제후왕으로 책봉되어 교역의 혜택을 누리고 있으면서도 군주 입조는 행하지 않고 칭제와 칭번을 반복하면서 한 제국 천자의 천하통치 유일무이성에 도전하고 있었다. 동북의 위만조선 역시 외신 제후왕으로 책봉되어 '병위재물'의 군사·경제적 원조를 받아서 영토를 확장하였음에도 불구하고 군주 입조는 물론 사신 입공도 행하지 않고 주변 만이군장들의 한 제국 천자에 대한 입현까지 차단하면서 독자적 정책을 추진하고 있었다.

그러므로 유일무이한 천명의 봉행자로 자처하고 있는 한 제국 천자의 통치 차원에서는 이 같은 국제상황을 방임할 수 없는 것이었으므로 한 제국은 국력이 갖추어지자 마읍전투를 계기로 흉노 공략과 주변국에 대한 사면공략을 시작하였다. 이에 따라 흉노-한 제국 간에는 세계 역사상 유례가 없는 2세기 가까운 장기간의 패권 쟁탈전이 전개되고, 이 장기간의 패권 쟁탈전 과정에서 한 제국은 다양한 군사전략, 외교책략과 신정책을 개발하여 대처하게 되었다.

다음 장에서는 한 제국이 장기간의 패권 쟁탈전 과정에서 개발하고 사용하였던 다양한 군사전략, 외교책략과 신정책 등의 실체와 성격을 평성전투 이후부터 마읍전투까지, 마읍전투 이후부터 남흉노 선우의 외신 제후왕 책봉까지, 그리고 서역 경략과 서역도호부 설치 때까지 3 시기로 나누어 살펴볼 것이다.

제5장

한-흉노 패권 쟁탈전과 한 제국의 국내정책과 국제협공전략

1. 한 제국의 대흉노 국내전략과 정책

1) 한 제국 보병군단의 기마화(騎馬化)

무제 등극 8년(전135) 흉노 공략으로 시작된 흉노-한 제국 간 2세기 가까이 전개된 전면전은 앞 장에서 언급한 바와 같이 세계사에서 유례를 찾아볼 수 없는 장기간에 걸친 패권 쟁탈전이었다. 이 중에서 마읍전투 이후 전개된 10여 년(전129년~119)간의 전쟁 양상을 보면 대부분 고비사막에서 전개된 사막전이었다. 이 사막전에서 위청(衛青)과 곽거병(霍去病)의 두 장군이 혁혁한 전공을 세웠다.

위청은 원광 6년(전129) 처음 출전 이후 전후 7회에 걸쳐 흉노 공벌을 단행했는데 원삭 원년(전126)에 기병 3만을 이끌고 산서성 안문(雁門)을 출발하여 고비사막에서 흉노 1만여 명을 살상하였다. 또 산서성 운중(雲中)으로 진격하여 흉노 수천 명을 참살하고, 소·말·양 등의 가축 100여만 마리를 노획하였으며, 흉노에게 빼앗겼던 섬서성의 오르도스(Ordos) 지방을 회복하였다. 그 후 2년 동안 병사들을 휴식시킨 위청은 다시 원삭 5년(전124)에 6인의 장군과 함께 기병 10

여만 명을 이끌고 고비사막 깊숙이 진입하여 흉노 우현왕의 진영을 급습하였다. 이에 놀란 우현왕은 수 백기를 거느리고 겨우 탈출하고, 미처 탈출하지 못한 왕족 10여 명과 남녀 1만 5천여 명은 위청군의 포로가 되었으며, 가축 수백여 마리를 상실하는 대패배를 당했다. 다음 해 위청은 같은 6인의 장군과 함께 10여 만 명의 병력을 거느리고 다시 출격하여 1만 9천여 명을 참수하는 전과를 거두었다.

곽거병도 원삭 6년(전123)에 대장군 위청을 따라 종군하였는데, 이 출격에서 곽거병은 2,028명의 흉노군을 참살하였다. 3년 후인 원수 2년(전121) 표기장군으로 임명된 곽거병은 1만 기를 거느리고 다시 농서(隴西) 방면에서 고비사막으로 깊숙이 침투하였는데, 여기에서 흉노의 절난왕(折蘭王), 노호왕(虜胡王)을 참수하고, 혼야왕(昆邪王)의 아들을 포로로 하였으며, 1만 8천여 명을 참수하고 돌아왔다. 같은 해 여름에 다시 출격하여 기련산(祁連山)에서 흉노군을 포착하여 3만여 명을 참수하고, 흉노 122인을 포로로 하여 귀환하였다.

이와 같이 한 제국은 흉노와 개전 후 대병력을 고비사막 깊숙이 진출시켜서 수차례 흉노군을 격파하고 흉노 본거지를 직접 위협하였으므로 흉노는 마침내 본거지를 고비사막 이북으로 옮기고 후퇴하였다. 그런데 한군의 광대한 고비사막 투입, 장기간의 작전과 작전 반경의 확대, 그리고 사막 가운데서 흉노군에 대한 기습적 요격과 승전은 사실상 한군의 기마화(騎馬化)를 전제하지 않고서는 불가능한 것이었다. 그런데 한군이 초기부터 기마군단으로 조직되었던 것은 아니었다.

원래 농경국가인 중국에서 말(馬)의 일반적 이용은 생소하였다. 은·주 시대 말은 서방에서와 같이 농경에 사용되지도 않았으며, 전투에서도 보졸이 주력이었다. 말은 그저 선봉부대의 전차(戰車)를 이

끄는 정도에 불과하여 전략적 비중도 크지 않았다. 그러나 춘추 시대에는 말의 비중이 커지기 시작하였다. 당시 열국 간의 전쟁은 차전(車戰)이 주종이었으며 각국의 병력 규모도 말과 수레로 구성된 전차 수효 즉 만승지국(萬乘之國), 천승지국(千乘之國), 백승지국(百乘之國) 등의 전차 보유수를 기준으로 평가하였으므로 당시 말의 군사적 비중이 상당히 컸던 것을 알 수 있다.

그러나 전국 시대는 그 반대였다. 전국 시대의 전쟁은 종래의 차전(車戰)에서 적국의 성(城)을 공략하여 함락시키는 공성전(攻城戰)으로 변하였다. 진(秦), 초(楚), 제(齊), 조국(趙國) 등은 각기 대갑(帶甲)이 1백만 이상이었으며, 한(韓), 위(魏), 연(燕) 등의 열국도 대갑이 6십만 이상이었다. 여기에서 대갑은 보졸을 말하고 있으므로 전국 시대 각국의 주력 부대는 보졸이었다고 할 수 있다. 전국 말기 북방 유목 기마병의 신속한 기동력과 고도의 전투능력을 목격한 조(趙) 무령왕(武靈王)은 이 같은 기마전법을 수입하여 조군을 기마화(騎馬化)를 추진하여 한때 세력을 확장하기도 하였으나 당시 열국으로 확산되지 않았다.

그러므로 진 제국 말기 한초전(漢楚戰)에서 한·초 양군의 주력 부대는 선봉 소수의 기병을 제외하고는 모두 보졸로 구성되었으며, 한-흉노 간에 전개되었던 평성전투 때 양군의 주력 병력도 흉노군은 40여만의 기병으로 구성되었으나 한군은 32만여의 보졸로 구성되었다. 또 원광 3년(전134)에 흉노-한 제국 간에 전개된 마읍전투에서도 군신 선우는 10만의 기병을 투입하였으나 한군은 선봉의 소수 전차대를 제외한 주력부대는 다수의 보졸로 구성되었다.[1] 이 같은 여러

1 한대 말 산업과 수요 동향을 보면 아주 활발하였다. 국가의 의전용, 황제와 황실의 어가(御駕)용, 제사의 희생용, 황제의 말 사여 등의 용도로 말 수요가 많았다. 중앙과 지

사실들을 감안하면 전국 시대 이래 무제 원광 3년 마읍전투 때까지 한 제국의 주력부대는 보졸 위주로 구성되었던 사실을 알 수 있다.

그런데 위에서 언급한 바와 같이 흉노-한 제국 간의 전면전이 개시되면서 양국 전투는 고비사막에서 거의 기마전으로 일관되었다. 그리고 이 같은 양국의 장기간에 걸친 기마전은 당연히 한군의 기마화를 전제하고 있는데 어느 시기부터 한군의 기마화가 추진되었는지 정확히 알 수 없다. 그런데 아래의 사실을 주목할 필요가 있다.

> "마읍 사건이 있은 지 5년 후 한 나라는 4장군에게 각기 기병 만 명을 거느리고 관문 아래 교역장 주변의 흉노를 공격하게 하였다. 장군 위청(衛青)은 상곡군에서 출격하여 용성(龍城)에 이르러 흉노의 수급과 포로 7000명을 획득하였다. 공손하(公孫賀)는 운중에서 출격하였으나 소득이 없었다. 공손오(公孫敖)는 대군(代郡)에서 출격하였는데 흉노에게 패해서 7000여 명을 잃었고 이광(李廣)은 안문에서 출격하였으나 흉노에게 역시 패하였다. … 흉노는 … 한 나라 장군 안국 군을 포위하였는데 당시 안국의 병력은 기병 천여 명밖에 되지 않아서 전멸 상태에 놓여 있었다. … 이에 한 나라는 위청에게 3만의 기병을 주어서 안문에서 출격하게 하고, 이식도 대군에서 출격하여 흉노를 공격하게 하여 천여 명의 흉노 수급과 포로를 획득하였다(自馬邑軍後五年之後 漢使四將軍各萬騎擊胡關市下 將軍衛青出上谷 至龍城 得胡首虜七百人 公孫賀出雲中 無所得 公孫敖出代郡 爲胡所敗七千餘人 … 胡又入敗漁陽太守軍千餘人

방 관부(官府)에서 행정상의 필요에서 마필의 수요도 대단하였다. 또 한대에는 우역제(郵驛制)가 전국적으로 확대되었다. 당시 현(縣) 치소 사이에는 대개 5개의 역전(驛傳)이 설치되고 매 역전에는 1-10여 필이 준비되었으므로 각 현에는 최소 50여 필에서 100여 필 정도가 필요하였다. 그리고 현이 전국적으로 1587여 개 정도였으므로 10만 필 이상의 마필이 필요하였을 것이다. 민간 사회에서도 부유층은 일상적으로 말이 끄는 수레(車駕)를 타고 다녔으며 길가에 세워 놓은 수레와 말이 즐비하였을 정도였다. 이런 점에서 볼 때 민간 사회에서 말은 널리 사용되고 있었지만 막상 군대에서 무기로서의 말 사용, 즉 전력의 기마화(騎馬化)는 의외로 낙후되었다는 사실을 알 수 있다(鄭夏賢, 〈말(馬)의 이용과 需給 構造〉, 《古代中國의 理解》 1, 1994, pp. 245-50 참조).

圍漢將軍安國 安國時千餘騎亦且盡 … 於是漢使將軍衛青將三萬騎出鴈門 李息出代郡擊胡 得首虜首千人 …)."[2]

위의 마읍 사건이 있은 지 5년 후 "한 나라는 4장군에게 각기 기병 만여 명을 거느리고 관문 아래 흉노를 공격하게 하였다(漢使四將軍各萬騎擊胡關市下)", " 당시 안국의 병력은 기병 천여 명밖에 되지 않았다(安國時千餘騎)", "한 나라는 위청에게 3만의 기병을 주어서 안문에서 출격하게 하였다(漢使將軍衛青將三萬騎出鴈門)" 등의 기록을 보면 마읍전투 이후 한군 기병의 활동이 두드러지고, 수시로 고비사막 깊숙이 진출하여 막강의 흉노 기마군단과 직접 전투를 감행하여 수차례의 승리를 거두었던 사실을 알 수 있다.

"다음 봄에 한 나라는 위청을 대장군으로 임명하고 장군 6명과 10여 만 명의 군사를 거느리고 삭방과 고궐에서 출발하여 흉노를 토벌하게 하였다. 이때 흉노 우현왕은 한군이 쳐들어오지 못할 것으로 생각하고 술에 대취하였다. 한군은 요새에서 600~700여 리를 나아서 밤중에 우현왕을 포위하였다. 이에 크게 놀란 우현왕은 단신으로 도주하고 정예의 기병들도 그 뒤를 따라서 허둥대고 달아났다. 한군은 우현왕의 남녀 만오천여 명과 비소왕 10여 명을 사로잡았다(其明年春 漢以衛青爲大將軍 將六將軍 十餘萬人 出朔方 高闕擊胡 右賢王以爲漢兵不能至 飮酒醉 漢兵出塞六七百里 夜衛右賢王 右賢王大驚 脫身逃走 諸精騎往往隨後去 漢得右賢王衆男女萬五千人 裨小王十餘人)."[3]

이것은 한군이 한밤중에 고비사막 600~700여 리를 은밀히 침투하여 방심하고 있는 흉노 우현왕을 포위하여 급습하였다는 얘기다.

2 《史記》卷 110, 〈匈奴列傳〉, p. 2970.
3 《漢書》卷 94上, 〈匈奴傳〉, p. 3767.

이 같은 한군의 신속한 기동력과 급습을 예측하지 못한 우현왕은 놀라서 단신으로 도주하고, 흉노의 정예 기병들도 허둥지둥 달아났다는 것인데. 이것은 기마화된 한군이 고비사막 깊숙이 침투하여 주야를 불문하고 자유자재로 작전을 구사하고, 흉노 본부까지 은밀히 침투하여 급습할 수 있었던 작전 능력을 보유하고 있었던 사실을 말하고 있다. 그런데 마읍전투 때까지 보졸 위주의 한군이 어느 시기에 고비사막 깊숙이 진출하여 흉노군을 요격할 수 있었을 만큼의 기마군단으로 재편되었는지는 의문이다. 그러나 분명한 것은 마읍전투 이후의 몇 년간이었을 것으로 추정된다.

앞에서 언급한 바와 같이 마읍전투에서 흉노의 군신 선우는 10만의 기병을 투입하였는데, 이에 대적한 한군의 주력부대는 다수의 보졸로 구성되었다. 그리고 한군의 매복 작전을 눈치 채고 질풍같이 후퇴하는 흉노 기마군단을 보졸 한군은 눈으로 뻔히 바라보면서도 요격할 수가 없었다. 이에 한 측이 고심하여 수립한 마읍 작전은 실패로 돌아갔으며, 총지휘자 왕회(王恢)는 작전 실패 책임으로 참수를 당하기도 하였다. 또 이 마읍 작전의 실패로 그동안 흉노에게 누적되었던 선대의 한(恨)을 풀어보려고 했던 무제의 복수심에도 차질을 가져왔다.

그런데 이 마읍전투에서 간과할 수 없는 것은 무제를 비롯한 당시 한 측 위정자들이 보졸 위주 한군의 치명적인 취약점과 낙후성, 그리고 질풍 같은 기동력과 광폭적 행동반경을 누비는 흉노 기마군단의 전략적 우수성을 목격한 것이다. 이 같은 한군 보졸의 취약점과 낙후성 그리고 질풍 같은 기동력과 광폭적 행동반경을 누비는 흉노 기마군단의 우수성은 당시 한 제국 위정자들에게 깊은 충격을 주었을 것이며, 바로 그런 충격이 한군 기마화의 계기를 제공했을 것으로 생각된다. 그러나 극히 짧은 시일 내에 보졸 위주의 한군을 기마화시키기는 어려웠을 것이다.

보졸의 기마화는 말의 사육과 기마병 양성을 전제하고 있다. 말의 사육은 말을 군마로 사육하여 장기간 지속적으로 공급할 수 있는 다수의 광대한 목장이 반드시 필요하다. 또한 기마병은 일반 농민 출신의 장정들을 단기간 훈련시켜서 경졸(更卒)로 징집하는 일반 병사의 경우와는 달리, 질주하는 말등에서 자유자재로 활을 쏘고 명중시킬 수 있는 기마궁사의 양성이 필수적이다. 그리고 이 같은 대규모의 목장 개간, 대량의 말 사육, 기마궁사 훈련과 양성 등은 모두 막대한 자본 투입과 장기간의 훈련이 필수적인 것이었으므로 결코 쉽지 않은 작업이었다. 그런데 이 같은 보졸의 기마화는 전국 시대 조 무령왕이 추진한 전례가 있었다.

전국 시대 7웅 중의 하나였던 조국(趙國)의 북변 지역은 흉노와 인접하고 있었다. 특히 대청산(大淸山) 남쪽 지역은 흉노 본거지로서 조국으로 남하할 수 있는 루트였다. 따라서 충돌이 잦았고 항시 긴장된 지역이었다. 기원전 302년조 무령왕은 이 같은 흉노의 남하를 저지하기 위해 보병과 전차로 구성된 조군 군제를 기병 중심의 군제로 개편하였다.

당시 조군의 복장은 옷이 길고 갑옷과 투구가 무거워서 승마에 불편하고 전투에서 민첩하게 행동할 수 없었던 반면, 흉노 기병들은 페르시아풍의 얇은 비늘형 갑옷과 바지를 입고 있었으므로 가볍고 간편하여 기마전에서 아주 능률적이었다. 그러므로 조 무령왕은 조군 병사들에게 흉노의 기마복을 입게 하고, 기마(騎馬)와 기사술(騎射術)을 습득시키고, 기마유목민을 사범으로 채용하여 시범을 보이면서 강력히 추진하였으므로[4] 마침내 보졸 위주의 조군이 기마군단으로 개편되었다.

이와 같이 조군을 기마군단으로 개편한 무령왕은 기원전 300년 중산국(中山國)을 멸망시켰다. 또한 서북의 운중(雲中)과 구원(九原)에까지 세력을 확대하고 서북의 임호(林胡)와 누번(樓煩)을 격파하였으며, 대(代, 하북성 울현 부근)에서 음산산맥(陰山山脈) 기슭을 따라 서쪽의 고궐(高闕, 내몽골 자치구)에 이르는 장성을 구축하였다. 그런데 전국7웅 중에서 가장 약체였던 조국이 한 때 이 같은 위세를 떨칠 수 있었던 것은 조군 기마화의 위력이었는데[5] 이 같은 조군의 기마화 과정이 한군의 기마화의 전례로서 많은 참고가 되었을 것으로 추정된다.

사실 마읍전투 후 기마화된 한군은 10여 년간 고비사막전에서 흉노 기마군단을 수차례 격파하여 흉노를 고비사막 이북으로 축출하고 흉노의 한 제국 포위를 해체하는 데 결정적 역할을 하였다. 그러므로 보줄 한군의 기마화는 중국 역대 전례가 없는 군사기술혁명(Revolution of Chinese Military Technology)[6]으로 평가할 수 있고 이적의 특기를 배워서 이적을 격퇴하는 사이지장기제이책(師夷之長技制夷策)'이었다고 할 수 있다.[7] 그러나 실제적으로는 흉노의 핵심 전력 자산의 모방 내지 탈취였다.

2) 재정정책 혁신과 기업의 국영화

한군의 기마화와 병행하여 10여 년간 계속된 장기전에서 한 제국이 버틸 수 있었던 또 다른 결정적 요인은 염철주 전매제 채택을 중심

4 사와다 이사오 저, 김숙경 역,《흉노》, 아이필드, 2007, p. 27-28.

5 위 책, p. 28.

6 Chun-shu Chang, *The Rise of the Chinese Empire*, Vol. I, Ann Arbor, The University of Michigan Press, 2010, p. 128,

7 邢義田,〈漢代的以夷制夷論〉,《史原 第五期 民國》63, p. 11.

한 재정정책의 혁신이었다. 앞 절에서 언급한 바 있는 《사기》〈평준서〉 기록을 다시 한 번 검토해 보면 "국가는 태평무사하여 홍수나 가뭄이 없었고 백성들의 생활은 넉넉하여 근심 걱정이 없었다. 각 군과 현의 창고에는 곡식이 꽉 차 있었고 정부 창고에는 많은 재화가 보관되어 있었다. 금고에 보관되어 있는 돈은 쌓여서 억만금이나 되었는데 줄이 썩어서 셀 수조차 없었다. 태창의 양식은 너무 오래되고 넘쳐나서 썩고 먹을 수 없게 되었을 정도였다"[8]고 기록하고 있는데 이것은 당시 한 제국의 재정이 차고 넘쳤을 정도로 견실했던 사실을 말하고 있다. 그런데 이같이 견실했던 한 제국의 재정도 10여 년간(전 129~전119) 계속된 흉노 공벌과 주변국에 대한 사면정벌로 고갈되기 시작하였다.

북방 흉노와 장기간의 공방전, 남월국과 위만조선 정벌, 서역 정벌, 서남이 정벌 등의 사면정벌 과정에서 10만 내지 20만 명이 넘는 대병력이 수차례 동원되어 출동하였으며, 소수 병력의 출동은 수없이 많았다. 또 전쟁은 단순히 병력의 출동만을 요구하였던 것은 아니었다. 전투부대를 지원하기 위한 후방 군수부대가 전투병력 이상으로 동원되었는데, 여기에 소요되는 비용은 천문학적이었다. 또한 원정대가 귀환하면 군공에 의한 포상이 실시되었다. 예를 들면 대장군 위청과 표기장군 곽거병이 흉노에게 대승리를 거두고 귀환하였을 때 출정군에 대한 상으로 50만 금이 지출되었다. 또 흉노 혼야왕(昆邪王)이 수만의 수하 병력을 이끌고 항복하여 왔을 때 무제는 수레 2만 대를 보내어 이들을 맞이하였으며, 그 지위에 따라 상을 내리고, 의식주를 제공하였는데 그 비용이 막대하였다.

8 《史記》 卷30, 〈平準書〉, p. 1421.

또 장건의 서역 파견으로 시작된 매년 대규모의 사신 사절단의 빈번한 파견과, 서역 각국에 대한 선물과 뇌물 제공도 막대한 비용이 따랐고, 이광리의 서역 원정을 비롯한 수차례의 무력 정벌과 이에 대한 원정군의 포상 역시 막대한 재정 지출을 전제한 것이었다. 또 하서4군 설치는 새로운 점령지에 일종의 전진기지 구축이었으므로 군 설치, 성곽 구축, 관개수리사업 등의 토목공사와 대량의 이주민 모집과 투입은 모두 막대한 정부의 재정 지출 없이는 불가능한 것이었다.

이에 따라 문·경 시대와 무제 초기까지 비축되었던 국가 재정은 고갈되어 전쟁을 더 이상 계속할 수 없는 파탄 상태에 빠지게 되었다. 이에 무제는 재정 고갈을 타개하고 또 전쟁을 계속 수행하기 위해서 새로운 재정정책을 모색하지 않을 수 없었는데 그 대안으로 대두된 것이 염철주의 전매제 시행이었다.

원래 중국에서 염철 전매제는 춘추전국 시대 제(齊) 나라 관중(管仲)이 부국강병을 위해 한때 실시하였는데, 당시에는 염철업자들에게 과세만 부과하였을 뿐이었다. 그런데 한대에는 철기의 전면적 사용, 빈번한 대규모 외정으로 인한 군수산업의 발달, 인구 증가에 의한 식염의 대량 소비 등으로 막대한 이윤을 얻을 수 있었으므로 당시 염철업자들은 왕후장상에 못지않은 거대한 부를 축적할 수 있었다. 그런데 무제는 국가 재정 고갈로 전쟁을 더 계속할 수 없게 되자 염철업의 이 같은 천문학적 수익성에 주목하고 정부가 염철업을 국가 경영의 전매제(專賣制)로 전환하여 그 수익을 국가 수입으로 환수하려고 하였다.

염철 전매제는 무제 원수 4년(전119)에 처음으로 실시되었다. 염철 전매제의 입안과 시행의 중심인물은 동곽함양(東郭咸陽), 공근(孔

僅), 상홍량(桑弘羊)의 3인이었다. 동곽함양은 산동의 대염상인 출신이었고, 공근은 남양의 대철상인 출신이었는데, 이 두 사람은 대사농(大司農)의 염철승(鹽鐵承) 지위에 있으면서 염철세(鹽鐵稅)를 관장하고 있었다. 상홍량은 낙양 상인의 아들로 13세부터 궁중에 출입하여 시중(侍中)으로 복무하고 있었는데, 그의 뛰어난 능력으로 당시 대농(大農) 정당시(鄭當時) 추천을 받아 이들 2인과 합류하였다.

이들 3인은 무제의 지시에 의해 염철 전매정책을 입안하고 실시하였는데, 그 경영 형태는 염과 철이 각각 달랐다. 철의 전매제를 보면 철광을 생산하는 각 지방에 50여 개의 철관(鐵官)을 설치하고 이 철관을 대농(大農)에 소속시켰다. 그리고 철 채광과 철기 주조에 이르는 모든 생산 과정은 철관의 직영하에 두었으며, 필요한 노동력은 일반 백성의 부역과 노동형을 받은 죄수들의 노동으로 충당하였다. 철관에서는 일반 농민들이 사용하고 있는 철제 농구를 생산하고 사제농구 구입은 일절 금지하였으므로 관제농구의 판매와 소비는 전국적으로 확대되고 여기에서 들어오는 방대한 이윤은 국고로 환수되었다.

소금 전매는 염장(鹽場)과 소금 생산에 필요한 모든 설비와 기구는 국가가 공급하였으나 생산과 판매를 포함한 모든 경영과 필요한 자본은 국가가 관여하지 않고, 선발된 민간 소금업자들이 담당하게 하였다. 생산된 소금은 다시 국가의 염관(鹽官)들이 매입하여 실수요자인 일반 백성들에게 직접 판매하고 사제소금 생산과 판매를 철저히 금지하였으므로 막대한 이윤이 국고로 환수되었다.

염철 전매제가 이같이 성공을 거두자 천한 3년(전98)에는 술(酒) 전매제도도 시행하였다. 원래 술은 일부 지주 또는 귀족들이 제조하여 판매하였으며, 국가는 주세만을 징수하였다. 술 전매제도 시행에 따라 민간인들의 술 제조는 모두 금지되고 국가가 술 생산을 담당하고 판매는 민간업자에게 위탁하였으며 수입은 모두 국고로 환수되었는데 이것이 신재정정책의 주류를 이루고 있던 염철주의 전매제였다.

또 상홍량은 이같이 소금, 철, 술 전매제가 성공을 거두자 10년 후인 원정 2년(전 115)에 균수법(均輸法)과 평준법(平準法)의 새로운 재정정책을 시행하였다. 균수법은 한때 상홍량에 의해 부분적으로 시행된 적이 있었으나 전면적으로 확대되지는 않았다. 그런데 당시 흉노와 장기전으로 물자의 구입과 소비가 급증하였다. 그러나 중간상인들을 통한 물자 구입은 과다한 지출을 요구하였으며 또 화물이 유통되지 않고 적체되는 현상이 자주 발생하여 전쟁에 많은 지장을 초래하였다. 이에 과다한 지출을 줄이고, 운송을 신속하게 하기 위해 대사농 소관 아래 지방 각지에 균수관(均輸官)을 설치하여 물자 구입과 운송을 담당하게 하였다. 이에 물자가 전선으로 신속하게 운송되고, 중간상인들의 이익 취득이 배제되어 정부는 막대한 이득을 얻을 수 있었다.

평준법은 균수법이 시행된 지 5년 후(전110)에 시행되었다. 시행의 목적은 전국 물가를 균등하게 조정하기 위한 것이었지만 실제적으로는 정부가 물자를 구입하고 판매하는 과정에서 얻어지는 이윤을 국고로 환수하여 전비를 충당하는 데 있었다. 그러므로 수도 장안에 거대한 창고를 지어놓고 대사농의 평준관이 전국 각지에서 저렴하게 구매한 물자를 저장하였다가 가격이 앙등할 때 판매하는 것이었다. 이 같은 평준법의 시행에 의해서 지역 차이에 의한 물가 격차를 조절하고, 물가의 일시적 앙등을 진정할 수 있었으며, 중간상인들의 이익 취득을 배제하였으므로 역시 막대한 이윤이 국고 수입으로 환수되어 전비에 충당되었다. 이 같은 염철주 전매제 실시와 균수·평준법의 시행으로 대상인들은 큰 타격을 받았지만 피폐된 국가 재정을 회복하는 데는 결정적 공헌을 하였다.

그러나 흉노와의 장기전은 막대한 군비 지출을 요구하였기 때문에 무제는 다시 증세를 시행하지 않으면 안 되었다. 당시 세제(稅制)를 보면 일반 백성이 부담하였던 조세는 전조(田租), 산부(算賦), 구부(口賦), 산부(算賦), 산자(算訾) 등이었다. 이 중에서 무제는 재산세인 산자에만 중과하였는데 당시 사회적 약자인 일반 농민들에 대한 증세는 피하고 재산이 많고 부유한 상공업자들을 대상으로 한 것이었다.

또 상홍량은 시적(市籍)의 유무를 가리지 않고 모든 상인들의 재산을 평가하고, 평가액 2천 전(錢)에 대해서 일산(一算, 120전)을 징수하고, 수공업자에 대해서는 4천 전에 일산을 부과하고 이것을 산민전(算緡錢)이라고 하였다. 그리고 산민전의 세수를 올리기 위해 여러 가지의 조치를 강구하였다. 재산을 은닉하고 속이거나 상품 가격을 기만하여 성실하게 보고를 하지 않을 때에는 강제로 징용하여 변경으로 보냈으며 재산은 국가가 몰수했다. 또 고민령(告緡令)을 제정하여 허위 보고자를 정부에 신고하게 하고, 정부에 신고한 자에게는 그 재산의 절반을 포상하였다.

또 무제는 화폐제도의 전면적 개혁을 단행하였다. 수형도위(水衡都尉)를 새로 설치하여 화폐 주조를 전담시키고 지방의 화폐 주조와 민간의 도주(盜鑄)를 철저히 금지하였다. 그리고 오수전(五銖錢)을 새로 발행하여 전국에 유통시켰으므로 마침내 고사 상태에 빠진 국가 재정이 회복되고 전쟁을 지속적으로 수행할 수 있는 재정 기반이 다시 구축되었다.

한편 염철주 전매제, 균수·평준법 시행, 산자와 산민전 증세, 그리고 화폐 개혁으로 구성된 신재정정책의 성격을 살펴보면 염, 철 ,주 산업은 원래 민간들이 경영하던 사기업이었다. 그런데 국가가 이들 기업의 거대한 수익에 주목하고 강제적으로 국유화하여 경영한 것이었으므로 이들 사기업의 전매화는 바로 사기업 국영화(國營化)였다. 다시 말하면 정부는 재정 고갈의 국가적 위기에 직면하자 천문학적인 수익을 내고 있는 민간 사기업을 국가권력으로 국영화하고 그 수익을 국고로 환수하여 위기에 빠진 국가 재정을 회복하고 전비에 충당한 획기적 정책이었다고 할 수 있다.

또 균수·평준법 시행도 고갈된 국가의 재정을 회복하기 위해 기존 상인들의 기득권을 배제하고 국가가 직접 나서서 경영하고 그 수익을 국고로 환수한 것이었으므로 역시 국영화한 것이었다. 산자와 산민전의 증세 역시 고갈된 국가의 재정을 회복하기 위해 당시 사회적 약자였던 농민들에 대한 증세는 피하고 여유 있는 특정의 상공업자에게만 부과한 증세 목적의 전례 없는 세제 개혁이었다. 그리고 오수전 발행과 전국적 유통 확대는 이들 국영기업의 원활한 경영을 위해서 보완된 화폐 개혁이었다. 이같이 한 제국은 국가 재정이 고갈 위기에 직면하자 민간 사기업의 국영화를 중심으로 전면적 재정 개혁을 단행하여 국가 재정을 회복하고 전비를 충당하였다.

이와 같이 한 제국은 마읍전투에서 보졸 한군의 치명적 약점과 낙후성을 목격하자 국가 자본으로 즉각 한군 기마화를 추진하여 흉노 기마군단과 맞설 수 있는 정예의 기마군단을 양성하였다. 이후 기마 한군은 사막전에서 흉노 기마군단을 수차례 격파하여 사막전의 주도권을 장악하고 흉노의 포위를 해체하고 흉노를 고비사막 이북으로 축출하는 데 결정적 역할을 하였다. 또 장기전으로 인한 국가재정이 고갈되자 염철주 산업과 균수·평준법 제정 등의 사기업의 국영화,

전례 없는 세제 개혁과 증세, 오수전 발행에 의한 화폐개혁 등의 사기업 국영화, 증세, 화폐개혁의 종합적으로 구성된 신재정정책을 과감히 시행하여 재정 고갈을 해결하고 장기전을 수행할 수 있는 재정 기반을 다시 구축하였다.

3) 동중서의 후리제이책

앞 절에서 언급한 바와 같이 무제의 흉노 공략과 사면정벌은 10여 년간 지속되었는데 특히 북방 흉노와의 전쟁은 일진일퇴의 공방 속에서 무한정의 소모전 양상으로 변하여 어느 한쪽의 일방적 승리도 없었다. 이에 따라 한 제국은 문·경제 시대에 축적되어 탄탄했던 국가 재정은 고갈되고 경제도 파탄되어 사회 불안도 가중되기 시작하였는데 특히 당시 사회적 약자였던 일반 농민들이 그 직격탄을 맞았다.《한서》〈식화지〉에는 당시의 경제 파탄과 사회 참상을 아래와 같이 지적하고 있다.

> "일반 백성들은 … 1년에 한 달의 경졸(更卒) 병역을 마치면 다시 정졸(正卒)이 되어 1년 동안 변방의 수자리(屯戍)를 마칩니다. 그리고 일 년 부역을 담당하는데 그 기간이 옛날의 30배나 됩니다. … 가난한 백성들은 호족의 땅을 경작하더라도 수확의 10분의 5를 징수당합니다. 따라서 가난한 백성들은 항상 말이나 소가 입는 옷을 입고 개와 돼지가 먹는 음식을 먹었습니다. 탐욕하고 포악한 관리들은 형벌과 살육을 제멋대로 가하여 백성들을 근심에 빠지게 하고 바랄 것이 없게 만들었으므로 산속으로 도망하여 도적이 됩니다. 죄인들이 길의 반을 차지하고 형벌을 받는 자가 수천수만을 헤아리고 있습니다. 한 나라가 일어났어도 이 같은 상황은 그대로 답습되어 고쳐지지 않고 있습니다(小民 … 又加月爲更卒 已復爲正 一歲屯戍 一歲力役 三十倍於古 … 或耕豪民之田 見稅什五 故貧民常衣牛馬之衣 而食犬彘之食 重貪暴之吏 刑戮妄加 民愁

亡聊 亡逃山林 轉爲盜賊 赭衣半道 斷獄歲以千萬數 漢興循而未改)."[9]

"동중서 사망 후 세금과 요역이 더욱 심해졌으므로 천하의 재부가 텅텅 비었다. 사람들이 다시 서로 잡아먹기 시작하였다 … 무제 말년에 사방정벌을 후회하고 승상을 부민후에 봉하고 조서를 내려 '지금 힘쓸 일은 농사를 열심히 짓는 것이다'라고 하였다. 조과(趙過)를 수속도위(搜粟都尉)에 임명하였다. 조과는 대전(代田) 만드는 데 능하여 일무(一畝) 밭에 세 개의 이랑을 내고 해마다 파종하는 위치를 바꾸었으므로 대전이라 하였다. 옛날 방식을 따른 것이다(仲舒死後 功費愈甚 天下虛耗 人復相食 … 武帝末年 悔征伐之事 乃封丞相爲富民侯 下昭曰 方今之務 在於力農 以趙過爲搜粟都尉 過能爲代田 一畝三甽 歲代處 故曰代田 古法也)."[10]

이와 같이 무제 말년에는 흉노에 대한 장기간의 공벌과 사면정벌로 인해 한 제국은 국가 재정이 고갈되고 민생은 파탄되어 백성들이 서로 잡아먹는 상태까지 이르게 되어 국가 위기감이 고조되고 있었다. 또 흉노와의 전쟁도 초기와는 달리 불리하게 전개되고 있었다. 천한 2년(전99)과 4년(전97), 정화 3년(전90)의 3차에 걸친 흉노 원정은 모두 참담한 실패로 끝났으며 원정대를 지휘했던 이광리(李廣利), 상구성(商丘成), 마통(馬通) 이능(李陵) 등의 장수들은 모두 흉노 선우에게 포로가 되었거나 항복하였다.

이와 같이 10여 년간 계속되었던 흉노 공략은 일단 실패로 돌아가고 전반적 사회·경제적 파탄과 국가 재정 고갈로 국가 위기 상황이 고조되고 있었다. 이에 무제는 내외의 곤경을 타개하기 위해 흉노와의 전쟁을 중단하고 농업 진흥에 주력하겠다는 윤대(輪臺)의 조서를 선포하였는데(전89). 동중서는 이 같은 국가적 위기감 속에서 무력이

9 《漢書》 卷94上, 〈食貨傳〉, p. 1137.
10 위와 같음.

아닌 다른 방법 즉 한 제국의 재력(財力)으로 이적들을 제어하려고 하였던 같다.

"동중서는 4대 동안의 일을 직접 보고 나서도 여전히 다시 과거 조약 문구를 지키려 하고 그 조약 내용을 크게 증가시키려고 하여 다음과 같이 말하였다. '의(義)는 군자를 움직이고 이(利)는 탐욕자를 움직인다. 흉노와 같은 무리는 인의(仁義)로 설복시킬 수 없고 오직 후리(厚利)로 설복시켜서 하늘에 묶을 수밖에 없을 뿐이다. 후한 이익을 주어서 그들의 마음을 약하게 하고 하늘에 맹서케 하여 그 약속을 견고하게 하고 선우 아들을 질자(質子)로 삼아서 그 마음을 묶어 두어야 한다. 흉노가 비록 마음을 바꾸려 해도 어찌 후한 이익을 버리고 하늘을 속이고 사랑하는 아들을 죽일 수가 있겠는가. …'(仲舒親見四世之事 猶復欲守舊文 叫增其約 義動君子 利動貪人 如匈奴者 非可以仁義說也 獨可說以厚利 結之於天이 故與之厚利以沒其意 與盟於天以堅其約 質其愛子以異其心 匈奴雖欲展轉 奈失重利何 奈欺上天何 奈殺愛子何 …)."[11]

"무릇 세금을 걷어서 재물을 제공하는 비용은 삼군을 출동시키는 비용에 비교할 수 없이 작습니다. 단단한 성곽은 지조 있는 사신이 맺는 맹약보다 나을 것이 없습니다. 이렇게 한다면 변성(邊城)에서 경계를 지키는 백성들의 부형들은 허리띠를 늦출 것이며 어린 자식들은 입속의 음식을 삼킬 수 있을 것입니다. 오랑캐의 말은 장성을 넘보지 않고 깃털을 매달아 격문이 중국에 돌아다니지 않게 될 것입니다. 이 또한 천하에 좋은 일이 아니겠습니까(夫賦斂行賂不足以當三軍之費 城郭之固無以異於貞士之約 而使邊城守境之民父兄緩帶 稚子咽哺 胡馬不窺於長城 而羽檄不行於中國 不亦便於天下乎)."[12]

이에 의하면 흉노는 선천적으로 탐욕스럽기 때문에 무력 공략보

---

11 《漢書》 卷94下, 〈匈奴傳下〉, p. 3831.
12 위 책, p. 3831.

다는 후한 재물로 물질적 욕구를 충족시켜서 제어하는 것이 전쟁 비용보다 적게 들고 변방의 성 수루(戍樓)에서 백성들이 주야로 고생하는 것보다 효율적이라고 하였다. 그러므로 선우 아들을 질자로 삼아서 흉노 마음을 잡아 놓고 사신을 보내어 앞뒤의 사리로 설득하고 하늘에 맹약을 맺게 하여 사전에 침탈을 제어하는 것이 경제적이고 예방적이라고 하였다. 그런데 동중서가 이같이 방대한 재물로 흉노 침탈을 사전에 제어하려고 하였던 배경을 살펴보면 당시 내외 상황에서 연유하였던 같다.

한 제국은 마읍전투 이후 10여 년간 지속된 흉노와의 전쟁을 통해 흉노의 한 제국 포위를 해체하고 또 흉노 주력 세력을 고비사막 이북으로 축출하는 데는 성공하였으나 그 뿌리는 제거하지 못하고 있었으며 서역에서도 고전을 면치 못하고 있었다. 이 과정에서 국가 재정이 고갈되고 민생이 파탄되어 인육 상식의 참상까지 벌어지자 동중서는 흉노의 탐욕을 재력으로 미리 충족시켜서 침탈을 사전에 제어하려고 하였던 것으로 추정된다.

이런 점에서 재물로 흉노 탐욕을 미리 충족시켜서 침탈을 미연에 제어하려고 하였던 동중서의 책략은 재물로 이적들을 제어하려고 했던 후리제이책(厚利制夷策)이었다고 할 수 있다. 그리고 동중서의 이같은 후리제이책이 제기된 배경을 살펴보면 무력으로 흉노를 제어할 수 없게 되자 무력이 아닌 재력으로 흉노를 제어하려고 하였던 것이었으므로 일종의 정책 전환이었다고 할 수 있다. 다시 말하면 동중서는 대흉노 정책 전환을 건의한 것이었다고 할 수 있다. 그러나 양국은 국력이 이미 고갈되어 기진맥진한 상태였기에 때문에 동중서의 이같은 정책 건의는 당시 정세에는 별 영향을 주지 못하였던 같다.

2. 한 제국의 대흉노 국제협공전략

1) 한 제국의 서역 경략과 대흉노 협공전략

(1) 장건의 서역 파견과 귀국 보고서

한대 서역은 미지 지역이었다. 서역의 범위를 보면 좁은 의미의 서역은 파미르 고원 동쪽과 중국의 하서회랑(河西回廊) 서쪽 사이의 지역을 의미하고 넓은 의미의 서역은 파미로 고원 넘어 서쪽 터기스탄까지 포함하고 있다. 전국 시대 중국인들은 서역을 어떤 전설적인 지방으로 희미하게 알고 있었거나 인면수심의 괴물이 거주하는 지역으로 인식하고 있었으며, 한대에 들어와서도 무제 이전까지는 서역에 대한 이 같은 인식은 거의 변함이 없었다.

그런데 이 시기 한 제국은 흉노 축출에 대한 적극적 정책을 수립하고 대병력을 직접 고비사막으로 투입하여 흉노를 공략하기 시작하였는데 이 과정에서 다수의 흉노 포로를 획득하였다. 그리고 흉노 포로를 심문하는 과정에서 흉노 서쪽에 월지국(月氏國)이 있다는 것, 흉노가 그 월지 왕을 죽이고 그 두개골로 술잔을 만들어 술을 마셨다는 것, 월지국은 흉노 압력에 밀려서 서쪽으로 쫓겨 갔다는 것, 월지국은 흉노에 대한 원한이 깊이 쌓여서 흉노를 같이 응징할 수 있는 국가를 찾고 있다는 것 등등의 서역 사정에 관한 깊은 정보를 얻게 되었다.[13] 그런데 이 같은 서역 정보 획득은 한 제국의 서역에 대한 구체적 인식의 출발이었으며 또 전대미문의 신천지 정보를 획득한 것이었다. 이에 따라 한 제국은 흉노와 원한이 깊은 월지국과 군사동맹을

13 《漢書》卷61,〈張騫李廣利傳〉, p. 2687.

맺어서 흉노를 서쪽에서 협공할 수 있는 가능성을 알아보기 위해 장건을 서역으로 파견하였다.

장건은 무제 건원 년간(전140~135?)에 종복 감부(甘父)와 수행인 100여 명을 거느리고 농서(隴西)에서 출발하였다. 이때에는 흉노 세력이 이미 남하하여 감숙성 일대를 점령하고 있었으므로 장건 일행이 국경을 벗어나자 곧 흉노의 포로가 되었다. 그리고 군신 선우에게 끌려가서 심문을 받았다. 이 심문 과정에서 장건이 지닌 정보 가치를 인정한[14] 선우는 후일을 생각하여 장건을 죽이지 않고 흉노 여자를 처로 내어주는 등의 후하게 대접하고 흉노 영내에서 거주하게 하였다.

장건은 이같이 흉노 영내에서 10여 년간 억류되어 있었지만 사명을 잃지 않고 기회를 노리고 있었는데 흉노 내부에서 분란이 일어나자 탈출하여 월지국으로 향하였다. 그러나 장건이 10여 년간 흉노에게 억류되어 있던 동안 서역 정세는 크게 변하였다. 흉노 노상 선우에게 천산 북쪽의 이리 지역으로 쫓겨났던 월지는 다시 오손에 의해 더욱 서쪽으로 밀려났다가 그리스인이 세운 대하(大夏, Bactria)를 멸망시키고 대월지국(大月氏國)을 건설하였다. 대월지국은 지금의 제라프산(Zeraveshan) 강 유역, 박슈(Vakhsh), 옥사스(Oxus)강의 북쪽, 우즈베키스탄(Uzbekistan)과 타지키스탄(Tadzhikistan) 서쪽의 이른바

14 장건이 흉노 역내에서 체포되어 군신 선우 앞에서 심문을 받게 되었는데 장건은 자신의 사명을 솔직하게 고백하였다. 이에 대해 군신 선우가 "월지국은 흉노의 북쪽에 있다. 내가 어찌 한 나라 사자를 월지에 보내게 할 수 있단 말인가? 지금 너는 월지와 손잡고 흉노를 협공하게 해주세요라고 말하는 것과 같다. 만약 내가 한 나라 남쪽의 월국에 사신을 보내겠다고 한다면 한 나라가 허락하겠는가?"라고 말하는 장면이 있다. 또 군신 선우는 한 나라 남쪽에 월국이 존재한다는 사실을 알고 있었는데 이 같은 사실로 보면 군신 선우의 정보망은 대단히 넓었고, 또 정보를 극히 중시하고 있었다고 할 수 있다. 그러므로 장건을 심문하는 과정에서 한 나라에 대해 장건이 지니고 있는 정보 가치를 인정하고 후에 활용하기 위해서 죽이지 않고 살려두고 후한 대접을 하였던 것으로 생각된다(사와다 이사오 저, 김숙경 역《흉노》, 아이필드, 2007, p. 51 참조).

속디아나(Sogdiana) 일대를 통치하고 있었는데 인구 약 40만 정도의 유목국가였다.

그런데 장건은 흉노에 억류되어 있는 동안 변동된 서역 사정을 모르고 있었으므로 대월지국을 찾지 못하고 그 대신 대완국(大宛國)에 도착하였다. 그리고 대완국에서 대월지국의 위치를 알게 된 장건은 다시 여행을 계속하여 마침내 대월지국에 도착하였다. 그러나 대월지국은 한 제국과 군사동맹을 체결하여 흉노를 협공하자는 장건의 요청을 거절하였다. 장건은 목적을 이루지 못하고 타림분지 남쪽의 천산남로를 거쳐 원삭 3년(전126년?)에 장안으로 돌아왔다. 그러나 장건은 빈손으로 돌아온 것은 아니었다.

장건은 서역을 포함한 서아시아 지역에는 대원(大宛), 오손(烏孫), 강거(康居), 엄채(奄蔡), 대월지(大月氏), 안식(安息), 조지(條支), 대하(大夏), 대하(大夏) 남쪽의 신독국(身毒國) 등의 많은 나라가 존재한다는 것, 이들 지역에서는 진기하고 다양한 물산이 산출된다는 것, 각국 간에는 교역이 활발하게 진행되고 있다는 것 등의 전대미문의 정보와 자세한 견문을 무제에게 상주했다. 그런데 이 상주문에는 아래와 같은 내용이 있었다.

> "… 만이들은 한 나라 재물을 욕심내고 있으므로 이때 진심으로 후한 재물을 오손에게 보내주고 … 그 전 혼야왕의 땅에 살게 하고 한 나라와 형제의를 맺으면 오손은 형세에 따를 것입니다(… 蠻夷俗貪漢財物 今誠以此時而厚幣賂烏孫 招以益東 居故渾邪之地 與漢結昆弟·其勢宜聽 …)."[15]

"지금 선우는 한 나라에 곤경당하고 있고 곤막 땅은 비워져 있으며 만

15 《史記》 卷123, 〈大宛列傳〉, p. 3169.

이는 옛땅을 그리워하고 있습니다. 또 한나라 재물을 탐내고 있으므로 이때 오손에게 성실히 후한 뇌물을 보내주고 동쪽의 땅을 내주어 살게 하고 한 나라 공주를 부인으로 삼게 하고 형제관계를 맺으면 오손은 형세에 따를 것입니다. 이렇게 되면 흉노의 오른팔을 절단하는 것입니다(今單于新困於漢 而昆莫地空 蠻夷戀故地 又貪漢物 誠以此時厚賂烏孫 招以東居故地 漢遣公主爲夫人 結昆弟 其勢宜聽 則是斷匈奴友臂也)."[16]

이 같은 장건의 상주문에 의하면 서역 만이들은 모두 한 나라의 재물을 탐내고 있으므로 오손국을 재물로 회유하여 이전의 혼야왕 땅으로 이주시켜서 살게 하고 한 황실 공주를 부인으로 삼아 의형제 관계를 맺어서 상호 연합하면 흉노의 오른팔을 자를 수 있다고 건의한 것이다. 이 같은 장건의 상주문은 사실상 장건이 무제에게 오손국과 연합하여 흉노를 서쪽에서 공략할 수 있는 대흉노 협공전략을 제시한 것이다. 그러므로 장건은 고대 동서실크로드를 처음으로 개척한 아시아의 콜럼버스였을 뿐만 아니라[17] 서역과의 대흉노 협공전략을 제시한 최초의 전략가였다고 할 수 있다. 그리고 현재 중국이 서안(西安)을 기점으로 중앙아시아를 관통하여 유럽에 이르는 일대일로(一帶一路) 정책도 장건의 대흉노 협공전략에서 기원하였다고 할 수 있다.

또 장건은 상주문에서 서역을 흉노의 오른팔(是斷匈奴友臂也)로 비정하였는데 장건의 이 같은 서역의 흉노 오른팔 비정은 당시 흉노-한 제국 간의 패권 쟁탈전의 전략 상황을 정확히 꿰뚫어 보고 있었음을 보여준다. 이같이 장건은 당시 전략 상황을 꿰뚫어 보고 있었기 때문에 오손국과 연합하여 흉노를 서쪽에서 공략하면 흉노의 오

16 《漢書》 卷61, 〈張騫李廣利傳〉, p. 2693.
17 나가사와 가즈도시 저, 이재성 역 《실크로드의 역사와 문화》, 民族社, 1990, p. 48.

른팔을 절단할 수 있을 것이라는 대흉노 협공전략을 제시할 수 있었던 것으로 생각된다.

다시 말하면 장건이 흉노에서 10여 년간 억류되고, 서역 각국 각지를 여행하면서 목격하고 경험하고 체험한 서역 각국의 동태, 각지에서 생산되는 진기한 물산, 각국 간의 교역 상태, 토착적 인종, 전통과 문화, 흉노와 서역과의 관계 등에 관한 깊고 자세한 보고서 내용은 당시 한인들에게는 전대미문의 사실이었으며 신천지로 안내하는 것이었다. 그리고 이 같은 신천지 서역에 대한 새로운 인식과 호기심 그리고 서역과의 대흉노 협공전략 가능성 제시는 무제의 정복욕을 자극한 것이었다. 이런 점에서 장건의 서역에 관한 상주문 즉 서역 보고서는 한 제국의 서역 경략의 직접적 동인(動因)이었다고 할 수 있다.

한편 이 시기 한-흉노 간의 전황을 살펴보면 장군 위청(衛青)은 오르도스 내의 흉노를 축출(전127)하여 삭방성(朔方城)을 쌓고 2년 후에 다시 삭방에서 고비사막으로 진격하여 흉노 우현왕을 공략하여 대승을 거두었으며 원수 2년(전121)에는 하서 지역 정벌을 단행하였다. 곽거병(郭去病)도 이와 병행하여 감숙 지방의 흉노를 3차에 걸쳐서 격파하고 포로 수만을 획득하였으므로 흉노 세력이 크게 위축되었다. 또 이 시기 흉노 내부에서는 군신 선우 사망 후 나약한 태자 어단(於單)과 군신 선우의 동생 이지사(伊穉斜, 전126-114) 간에 권력투쟁이 발생하고 권력투쟁에 패배한 어단이 한 제국에 망명하였다.

이와 같이 흉노 제국 지배 층이 권력쟁탈전으로 어수선해진 사이에 위청과 곽거병에게 수차 패한 서쪽 방어책임자 혼야왕(渾邪王)은 선우 문책을 두려워하여 방어 공동책임자 휴도왕(休屠王)을 죽이고 4만의 병력을 데리고 한 제국에 항복하여 왔으므로 흉노의 서쪽 방어가 완전히 붕괴되고 서역과 직통할 수 있는 하서(河西) 지역이 한 제국 수중에 들어오게 되었다. 그리고 한 제국은 이 지역의 전략적 가치를 깊이 인식하고 있었으므로 바로 하서 지역에 무위군(武威郡, 전121), 주천군(酒泉郡, 전121), 장액군(張掖郡, 전111), 돈황군(敦煌郡, 전111)의 4개 변군을 차례로 설치하였는데, 이것이 하서4군 설치였다. 그리고 이 하서4군을 서역전진기지로 삼아 본격적으로 서역에 진출하기 시작하였는데, 진출 형태는 무력이 아닌 사신과 사절단의 파견과, 통상(通商)과 통교(通交) 추진 등이었다.

무제는 매년 대규모의 사절단을 서역 각국에 파견하였다. 사절단 규모는 큰 것은 수백여 명, 적은 것은 백여 명으로 구성되었다. 일 년 중 많을 때는 10여 차례, 적을 때도 5, 6여 차례가 되었으며 빈번한 파견으로 사절단이 길에서 서로 마주치는 경우도 있었다. 소요 시간도 멀리 간 경우는 8~9년이 걸렸고, 가까운 곳은 몇 년이 걸렸다.[18] 그런데 이뿐만이 아니었다.

무제는 한 제국을 방문한 서역 각국의 사신과 상인들을 궁중으로 대거 초대하여 극진히 대접하고 재물과 비단 등을 하사하고 각지로 여행시켜서 한 제국의 부강을 과시하였다.[19] 그리고 이 후로 서역 사신들이 왕래하기 시작하였다(自此始而外國使 更來更去)[20]는 사실을 보면 당시 한 제국의 서역 진출 정책이 성공을 거두어 상호 간에 사신과 상인들이 빈번히 왕래하였음을 알 수 있다.

또 서역 국가들도 한 제국과 통교 이전부터 한 제국의 우수한 물산을 선망하고[21] 교역을 오랫동안 고대하고 있었으므로 양 지역 간의

18 《史記》卷123, p. 3171.

19 위와 같음.

20 《漢書》卷61, 〈張騫李廣利傳〉, p. 2697.

21 《史記》, p. 3169.

교역이 시작되자 한 제국의 물산이 서역으로 대량 밀려들어서 천대받을 정도로 범람하였다.[22] 이 같은 한 제국 물산의 범람과 천대 현상은 당시 한 제국이 서역에 대해 대대적인 물량 공세를 취하였던 사실을 말하고 있다.

이와 같이 한 제국은 대규모 사절단의 빈번한 파견과 대대적인 물량 공세와 서역 사신과 상인들에 대한 파격적인 우대를 통해 서역과의 통상을 거국적으로 밀어붙이고 있었다. 그리고 통상이 트이자 한 제국은 다음 조치로 장건을 필두로 천자의 지절(持節)을 소지한 사신과 사절단을 서역 각국에 다시 파견하여 통교를 추진하였다.

> "… 이에 한 나라는 사신을 파견하고 후한 뇌물을 보내어 진정시키고 무마하였다(… 漢因使使賄賂賜鎭撫之)."[23]

> "천자는 그렇다고 생각하여 장건을 중랑장(中郎將)에 제수하고 300여 명의 사람, 말 각 2필, 소와 양 2만 마리, 금패물과 비단 수천만을 지참하고, 지절(持節)을 가진 다수 부사(副使)들을 대동하여 주변국으로 안내하게 하였다. 오손국에 도착한 장건은 예물을 헌상하고 천자의 뜻을 전하였으나 오손국의 결정을 얻지는 못하였다 … 장건은 지절을 가진 부사들을 주변국에 분산하여 파견하였다. 오손은 통역과 길 안내자로 장건을 호송하면서 사자 수십 인과 말 수십 필을 보내어 한 나라의 감사에 보답하였다(天子以爲然 拜騫爲中郎將 將三百人 馬各二匹 牛羊二萬數 齊金幣帛直數千鉅萬 多持節副使 道可便遣之旁國 騫既至烏孫 致賜諭指未能得其決 … 騫卽分遣副 使使大宛 康居 月氏 大夏 烏發發譯道送騫 與烏孫使數十人 馬數十匹 報謝)."[24]

22 《史記》, 卷123, p. 3171.

23 위와 같음.

24 《漢書》 卷61, 〈張騫李廣利傳〉, p. 2693.

> "오손국 사신들이 한 나라의 인구가 많고 부유함을 보고 자기 나라에 돌아가서 그대로 보고하였으므로 오손국이 한 나라를 더욱 중하게 생각하였다. 그 해 말 장건이 대하국 등지에 파견하였던 사신들도 그 나라 사람들과 함께 돌아왔으므로 서북쪽 국가들과 처음으로 통교가 시작되었다(烏孫使既見漢人衆富厚 歸報其國 其國內益重漢 其後歲餘 騫所遣使通大夏之屬者皆頗與其人俱來 於是西北國始通於漢矣)."[25]

이와 같이 한 제국은 서역 각국과 통상을 개시한 후 많은 사신과 사절단을 파견하였다. "뇌물을 주고 이익을 베풀어 입조하게 만든다(可以賂遣設利朝)", "한 나라 재물을 귀하게 여기고 있다(貴漢財物)", "또 한 나라 재물을 탐내고 있으므로 이번에 오손에 후한 뇌물을 먹일 수 있다(又貪漢物 誠以此時厚賂烏孫)", "말 각각 2필, 소와 양 2만 마리, 금패물과 비단 수천만 필을 지참하였다(馬各二匹 牛羊二萬數 齊金幣帛直數千鉅萬)", "지절을 가진 부사들을 주변국에 분산하여 파견하였다(多持節副使 道可便遣之旁國)", "이에 서북쪽 국가들과 처음으로 통교가 시작되었다(於是西北國始通於漢矣)" 등의 기록에서와 같이 한 제국은 한 나라 물산을 좋아하는 서역 사람들의 심리를 간파하고 막대한 재물과 선물을 앞세워 서역 국가들과 통교를 추진하였던 것을 알 수 있다.

한편 한 제국이 이같이 전력을 기울여 서역 진출을 도모하자 양 지역 간의 길목에 위치한 누란(樓蘭), 고사(姑師), 대완국(大宛國)이 한 제국 사신과 사절단의 빈번한 왕래를 의심하여 살해하고 흉노에게 접근하였으며, 또 흉노 기병들도 수시로 출몰하여 사신과 사절단의 통행을 위협하였다. 이에 무제는 무력으로 이 같은 문제들을 해결하기로 결심하고 원봉 3년(전108) 조파노(趙破奴)와 왕회(王恢)를

---

25 《史記》 卷123, 〈大宛列傳〉, p. 3169.

보내어 고사와 누란을 각각 정벌하여 항복을 받았다. 또 태초 4년(전101)에는 다시 이광리(李廣利)에게 대완국을 정벌하도록 하였다. 그러나 대완국 공략은 쉬운 것이 아니었다.

태초 4년(전101) 이광리가 1차 대완국 원정에서 서역 특유의 자연 환경과 지리조건에 대한의 인식 결여, 원정 준비 부족, 대완국의 격렬한 저항 등으로 실패하고 회군하였을 때 화가 난 무제는 옥문관을 폐쇄하여 들어오지 못하게 하였으므로 당시 이광리 군은 돈황에 머무를 수밖에 없었다.[26] 또 무제는 대원국 정벌을 중단하고 흉노 공략에 집중하자고 주장하는 등광(鄧光) 같은 신하들을 처벌했다. 그리고 다음 해에는 이광리에게 병력을 더 보충하게 하여 다시 대완국을 원정하도록 하였다.[27] 이 같은 과정을 거쳐서 이광리는 4년 2회에 걸친 정벌을 단행하여 대완국을 굴복시켰으므로 마침내 한 제국의 위세가 서역에 진동하게 되었다.

한편 이같이 서역 진출과 통행의 방해물을 제거한 한 제국은 윤대(輪臺)와 거려(渠犁)에 둔전(屯田)을 개간하여 출국 사신들의 식량을 저장하고, 하서와 롭노르(Lop nor) 사이에 망루를 설치하여 통신을 신속하게 하고, 돈황에 사자교위(使者校尉)를 새로 설치하여 둔전 관리, 둔전병 통솔, 망루 유지 등의 업무를 총괄하게[28] 하였으므로 서역 진출 준비가 완료되었다. 이 같은 사실들로 볼 때 한 제국의 서역 진출은 사실상 국력을 기울인 국책사업이었으며, 그 목적은 후술하는 바와 같이 서역과 협력해서 흉노를 서쪽에서 공략하려는 국제협공 전략이었다고 할 수 있다.

26 《史記》 卷123, 〈大宛列傳〉, p. 3175.
27 위 책, p. 3177.
28 《漢書》 卷96上, 〈西域傳〉, p. 3873.

(2) 서역 경략과 기미 외교의 전개

한 제국의 서역 경략 단계를 살펴보면 첫째 하서4군의 설치, 둘째 누란, 고사, 대완국 정벌, 셋째, 서역도호부의 설치 순서로 진행되었다. 그러나 한 제국의 서역 각국에 대한 본격적 정책 추진은 4년 2회에 걸쳐서 감행된 대완국의 처리 문제부터 시작되었다고 할 수 있다.

위에서 언급한 바와 같이 한 제국은 서역 진출과 통행에 방해가 되었던 누란, 고사, 대완국을 차례로 정벌하여 복속시켰는데, 이 중에서 대완국 정벌은 4년 2회에 걸쳐서 힘들게 성공했다. 그런데 정벌 후 취한 정책을 보면 아래와 같다.

> "… 한 나라 군사는 좋은 말 수십 필과 중급 이하의 암수 3,000여 필을 고른 후 대완국의 귀인 중에서 한 나라 사신을 우대했던 매체(昧蔡)를 대원왕으로 세우고 맹약을 체결한 다음 군사를 이끌고 귀국하였다(漢軍取其善馬數十匹 中馬以下牡牝三千餘匹 而立宛貴人之故待遇漢使善者名昧蔡 以大宛王 與盟而罷兵 … 引歸)."[29]

이같이 4년 2회에 걸쳐서 대완국을 힘들게 정벌하였지만 한 제국은 식량 제공과 말 수천 필만을 받고 친선 맹약만 체결하였다. 다시 말하면 한 제국은 대완국을 4년 2회에 걸쳐서 힘들게 정벌하였으나 대완국의 기존 국가체제를 그대로 유지시키고 귀인들을 중심한 지배계층을 해체하지도 않고 그대로 인정하였고, 또 영토 할양과 금전 배상 등의 요구도 없었으며, 이광리 원정군도 바로 회군시켰다. 그런데 이뿐만이 아니었다.

29 위 책, p. 3177.

"한 나라는 대완을 정복하고 매체를 대완왕으로 세우고 떠났다. … 일 년여 지난 뒤 대완의 귀인들이 … 서로 짜고 매체를 죽이고 무과의 동생 선봉(蟬封)을 대완왕으로 세우고 그 아들을 한 나라에 입시시켜 인질로 보냈다. 이에 한 나라는 사신을 보내고 후한 선물을 하사하여 위로하였다(漢已伐宛 立昧蔡爲宛王而去 … 後歲餘 宛貴人以爲昧蔡 … 相與(兵) [共]殺昧蔡 立毋寡弟蟬封爲王 遣子入侍 質於漢 漢因使使賂賜以鎭撫之)."[30]

이와 같이 한 제국은 대완국 정벌 후 왕만 교체하고 맹약만 맺고 떠났는데 일 년 후에 대완국 귀인들이 정변을 일으켜 한 제국이 세운 매체 왕을 죽이고 선봉(蟬封)을 대완국 왕으로 옹립하였다. 그런데 선봉은 등극 후 아들을 바로 한 제국에 질자로 보내 입시(入侍)시켰으므로 한 제국은 다시 사신을 보내고 후한 선물을 내려서 위로까지 하였는데 한 제국의 이 같은 조치는 대완국 귀인들의 정변과 정변에 의해 등극한 대완국 왕을 바로 인정한 것이었다. 따라서 양국 간의 친선관계는 정변 이전과 다름없이 그대로 유지되었다.

"그리고 10여 명의 사신들을 대원 서쪽의 여러 나라들에 보내어 진기한 물건들을 구해오게 하고 이를 계기로 대완국을 정벌한 한 나라의 위엄과 덕행을 널리 알렸다(而漢發使十餘輩至宛西諸外國 求奇物 因風覽以伐宛之威德)."[31]

이에 의하면 대완국 귀인들의 정변에 의해 왕으로 등극한 선봉의 정권을 인정하고 단지 인질 담보와 공물 헌상만을 요구하여 친한 국가로 만든 다음 한 제국은 대완국 주변국에 사신들을 보내어 그 지역

30 《漢書》 卷96下, 〈西域傳〉, p. 3895 .
31 《史記》 卷123, 〈大宛列傳〉, p. 3179.

의 진기한 물건들을 구입하여 토착민의 환심을 사면서 대완국을 점령하거나 해체하지 않았던 한 제국의 덕행과 위세를 널리 선전하였다.

이와 같이 대원국 정벌 후 한 제국이 취한 조치를 보면 무력행사를 다른 지역으로 확대하지 않고 이광리 원정군을 바로 회군시켰던 한정된 무력행사, 대완국의 기존 국가체제 온존과 지배층의 유지, 주변국에 이 같은 한 제국의 덕행 선전 등의 정책이었다. 이 같은 정책은 사실상 한 제국이 서역에 대해서 영토적 야심이 없고 또 영토적 야심이 없는 한 제국의 의도를 주변국에 널리 알리고 동시에 주변국을 안심시킨 조치들이었다고 할 수 있다. 그리고 서역의 강국 대완국에 대한 한 제국의 이 같은 관대한 조치는 사실상 서역에 대한 영토적 야심이 없는 한 제국의 기본적 정책 기조를 반영한 것이었다고 할 수 있다. 그러므로 이후 서역에 전개된 한 제국의 정책은 이 같은 정책 기조 아래 진행되었다.

> "이사장군이 동쪽으로 돌아올 때 도중의 작은 나라들이 대완이 항복한 것을 듣고 모두 그 자제들을 한 나라 군에 딸려 보내어 천자를 뵙고 볼모로 삼게 하였다(貳師將軍之東 諸所過小國聞宛破 皆使其子弟從軍入獻見天子 因以爲質焉)."[32]

> "한 나라가 비록 다 질자를 받고 있으나 세 나라는 안으로는 서로 물자를 교역하고 오고 가고 있습니다(漢雖皆受其質子 然三國內相輸遺)."[33]

> "누란이 이미 항복을 하고 공물을 헌납하였는데 흉노가 이 소식을 듣고 군대를 내어 공격하였다. 이에 누란은 한 아들을 흉노에게 질자로 보내고 다른 한 아들을 한 나라에 질자로 보냈다 … (樓蘭旣降服貢獻 匈

32 《史記》 卷123, 〈大宛列傳〉, p. 3179.
33 《漢書》 卷96下, 〈西域傳〉, p. 3879.

奴聞 發兵擊之 於是樓蘭遣一子質匈奴 一子質漢 …).”[34]

위 인용문에 의하면 한 제국은 누란국, 대완국, 강거국, 거사국, 오손국, 계빈국 등 서역의 친한(親漢) 국가들로부터 천자 입시(入侍) 명목으로 질자를 받고 있었는데 이들 질자들은 사실상 한 제국에 대한 친선과 충성을 담보한 인질들이었다. 그리고 이들 질자들 대부분은 각국 왕자들로서 장래 왕위 계승의 유력한 후보들이었으므로 해당 국가들은 한 제국을 쉽게 배신하거나 영향권에서 이탈할 수 없게 되었다.[35]

"원봉 4년 대장군 곽광(霍光)은 황제에게 아뢴 뒤 평락감 부개자(傅介子)를 보내어 그 왕을 암살하라고 했다. … 부개자가 누란 왕과 은밀한 말을 하는 사이에 장사 2명이 뒤에서 그를 찔러 죽였다. … 부개자는 '왕이 한 나라에 죄를 지어 천자께서 나를 보내어 왕을 주살하게 하였다. 마땅히 왕의 동생으로 한 나라에 있는 위도기(尉屠嗜)를 왕으로 다시 세울 것이다. 한 나라 군사들이 곧 도착할 것이니 감히 반항하여 움직여 나라의 멸망을 자초하지 말도록 하라'고 선포하였다. … 이에 위도기를 왕으로 세우고 이름을 선선(鄯善)으로 바꾸게 하고 인장을 새겨주고 궁녀를 하사하여 부인으로 삼게 하였다(元鳳 四年 大將軍 霍光白遣平樂監傅介子往刺其王 … 將其王屛語 壯士二人從後刺殺之 貴人左右皆散走 介子告諭以 王負漢罪 天子遣我誅王 當更立王弟尉屠嗜在漢者 漢兵方至 毋敢動 … 乃立尉屠嗜爲王 更名其國爲鄯善 爲刻印章 賜宮女爲婦人)."[36]

위에서 언급한 바와 누란국은 조파노와 왕희의 공략을 받고 한 제국에 복속하였는데 이후 계속되는 한 제국 사신 접대에 지쳤고 또 흉

34 《漢書》 卷96下, 〈西域傳〉, p. 3877.
35 동북아역사재단 편, 《漢書 外國傳 譯註》 下, p. 371.
36 《漢書》 卷96上, 〈西域傳〉, p. 3879.

노의 압력도 있었으므로 점차 흉노에게 접근하였다. 이 같은 누란국의 오락가락하는 이중적 태도를 감지한 한 제국은 부개자(傅介子)를 보내어 누란 왕을 암살하고 질자로 와 있는 위도기(尉屠嗜)를 귀국시켜서 누란국 왕으로 즉위시키고 누란국 국명을 선선(鄯善)을 개명하게 하였다.

이같이 한 제국은 암살 방법을 동원하여 반한적(反漢的) 왕을 제거하고 질자로 와 있는 왕자를 귀국시켜서 군주로 등극시키고 국명을 선선국으로 개명하여 친한 국가로 만들었다. 이것은 한 제국이 서역에서 흉노와 각축전을 벌이는 와중에서 반한적 혹은 비협조적 인물은 암살 등의 방법으로 제거하고 또 질자를 돌려보내 왕으로 등극시키어 친한 국가로 만들었던 사실을 말하고 있다.

> "전에 개릉후(開陵侯)가 거사(車師)를 공략할 때 경사에 와 있던 위수, 위리, 누란 등 6국의 자제들이 모두 먼저 귀국하여 비축된 식량을 내어서 한 나라 군대를 맞이하였다. 또 그들 스스로 수만 명의 군대를 내고 왕은 각기 군대를 지휘하여 거사를 포위하여 그 왕을 항복시켰다(開陵侯擊車師時 危須 尉犂 樓蘭六國子弟在京師者先歸 發畜食迎漢軍 又自發兵 凡數萬人 王各自將 共圍車沙 降其王)."[37]

위의 위수, 위리, 누란국 등 서역 6국의 자제들은 한 제국 천자를 입시하고 있는 왕자들이었지만 사실상 질자들이었다. 그런데 한 제국이 친흉노국인 거사국을 공략할 계획을 수립하자 이들 질자들이 자국으로 먼저 귀국하여 군량을 미리 마련하고 병력을 차출하여 한 제국의 거사국 공략에 참가하였던 것인데 이것은 한 제국이 인질로 와 있는 각국 왕자들을 군사적 목적에 활용하였던 사실을 말하고

37 《漢書》 卷96下, 〈西域傳〉, p. 3913.

있다.

이와 같이 한 제국은 자국에 와 있는 질자들을 통하여 해당국의 협조와 충성을 담보하고 유사시에는 암살 등의 극단적 방법으로 반한(反漢) 인물을 제거하고 친한 인물을 군주로 등극시켜 우호적인 친한 국가로 만들었으며 또 질자들을 귀국시켜서 군사적 목적으로 이용하기도 하였다. 그런데 이뿐만이 아니었다. 한 제국은 또 교역으로 서역 국가들을 조정하고 있었다.

> "… 지금 회개하고 돌아왔지만 왕의 친속이나 귀인들은 하나도 없고 헌물을 바치는 자들은 모두 장사하는 천민들이며 상품을 교환하고 장사만 하려고 할뿐 봉헌한다는 것은 명분일 뿐입니다(… 今悔過來 而無親屬貴人 奉獻者皆行賈賤人 欲通貨市賈 以獻爲名)."[38]

> "계빈은 실제로 조정의 하사품과 교역에서 이익을 얻기 위해서 그 사신들은 수년에 한 번씩 보냅니다(罽賓實利賞賜賈市 其使數年而壹至云)."[39]

위 인용문에 의하면 강거국과 계빈국을 포함한 일부 서역 국가들이 한 제국 천자에게 사신을 파견하고 자제를 볼모로 입시시키고 공물을 헌상하는 것은 한 제국과의 교역에 목적이 있기 때문이었다.

당시 서역은 동서 간의 중개지로 중개교역이 성행하였다. 중개교역 상황을 보면 서역에서 한 제국에 유입되었던 물산은 포도, 거여목, 참깨, 오이, 누에콩, 마늘, 호두, 석류, 완두콩, 당근 등의 식품류, 그리고 바빌로니아의, 역학, 비파, 공후(箜篌 , 하프) 등의 악기, 호상

38 《漢書》卷66上, 〈西域傳〉, p. 3887.
39 위와 같음.

(胡床, 접는 의자), 탑(榻, 걸상) 등의 생활용품, 불교, 불경, 불교예술 등의 서방 물산이었으며, 서역으로 교역되었던 한 제국의 물산은 비단, 칠기, 철기, 연옥과 다양한 장식품 등이었다. 이 중에서 비단(Silk)은 주종 품목으로[40] 로마 제국에까지 수출되어 로마 귀족들의 일상품이 되었다. 그리고 서역 각국은 이 같은 동서 간의 중개무역을 통해 얻는 막대한 이윤으로 경제가 융성하고 문화가 발달하였다.

그러나 한 제국의 물산 구입은 한 제국 천자의 천하통치 유일무이성을 전제한 외신 외번의 봉건적 관계를 수용하지 않으면 불가능한 것이었다. 반면 한 제국 물산은 동서중개무역에 필수적이었으므로 서역 각국은 이 같은 한 제국 물산을 구입하기 위해서 한 제국과 외신 외번의 봉건적 관계를 수용하지 않을 수 없었다. 그리고 서역 각국의 경제적 약점과 욕구를 간파한 한 제국은 동서 중개교역에 필수적인 한 제국 물산 구입의 유일한 방법 즉 교역으로 서역 각국을 조정하면서 흉노 세력 축출에 협조하도록 만들었다. 그런데 이뿐만이 아니었다.

> "오손은 두려워하여 한 나라에 사신을 보내어 말을 헌상하고 공주를 맞아들이고 형제 되기를 희망하였다. 이에 천자는 신하들에게 물어보았는데 신하들이 의논하여 '반드시 빙물을 먼저 받고 여자를 보내야 합니다'라고 하였다. 오손이 말 5천 필을 빙물로 보냈다. 한 원봉 연간에 강도왕 건(建)의 딸 세군(細君)을 공주라고 하여 오손왕의 부인으로 삼게 하였다. 수레와 의복과 황실의 물품을 하사하고 관속과 환공 시중들 사람 수백 명을 갖추어 보냈는데 실로 성대하였다. 오손왕 곤막이 우부인으로 삼았다(烏孫於是恐 使使獻馬 願得尙漢公主 爲昆弟 天子問群臣 議許 必先內聘 然後遣女 烏孫以馬千匹聘 漢元封中 遣江都王遣女 細君爲公主 以妻焉 賜乘與服御物 爲備官屬宦官侍御數百人 贈送甚盛 烏孫昆莫以爲

40 沈福傳,《中西文化交流史》, 上海: 上海出版社, 1988, p .56.

右婦人…)."[41]

"공주가 사망하자 한 나라는 다시 초왕 유무(劉戊)의 손자 해우(解憂)를 공주로 분장시켜서 잠추에게 출가시켰으므로 잠취는 해우를 부인으로 맞이하였다(公主死 漢復以楚王戊之孫解憂爲公主 妻岑陬)."[42]

이같이 오손국이 한 제국이 요청한 청혼과 형제관계 수립을 수락하자 무제는 강도왕의 딸 세군(細君)을 공주로 분장시키고 공주 신분에 걸맞게 수레, 의복, 황실의 물품 그리고 시중을 드는 관리와 환관들 수백 명을 갖추어 성대하게 출가시켰으며, 오손왕 곤막은 한 황실 공주를 자신의 우부인으로 맞이하였다.

또 곤막이 연로하게 되자 손자 잠추(岑陬)에게 자신의 우부인이었던 한 황실 공주를 부인으로 맞이하도록 하였는데 공주가 이를 거절하였다. 후에 이 같은 사실을 알게 된 무제가 "그 나라의 풍속에 따르라. 나는 오손과 더불어 흉노를 멸하려고 한다."[43]라고 하면서 공주에게 국가 정책을 설명하고 잠추에게 재출가를 지시하자 공주는 이 같은 무제의 지시에 따라 손자 잠추에게 재출가하였다.

이후 공주가 사망하자 무제는 다시 초왕 무(戊)의 손녀 해우(解憂)를 한 황실 공주로 분장시켜서 잠추의 부인으로 출가시켰는데 이 같은 통혼정책은 한 제국이 흉노에게 행했던 통혼책을 오손국에 활용한 것이었다고 할 수 있다. 이에 따라 한 제국과 오손국 간의 양국 관계는 종래의 사신, 사절단의 교환과 교류 단계를 넘어서서 대를 이은 통혼에 기반을 둔 강력한 군사동맹 관계로 발전하게 되었다.

41 《漢書》 卷 96下, 〈匈奴傳〉, p. 3903.
42 위 책, 〈匈奴傳〉, p. 3905.
43 위 책, 〈匈奴傳〉, p. 3905.

"전에 개릉후(開陵侯)가 거사(車師)를 공략할 때 경사에 와 있던 위수, 위리, 누란 등 6국의 자제들이 먼저 귀국하여 비축된 식량을 내어서 한 나라 군대를 맞이하였다. 또 그들 스스로 수만 명의 군대를 내고 왕은 각기 군대를 지휘하여 거사를 포위하여 그 왕을 항복시켰다. 거사가 항복한 후 여러 나라의 군대는 곧 해산되었다(開陵侯擊車師時 위필 위리 누란 六國子弟在京師者先歸 發畜食迎漢軍 又自發兵 凡數萬人 王各自將共圍車沙 降其王 諸國兵使罷)."[44]

이것은 무제 때 수속도위 상홍양이 윤대(輪臺)에 사졸들을 파견하여 둔전을 개간하자고 상주하였을 때 무제가 한 대답이었다. 이에 의하면 과거 개릉후가 친흉노 국가 거사국을 공략할 때 장안에 와있던 위수, 위리, 누란 등 6국 자제들이 자국으로 먼저 귀국하여 거사 공략을 준비하는 한군의 식량을 마련하고, 또 각기 군대를 출동시켜서 한 제국과 연병군을 형성하여 거사국을 공략하였으며, 거사국의 항복을 받은 후 바로 해산하였다는 내용이다. 이것은 한 제국이 서역에서 일부 친한 국가와 연병체제를 형성하여 친흉노 국가를 응징하여 서역에서 흉노 세력권을 잠식하고 있었던 사실을 말하고 있다.

"소제 때 공주가 글을 올려서 '흉노가 기병을 파견하여 거사에서 주둔하고 거사는 흉노와 하나가 되어 오손을 공격하려 하니 오직 천자만이 구원해주실 수 있습니다'라고 아뢰었다. … '곤미는 나라의 정병 절반을 파견하고 병사와 5만 기를 스스로 갖추어 힘을 다하여 흉노를 공격하려고 합니다. 천자께서 출병하시어 공주와 곤미를 구해주시면 좋겠습니다.'라고 하였다. … 한 나라는 15만 명의 기병을 징발하고 5명의 장군이 길을 나누어 모두 출정하도록 하였다. … 또 교위 상혜(常惠)를 보내어 절(節)을 가지고 오손병을 호위하도록 하였다. 곤미는 흡후 이하 5만 명의 기병을 지휘하여 서쪽에서 진입하여 우곡리왕의 왕정

44 《漢書》, 〈西域傳〉, p. 3913.

에 도달하였다. 선우의 부(父) 항열의 일족, 계수들, 거차, 유명한 왕들, 이우도위, 천장, 기장을 포로로 하고 4만 명과 소, 말, 양, 노새, 낙타 등 70만 마리를 포획하였는데 오손이 노획물을 모두 가져갔다. … (昭帝時 公主上書 言 匈奴發騎田車師 車師與匈奴爲一 共侵烏孫 唯天子幸救之 … 昆彌願發國半精兵 自給人馬五萬騎 盡力擊匈奴 唯天子出兵以救公主昆彌 漢兵大發十五萬騎 五將軍分道並出 … 遣校尉上惠使指節護烏孫並 昆彌自將翕侯以下五萬騎從西方入 至右谷蠡王廷 獲單于父行及嫂 居次名王犂汙都尉千長騎將以下四萬級 馬牛羊驢 橐駝七十餘萬頭 烏孫皆自取所虜獲 …)."[45]

이같이 오손국이 흉노와 거사국의 침입을 받자 한 제국에 구원을 긴급히 요청했다. 그리고 긴급 요청을 받은 한 제국은 15만 병력을 갖추어 출격했으며, 오손국도 서역에서 5만의 기병으로 출격했다는 사실을 말하고 있는데, 이것은 한-오손 간에 군사동맹이 체결되었고 이 군사동맹체결에 의한 한-오손 간의 공동작전이었다. 그리고 이 한-오손 동맹군은 흉노 우현왕의 거주지까지 진격하여 우현왕 직계 일족과 왕들을 포로로 하고 가축 70여 만 마리를 포획하였는데 이것은 한-오손 동맹군이 흉노의 심장부까지 진격하여 치명적 일격을 가하였던 사실을 말하고 있다.

다시 말하면 한 제국이 서역 강국 오손국과 군사동맹을 맺고 한-오손국 동맹군이 공동작전으로 흉노 우현왕의 본거지를 급습하여 대승하고 많은 전리품을 획득하였는데 이 같은 한-오손국의 공동작전은 위에서 언급한 장건이 제시한 대흉노 협공전략이었으며 동시에 이적과 연합하여 이적을 제어하는 '연이제이책(聯夷制夷策)'이었다고 할 수 있다.

이와 같이 무제 건원 년간(전140~135?) 장건의 서역 파견부터 시

45 《漢書》 卷 96下, 〈匈奴傳〉, p. 3905.

작된 한 제국의 서역 경략은 선제 신작 원년(전61) 서역도후부 설치 때까지 약 80여 년에 걸쳐 진행되었다. 이 경략 과정에서 한 제국이 취한 정책을 보면 대완국 정벌 이후 한 제국은 무력 사용은 극도로 자제하고 서역 각국의 기존 국가체제를 유지하고 지배계층을 온존시키면서 사신과 사절단 파견, 방대한 뇌물과 선물 제공을 앞세워서 통상과 통교를 추진하고 통교를 튼 후에는 통혼 추진, 질자 담보, 연병체제와 군사동맹 수립, 교역 허용 등으로 구성된 통상외교와 군사정책으로 서역 각국을 친한 국가로 포섭하고 흉노 세력권을 잠식하였다.

그런데 이 같은 통상외교와 군사정책을 앞세운 한 제국의 서역 정책은 하서, 남월국, 위만조선 점령지에 각기 변군을 설치하여 황제 직속의 통치지역으로 편입하였던 기존의 군현화(郡縣化) 정책과는 근본적으로 다른 것이었다. 그리고 달랐던 정치·군사적 이유는 서역 특유의 자연환경, 지정학적 위치, 오아시스 주변에 군집된 도시국가의 실체와 성격 등에서 연유하였던 같다.

위에서 언급했던 바와 같이 한 제국의 서역 진출과 경략은 흉노 포로의 서역 정보 제공, 장건의 서역 파견과 귀국보고서, 서역과의 대흉노 협공전략 체결 가능성 그리고 서역의 지정학적 위치와 전략적 가치를 파악한 한 제국이 서역 진출을 국책사업으로 결정하고 적극적으로 추진하였던 것에서 시작되었다.

그러나 이미 언급하였지만 서역은 돈황에서 약 1,700km 정도 떨어져 있고 중간에는 준험한 산맥, 광대한 초원과 타클라마칸 사막으로 격리되었다. 또 서역은 서쪽에서 분지 가운데 있는 오아시스 루트를 따라 들어오기는 쉽지만 동쪽 한 제국에서의 진입은 위에서 말한 지리적 조건으로 용이하지 않았으므로 서역은 거의 격리된 절역 지역이었으며 난치(難治) 지역이었다. 또 정치적으로 보면 서역은 약

표 1.

國名	왕성 명	戶數	口數	兵數	口兵數合計
鄯善國	扜泥城	1,570	14,100	2,912	17,012
且末國	且末城	230	1,610	320	1,930
小宛國	扜零城	150	1,050	200	1,250
精絶國	精絶城	480	3,360	500	3,860
戎盧國	卑品城	240	1,601	300	1,901
扜弥國	扜彌城	3,300	20,040	3,540	23,580
渠勒國	勒都城	310	2,170	300	2,470
于蘭國	西城	3,300	19,300	2,400	21,700
皮山國	皮山城	500	3,500	500	4,000
莎車國	莎車城	2,339	16,373	3,049	19,422

표 2.

國名	왕성 명	戶數	口數	兵數	口兵數合計
車師前國	交河城	700	6,050	1,865	7,915
焉耆國	員渠城	4,000	32,100	6,000	38,100
危須國	危須城	700	4,900	2,000	6,900
尉犂國	尉犂城	1,200	9,600	2,000	11,600
龜玆國	延城	6,970	81,317	21,076	102,393
姑墨國	南城	3,500	24,500	45,000	29,000
溫宿國	溫宿城	2,200	8,400	1,500	9,900
疏勒國	疏勒城	1,510	18,647	2,000	20,647

36개의 도시국가들로 구성되었다.[46] 〈표 1, 2〉[47]는 서역 국가의 수효와 인구를 나타내고 있다.

46 무제 이후 국가 수효가 점차 증가하여 50여 국이 되고 애제(哀帝)와 평제(平帝)시대에는 55국이 되었다. 이같이 서역 국가는 시대 경과에 따라 그 수효가 변하였으므로 정확한 숫자는 알 수가 없다. 그리고 초기 36개국이었다는 숫자도 믿기 어렵다. 《후한서》〈동이전〉에 주 목왕에게 복속한 육지(陸地)의 '삼십육국', 같은 책 권116 〈서남이전〉의 '삼십육종' 등의 표현이 있는데 이 같은 숫자는 상징적인 의미로 사용되었을 가능성이 많다. 또 '삼십육'은 점성술에서 율력(律歷)의 수인 360, 36과 연관된 것으로 고대 중국인의 사유 세계에서는 '다수(多數)' '무수(無數)'의 뜻이었으므로 서역의 36국은 다수국의 뜻으로 이해될 수 있다. 다만 시대 경과에 따라 국가 수효가 달라졌던 것만은 확실하다고 할 수 있다(동북아역사재단, 《漢書 外國傳 譯註》 下, p. 356).

47 이 도표는 선제 신작 2년(전 60) 서역도호 정길(鄭吉) 재임 시에 작성된 것으로 추정된다(榎一雄, 〈中央아ァジァ·オアシス都市國家の性格〉, 《世界歷史6》, 東京: 岩波書店, 1971, pp. 331-332 참조).

〈표 1〉에 기재된 국가들은 천산남로에 위치한 국가들이고, 〈표 2〉에 기재된 국가들은 천산북로에 위치한 국가들이다. 〈표 1〉의 국가들 중에서 인구가 가장 많은 국가는 23,580명의 인구를 가진 간미국(杆弥國), 21,700명의 인구를 가진 우전국(于闐國), 19,422명의 인구를 가진 사차국(莎車國) 등이었다. 그 반면 인구가 가장 적은 국가로는 17,012명의 인구를 가진 선선국(鄯善國), 1,250명의 인구를 가진 소완국(小宛國) 등을 꼽을 수 있다. 천산북로에 위치한 국가 중에서 구자국(龜玆國)의 인구는 102,393명, 언기국(焉耆國)의 인구는 38,100명이었다. 인구가 적은 고묵국(姑墨國)은 인구가 29,000명이었고, 인구가 가장 적은 위수국(危須國)은 인구가 6,900명이었다.

서역 경제는 소규모의 농업, 수공업과 목축으로 구성되었다. 농사는 모두 지하에서 올라오는 지하수 아니면 오아시스 주변의 물줄기에 의지하고 농경지도 도시 주변에 집중되어 규모가 협소하였으므로 농업 생산량은 극히 영세하였다. 일부 지역에서 시행된 광산 채굴, 병기, 화폐, 공예품 제작 등의 수공업 역시 모두 규모가 작고 목축 역시 소규모였으므로 모두 영세하였다.

이와 같이 서역은 36개의 국가로 구성되었으나 국가 크기, 인구 규모, 경제 규모, 무력 규모 등의 여러 면에서 오아시스 주변에 군집한 도시국가 수준에 불과하였으며 또 한 번도 정치·군사적으로 통일된 적도 없었으므로 남쪽의 남월국과 동북의 위만조선과 같이 한 제국의 변경을 위협할 존재는 아니었다. 그러나 서역은 당시 흉노의 오른팔로[48] 역속되어 물자와 인력을 징발당하고 있었으며 또 서역과 군사동맹을 맺어서 흉노를 서쪽에서 협공할 수도 있었으므로 흉노 제

48 《漢書》 卷61, 〈張騫李廣利傳〉, p. 2693.

국과 전면전을 전개하고 있는 한 제국 입장에서는 절대로 포기할 수 없는 전략 지역이었다. 그러므로 이 같은 서역 특유의 자연환경, 지정학적 위치와 전략적 가치와 오아시스 도시국가의 실체와 성격을 간파한 한 제국은 다른 점령지에서 시행했던 무력에 의한 군현화 정책은 피하고 다른 정책을 취하였던 것으로 추정된다.

그러므로 위에서 언급한 바와 같이 누란, 고사, 대원국을 복속시켰을 때 한 제국은 이들 3국의 기존 국가체제를 해체하지도 않고 그 지배층의 제거는 물론 교체도 없었으며 영토 할양 과 금전 배상 등의 요구 하지도 않고 단지 인질 담보와 공물 헌상만을 요구하였으며 또 다른 지역으로 무력 활동을 확대하지도 않았다. 그리고 이광리의 원정군도 대완국 복속 후 바로 회군하게 하였다. 한 제국의 이 같은 한정된 무력행사, 기존 국가체제 온존과 지배층 유지, 인질 담보와 공물 헌상만의 요구는 영토적 야심이 없는 한 제국의 의도를 보여서 서역 각국을 안심시키는 정책이었다고 할 수 있다.

다음 한 제국은 사신, 사절단의 빈번한 파견과 더불어 천자의 지절을 소지한 사신단 파견과 금패물, 비단 등의 방대한 선물과 뇌물을 앞세워서 서역 각국에 통상과 통교를 추진하였다. 통상과 통교를 튼 후에는 방대한 선물과 뇌물 제공, 질자 담보, 통혼책, 연병체제와 군사동맹 수립과 공동작전 수행, 교역 허용 등으로 구성된 통상외교 및 군사정책으로 서역 국가들을 친한 국가로 포섭하여 흉노 세력권을 잠식하기 시작하였다.

이같이 한 제국은 무력 사용은 극히 제한하고 현지의 기존 국가체제와 지배층을 온존시켜주면서 방대한 선물과 뇌물 제공, 질자 담보, 통혼책, 연병체제와 군사동맹 수립과 공동작전 수행, 교역 허용 등의 다양한 통상외교와 군사정책으로 서역 국가들을 친한 국가로 포섭하여 흉노 축출에 성공하였는데 서역에서 취한 한 제국의 이 같은 통상외교와 한정된 군사정책은 앞서 지적한 바와 같이 다른 점령지에서 강행했던 군현화 정책과는 분명히 다른 것이었다. 한 제국이 서역에서 이 같은 정책을 취한 배경에는 분명히 정치·군사적 이유가 있었을 것이므로 살펴볼 필요가 있다.

한대 이적과의 접촉과 교섭 과정을 주시해 보면 '기미(羈縻)' 용어가 많이 등장하고 있다. '기미'의 뜻을 살펴보면《설문해자(說文解字)》에서 '기(羈)'는 말 고삐를 의미하고 있다.[49] 사고(師古)에서는 '기(羈)'를 말머리를 잡아매는 고삐, '미(縻)'는 소 굴레(馬絡頭曰羈 牛靷曰縻)로, 즉 말고삐와 소 굴레로 각각 해석하고 있다. 색은(索隱)에서도 '기'는 말고삐로, '미'는 소 굴레를 말한다(羈馬絡頭也 縻牛轡也)로 해석하고 있으며 또 한관의(漢官義)에서도 '기'는 말의 고삐로, '미'는 소 굴레로 간주해서 사방 이적들을 소와 말과 같이 고삐나 굴레를 씌워서 부리는 것을 말한다(言制四夷如牛馬之受羈縻也)라고 해석하고 있다. 따라서 '기미'의 뜻은 소와 말에 고삐나 굴레를 씌워서 부리는 것과 같이 주변 이적들을 부리고 제어한다는 뜻이라고 할 수 있다. 그런데 아래의 기사를 주목할 필요가 있다.

> "한 고조가 천하를 장악하였으나 변방 세 곳에서 반란이 있었다. … 한 고조는 전쟁을 싫어하였고 소하와 장량은 지모가 있어서 전쟁을 그치고 큰 휴식을 갖게 하였으나 이적들을 얽어매는 기미는 갖지 못하였다.(高祖有天下 三邊外畔 大國之王雖 稱蕃輔 臣節未盡 會高祖厭苦軍事 亦有蕭張之謀 故偃武一休息 羈縻不備)."[50]

49 桂馥 撰,《說文解字義證》, 上海出版社, 1987, p. 665.
50《史記》卷 25,〈律書〉, p. 1243.

"천자는 이적들을 의(義)로 다루되 그 관계는 끊지 않는다고 들었습니다(蓋聞天子之於夷狄也 其義羈縻 勿絶而已 …)."[51]

"남월국과 한 나라가 화친을 이루자 종군(終軍)을 남월에 파견하여 그 왕을 설득하고 입조시켜서 국내 제후로 만들려고 하였다. 이에 종군이 자청하여 … 남월왕을 어르고 달래어 궁궐 아래에 데려오도록 하겠다고 하였다(南越與漢和親 乃遣軍使南越 說其王 欲令入朝 比內諸侯 軍自請願 … 必羈南越王 而致之闕下)."[52]

"대원국 서쪽 지역은 거리가 먼 것을 믿고 교만하고 방정맞아서 예로 꾸짖을 수가 없다. 어르고 달래서 부릴 수밖에 없다(大宛以西 皆自恃遠 尙驕恣 未可詘以禮 羈縻而使也)."[53]

위 인용문에서 보면 "소하와 장량은 … 이적들을 다룰 줄 몰랐다(… 亦有蕭張 … 羈縻不備)", "천자가 이적들을 대하는 데 의(義)로 다룬다(天子之於夷狄也 其義羈縻)", "이에 종군이 자청하여 … 남월왕을 달래어 궁궐 아래에 데려오도록 하겠습니다(軍自請願 … 必羈南越王 而致之闕下)", "대원국 서쪽 지역은 거리가 멀어서 어르고 달랠 수밖에 없다(大宛以西 … 尙遠 … 羈縻而使也)" 등의 여러 예에서 볼 수 있는 바와 같이 주변 이적국가와 부족들을 접촉하고 교섭하는 과정에서 모두 이적들을 부리고 다루는 '기미(羈縻)'로 대처해야 한다고 언급하고 있다. 이런 의미에서 볼 때 기미정책이 한 제국 특유의 대이적 정책, 즉 대외정책이었다고 할 수 있다.

그런데 위에서 언급한 바와 같이 한 제국은 서역을 경략하는 과

51 《漢書》 卷 117, 〈司馬相如傳〉, p. 3049.
52 위 책, 〈嚴朱吾丘主父徐嚴終王賈傳〉, p. 2821.
53 위 책, 〈張騫傳〉, p. 2967.

정에서 무력으로 정벌한 누란, 고사, 대완국 등의 오아시스 국가들을 복속시켰지만 황제 직속의 군현화는 강행하지 않고 오히려 이들 국가의 기존체제와 지배층을 온존시켜 주면서 단지 입공과 질자 담보만을 요구하고 친한 국가로 포섭하였다. 그리고 이후에도 한 제국은 서역의 어느 국가도 무력으로 군현화를 강행하지 않았는데 이 같은 정책은 한 제국이 서역 국가들을 처음부터 군현화할 의도가 없었다고 보아야 할 것이다.

반면 한 제국은 위에서 언급한 바와 같이 사신과 사절단을 일 년 중에도 수차례 파견하는 반면 서역 사신과 상인들을 궁중으로 초대하여 재물과 비단 등을 상으로 내리고 각지로 여행시켜주면서 한 제국의 부강을 과시하고 친한 감정을 유발하여 통상과 통교를 추진하였다. 그리고 통상과 통교를 튼 후에는 방대한 선물 뇌물 제공으로 서역 국가들을 유혹 회유하고 질자와 통혼으로 친선과 충성을 담보하고, 연병체제와 군사동맹 수립으로 한정된 공동작전을 수행하고 교역을 허용하여 동서 간의 중개교역에서 경제적 이익을 얻게 하여 서역 국가들을 친한 국가로 포섭하였는데 이 같은 서역 정책을 분석해 보면 통상외교와 무력 사용이 배제된 한정된 군사정책이었다.

다시 말하면 한 제국은 무력이 배제된 통상 외교와 한정된 군사정책으로 서역 국가들을 어르고 달래고 옭아매어 친한 국가로 포섭하여 흉노 세력권을 잠식하였다. 이런 의미에서 볼 때 한 제국이 서역에서 구사하였던 무력이 배제된 통상 외교와 군사정책은 사실상 서역 국가들을 어르고 달래고 옭아매는 굴레외교 즉 기미외교(羈縻外交, The Rein Diplomacy)였다고 할 수 있다. 그리고 한 제국이 서역에서 취한 무력이 배제된 통상외교와 군사정책으로 구성된 기미외교는 다른 점령지에서 강행했던 무력에 의한 군현화 정책과는 달랐는데 달랐던 이유는 서역 특유의 자연환경, 지리조건과 서역 도시국가군의 실체에 기인하였던 것 같다.

위에서 언급한 바와 같이 서역은 한 제국 돈황으로부터 약 1,700㎞ 정도 떨어져 있고 중간에는 준험한 산맥, 광대한 초원과 타클라마칸 사막으로 격리된 절역 지역에 위치해 있었다. 서역 36개 국가들은 국가 크기, 인구 규모, 경제 규모, 무력 규모 등의 면에서 오아시스 주변에 군집한 도시국가 수준에 불과하여 남쪽의 남월국과 동북의 위만조선과 같이 한 제국의 변경을 위협할 수 있는 존재는 아니었다. 그러나 서역은 당시 흉노의 오른팔로 복속되어 물자와 인력을 지원하는 병참기지 역할을 하고 있었고 또 상호 군사동맹을 맺어서 흉노를 서쪽에서 협공할 수 있는 위치에 있었으므로 한 제국은 절대로 방치할 수 없는 전략 지역이었다.

그러므로 이 같은 서역 특유의 자연환경, 지리조건, 전략적 가치와 오아시스 도시국가의 실체와 성격을 파악한 한 제국은 서역에서 무력에 의한 군현화 정책은 피하고 기존의 국가체제와 지배층은 유지시켜주면서 입공과 질자 담보, 사신과 사절단의 빈번한 파견, 방대한 선물과 뇌물 제공과 회유, 통혼에 의한 친선과 충성 담보, 교역 허용, 연병체제와 군사동맹의 공동작전 수행 등 통상외교와 군사정책으로 구성된 기미외교로 서역 국가들을 어르고 달래고 옭아매어 친한 국가로 포섭하고 흉노 세력권을 잠식하였던 것으로 생각된다.

그런데 후술하는 바와 같이 한 제국은 서역을 접수한 후에는 서역 국가들을 친한 국가들로만 대우하지 않고 다른 정책을 취하였다.

2) 장조(莊助), 종군(終軍)의 남월국 파견과 내속 회유

남월국은 앞 장에서 언급한 바와 한 고조가 남월국 왕 조타의 외신 외번 책봉과 더불어 사신 왕래와 교역을 허용하였다. 이후 남월국은 한 제국에서 구입한 철, 철제 농구, 가축 등을 활용해서 경제 발달을 추진하고 무력을 양성하여 국력이 급속도로 성장하고 있었다. 이 같은 남월국의 강성을 우려한 여후는 조타의 왕호(王號)를 박탈하고 부분적 경제봉쇄정책을 단행하여 남월국 성장을 견제하려고 하였다. 그러나 이 같은 여후의 경제봉쇄정책에 분개한 조타는 그 보복으로 한 제국 남변의 장사국 남쪽 변경의 수 개 현들을 침탈하고 주변 부족들을 회유하여 영토를 병합하고 세력을 더욱 확장하였다. 이에 맞서 여후도 남월국에 원정대를 파견하였으나 토착 지역의 악천후와 토착병 유행으로 실패로 끝났으므로 양국 관계는 극도로 악화되었다.

이 시기 한 제국에서는 여후가 사망하고 문제가 등극하였는데 당시 국내외의 상황은 아주 좋지 않았다. 밖으로 한 제국은 흉노 선우에게 매년 정기적으로 입공을 행하고 있었지만 흉노는 수시로 배약하여 북변 침탈을 감행하고 있었으며 또 서역을 원정하여 세력을 확대하고 있었다. 안으로는 군국제도하에 세력이 강성해진 동성 제후왕들이 날로 교만해지고 황제와 중앙정부를 노골적으로 위협하고 있었다. 그리고 여후의 남월국 원정 실패로 남월국과의 관계도 극도로 악화되어 있었다. 그러므로 문제는 이 같은 국내외 상황의 심각성을 인지하고 남월국과의 관계 개선을 우선적으로 추진하였다.

문제는 남월국 사정에 비교적 잘 알고 있는 육고를 특사로 파견하여 복령 이북 땅을 남월국의 소유로 양보하고 조타의 왕호를 복구해주고 교역을 허용하는 등의 양보와 회유 정책을 통해 무마하였으므로 남월국은 다시 신례를 취하고 매년 사신을 보내 조하(朝賀)에 참여하였다. 이에 양국 간의 우호관계는 다시 회복되고 우호관계는 무제 초기까지 계속되었다. 그러나 양국 간의 이 같은 우호관계는 겉치

례뿐이었다.

남월국 조타는 개국 당시부터 무제(武帝)로 칭제하면서 제호를 사용하였으나 한 고조가 외신 제후왕으로 책봉하고 사신 왕래와 교역을 허용하자 제호 사용을 포기하고 신례를 취하였다. 이후 여후가 남월국 강성을 우려하여 경제봉쇄를 단행하자 조타는 다시 칭제하면서 장사국 남변을 침탈하였다. 여후 사망 후 문제가 등극하면서 박탈당하였던 왕호를 복구해 주고 한 제국의 물산을 구입할 수 있게 사신 왕래와 교역을 허용하자 다시 신례를 취하고 '제호' 사용을 포기하였다. 그러나 국내에서는 여전히 '제호'를 사용하고 있었다. 이와 같이 남월국은 교역 허용과 봉쇄 등의 한 제국의 정책에 따라 칭제(稱帝)와 칭번(稱藩)을 반복하고, 또 한 제국에 대해서 신례를 취하면서도 자국 내에서는 제호를 계속 사용하고 있었는데 한 제국은 묵인할 수밖에 없었다.

또 남월국은 남쪽 강국이었다. 남월국은 여후의 경제봉쇄정책에 맞서 주변 부족들을 복속하거나 병합하여 사방 수만 리의 영토 국가로 발전하고 백만 대군을 보유하고 또 한 제국 장사국과 국경을 마주하고 있었다. 그러므로 문제 때의 신하들은 남월국의 잠재적 위험을 간파하고 무력 응징을 건의하였을 정도였다. 그리고 당시 동아시아 국제정세에서 볼 때도 사방 수만 리의 영토와 백만 대군을 보유하고 국경을 마주 대하고 있는 남월국은 북방의 흉노 제국, 중원의 한 제국, 동북의 위만조선과 더불어 천하 형세를 관망하고 한 제국을 남쪽 배후에서 견제하고 있는 남쪽 강국이었다.

이와 같이 남월국은 방대한 영토를 장악하고 무력을 보유하고 칭제와 칭번을 필요에 따라 수시로 반복하면서 자국의 이해관계에 따라서 독자적 정책을 수행하고 무력행사도 국익에 따라 독자적으로 행하고 있던 남쪽 강국이었다. 그러나 한 제국 천자의 책봉을 받은 외번국으로서 남월국의 독자적 정책 수행과 자의적 무력행사, 빈번한 칭제와 칭번 사용 그리고 국내에서 여전한 제호 사용 등은 유일무이한 천명의 봉행자 천자로 자처하고 있는 한 제국 황제의 권위와 위엄을 무시하는 것이었다.

그러므로 한 제국과 남월국 간에는 겉으로는 봉건적 우호관계를 유지하고 있었지만 안으로는 양국 간의 이해관계 상충, '제호' 사용을 둘러싼 이념적 갈등, 백만 대군을 옹유한 남월국의 위상과 잠재적 위협 등 어느 시기에는 폭발할 수밖에 없는 여러 불안 요인들이 잠복되어 있었다. 그런데 당시 동중아시아 국제정세가 미묘하게 변하고 있었다.

앞에서 언급한 바와 같이 경제를 이어서 등극한 무제는 등극 10년에 흉노에 대해서 대대적인 공략을 개시하였는데 이 흉노-한 제국 간의 무력 충돌은 이후 2세기 가까이 지속되었다.[54] 그리고 양국 간의 전쟁은 한 제국 북방과 서역에까지 확대되었으므로 한 제국은 주력 병력을 서북방에 집결시켜 놓을 수밖에 없었다. 이에 따라 한 제국의 남월국에 대한 국제전략 가치와 비중이 변하기 시작하였다. 즉 흉노-한 제국 간 무력 충돌의 틈을 타서 남월국이 한 제국의 남쪽 배후를 공략하는 경우 한 제국은 치명타를 입을 수밖에 없는 전략적 취약점에 노출되기 시작한 것이다.

다시 말하면 사방 수만 리의 영토와 백만 대군을 옹유하고 독자적 외교정책을 수행하면서 천하를 4분하고 있는 남월국의 형세와 제호 사용을 둘러싼 양국 간의 오래된 이념적 갈등 등 잠복된 여러 요인들

54 이춘식,《중국패권의 뿌리와 이념》, 고려대학교출판문화원, 2014.

이 흉노-한 제국 간의 무력 충돌로 야기된 국제정세의 변화에 따라 분출될 수 있는 것이었다. 즉 남월국이 흉노-한 제국 간의 정면대결 와중에서 한 제국 남쪽 배후에서 비수(匕首)를 꽂을 수 있는 잠재적 위협국으로 등장한 것이다. 그리고 이 같은 국제정세의 급변과 무시할 수 없는 남월국의 존재와 잠재적 위협 가능성이 무제로 하여금 남월국에 대한 기존 정책을 재고하게 만든 것 같다. 그런데 남월국에 대한 기존 정책을 수정할 기회가 대두되었는데 그것은 건원 5년(전137) 남월국 창업주 조타의 홀연한 사망이었다.

남월국에서는 조타가 사망하자 아들 조호(趙胡)가 등극하였다. 이때 동쪽의 민월왕 영(郢)이 남월국 군주 교체기를 이용하여 남월국의 변경을 침입하였다. 이에 놀란 조호는 무제에게 사신을 보내어 구원병을 요청하였으며 조호의 원병 요청을 받은 무제는 즉시 군대를 파견하여 민월왕을 응징하려고 하였다. 이때 민월왕의 동생 여선(余善)은 한 제국의 구원병 파견을 예측하고 그 화를 면하기 위해서 형 민월왕을 죽이고 항복하였으므로[55] 무제는 원병 파견을 중지하였다. 대신 장조(莊助)를 위문사로 파견하여 남월왕 조호를 위로하였다.

한편 이 같은 무제의 신속한 구원병 파견 결정과 장조의 위문사 파견에 크게 감동을 받은 조호는 이에 대한 보답으로 태자 영제(嬰齊)를 한 제국으로 보내어 무제를 숙위(宿衛)하게 하고 장조에게 아래와 같이 말하였다.

---

55 여선(余善)이 재상, 종족들과 의논하기를 "왕이 함부로 군사를 일으켜 남월을 치면서 천자께 주청하지 않았다. 이 때문에 천자의 군대가 와서 주멸하려고 한다. 지금 한나라의 군대는 많고 강하다. 설령 이번에 이기더라도 원병은 갈수록 증강될 것이므로 결국 나라는 망하고 말 것이다. 이제 왕을 죽여서 사죄하자"라고 하면서 마침내 형이었던 민월왕 영(郢)을 살해하였다(《史記》, 〈東越列傳〉, p. 2981).

"나라가 새로 침략을 당하였습니다. 사자께서는 떠나 주십시오. 조호는 서둘러 채비를 갖추어 천자를 배알하도록 하겠습니다(國新被寇 使者行矣 胡方日夜裝入見天子)"[56]

이같이 조호는 무제를 입조하여 배알하겠다고 입조 약속을 하였는데 이것은 위문사로 내려 온 장조가 조호에게 한 제국 천자에 대한 입조를 여러 가지의 정치·군사적 이해관계와 달콤한 언변으로 설득하고 요청하였을 것이며, 이 같은 장조의 언변에 설득된 조호는 마침내 자신의 입조를 약속하였던 것으로 생각된다. 그런데 앞뒤의 여러 사실을 종합해 보면 남월왕 조호의 입조에 대한 장조의 요청과 설득은 장조의 개인적이고 돌발적인 발상에서 나온 것이 아니고 무제가 오랫동안 구상하였던 정책이 장조를 통해 조호에게 제시되었던 것으로 생각된다. 이런 점에서 볼 때 남월국에 대한 무제의 장조 파견은 위로 차원의 단순한 위문사 파견이 아니라 특정 임무 수행을 위한 특사 파견이었다고 할 수 있다.

한편 남월국 왕 조호의 친조(親朝)의 확답을 받은 장조는 이 같은 희소식을 보고하기 위해 한 제국으로 바로 귀국하였는데 이때 남월국 대신 중의 한 사람이 조호에게 아래와 같이 간언하였다.

"한 나라가 군사를 일으켜 민월왕 영을 주살하였는데 이 같은 행동은 또 남월을 위협하는 것입니다. 옛 선왕께서는 '천자를 섬기는데 예를 잃지 않아야 한다'고 하였습니다. 요컨대 달콤한 말을 듣고 들어가 천자를 뵈어서는 안 됩니다. 들어가 천자를 뵙고 돌아오지 못한다면 이는 망국의 형세입니다(漢興兵誅郢 亦行驚動南越 且先王昔言 事天子期無失禮 要之不可以說好語入見 入見則不得復歸 亡國之勢也)."[57]

56 《史記》卷113, 〈南越列傳〉, p. 2971.
57 위의 책, 〈南越列傳〉, p. 2971.

이 글은 조호가 한 제국 사신의 달콤한 말만 듣고 한 제국에 들어가서 입조하였다가 만약 돌아오지 못하는 경우가 발생하면 나라가 망할 수도 있다는 군주 입조의 위험성을 지적한 것이다. 그리고 이 같은 신하의 간언에 입조의 위험성을 깊이 깨달은 조호는 무제에 대한 입조 추진을 중단하고 병을 핑계로 끝까지 입조하지 않았으며 10여 년 후에 사망하였다. 그리고 조호가 사망하자 한 제국에서 무제의 숙위로 있던 태자 영제(嬰齊)가 귀국하여 남월국 왕이 되었다.

그런데 영제는 장안에서 천자 숙위로 근무하고 있는 동안 한단(邯鄲) 규(摎)씨의 딸을 부인으로 맞이하여 아들 흥(興)을 낳았다. 그리고 귀국하여 남월국 왕으로 등극하자 무제에게 아들 흥(興)을 태자로 봉해줄 것을 요청하였다. 무제는 영제의 요청을 받아들여서 흥의 태자 결정을 승인하고 다시 남월국 왕의 입조를 수차례 요구하였다. 그러나 영제 역시 병을 핑계로 무제의 입조 요구는 끝까지 거절하였는데 그 이유를 보면 아래와 같다.

> "한 나라는 수차 사신을 보내어 천자에게 친조할 것을 슬그머니 권유하였다. … 영제는 한 나라에 들어가 입조하면 한 나라의 법에 따라 국내의 제후들처럼 취급받을 것을 두려워하여 병을 핑계로 끝내 입조하지 않고 아들 차공을 보내어 숙위하게 하였다(漢數使使者風諭嬰齊 … 懼入見要用漢法 比內諸侯 故稱病 遂不入見 遣子次公入宿衛)."[58]

이같이 남월국 왕 영제는 한 제국에 들어가 입조하게 되면 한 제국 황제가 제정한 법령을 준수해야 하는 내제후로 전락될 것을 우려하여 입조를 거절하였던 것이다. 다시 말하면 영제는 자신의 숙위 근무와 홍의 태자 결정 등에 대해서는 무제에게 깊이 감사하고 있었지

58 《漢書》 卷69, 〈趙充國辛慶忌傳〉, p. 2971.

만 남월국의 독립성을 견지하고 자신의 독자적 입지를 지키기 위해서 남월국 왕의 입조만은 끝까지 거절하였던 것이다.

이후 남월국에서는 영제가 사망하자 무제의 숙위로 있던 태자 흥이 귀국하여 남월국 왕으로 즉위하였는데 이때 중국인 어머니 규 씨도 함께 귀국하여 태후가 되었다. 무제는 이 기회를 이용하여 언변이 좋은 종군(終軍)과 태후의 옛 정부였던 안국소계(安國小季)를 사신으로 보내어 다시 입조를 설득하게 하였다. 종군은 유창한 언변으로 남월국 왕 홍에게 무제에 대한 입조를 집요하게 설득하였으며 안국소계는 옛 정부 태후에게 왕이 입조할 수 있도록 협조해 달라고 요청하였다. 또 이 같은 조치와 병행하여 무제는 노박덕(路博德)에게 군사를 주어 계양(桂陽)에서 사신들을 기다리게 하였는데 이것은 사실상 남월국 왕의 입조를 압박하고 강요하는 일종의 무력시위였다.

이같이 남월국 왕의 입조를 둘러싸고 전개된 일련의 정책들은 남월국 왕을 한 제국 법령 적용을 받는 내제후로 만들려고 했던 무제의 의지가 얼마나 강하고 집요하였는가를 말하고 있다. 그리고 이 같은 무제의 집요한 요구와 압력에 굴복한 남월국 군주 흥은 마침내 3년에 한 번씩 입조하겠다는 3년1조(三年一朝)를 약속하였다.[59]

이같이 남월국왕 흥이 한 제국의 내제후와 같이 한 제국 천자를 직접 알현하는 3년1조를 약속하자 무제는 남월국 승상 여가(呂嘉)에게 은인(銀印)을 하사하고, 내사, 중위, 태부 등의 신하들에게도 각기 인(印)을 내렸는데 이 같은 인 하사는 남월국 관리들을 한 제국의 관작질서 안으로 편입시키는 것이었다. 여기에서 자주적 외신 남월국 왕을[60] 한 제국 법령을 반드시 준수해야 하는 내신 제후왕으로 내속

59 《史記》卷113, 〈南越列傳〉, p. 2973.

60 한 제국 세계는 한 제국 천자를 정점으로 중앙의 제후왕국과 열후국으로 구성된 내

시키어 남쪽 배후의 잠재적 위협을 제거하려고 하였던 무제의 오랜 숙원은 거의 이루어지게 되었다.

그런데 이같이 남월국의 내속이 일방적으로 급속히 추진되자 승상 여가를 중심으로 한 토착세력이 강력히 반발하였다. 여가는 주변 신하들과 더불어 왕에게 내속 반대의 간언을 여러 번 올렸지만 왕이 듣지 않으므로 마침내 병을 핑계로 집에서 칩거하고 또 한 제국 사신들을 만나 주지도 않았다. 이에 따라서 남월국 내부에서는 태후와 왕을 중심으로 한 친한파(親漢派)와 여가와 그 일족을 중심으로 한 반한파(反漢派)로 분열되어 수개월 동안 대치하고 있었는데 이 같은 복잡한 사정을 후에 알게 된 무제는 마침내 한천추(韓千秋)에게 병력 2,000여 명을 주어 무력으로 사태를 해결하도록 하였다.

이와 같이 무제가 무력으로 남월국의 내속 문제를 해결하려고 하자 여가도 마침내 반란을 일으켜 왕궁을 습격하여 왕, 태후와 한 제국 사신 등을 살해하고 자신의 사위 건덕(建德)을 왕으로 추대하고 무제가 보낸 한천추의 병력 2,000여 명을 몰살시켜 버렸다. 이에 무제도 원정 5년(전112년)에 노박덕(路博德)과 양복(楊僕)에게 각기 10만의 병력을 주어서 남월국을 공략하게 하였다. 이에 양군은 남월국의 수도 반우(番禺, 광동시)에 집결하여 공격을 개시하였으므로 그 해 10월에 반우성이 함락되고 건덕왕과 여가는 사로잡혔다가 여가는 처형되고 건덕왕은 장안으로 송환되었다. 이에 남월국의 자주성을 지키기 위해 내신화(內臣化)를 끝까지 거부했던 남월국은 조타 이래 5대 93년 만에 멸망하였다.

신(內臣) 내번(內藩) 지역과 주변의 이적만이국으로 구성된 외신(外臣) 외번(外藩) 지역으로 구성되었다. 내신 내번 지역은 한 제국 황제가 제정한 법령의 효력이 미치는 지역이고 외신 외번 지역은 한 제국 법령의 효력은 미치지 못하고 한 제국 황제의 왕화와 덕치만이 미치는 지역을 말하고 있다(《秦漢史の硏究》, 栗原朋信, p. 249 참조).

이 같은 사실을 종합해 보면 사방 수만 리의 영토와 백만 대군을 보유한 남월국이 흉노-한 제국 간의 전면전 발발로 남쪽 배후에서 비수를 꽂을 수 있는 잠재적 위협국으로 등장하자 한 제국은 남월국을 한 제국 천자의 법령을 받드는 내제후국으로 포섭하기 위해 장조와 종군을 파견하여 설득하였지만 독립성 상실을 우려한 남월국의 완강한 거부로 내속 회유책이 실패로 돌아갔다. 이에 무제는 무력으로 남월국을 멸망시키고 그 점령지에 황제 직속의 9군을 설치하였다. 이 남월9군 설치로 남쪽 배후의 잠재적 위험을 제거한 한 제국은 서북방의 대흉노전에 몰두할 수 있게 되었다.

3) 섭하의 위만조선 파견과 대흉노 협공전략

동북쪽의 위만조선과 한 제국 간의 최초 공식적 관계는 혜제~여후(전195~188?) 때 이루어졌다. 당시 요동 태수가 중재한 약(約) 체결에 의해서 위만조선 왕은 한 제국 천자의 외신 외번으로 책봉되어 동북 지역의 만이 관리, 변경 안전과 주변만이 군장들의 한 제국 천자의 입현 협조의 번병 임무를[61] 부여받았다.

이후 위만조선은 한 제국이 제공한 군사·경제적 원조로 국력을 양성하여 주변 군소 부족국가들을 복속시키고 영토를 확대하였으므로 위만조선은 창업주 위만에서 3대 우거왕에 이르는 90여 년 동안에 서쪽으로는 요동의 패수(浿水)를 경계로 한 제국과 인접하고 북쪽으로는 예맥(濊貊)과 더불어 흉노의 동쪽 영토와 인접한 사방 수천 리의 동북 지역의 강국으로 성장하였다. 그러나 위만조선과 한 제국과의 상호관계는 원만하지 못하였던 것 같다.

---

61 이춘식,《중국패권의 뿌리와 이념》, 고려대학교출판문화원, 2014, p. 215.

"왕위가 아들에게 전해지고 다시 손자 우거에게 이르렀다. 우거는 중국 망명인들을 더욱 많이 유치하고 … 또 우거는 입조하여 천자를 뵙지도 않았다. 진번 주위의 여러 나라들이 글을 올려서 천자를 뵙고자 하면 가로막고 통하지 못하게 하였다. … (傳子至孫子右渠 所誘漢亡人滋多 又未嘗入見 辰番旁衆國欲上書見天子 又擁閼不通 …)."[62]

이 기록에 의하면 위만조선에서는 위만 사후 아들을 거쳐서 손자 우거가 3대 왕으로 등극하였다. 그런데 "아직 천자를 입현하지 않았다(又未嘗入見)"라는 구절을 보면 우거왕은 등극 이후 한 번도 한 제국 천자를 입조하지 않았다는 사실을 알 수 있다. 그런데 위만조선 창업주 위만의 외신 제후왕 책봉은 사실상 위만조선 왕의 한 제국 천자에 대한 입조를 전제한 것이다. 그 이유는 주변국 왕들이 한 제국 천자의 외신 제후왕으로 책봉되는 경우 한 제국 천자에 대한 왕의 친조(親朝) 즉 입조(入朝)는 필수적이었기 때문이다. 그런데 "아직도 입조하지 않았다"의 기록은 우거왕이 등극 이후 한 제국 천자를 한 번도 입조하지 않았다는 사실을 말하고 있는 것이다. 여기에 더하여 위만과 그 아들도 한 제국 천자에게 입조했다는 기록이 단 한 차례도 없고 사신들을 파견하여 입공했다는 기록도 없다.

그런데 위에서 언급한 바와 같이 남월국은 한 무제가 모든 수단과 방법을 동원하여 남월국 왕의 입조를 추진하고 압박하였으나 남월국의 독립성을 유지하기 위해서 한 제국 천자에 대한 입조는 멸망할 때까지 거부하였는데 이 같은 사실을 감안하면 위만조선 역시 창업주 위만부터 3대 우거왕 때까지 한 번도 입조하지 않았을 것으로 추정된다. 다시 말하면 위만조선 역시 남월국과 마찬가지로 한 제국 천

62 《史記》 卷115, 〈朝鮮列傳〉, p. 2987.

자의 외신 제후왕 책봉을 수용하여 위만조선 왕의 입조를 약조하고 그 대가로 병위재물의 군사·경제적 원조를 받아서 영토를 확대하였지만 왕의 입조는 물론 사신 입공도 행하지 않았던 것으로 추정된다. 그런데 이뿐만이 아니었다.

> "… 우거는 … 또 진번의 주위 여러 나라들이 글을 올려 천자를 뵙고자 하면 가로막고 통하지 못하게 하였다(… 右渠 … 眞番旁衆國欲上書見天子又擁閼不通)."[63]

이같이 우거왕은 한 제국 천자에 대해서 외신 제후왕으로 반드시 이행해야 할 왕의 입조를 행하지 않았을 뿐만 아니라 진번 등의 주변 군소 부족국가들이 한 제국 천자를 입현(入見)하려고 하면 그들의 통행을 가로막고 방해하였다. 주변 군소 부족국가들의 한 제국 천자에 대한 입현 협조는 위만조선이 한 제국 천자의 외신 제후왕 책봉 수용과 함께 '병위재물'의 군사·경제적 원조를 제공받았을 때 한 제국과 맺은 약조 사항 중의 하나였다. 그런데도 불구하고 우거왕은 주변 군소 부족국가들의 한 제국 천자에 대한 입현을 방해하고 차단하였는데 이 같은 위만조선의 정책은 한 제국과 맺은 '약'의 위반이었으며 번병 임무 수행의 거부였다고 할 수 있다.

한편 한 제국은 이 같은 위만조선의 비우호적 내지 적대적 정책을 장기간 방관할 수밖에 없었는데, 그 이유는 개국 초기 국내외의 사정이 워낙 좋지 않았기 때문이었다. 주지하는 바와 같이 한 제국은 개국 직후 이성 제후왕의 제거, 동성 제후왕들의 오초칠국난 진압, 평성 대동현에서 흉노와 대결한 한 고조 32만 군단의 궤멸, 매년 흉노

63 《史記》 卷115, 〈朝鮮列傳〉, p. 2986.

선우에 대한 입공, 혜제~여후 시대 민생 회복을 위한 황노무위정책 시행과 이로 인한 소극적 대외정책 등의 여러 요인과 사정으로 국내가 안정되지 못하고 있었으므로 위만조선의 이 같은 비우호적, 적대적 행위를 방임할 수밖에 없었을 것으로 추정된다.

또 자료상으로 볼 때도 위만조선이 한 제국 천자의 외신 제후왕의 책봉과 '병위재물'의 군사·경제적 원조를 받은 이후, 문제, 경제, 그리고 무제의 섭하 파견 직전까지, 즉 기원전 179?년에서 109?년까지의 약 70여 년이 넘는 장기간 동안 양국 간의 어떠한 접촉과 교섭에 관한 기록을 찾아볼 수 없다. 이것은 위만조선 왕 불입조, 사신 불파견, 주변 군소 부족장들의 입현 차단 등의 적대정책, 한 제국 내부의 불안정과 소극적 대외정책 등의 여러 요인으로 인하여 양국 관계가 얼어붙었던 사실을 말하고 있다.

다시 말하면 한-위만조선은 상호 인접국이었음에도 불구하고 70여 년의 장기간 동안 사신 왕래는 물론 어떠한 접촉과 교섭도 없는 비우호적 관계가 형성되었고, 이 같은 비우호적 관계가 무제 초기까지 계속되었던 것으로 추정된다. 그런데 양국 상호관계가 이같이 장기간 무교섭, 무교류의 비우호적 관계였음에도 불구하고 한 제국은 무제 원봉 2년(전109) 홀연히 섭하(涉河)를 우거왕에게 사신으로 파견하였다.

> "… 원봉 2년에 한은 사신 섭하를 보내어 우거를 꾸짖고 타일렀으나 우거는 끝내 천자의 조서를 받들려고 하지 않았다(元封 二年 漢使涉河譙 諭右渠 終不肯奉詔)."[64]

64 《史記》 卷115, 〈朝鮮列傳〉, p. 2986.

이와 같이 위만조선에 도착한 섭하는 우거왕을 꾸짖고 타이르면서 무제의 조서를 받들도록 설득하였으나 우거왕은 무제의 조서 수령을 끝까지 거부하였다. 무제의 조서 내용은 현재 자세히 알 수는 없으나 대체로 혜제~여후 시에 한 제국과 위만조선 간에 체결되었던 '약', 즉 위만조선 군주의 한 제국 천자에 대한 입조 이행, 중국 망명객의 유치 중지, 주변 군소 부족국가 군장들의 한 제국 천자에 대한 입현 협조,[65] 그리고 양국 간의 우호관계 회복 등이었을 것으로 추정된다. 그런데 무제가 섭하를 위만조선에 파견한 시기는 남월국을 멸망시킨 원정 5년(전111)보다 2년 후인 원정 2년(전109)이었는데 이 같은 시기에 무제의 위만조선에 사신 파견은 당시 흉노와 한 제국 간에 긴박하게 전개되고 있던 국제상황과 무관하지 않았을 것으로 추정된다.

앞에서 설명한 바와 같이 흉노와 한 제국 간의 전쟁은 일진일퇴의 공방 속에서 장기전으로 돌입하고 동시에 무한정의 소모전으로 변하였으므로 흉노의 고비사막 이북 후퇴를 계기로 양국 간의 전쟁은 일시 소강상태에 들어갔다. 그런데 무제는 이 전쟁 소강상태를 이용하여 내제후로 내속을 거부하고 있는 남월국을 멸망시키고 2년 후에 섭하를 위만조선에 파견한 것이었다.

한편 이 시기 국제정세를 살펴보면 한 제국은 정면으로 흉노를 수차례 공략하여 고비사막 이북으로 축출하여 흉노의 포위를 해체하고 이어서 서역 국가들을 친한 국가로 회유하여 흉노를 서쪽에서 공략할 수 있는 기반을 구축하고 있었다. 그리고 전쟁의 소강상태를 이용하여 남쪽의 남월국을 무력으로 멸망시키고 그 점령지에 황제 직

65 金翰奎, 앞 책, p. 263, 1982.

속의 남월9군을 설치하여 남쪽 배후에서 비수를 꽂을 수 있는 전략적 취약점을 제거하였다. 그리고 2년 후 한 제국은 동북쪽의 위만조선에 섭하를 파견하였던 것인데 파견 목적은 위만조선과 우호관계를 회복하여 동북쪽에서 흉노를 협공하기 위한 전략에 있었던 것 같다. 물론 이 같은 한 제국의 전략에 대한 직접적 자료는 없으나 아래의 글은 후대의 기록이지만 참고해 볼 수 있을 것 같다.

> "당시 한 나라는 동쪽으로는 예맥과 조선을 멸하여 군으로 삼고 서쪽으로는 주천군을 두어서 흉노와 강족과의 통로를 차단하였다. 한 나라는 또 서쪽의 월지, 대하와 통교하고 공주를 오손왕의 처로 출가시켜서 흉노를 지원하는 서방의 국가와 흉노의 사이를 차단하였다(是時漢東拔穢貊 朝鮮以爲郡 而西置酒泉郡 以鬲絶胡與姜通之路 漢西通月氏 大夏又以公主妻烏孫王 以分匈奴西方之援國)."[66]

> "위만조선을 멸한 이유 중의 하나는 흉노의 왼팔을 자르기 위한 것이었고 서역과 통교한 것은 흉노의 오른팔을 자르기 위한 것이었다(…其滅朝鮮有一部分爲的是斷匈奴左臂其通西域全是爲斷匈奴右臂)."[67]

> "무제는 … 동쪽으로는 조선을 정벌하여 현토(玄菟)와 낙랑(樂浪) 군을 세워 흉노의 왼팔을 자르고 서쪽으로는 대완(大宛)을 정벌하여 36개국을 아우르고 오손과 동맹하고 돈황(敦煌), 주천(酒泉), 장액(張掖) 군을 설치하여 강족(姜族)을 격리시키어 흉노의 오른팔을 단절하였다. 그러자 흉노 선우는 고립되어 고비사막 이북으로 멀리 도망가서 사방이 무사하였으므로 땅을 개척하고 국경을 확대하여 10여 군을 세웠다. 공과 업적은 이미 이루어졌다(孝武帝 … 東伐朝鮮 起玄菟 樂浪 以斷匈奴之左臂 西伐大宛 並三十六國 結烏孫 起敦煌 酒泉 張掖 以鬲 … 姜 裂匈奴

66 《漢書》 卷94上, 〈匈奴傳〉, p. 2913.
67 張蔭麟, 《中國上古史綱》, 臺北: 中國文化出版社, 民國42, p. 210.

之右臂 單于孤特 遠遁于莫北 四垂無事 斥地遠境 起十餘郡 功業旣定)."[68]

위 인용문의 사실을 종합해 보면 무제가 위만조선을 정벌한 것은 흉노의 왼팔을 자르기 위한 것이었고 서역과 통교한 것은 흉노의 오른팔을 자르기 위한 것이었다고 설명하고 있다. 다시 말하면 "무제의 대외정책의 주요 목표는 흉노(武帝對外也可以匈奴爲主要目標)"[69]였기 때문에 서역을 경략하여 흉노의 오른팔을 자르고 위만조선을 정벌하여 흉노의 왼팔을 잘라서 고립시키는 것이었다고 할 수 있다.

따라서 이 같은 사실을 전제로 당시 한 제국의 대흉노 국제협공전략을 가상해 보면 무제는 북방의 흉노를 주적으로 설정하고 남쪽 정면에서는 한 제국, 동북쪽에서는 위만조선, 서쪽에서는 오손국을 중심한 서역 국가들과 동맹을 형성하여 남·동·서의 3방면에서 흉노를 공략하는 국제협공전략을 수립하였던 것으로 추정된다. 그리고 이 같은 국제협공전략을 차질 없이 수행하기 위해서는 한 제국 남쪽 배후에서 잠재적 위협국으로 등장한 남월국의 내속이 필수적이었을 것이다. 그러나 자주성 상실을 우려한 남월국 군주의 완강한 반대로 이 같은 국제협공전략이 차질을 빚게 되자 무제는 전쟁 소강상태를 이용하여 남월국을 멸망시켜 남쪽 배후의 전략적 취약점을 제거하였던 것으로 추정된다

그리고 남월국 제거 2년 후 무제는 섭하를 위만조선에 파견하여 위만조선과의 우호관계를 회복하고 가능하면 군사동맹을 맺어서 흉노를 동북쪽에서 협공할 수 있는 전략 가능성을 타진하였을 것이다. 그러나 우거왕을 일방적으로 꾸짖는 섭하의 오만한 자세와 우거왕

68 《漢書》卷73, 〈韋賢傳〉, p. 3127.

69 張陰隣, 《中國上古史講》, 臺北:中國文化出版社, 民國42, p. 210.

의 경직된 태도로 인한 무제의 조서 수령 거부, 조서 수령 거부에 대한 앙심으로 섭하의 위만조선군 비장(裨將) 살해,[70] 이에 대한 보복으로 위만조선군의 요동 침입과 동부도위 섭하 살해 등의 불미스런 사건의 연속적 발생으로 양국 간의 관계는 돌이킬 수 없게 파탄되나 버렸던[71] 것으로 생각된다. 그리고 양국 관계가 이같이 돌이킬 수 없게 파탄나자 무제는 부득불 위만조선과의 우호관계 수립을 포기하고 남월국 병합의 여세를 몰아 무력으로 위만조선을 멸하여 황제 직속의 한사군을 설치하여 흉노의 왼팔을 제거하였던 것으로 생각된다.

또 위만조선의 지정학적 위치와 전략적 가치를 살펴보면 위만조선은 사방 수천 리의 영토와 강력한 무력을 소유한 동북 강국으로 북쪽으로는 초강대국 흉노의 동쪽 영토와 인접하고 서쪽으로는 요동 패수를 경계로 초강대국 한 제국과 인접하고 있었다. 그러므로 위만조선은 흉노 제국과 연계하여 한 제국을 동북 측면에서 군사적 위협을 가할 수 있고 반대로 한 제국과 연계하여 흉노 제국을 서북 측면에서 공략할 수 있는 전략적 위치에 있었으므로 위만조선은 한 제국과 흉노 제국 간에 전면전이 발생하는 경우 양국 간의 전세(戰勢)를 좌우할 수 있는 결정적 위치에 있었다고 할 수 있다.

그러므로 이 같은 위만조선의 지정학적 위치와 전략적 가치를 간파한 무제는 약 70여 년 동안 위만조선 왕의 불입조, 사신 불파견, 주변 군소 부족국가 군장들의 '입현' 차단 등의 비협조적 내지 적대적 행위에도 불구하고 섭하를 위만조선에 사신으로 파견하여 양국 간의 우호관계 회복과 군사동맹 체결 가능성을 타진하였을 것으로 추정된다. 이런 점에서 볼 때 섭하의 위만조선 파견은 단순한 사신 파

70 金瑛河, 〈韓國 古代社會의 政治構造〉,《韓國古代史硏究》8, 1995, p. 37.
71 屈敏一,《中國と古代東アジア世界》, 東京: 岩波書店, 1993. p. 78.

견이 아니라 특정 임무 수행을[72] 위한 특사 파견이었으며, 그 특정 임무는 서쪽에서 흉노를 협공하기 위해 서역으로 파견되었던 장건의 임무와 같은 것이었다고 할 수 있다.

다시 말하면 장건이 서쪽에서 서역 국가와 연합해서 흉노를 공략하려는 협공전략 차원에서 파견되었다고 한다면 섭하는 동북쪽에서 위만조선과 제휴해서 흉노를 공략하려는 차원에서 파견되었다고 할 수 있다. 그러나 섭하의 오만하고 미숙한 외교와 위만조선의 비타협적 자세로 이 같은 대흉노 협공전략이 무위로 돌아가게 되자 무제는 부득불 무력으로 위만조선을 멸하고 그 점령지에 황제 직속의 한사군을 설치하여 흉노의 왼팔을 절단하고 동북쪽의 잠재적 위협을 제거하였던 것으로 생각된다. 이에 따라 흉노 제국은 오른팔과 왼팔이 모두 절단되어 고립무원의 상태에 빠지고 내분과 분열로 치닫게 되었다.

이 같은 사실을 종합하여보면 한 제국 역시 흉노 제국과 같이 위만조선의 지정학적 위치와 전략적 가치를 파악하고 장기간의 비우호적 내지 적대적 관계에도 불구하고 양국 간의 우호관계 회복과 대흉노 협공전략 가능성을 타진하기 위해 섭하를 특사로 위만조선에 파견하였을 것으로 추정된다. 그러나 섭하의 외교 미숙과 우거왕의 완강한 반대로 실패로 돌아가자 무력으로 위만조선을 멸하여 흉노의 왼팔을 절단하고 동북쪽의 잠재적 위협을 제거하였던 것으로 생각된다.

72 李基白,《韓國史新論》, 一潮閣, 1976, p. 31.

3. 사방 점령지 정책과 변군, 속국, 서역도호부 설치

1) 변군 확대와 내지화

원광 7년(전129) 흉노 공략을 계기로 시작된 무제의 사면정벌은 총 28회에 달했다. 원정된 지역을 살펴보면 북쪽으로는 고비사막 북변, 서쪽으로는 중앙아시아의 내륙 지방, 남쪽으로는 아열대의 해남도, 남서쪽으로는 베트남, 운남, 신장, 그리고 동북쪽으로는 만주 지역까지 달했으며 정복 지역의 면적은 약 4,143,980,977km^{2}에 달할 정도로[73] 광대하였다. 이에 따라 각 점령지의 자연환경과 지리조건은 각기 상이하고 점령지의 토착민들도 인종적으로 다양하였으며, 문화와 전통도 복잡할 수밖에 없었다. 이에 한 제국은 각 점령지의 특수성을 감안하고 또 한 제국의 전략적 이해관계를 중심으로 다양하고 치밀한 점령지 정책을 개발하여 시행하였는데 그중의 하나가 변군(邊郡)[74] 확대였다.

《한서》〈지리지〉에 기록된 변군 설치 상황을 보면 무제 건원 6년(전135) 서남이 점령지에 건위군(犍爲郡), 원삭 2년(전127) 하남 점령지에 삭방군(朔方郡)과 오원군(五原郡), 원수 2년(전121) 하서 점령지

73 Chun-shu Chang은 무제의 사면정복지 면적이 1.5-1.7 million square miles로 추산하였는데 이 면적을 ㎢로 환산한 수치이다(Chun-shu Chang, *The Rise of the Chinese Empire*, vol.1, Ann Arbor: the University of Michigan Press, 2007, p. 215 참조).

74 변군 기원은 춘추 말기 내지 전국 시대까지 올라갈 수 있다. 변군은 초국(楚國)과 진국(秦國)을 필두로 각국에서 설치되기 시작하였는데 주로 자국의 황무지 또는 타국과 대치한 변경지에 설치되었다. 진국은 진시황 25년(전 222) 조군(趙軍)의 항복을 받고 형강(荊江) 남쪽에 회계군(會稽郡)과 민중군(民中郡)을 설치하고, 33년(전 214) 영남의 조(趙) 나라 영토에 계림(鷄林), 남해(南海) 상군(象郡)의 3개 초현(初縣)을 설치하고, 하남의 흉노 고지에 구원군(九原郡)을 설치하였는데 이들 변군이 설치된 지역은 모두 타국 점령지였다. 그러나 진대 변군 설치는 진 제국의 단명으로 계속되지 못하였으며 한 제국도 초기에는 국력 미약으로 영토 확장이 없었기 때문에 변군 설치가 거의 없었다.

에 주천군(酒泉郡), 원정 6년(전111) 장액군(張掖郡), 돈황군(敦煌郡)의 하서4군 그리고 같은 해 남월국 점령지에 남해군(南海郡), 욱림군(郁林郡), 상군(象郡), 창오군(蒼梧郡), 합포군(合浦郡), 담이군(擔耳郡), 주애군(珠崖郡), 교지군(交趾郡), 구진군(九眞郡), 일남군(日南郡), 주애군(珠厓郡) 담이군(儋耳郡), 서남이 점령지에 상아군(牂柯郡), 무도군(武都郡), 문산군(汶山郡), 심려군(沈黎郡), 월휴군(越巂郡) 등의 남월9군, 원봉 3년(전108) 위만조선 점령지에 낙랑군(樂浪郡), 진번군(眞番郡), 임둔군(臨屯郡), 현토군(玄菟郡)의 한4군 등을 설치하였는데 그 수효는 무려 31개 군에 달하였다.

사방 점령지에 이같이 설치된 변군은 내군과 더불어 한 제국 통치제도의 근간인 군현제도의 일부였기 때문에 황제가 임명한 군 태수를 정점으로 태수부가 설치되고 다수 속관들이 임명되고 율령통치와 문서행정이 시행되었으므로[75] 변군 관제의 기본 틀과 조직은 내군 관제와 큰 차이가 없었다.

그러나 위에서 언급한 바와 같이 사방 점령지의 자연환경과 지리조건이 각각 상이하고 점령지의 토착민들도 각기 다르고 토착문화도 다양하고 각 지역에 대한 한 제국의 전략적 이해관계도 다를 수밖에 없었으므로 일부 점령지의 변군 조직과 통치 방법은 이 같은 지역과 문화의 특수성에 따라 내군과는 상당히 다를 수밖에 없었다. 이 같은 사실에서 볼 때 한 제국은 사방 점령지의 자연환경, 지리조건, 각 지역 토착문화의 특수성, 한 제국의 국가 목적과 전략 등에 따라서 변군을 매우 탄력적으로 운영하였을 것으로 생각된다. 하서4군 등 몇 곳의 변군을 선정하여 그 설치 목적, 조직, 성격 등을 살펴보는

75 김병준, 〈簡牘자료를 통해 본 秦漢 시기 군현지배와 낙랑군〉, 2005, p. 89.

것이 좋을 것 같다.

하서4군은 하서회랑(河西回廊)에 설치되었다. 하서 지역은 기련산맥(祁連山脈) 남쪽의 남산(南山)과 북산산맥(北山山脈)의 아라산(阿拉山) 간의 사막 사이에 형성된 대협곡을 말한다. 협곡 길이는 서쪽에서 동쪽의 오소령(烏鞘領)에 이르기까지 약 1,000㎞에 달하고 그 폭은 10~100㎞에 달했다. 협곡 안으로는 흑하(黑河), 소록하(疏륵河), 석양하(石羊河)의 강이 흐르고 그 주변에는 오아시스가 형성되어 제한된 농경과 일반 거주가 가능하였으며 대상(隊商)들이 이 오아시스 루트를 통하여 동서 교역에 종사하고 있었다. 또 하서 지역은 역사적으로 보면 대월지, 흉노, 한 제국 등의 여러 세력들의 각축장이었으며 동서 간의 교통과 군사적 요충지였다. 특히 한 제국에게 하서 지역은 북쪽 흉노와 남쪽 강족 간의 군사적 연계를 차단하고 서역으로 직접 진출할 수 있는 길목이었으므로 한 제국이 방치할 수 없는 군사적 요충지였다.

그러므로 위청과 곽광의 활약으로 하서 지역이 수중에 들어오게 되자 한 제국은 무위군(武威郡), 주천군(酒泉郡), 장액군(張掖郡)과 돈황군(敦煌郡)의 하서4군을 차례로 설치하고 사민(徙民) 시행, 수졸(戍卒) 주둔, 형도(刑徒) 이주, 둔전(屯田) 조성 등의 여러 후속 조치를 시행하여 하서4군의 내실을 충실히 하였다.[76] 그런데 이 같은 하서4군을 설치한 목적을 살펴보면 단순히 서역과의 통상 통교만이 아니었던 것 같다.

"… 서쪽으로 주천군을 설치하여 흉노와 강족 사이의 통로를 끊었다

76 이주현, 〈漢代 河西四郡의 戍卒과 私物賣買〉, 《東洋史研究》 第128輯, p. 147.

(而西置酒泉郡 以鬲絶胡與羌通之路)."[77]

"… 서쪽으로 장액군을 건설하여 흉노와 강족 사이를 차단하고 그 원조를 끊었다.… (建張掖以西 鬲絶羌胡 瓜分其援)."[78]

"… 서쪽으로는 대완(大宛)을 정벌하고 36개국을 아우르고 오손과 동맹하고 돈황(敦煌), 주천(酒泉), 장액(張掖) 군을 설치하여 강족(姜族)을 격리시켜서 흉노의 오른팔을 단절하였다(… 西伐大宛 並三十六國 結烏孫 起敦煌 酒泉 張掖 以鬲 婼姜 裂匈奴之右臂)."[79]

위 인용문에 의하면 주천군을 포함한 하서4군은 흉노와 남쪽 강족 간의 군사적 연계를 차단하고 나아가서는 흉노의 오른팔을 차단하겠다는 전략에 의해 설치되었던 사실을 알 수 있다. 이런 점에서 하서4군은 양 지역 간 통상 등의 경제적 목적 또는 단순한 영토 확장 차원에서 설치된 변군이 아니라 한 제국 서역 경략의 전진기지로 구축되었으며 그 목적은 서역 경략과 동시에 흉노의 오른팔 차단이었다고 할 수 있다.

한 제국은 또 남월국을 멸한 후 그 점령지에 변군을 설치하였는데 먼저 남해(南海, 광동성 번곤현)·창오(蒼梧, 광서성 창오현)·계림(桂林, 광서성 귀현 동쪽)·합포(合浦, 광동성 해강현)·교지(交趾, 월남 북부)·구진(九眞, 월남 중부)·일남(日南, 월남 중남부)의 7군을 설치하고, 그 이듬해에 다시 해남도(海南島)에 구애(球崖, 해남도 경산현)·담이(儋耳, 해남도 담현)의 2군을 증설하여 모두 남월9군을 설치하였다.[80] 그런데 남월9

77 《史記》 卷110, 〈匈奴列傳〉, p. 2915.
78 《鹽鐵論》, 〈西城篇〉, p. 3127.
79 《漢書》 卷73, 〈韋賢傳〉, p. 3127.
80 남월9군의 지역을 살펴보면 현재의 광동·광서성과 월남의 북부 지역을 포함하는 광대한 지역이었는데 무제가 남월국을 정벌한 이유는 오늘날 분명하지 않다. 일부 주

군 설치의 목적을 알아보기 위해서는 당시 한 제국과 남월국 간의 상호관계와 국제정세를 다시 한 번 검토해 볼 필요가 있다.

앞 장에서 설명한 바와 같이 한 제국과 남월국 양국 간에는 겉으로는 우호적이었지만 안으로는 교역 문제, 사방 수만 리의 영토와 백만 대군을 옹유하고 있는 남월국의 위협적인 존재, 제호 사용을 둘러싼 이념적 갈등, 남월국 군주의 불입조와 독자적 정책 수립과 강행 등의 많은 문제가 양국 간에 누적되어 있었다. 여기에 더하여 흉노-한 제국 간의 전면전 발발로 한 제국은 남월국이 남쪽 배후를 공격하는 경우 치명타를 입을 수밖에 없는 전략적 취약점에 노출되었다. 이에 따라 한 제국과 남월국 간의 상호관계는 전략적으로 상극관계로 변하고 있었으므로 한 제국은 남월국을 내제후로 회유하여 내속시키려고 하였다.

그러나 자주성을 견지하는 남월국은 무제의 입조 요청을 끝까지 거절하였으므로 무제는 흉노와의 전쟁 소강기를 이용하여 병력을 보내어 남월국 수도 번우(番禺)를 함락하여 남월국을 멸하였다. 그리고 그 점령지에 황제 직속의 남월9군을 차례로 설치하여 남쪽 배후에서 비수를 꽂을 수 있는 잠재적 위협을 제거하였다. 이런 점에서 볼 때 한 제국의 남월국 점령지에 남월9군 설치 목적은 북방 흉노와 전면전을 전개하고 있는 한 제국 남쪽 배후의 잠재적 위협을 제거하기 위한 것이었다고 할 수 있다.

장에 의하면 번우(番禺)에서 북부 월남에 이르는 지역에서 생산되는 소뿔·상아·비취·진주 등 남방 물산의 획득과 동남아시아 및 인도와의 무역을 통한 남방 다른 지역의 특산물 구입 목적이 남월국 정벌의 원인으로 제시되었다. 그러나 후술하는 바와 같이 한 제국의 남월국 정벌은 남방 물자 구입보다는 북방 흉노와의 패권 쟁탈전의 전략적 차원에서 한 제국 배후에서 비수를 꽂을 수 있는 잠재적 위협국 남월국의 제거가 목적이었다고 할 수 있다.

위만조선은 요동 태수와의 약(約) 체결에 의해 한 제국 천자의 외신 제후왕 책봉,[81] 한 제국 동북 변경의 만이 관리와 변경 안정 그리고 동북 주변의 만이 군장들의 한 제국 천자에 대한 입현(入見) 협조 등을 약조하고[82] 그 대가로 병위재물의 군사·경제적 원조를[83] 받아서 주변 군소 부족들을 복속시키면서 영토를 확대하였다. 반면 요동과 요서 지역으로 팽창하고 있는 위만조선의 세력과 위상을 인지한 한 제국은 위만조선의 외번 책봉과 번병 임무 부여, 주변 군소 부족들에 대한 관리 위탁과 군사·경제적 원조 제공 등의 정책을 통해 동북 변경의 안정과 평온을 기대하였다.

그러나 위만조선은 창업주 위만, 아들 그리고 우거왕 때까지 3대에 걸쳐서 한 제국 천자를 한 번도 입조도 하지 않았고 사신 파견에 의한 입공도 행하지 않았으며 주변 군소 부족국가들의 한 제국 천자 입현까지 차단하였다. 그리고 대륙 정세에 관한 정보, 선진 기술, 인력을 제공할 수 있는 중국 망명인들을 국가 주도로 대량으로 유치하고 있었으므로 양국 간에는 비우호적 관계가 장기간 계속될 수밖에 없었다. 그런데 한 제국은 양국 간의 상호 관계가 이같이 장기간 비우호적으로 계속되고 있었음에도 불구하고 홀연히 섭하를 우거왕에

81 《史記》〈太史公自序〉, p. 3317.

82 《史記》卷115,〈朝鮮列傳〉, p. 2986.

83 '병위재물(兵威財物)' 중에서 '병위' 뜻을 살펴보면 '군의 위세(威勢)', '병세(兵勢)', '병권(兵權)', '군사(軍事)', '철제 무기(鐵製武器)', '군장비(軍裝備)' 등으로 해석이 다양하다. 그런데 당시 동북 지역과 한반도 북부 지역에는 철기 사용이 확대되고 있었고 위만조선군도 철제 무기로 무장하고 있었다. 그리고 한 제국이 남월국을 회유하기 위해서 철·철제 무기와 철제 농구를 제공하였던 전례를 감안하면 '병위'는 철제 무기로 이해하는 데 무리가 없을 것 같다. 다시 말하면 한 제국은 위만조선에 철제 무기의 군사원조를 제공하였다고 할 수 있다. '재물(財物)'은 물자(物資), 재물(財物), 군비(軍費) 등으로 이해되므로 사실상 경제원조였다. 이런 점에서 '병위재물'은 한 제국이 위만조선에 제공한 군사·경제 원조였다고 할 수 있다

게 파견하였는데 섭하의 위만조선 파견은 당시의 국제정세와 무관한 것 같지 않다.

앞 장에서 설명한 바와 같이 당시 국제정세는 북쪽 흉노 제국과 중원의 한 제국 간에는 동중아시아 패권 장악을 둘러싸고 치열한 패권 쟁탈전이 전개되고 있었는데 무제는 이 같은 시기에 섭하를 위만조선에 파견한 것이다. 그리고 파견된 시기를 살펴보면 남월국이 멸망되었던 원정 5년(전111)보다 2년 후인 무제 원정 2년(전 109)이었다. 이 당시 흉노와 한 제국은 승패 없는 장기간의 소모전으로 국력이 고갈되어 전쟁을 더 계속할 수 없게 되었으므로 전쟁은 일시 소강상태에 들어갔다.

그런데 한 제국은 이 전쟁 소강상태를 이용하여 남쪽 배후에서 내속을 거부하고 잠재적 위협으로 등장하고 있는 남월국을 정벌하고 황제 직속의 남월9군을 설치하여 배후의 전략적 취약점을 제거하였다. 그리고 2년 후에는 섭하를 위만조선에 홀연히 파견하였는데 섭하 파견의 목적이 무엇이었는가를 알아보기 위해서는 당시 위만조선의 지정학적 위치, 전략적 가치, 국제적 위상이 여하하였는가를 다시 한 번 살펴볼 필요가 있다.

> "한 무제가 조선을 공략하여 멸망시키고 그 땅을 나누어 4군으로 삼았다. 그 이후로 호(胡)와 한(漢) 사이에 점차 차별이 생겼으며 대군장이 없어졌다(漢武帝伐滅朝鮮 分其地爲四郡 自始之後 胡漢稍別 無大君長)."[84]

이것은 위만조선이 한 제국에 의해서 멸망되기 이전까지는 동북

84 《三國志》 卷30, 〈烏丸鮮卑東夷傳〉, p. 849.

지역에서 주변 군소 부족국가들을 복속시켜서 지역 패권을 장악하고 있던 대군장(大君長) 즉 동북 지역의 맹주(盟主)였던 사실을 말하고 있다.[85] 그리고 이 같은 위만조선의 강성은 당시 한 제국에서도 인지되고 있었다.

> "효문제가 즉위하자 장군 진무 등이 의논하여 말하기를 남월과 조선이 진대에 내속하여 신하가 되었는데 후에 방대한 병력을 옹유하고 험준한 지형에 웅거하면서 관망하고 있습니다. … 반역의 무리를 토벌하여 변방의 영토를 통일해야 합니다(曆至孝文卽位 將軍陣武等議曰 南越朝鮮 自全秦時內屬爲臣子 後且擁兵阻阨 選蠕觀望 … 征討逆黨 以一封疆)."[86]

이것은 문제 때의 장군 진무(陣武) 등이 위만조선을 평가한 상소문이다. 이들 평가에 의하면 위만조선은 진대에 내속하여 신하가 되겠다고 하였으나 지금은 방대한 병력을 옹유하고 험준한 지형에 웅거하여 기회만 엿보고 있으므로 먼저 응징해야 한다고 주장하였는데 이것은 위만조선의 잠재적 위협을 간파한 장군 진무 등이 문제에게 선제적 공략을 주청한 것이었다. 또 위만조선은 한 제국과 전쟁 당시 전쟁이 교착 상태에 빠지자 화해 목적의 성의 표시로 말 5천 필을 증여하려고 하였다.[87] 또 협상이 결렬되자 한군과 더불어 9개월 여간 막상막하의 전투를 수행하였는데 이 같은 사실을 종합해 보면 위만조선은 사방 수천 리의 영토와 철제 무기로 무장된 무력을 옹유하여[88] 동북의 지역적 헤게모니를 장악하고 북쪽의 흉노 제국, 중원의

85 김정배, 《韓國古代國歌의 起源과 形成》, 고려대학교출판문화원, 1986, pp. 35-45.
86 《史記》 卷 25, 〈律書〉, p. 1243.
87 《史記》 卷115, 〈朝鮮列傳〉, p. 2987.
88 崔云燮, 〈古朝鮮 社會의 成長過程〉, 《北岳史論》 2, 1990; 송호정, 〈고조선의 국가적 성격〉, 《역사와 현실》 14, 1994.

한 제국, 남쪽의 남월국과 더불어 동아시아 천하를 사실상 4분하고 있었다고 할 수 있다.

> "흉노의 여러 좌방의 왕과 장군들은 동쪽에 주둔하며 상곡 군에서부터 동쪽을 맡았는데 예맥과 조선에 접해 있었다(諸左方王將居東方 直上谷 以往者 東接濊貊 朝鮮)."[89]

> "한(漢) 나라가 일어나자 그곳이 멀어서 지키기 어려우므로 다시 요동의 옛 요새를 수축하고 패수를 경계로 하여 연(燕) 나라에 속하게 하였다. … 위만이 망명하여 천여 명의 무리를 모아서 상투를 매고 만이 복장으로 동쪽으로 가서 요새를 나와서 패수를 건너서 진 나라의 옛 땅에 살면서 장(鄣) 지역을 오르락내리락하였다(漢興 爲其遠難守 復修遼東故塞 至浿水爲界 … 滿亡命 聚黨千餘人 魋 結蠻夷服而東走出塞 渡浿水 居秦故空地上下鄣)."[90]

> "원봉 2년에 한 나라는 섭하를 시켜서 우거를 꾸짖고 타이르게 하였으나 끝내 그는 천자의 명령을 받들지 않았다. 섭하가 떠나 국경 패수에 이르렀을 때 수레를 이끄는 사람을 시켜서 섭하를 전송하던 조선의 비왕 장(長)을 죽이고 바로 패수를 건너 말을 달려서 요새로 들어갔다(傳子至孫子右渠 所誘漢亡人滋多 又未嘗入見 辰番旁衆國欲上書見天子 又擁閼不通 元封二年 漢使涉何譙諭 又渠 終不肯奉詔 何去至界上 臨浿水 使御刺殺送何者 朝鮮裨王長 卽渡 馳入塞)."[91]

위 인용문은 동북아의 국제역학구도에서 위만조선의 지정학적 위치와 전략적 가치를 말하고 있다. 당시 위만조선의 영토는 북쪽으로는 흉노의 동쪽 영토와 인접하고 서쪽으로는 요동 패수를 경계로

89 《史記》 卷110, 〈匈奴列傳〉, p. 2890
90 위 책, 卷115, 〈朝鮮列傳〉, p. 2987.
91 위와 같음.

한 제국 영토와 인접되어 있었는데 이것은 위만조선의 서쪽 영토가 동북으로는 흉노 제국의 동쪽 영토와 맞닿고 서쪽으로는 한 제국의 동북 영토와 삼각으로 인접되어 있었던 사실을 말하고 있다. 이같이 위만조선은 흉노 제국과 연계하여 한 제국을 서쪽 측면에서 위협을 가할 수 있고 반대로 한 제국과 연계하여 흉노 제국을 동북 측면에서 공략할 수 있는 지정학적 위치와 전략적 가치를 가지고 있었다. 따라서 위만조선은 양국 간의 전세를 좌우할 수 있는 결정적 위치에 있었으며 또 이 같은 지정학적 위치와 전략적 가치를 활용할 수 있는 무력도 보유하고 있었다. 그런데 아래의 기사에 주목할 필요가 있다.

> "효무제는 … 동쪽으로 조선을 정벌하여 현토와 낙랑 2군을 설치하여 흉노의 왼팔을 잘랐다(孝武皇帝 … 東伐朝鮮 起 玄菟 樂浪 以斷匈奴左臂)."[92]

> "무제가 … 위만조선을 멸한 이유 중의 하나는 흉노의 왼팔을 자르기 위한 것이었다(武帝 … 其滅朝鮮有一部分爲的是斷匈奴右臂 …)."[93]

> "한 나라는 양신을 흉노에 사신으로 보냈다. 당시 한 나라는 동쪽으로는 예맥과 조선을 멸하여 군으로 삼고 서쪽으로는 주천군을 두어서 흉노와 강족과의 통로를 차단하였다. 한 나라는 또 서쪽의 월지, 대하와 통교하고 공주를 오손왕의 처로 출가시켜서 흉노를 지원하는 서방의 국가와 흉노와의 사이를 차단하였다(漢使楊信於匈奴 是時漢東拔穢貊朝鮮以爲郡 而西置酒泉郡 以鬲絶胡與姜通之路 漢右西通月氏 大夏 又以公主妻烏孫王 以分匈奴西方之援國)"[94]

92 《史記》 卷73, 〈韋賢傳〉, p. 3127.
93 張蔭麟, 《中國上古史綱》, 臺北: 中國文化出版社, 民國42, p. 210.
94 《漢書》 卷94上, 〈匈奴傳〉, p. 2913.

위 인용문은 무제가 위만조선을 정벌한 것은 흉노의 왼팔을 자르기 위한 것이었고, 서역과 통교한 것은 흉노의 오른팔을 자르기 위한 것이었다고 설명하고 있는데, 이것은 위에서 언급한 바와 같이 한 제국이 남쪽 정면에서는 한 제국, 동북쪽에서는 위만조선, 서쪽에서는 서역 국가들과 연합하여 남·동·서의 3방면에서 북방 흉노를 공략할 수 있는 대흉노 국제협공전략을 수립하였던 것을 말하고 있다.

그러므로 시차는 있었지만 한 제국은 장건을 파견하여 서역 각국을 친한 국가로 포섭하여 서역에서 흉노 축출을 도모하고 남쪽으로는 장조와 종군을 각기 파견하여 남월국 내속을 외교로 추진하였다가 실패하자 무력으로 남월국을 병합하여 배후의 잠재적 위협을 제거하였다. 그리고 남월국 멸망 2년 후 동북쪽의 위만조선과 상호 우호관계 회복과 군사동맹 체결 가능성을 알아보기 위해 섭하를 위만조선에 파견하였던 것으로 추정된다.

이런 사실에서 볼 때 위만조선에 대한 한 제국의 섭하 파견은 단순한 사신 파견이 아니라 특정 임무 수행을 위한 특사 파견이었다. 그리고 후술하는 바와 같이 위만조선에 파견된 섭하의 임무가 위만조선과 군사동맹을 체결하여 동북쪽에서 흉노를 공략하는 대흉노 협공전략이었던 사실을 감안하면 한 제국이 서역에서 취했던 대흉노 협공전략이 동북쪽 위만조선과의 대흉노 협공전략으로 확대된 것이었다고 할 수 있다.

그러나 우거왕을 일방적으로 꾸짖는 섭하의 미숙하고 오만한 자세, 우거왕의 경직된 태도와 무제의 조서 수령 거부, 섭하의 위만조선군 비장 살해, 위만조선군의 국경선 패수 월경과 요동 동부도위 섭하 살해 등 불미스런 사건이 연속적으로 발생해 양국 관계는 돌이킬 수 없게 되었다. 이에 무제는 남월국 병합의 여세를 몰아서 위만조선을 멸망시키고 그 점령지에 낙랑군(樂浪郡), 현도군(玄兎郡), 임둔군(臨屯郡), 진번군(眞番郡)의 한사군을 설치하였다. 이런 점에서 볼 때 한 제국의 한사군 설치는 동북 지역에서 위만조선의 잠재적 위협 제거와 흉노 왼팔 절단이 그 목적이었다고 할 수 있다.

이 같은 사실을 종합해 보면 하서 지역의 하서4군은 서역 진출과 경략의 전진기지로 설치되고 남월국 점령지에 설치된 남월9군은 서북쪽에서 흉노와 정면 대결을 전개하고 있는 한 제국 남쪽 배후의 잠재적 취약점 제거와 배후 안정을 도모하기 위해 설치되고 위만조선 점령지에 설치된 한4군은 흉노의 동북 측면 세력 제거가 그 목적이었던 사실을 알 수 있다. 그러므로 한대 사방 점령지에 설치된 변군은 단순히 일괄적으로 설치된 것이 아니라 동중아시아 패권 장악을 위한 한 제국의 패권 전략과 정책에 따라 치밀하게 기획되어 설치되었으며 그 목적과 임무가 각 지역의 위치와 조건과 상응된 전략에 따라 달랐던 사실을 알 수 있다.

한편 사방 점령지에 설치된 변군은 점령지를 통치하는 단순한 통치 기관이 아니라 내군과 외군(변군)으로 구성된 한 제국 통치 근간인 군현제도의 확대였다. 또 광대한 점령지에 설치된 변군은 지역적 특수성, 토착민의 성향 그리고 본국의 정책과 전략 등의 여러 요인에 의해 영향을 받을 수밖에 없었으므로 각 점령지에 설치된 변군의 조직과 통치 형태는 내군과는 상당히 다를 수밖에 없었다. 그러므로 변군 통치의 성격과 특수성을 규명하기 위해서는 먼저 변군 태수의 자격과 임무부터 고찰해 볼 필요가 있다.

"… 내군과 국은 방정하고 직언하고 극간하는 선비 일인을 각각 추천하고 북변 22개의 변군은 용맹하고 병법 아는 자 일 인을 각각 추천해야 한다(… 內 郡國擧方正直言極諫者各一人 北邊二十二郡擧勇猛知兵法者各一人)."[95]

이에 의하면 중앙정부는 내군에는 방정하고 직언 극간할 수 있는 문인 출신의 인재를 추천하고 변군에서는 용맹하고 병법에 능한 무인 출신의 인재를 추천하도록 하명하였다. 그런데 변군 태수 후보로 내군과 달리 무인 출신의 인재 추천을 요구한 것은 변군 토착민의 비협조적 태도와 저항을 무마해야 하고 또 주변 이적들과의 무력 충돌이 빈번하였으므로 문인 출신의 인재보다도 무인 출신의 인재가 필요했기 때문이었을 것이다.

"이광은 용서 성기 사람이었다. 그 조상은 이신(李信)이라고 하였다. 진 나라 장수였는데 연(燕) 나라 단(丹) 태자를 사로잡은 사람이었다. 이광 집안은 대대로 궁술을 익혔다. 문제 14년에 흉노가 농관을 침입하였는데 이광이 양가집 젊은이들을 데리고 입대하여 흉노를 격퇴하였는데 활을 잘 쏘아서 흉노 우두머리를 많이 살해하였으므로 이에 천자가 우북평 태수로 임명하였다. … 이공이 태수로 있을 때 흉노가 이광을 한비(漢飛) 장군이라고 부르며 피하고 수년 동안 경계를 침범하지 않았다(李廣 隴西成紀人也 其先曰李信 秦時爲將 逐得燕太子丹者也 廣世世受射 孝文帝 14년 匈奴大入蕭關 而廣以郎家子從軍擊胡 用善射 殺首虜多 … 上乃召拜廣爲右北平太守 … 廣在郡 匈奴號曰漢飛將軍 避之 數歲不入界)."[96]

"이광은 군 태수를 7번이나 역임하였는데 전후 40여 년이었다(李廣曆七郡太守 前後 四十餘年)."[97]

---

95 《漢書》 卷10, 〈成帝紀〉, p. 327.

96 위 책, 卷50, 〈張馮及鄭傳〉, p. 2315.

97 위 책, 〈張馮及鄭傳〉, p. 2447.

이와 같이 우북평 군은 흉노와 대치하고 있는 접경 지역에 설치되어 있었으므로 변군이었다. 우북평 군 태수로 임명된 이광(李廣)의 집안은 대대로 계속된 무인 집안 출신이었으며 이광 자신도 궁술에 능하고 젊었을 때부터 흉노와의 전투 경험이 풍부하였다. 그러므로 이 같은 소문을 들은 문제는 이광을 우북평군 태수로 임명하였는데 이광은 문제의 기대대로 혁혁한 무공을 세웠다. 그리고 이광의 능력을 인정한 흉노도 이광을 한비장군이라 부르면서 두려워하고 우북평군 경계를 침범하지 않았다. 이 같은 탁월한 능력을 인정받은 이광은 변군 군 태수를 7번 역임하면서 40여 년을 복무했었다.

> "신은 위상(魏尙)이 운중군 태수로 임명되었을 때 군에 시조(市租)를 풀어서 병사들에게 지불하고 자신의 녹봉을 털어서 5일에 한 번씩 소 한 마리를 잡아서 빈객, 군리, 사인들을 대접하였다고 들었습니다. 그러므로 흉노가 위상을 두려워하여 운중 요새에 얼씬도 안 했습니다. 흉노가 일찍이 한 번 침입하였는데 위상이 기병들을 이끌고 추격하였는데 사살한 바가 많았습니다(今臣竊聞魏尙爲雲中守 軍市租盡以給士卒 出私養錢 五日壹殺牛 以饗賓客軍吏舍人 是以匈奴遠避 不近雲中之塞 虜嘗一入 尙帥車騎擊之 所殺甚衆)."[98]

이에 의하면 운중군은 흉노와 첨예하게 대치하고 있는 변군이었다. 그런데 운중군 군 태수로 임명된 위상(魏尙)은 무인 출신으로 말을 잘 타고 전투에 능하고 사졸들을 잘 대접하여 사기를 높이고 있었으므로 그 명성이 널리 알려져 흉노는 운중군 요새에 감히 접근도 못했다는 것이다. 그런데 무인 출신의 변군 태수 임명은 한대에 처음 시행된 것이 아니었다.

---

98 《漢書》 卷50, 〈張馮及鄭傳〉, p. 2315.

"문후는 오기가 용병에 뛰어날 뿐만 아니라 청렴하고 공정하여 모든 사졸들의 인망을 얻고 있으므로 오기를 서하(西河)의 태수로 임명하고 진(秦), 한(韓) 나라를 방비하도록 하였다(文侯以吳起善用兵 廉平 盡能得士心 乃以爲西河守 以拒秦韓)."[99]

위 인용문에 의하면 전국 시대 변군 태수는 모두 무인 출신으로 임명하였던 사실을 시사하고 있다. 잘 아는 바와 같이 전국 시대에는 각국 간의 공벌이 심하였으므로 적국과 대치된 변경지 또는 점령지에는 각국이 군(郡)을 설치하고 무인 출신의 태수를 임명하여 불시의 적국 침입에 신속히 대처할 수 있게 하였다. 이런 점에서 볼 때 무인 출신 변군 태수 임명의 인사정책은 전국 시대를 이어서 한대에도 계속되어 왔으며 또 무인 출신 변군 태수 임명은 바로 국가정책이었던 사실을 알 수 있다. 따라서 접경지 내지 점령지에 설치된 변군 태수의 직무는 내군 태수의 직무와는 상당히 달랐다.

"변군 태수는 각기 일만 명의 기병을 통솔하고 요새 봉화 포로들을 관리하였다(邊郡太守各將萬騎 行障塞烽火追虜)."[100]

"신은 위상(魏尙)이 운중군 태수로 임명되었을 때 군 중의 시조(市租)를 풀어서 병사들에게 지급하고 자신의 녹봉을 털어서 5일에 한 번씩 소 한 마리를 잡아서 빈객, 군리, 사인들을 대접하였다고 들었습니다. 그러므로 흉노가 위상을 두려워하여 운중 요새에 얼씬도 안 했습니다. 흉노가 일찍이 한 번 침입하였는데 위상이 기병들을 이끌고 추격하여 사살한 바가 많았습니다. 사졸들은 모두 서민들의 자식들로 밭에서 일하다가 참전하였는데 이들이 어찌 호적과 오부를 알았겠습니

99 《史記》 卷65, 〈孫子吳起列傳〉, p. 2167.
100 《漢舊儀》 卷下, 〈漢官六種〉, p.81.

까? 종일 싸워서 적군을 참수하고 포로로 하였습니다(今臣竊聞魏尙爲雲中守 軍市租盡以給士卒 出私養錢 五日壹殺牛 以饗賓客軍吏舍人 是以匈奴遠避 不近雲中之塞 虜嘗一入 尙帥車騎擊之 所殺甚衆 夫士卒家人子 起田從軍安知籍伍符 終日力戰 斬首捕虜)."[101]

위 인용문에 의하면 변군의 운중군 군 태수로 임명된 위상(魏尙)은 무인 출신으로 말을 잘 타고 전투에 능하고 사졸들을 잘 대우하여 사기를 높이고 있었으므로 그 명성이 널리 알려져 흉노는 운중 군 요새에 감히 접근도 못했다는 것이다.

그런데 주목되는 것은 "변군 태수는 각기 일만 명의 기병을 통솔하고 요새 봉화와 포로들을 관리한다(邊郡太守各將萬騎 行障塞烽火追虜)", "시조(市租)를 풀어서 병사들에게 지급하고 자신의 녹봉을 털어서 5일에 한 번씩 소 한 마리를 잡아서 빈객, 군리, 사인들을 대접하였다" 등의 기록이다. 이것은 무인 출신 변군 태수는 병권이 없었던 내군 태수와는 달리 일정의 상비군을 통솔하고 작전권을 포함한 군내의 일체 병권을 소유하고 또 군 재정의 일부도 필요에 따라서 임의로 사용할 수 있었음을 말하고 있다.

"군수는 진관에서 유래하였다. … 변군에는 장사를 두었는데 병마를 담당하였다. 질이 모두 육 백석이었다(郡守 秦官 邊郡又有長史 掌兵馬 秩皆六百石)."[102]

"변군 태수는 … 장사와 승 일 인을 두었다. 승은 백성들을 다스리고 병무를 담당하였다. 장사는 병력을 통솔하였는데 아래에 부도위, 천인, 사마와 후를 두었다.(邊郡太守 … 置長史, 丞一人 治民當兵行 長史領 置

101 《漢書》 卷50, 〈張馮及鄭傳〉, p. 2315.
102 위 책, 卷19 上, 〈百官公卿表〉 上, p. 742.

部都. 千人 司馬 侯 …)."[103]

이에 의하면 변군에는 부도위, 천인, 사마와 후 등의 속관을 두고 일정의 병력을 관리하면서 군 태수를 보좌하는 장사(長史)을 두었는데 이 장사 직은 내군 관직에는 없고 변군 관직에만 설치된 특수 무관직이었다. 그러므로 변군 태수는 병권이 없었던 내군 태수와는 달리 일정의 상비군을 통솔하고 작전권도 보유하고 특수 무관직에 있는 장사의 보좌를 받으면서 예측 불허의 돌발사태에 신속히 대비할 수 있는 철저한 방어체제를 구축하고 있었던 사실을 알 수 있다.

또 변군에는 태수부(太守府)와는 별도로 군사 부분을 담당한 부도위(部都尉)가 존재하였다. 부도위는 원래 군 도위에서 파생되었는데 무제 때 처음으로 설치되고 전한 일대를 통하여 변군에 광범위하게 확대되었다. 《한서》〈지리지〉에 의하면 20개의 변군에 42개의 부도위가 설치되었는데 〈표 3〉[104]을 참조할 필요가 있다.

〈표 3〉에서 알 수 있듯 부도위는 양주(楊州) 2곳, 익주(益州) 2곳, 양주(涼州) 7곳, 양주(涼州) 7곳, 병주(并州) 19곳, 유주(幽州) 12곳의

표 3.

州	郡(部都尉)	部都尉 數
楊州	會稽서부, 남부	2
益州	廣漢 북부, 牂柯 남부	2
涼州	隴西 남부, 武威 북부, 酒泉 북부 동부 서부, 燉煌 중부, 北地 북부	7
并州	上郡 북부, 북부, 西河 남부 북부 서부, 朔方 서부 중부 동부, 五原 동부 중부 서부, 雲中 동부 서부 중부, 定襄 서부 중부 동부, -문 서부 중부	19
幽州	代郡 서부 동부 중부, 上谷 서부 동부, 遼西 서부 동부, 遼東 서부 중부 동부 낙랑 남부 동부	12
계	20郡	42부도위

103 《漢舊儀》 卷 下, 漢官六種, 中華書局, p. 81.

104 權五重, 〈漢代 邊郡의 部都尉〉, 《東洋史學研究》 第八十八輯, p. 6 참조.

모두 42개 부도위가 20군에 설치되었으며, 어떤 주에는 부도위가 1개도 개설되지 않았다. 이같이 부도위는 현지 사정에 따라 설치되기도 하고 안 되기도 했다. 또 변군의 폐지에 따라 인근 군에 병합되기도 하였는데 이 같은 현상은 부도위가 모든 변군에 일괄적으로 설치된 것은 아니고 현지 특수 사정과 필요에 따라 설치되었던 사실을 말하고 있다. 또 설치된 지역은 호전적인 이적들과 대치된 접경지 내지는 점령지에 위치한 변군 지역이었다.

이같이 부도위는 이적들과 대치된 접경지 아니면 점령지의 변군에 설치되었기 때문에 그 임무도 각 지역 사정에 따라 달랐다. 예를 들면 동이 지역의 낙랑군과 서남이 지역은 군현 통치가 용이한 지역이 아니었으므로 이 지역의 부도위는 군현적 통치는 최소화하고 토착민 고유의 질서와 관습에 의거하여 내속(內屬)을 유도하는 통치를 행하였는데 이것은 부도위가 일정의 행정 기능을 수행하고 있었던 사실을 말하고 있다.[105] 병주를 중심한 유주~양주 지역은 모두 흉노 영토와 인접한 북방의 전략적 요충지였으며 출동 거점 지역들이었다. 그러므로 이들 지역의 부도위는 접경지의 요새를 관장하고 흉노 남침 저지에 주력하였으므로 군사적 기능이 강하였다고 할 수 있다. 남월국의 점령지에 설치된 교주 지역의 9군은 중앙으로부터 원거리에 위치했기 때문에 부도위가 설치되지 않고 교지자사(交阯刺史)가 토착민들을 직접 관리하기도 하였다.

이 외에도 점령지의 인구 부족과 세수(稅收) 확보가 어려운 지역에는 군 설치보다는 재정 부담이 가벼운 부도위가 설치되기도 하였다.[106] 문산군이 촉군 북부도위로 전환되고 침려군은 촉군 서부도위

105 權五重, 〈漢代 邊郡의 部都尉〉, 《東洋史學硏究》 第八十八輯, pp. 12-15.
106 위 논문, pp. 12-15.

로 개편되고 익주군의 서부도위가 영창군으로 전환되기도 하였는데 이 같은 현상은 점령지의 현지 사정에 따라 부도위 제도가 탄력적으로 개편되고 운영되었음을 뜻하고 있다. 이같이 부도위는 내군에는 설치되지 않고 변군 지역에서만 설치되었는데 이것은 투항 이적과 내속 이적들의 관리와 감시 또는 점령지 토착민들의 회유와 통치 등 토착 이적들과 관련된 문제를 집중적으로 다루기 위해서 설치된 특수 기관이었던 사실을 말하고 있다.[107]

또 이 같은 부도위 설치 외에도 내속한 투항 이적들을 정착시키고 관리하는 속국도위(屬國都尉), 둔전(屯田)을 관리하는 농도위(農都尉), 기타의 기도위(騎都尉)와 관도위(關都尉) 등의 여러 종류의 도위 설치가 설치되었다. 이 외에도 흉노만을 전담하는 흉노중랑장(匈奴中郎將), 오환만을 전담한 호오환교위(護烏桓校尉), 강족만을 전담한 호강교위(護羌校尉), 서남이만을 담당한 만이기도위(蠻夷騎都尉) 등 별도의 부(府)가 각 지역 특수 사정에 따라 설치되어 해당 지역 이적들의 관리, 감시, 협상 등을 전담하였는데. 이 같은 다양한 전담 기관 설치는 접경지 또는 점령지의 투항 이적들과 관련된 문제를 보다 전문적으로 다루기 위해서 기획 설치되었던 특수 부서들이었다.

이와 같이 한 제국은 이적들과의 접경지 또는 타국 점령지에는 변군을 확대하여 설치하고 무인 출신의 태수를 임명하고 문관 출신의 내군 태수가 보유하지 못한 일정의 상비군과 작전권을 부여하여 예측 불허의 비상사태를 대비하게 하였다. 또 광대한 점령지의 특수성과 각 지역 토착민의 현지 사정을 감안하여 부도위을 비롯한 다양한 전담 부서들을 설치하여 현지 문제를 전문적으로 다루게 하고 이 같

107 權五重, 〈漢代 邊郡의 部都尉〉, 《東洋史學硏究》 第八十八輯, p. 8 .

은 전담 부서들의 세부적 협조를 통해 사방 점령지 통치를 원활하게 하였던 사실을 알 수 있다.

또 이적과 접한 변경지 또는 타국 점령지에 변군을 설치하면 한 제국은 사민(徙民) 시행, 형도(刑徒) 이주, 성곽 수축과 수졸(戍卒) 주둔, 둔전(屯田) 조성, 내지 경제유통망과 연결 등의 후속 조치를 바로 취하였다. 이 중에서 성곽 수축과 수졸 주둔은 현지 방어시설 구축이었으며, 사민 시행, 형도 이주는 현지 인구 증가와 노동력 확보였으며, 둔전 조성은 자급자족의 식량 생산 시설의 확보였다. 내지 경제유통망과 연결은 한 제국 내지와의 교역, 여행, 물류 개통과의 연결이었다. 그런데 이 같은 여러 조치는 사실상 언어, 의복, 풍속, 음식, 일상생활필수품 등을 포함한 한 제국 선진문화의 이식이었으며 전파였다. 그러므로 변군 설치 후 사민 시행, 형도 이감, 성곽 수축과 수졸 주둔, 둔전 조성, 내지 경제유통망과의 연결 등의 정책은 현지 사정에 따라 치밀하게 고안된 변군의 내지화(內地化) 정책이었으며 동시에 한 제국 영토의 확장 작업이었다.

예를 들면 하서 지역에 설치된 하서4군은 설치 후 한 번도 흉노에게 재차 점령당하지 않고 내지화되어 한 제국의 영토로 편입되었다. 장강 일대를 중심한 남월국 지역은 춘추전국 시대에 오(吳), 월(越), 초국(楚國)과 같은 대국이 차례로 굴기하여 화하열국과 중원의 패권을 다투었던 지역이었으므로 이들 국가의 유산과 전통이 남아 있었다. 그러나 남월9군 설치 후 이 지역에서 남월국 복국운동이 한 번도 일어나지 못했는데 이것은 남월국 복국운동의 씨앗이 철저히 제거되었던 사실을 말하고 있다. 동북 위만조선의 점령지에 설치된 한4군도 설치 후 이동과 위축 과정은 있었지만 낙랑군은 고구려의 대두 전까지 400여 년 이상 존속하였는데, 이는 한 제국의 동북 한4군 정책이 크게 성공하였음을 말하고 있다.

이와 같이 사방 점령지의 변군 설치와 내지화는 기존의 국가체제와 토착 지배층을 그 뿌리까지 완전히 해체하고 황제 통치를 점령지 말단까지 관철시키는 중앙집권적 통치체제로 편입시키는 것이었다. 그러므로 점령지의 변군 설치와 내지화 정책은 한 제국 영토 확장의 전위적 역할을 하였다고 할 수 있다.

2) 속국 설치와 가두리 정책

한대에는 사면정벌로 투항 이적들이 급증하자 이적들과의 접경지 또는 북변 변군 지역에 속국(屬國)을 대량으로 설치하여 투항 이적들을 수용하였다. 설치 현황을 살펴보면 최초 속국이었던 오속국(五屬國)을 시작으로 농서(隴西), 북지(北地), 상군(上郡), 삭방(朔方), 장객(張掖), 금성(金城), 천수(天水), 안정(安定), 오원(五原) 등의 10여 개였다. 후한 대에는 건위(健爲), 광한(廣漢), 촉군(蜀郡), 요동(遼東), 서하(西河), 상군(上郡), 안정(安定), 주천(酒泉), 탁군(涿郡) 등을 설치했다. 따라서 전후 한대를 통하여 20여 개의 속국이 수립되었다.

그런데 속국은 시대에 따라 그 성격이 변하였는데 속국 성격 변화를 진 제국에서 전한 무제 때까지, 무제 이후 후한 광무제 건무 5년까지, 광무제 건무6년부터 안제 시기까지로 나누어 볼 수 있는데[108] 여기에서는 전한 시대에 설치된 속국을 중심으로 속국의 실체, 성격, 설치 목적 등을 검토해 볼 예정이다.

원래 중국에서는 고대부터 주변 이적들과 상호 충돌도 많고 접촉과 내왕도 빈번하였으므로 이적들과의 접촉과 내왕 등의 업무를 담

108 김병준, 〈秦漢帝國의 이민족 지배〉, 《역사학보》 217집, p. 2013.

당하는 전담 부서를 두었다. 주대에는 대행인(大行人), 진대에는 전객(典客) 그리고 한대에는 대홍려(大鴻臚)와 전속국(典屬國)의 두 기관을 설치하여 주변 이적들과 관련된 업무를 담당하게 하였다.

한대 대홍려는 진대 전객(典客)이 전신이었는데 경제 6년에 대행령(大行令)으로 명칭이 바뀌고 무제 때 대홍려(大鴻臚)로 바뀠다. 대홍려는 휘하에 행인(行人), 역관(譯官), 별화삼령승(別火三令丞)과 군저장승(郡邸長丞)을 두고 제후의 입조와 교사제례 주관, 이적 군장의 책봉 관련 사무와 접대, 이적 내빈과 사신들의 환대 환송 등을 담당하였으며[109] 전속국도 구역령(九譯令) 등의 속관을 두고 투항 이적들을 관장하였다. 그런데 이 두 부서는 모두 중앙부서로 중앙정부와 속국과의 관계를 연결하고 유지시켜주는 임무만 담당하고 있었으므로 업무가 중복되고 상충되었다.[110] 따라서 성제 4년(전 25)에 대홍려에 전속국이 흡수되어 관련 업무가 일원화 되었다.

그런데 위에서 언급한 바와 같이 흉노 공략과 더불어 시작된 사면정벌로 영토가 확장되고 이적들이 많이 투항하게 되자 이들 투항 이적을 수용하기 위해 5속국을 필두로 많은 속국을 설치하였다. 이에 따라 투항 이적들과 관련된 업무가 급증되고 또 현장에서 직접 다루고 관리할 전담 부서도 필요하게 되었으므로 무제 원수 3년에 속국도위(屬國都尉)를 새로 설치했다.

속국도위는 휘하에 승(承), 후(侯), 천인(千人) 등의 다수 속관을 두고 현장에서 투항 이적들에게 생활 터전과 시설, 식량 등의 일상생활필수품을 마련해 주고 기타 요구 사항을 경청하여 해결해 주는 등의 실무와 관리를 담당하였다. 그러나 군 태수 또는 부도위와 달리

---

109 《後漢書》, 〈百官 二〉, p. 3583.
110 위 책, p.169.

산하에 집행기관은 없었는데 이것은 속국도위가 집단적으로 투항한 이적들의 보호 감시가 주 임무였기 때문이었다.[111] 그런데 사고(師古)와 정의(正義)는 접경지 안에 설치된 속국의 실체와 성격을 아래와 같이 파악하고 있다.

"… 이에 투항한 흉노들을 변두리 오군 즉 예전의 새외(塞外) 지역에 분산하여 이주시켰다. 모두 하남 땅에 살면서 원래의 풍속을 유지한 채 한 나라의 속국이 되었다(… 乃分徙降者邊五郡故塞外 而皆在河南 因其故俗 爲屬國)."[112]

"무릇 속국이라고 하는 것은 그 국호를 그대로 가진 채로 한에 속하게 하였으므로 속국이라고 한다(凡言屬國者 存其國號而屬漢朝 故曰屬國)."[113]

"투항한 이적들을 오군(五郡)에 옮겨서 안치하였다. 투항 이적들은 각기 본국 풍속을 유지하면서 한 나라에 귀속했으므로 속국이라고 한다(以降來之民徙置五郡 各依本國之俗 而屬於漢 故言屬國也)."[114]

"이에 천자가 종표후를 보내어 속국 기병과 군병을 거느리고 흉노를 응징하였으므로 흉노가 다 도망쳐버렸다(於是 天子遣從票侯破奴 將屬國騎及郡兵數萬以擊胡 胡皆去)."[115]

위 인용문을 종합해 보면 속국은 이적들과 접경한 한 제국의 변경지 내에 설치되었다. 속국이 이같이 설치되면 한 제국은 투항 이적들

111 《後漢書》, 〈百官 二〉, p. 3583.
112 《史記》 卷111, 〈衛將軍列傳〉, p. 2934.
113 《漢書》 卷6, 〈武帝紀〉, p. 177.
114 《史記》 卷110, 〈匈奴列傳〉, p. 2934.
115 《漢書》 卷 61, 〈張騫李廣利傳〉, p.1695.

을 속국에 안치하여 본국 원래의 습속을 그대로 유지하고 자체의 무력을 보유하고 자율 통치를 행사하게 하였다. 그러므로 속국은 한 제국 영토 안에 있으나 고유 습속을 유지하고 자체 무력을 보유하고 자율 통치를 행사하면서 한 제국의 통치를 받지 않는 외국으로 이해되기도 하였다.

그런데 한 제국이 투항 이적들에게 자국의 영토를 제공하여 속국을 설치해 주고 막대한 재정을 부담하고 언제 발발할지 모르는 투항 이적들의 반란 등의 위험을 감수하고 또 자체 무력 보유와 자율 통치를 허락하였던 것은 단순히 투항 이적들을 수용하여 안주시키고 우대하기 위한 것만은 아니었을 것이다. 그러므로 속국 설치에 대한 한 제국의 정책적 의도를 분석해 볼 필요가 있다.

위에서 언급한 바와 같이 한대 최초로 설치된 속국은 오속국이었다. 흉노 서쪽 방비의 총책임자였던 혼야왕(昆邪王)이 곽거병에 연이어 대패하자 선우의 문책을 두려워하여 공동 책임자였던 휴도왕(休屠王)을 살해하고 자신의 병력과 휴도왕의 병력을 합친 4만여의 병력을 데리고 무제 원수 2년(전122) 항복하여 왔는데 이에 대한 한 제국의 조치는 아래와 같았다.

> "… 이에 투항한 흉노들을 변경 오군의 옛 새외(塞外) 지역에 분산하여 거주하게 하였다. 모두 하남 땅에 있었는데 원래의 풍속을 유지하였으므로 속국이 되었다(… 乃分徙降者邊五郡故塞外 而皆在河南 因其故俗爲屬國)."[116]

> "… 혼야왕과 휴도왕이 한 나라에 투항하기로 모의하였다. 투항 흉노가 수만이었는데 10만이라고 하였다. 투항자들을 오군 변경의 옛 요

116 《漢書》 卷55, 〈衛青霍去病傳〉, p. 2483.

새에 분산하여 거주시켰다(… 渾邪王與休屠王等謀欲降漢 … 降者數萬人 號稱十萬 … 乃分處降者於邊五郡故塞外 而皆在河南 因其故俗爲屬國)."[117]

이같이 4만여의 흉노가 집단적으로 투항하여 오자 "오군 옛 요새에 분산하여 거주시켰다(乃分徙降者邊五郡故塞外)", "오군 변경의 옛 요새에 분산하여 거주시켰다(乃分處降者於邊五郡故塞外)" 등과 같은 기록에서 볼 수 있는 것처럼 한 제국은 하남 변경지의 옛 요새 안에 다섯 개의 속국을 설치하고 투항 흉노를 분산하여 정착시켰다. 여기에서 주목되는 것은 5개의 속국 설치와 투항 흉노의 분산 수용이었다. 그리고 투항 이적들에 대한 속국 설치와 분산 수용은 다른 지역 속국의 경우에서도 마찬가지였을 것이다. 그러므로 한 제국의 투항 이적들을 위한 속국 설치와 분산 수용의 정책적 의도를 최초로 설치되었던 오속국 설치 과정을 통해서 살펴볼 수 있을 것 같다.

위에서 언급한 바와 같이 곽거병에 연패한 흉노 서쪽 방비의 총책임자였던 혼야왕(昆邪王)이 선우 문책을 두려워하여 4만여의 대병력을 데리고 무제 원수 2년(전122) 항복하여 왔다. 그런데 한 제국 입장에서 볼 때 얼마 전까지도 적군으로 치열하게 대결하였던 4만여의 흉노 병력의 집단적 투항은 의심스러울 수밖에 없고 또 실제적으로 위험한 것이었으므로[118] 내지에 집단적으로 안주시킬 수는 없는 것이었다. 이에 한 제국은 내지 아닌 접경지에 다섯 개의 속국을 설치해서 4만여의 투항 이적을 분산하여 수용하고 이들의 생활을 보장하고 보호 감시하였던 것으로 생각된다.

한편 투항 이적들은 한 제국이 제공한 보호, 혜택과 안주 속에서

117 《漢書》 卷55, 〈衛青霍去病傳〉, p. 2483.
118 김병준, 〈秦漢帝國의 이민족 지배〉, 《역사학보》 217집, p. 2013.

시일이 지남에 따라 본족과는 자연히 멀어질 수밖에 없었다. 따라서 속국 설치와 분산 수용은 이들 투항 이적들을 사실상 흉노 본족과 분리시켜서 격리를 유도하는 것이었다. 또 투항 흉노 세력을 다섯 개의 속국에 분산 수용한 것은 만일의 경우 투항 흉노 세력의 결집을 저지하고 행동 통일을 어렵게 하려는 것이었으며 궁극적으로는 본족의 세력을 약화시키는 것이었다.

또 대부분의 속국은 한-흉노가 대치하고 있는 접경지에 설치되어 일종의 완충지대를 형성하고 있었으므로 한 제국은 속국 인력을 이용하여 흉노 본족에 대한 정보를 신속히 입수할 수도 있었다. 또 만일의 경우 흉노의 불시 침공을 보다 빠르게 대처할 수 있는 시간적 여유도 가질 수 있었다. 그리고 속국에 안주한 투항 이적들에 대한 극진한 대우와 우대는 주변 이적들의 투항을 자극하고 유도하여 장기적으로는 이적 간의 결속을 와해하고 본족 세력을 약화시킬 수도 있는 것이었다. 그런데 이뿐만이 아니었다.

> "우현왕 리오가 사천 명의 기병을 삼대로 나누어 일륵, 옥란, 번화를 침입하였다. 장액 태수와 속국도위가 병력을 발동하여 대파하였는데 도망자가 수백 인에 불과하였다. 속국천장 의거왕도 기병들을 거느리고 륵오왕을 사살하였다. 이에 황금 이백 근과 말 이백 필을 하사하고 륵오왕에 봉하였으며 속국도위 곽충을 성안후에 봉하였다. 이 후로 흉노는 감히 장액군을 침입하지 못하였다(右賢王 犂汙王四千騎 分三隊 入日勒 屋蘭 番和 張掖太守 屬國都尉發兵擊 大破之 得脫者數百人 屬國千長義渠王騎士射殺勒汙王 賜黃金二百斤 馬二百匹 因封爲勒汙王 屬國都尉郭忠封成安侯 自是後 匈奴勿敢入張掖)."[119]

이것은 흉노 우현왕 리오(犂汙)가 일륵, 옥란, 번화 지역을 침입하

119 《漢書》卷 94上,〈匈奴傳〉, p. 3783.

자 한 제국이 속국 병력을 동원하여 한군과 함께 흉노 침입을 격퇴하였던 사실을 말하고 있다.

"이에 천자가 종표후를 보내어 속국 기병과 군병을 거느리고 흉노를 응징하였으므로 흉노가 다 도망쳐버렸다(於是 天子遣從票侯破奴 將屬國騎及郡兵數萬以擊胡 胡皆去)."[120]

"이에 무제는 종표후 조파노에게 속국 기병과 군병 수만을 데리고 고사를 응징케 하였다. 왕회도 여러 번 누란에게 고통을 받았으므로 무제가 왕회에게 병사들을 데리고 조파노를 도와주라고 하였다. 조파노가 경기병 칠백 명과 먼저 도착하여 누란왕을 사로잡고 고사도 격파하였다. 인하여 무력을 오손과 대완 등의 무리에게 과시하였다. … (於是武帝遣從票侯趙破奴將屬國騎 及郡兵數萬擊姑師 王恢數爲樓蘭所苦 上令恢佐破奴將兵 破奴與輕騎七百人先至 虜樓蘭王 遂破姑師 因暴兵威以動烏孫大宛之屬 …)."[121]

위 인용문은 한 제국이 서역에 진출하면서 처음으로 무력을 행사하였던 경우를 말하고 있다. 앞에서 서술한 바와 같이 한 제국과 서역 간의 통행 길목에 위치해 있던 고사국과 누란국이 빈번히 왕래하는 한 제국 사신 접대에 싫증이 나서 한 제국 사신들을 멀리하고 흉노에게 다시 접근하기 시작하였으므로 무제는 조파노에 한 제국 병력과 속국 기병들을 동원하여 응징하게 한 것이다. 또 이사장군 이광리도 서역 대완국의 원정에 속국 병력을 동원하였는데[122] 이 같은 사실은 한 제국이 속국 병력을 흉노 격퇴에 동원하였을 뿐만 아니라 서역 원정에도 활용하였던 것을 말하고 있다.

---

120 《漢書》 卷 94上, 〈張騫李廣利傳〉, p. 1695.
121 위 책, 卷 61, 〈西域傳〉, p. 3877.
122 위 책, 卷 61, 〈西域傳〉, p. 3779.

"사월이 되어 목초지에 풀이 새로 돋으면 군(郡)의 말과 속국 말 중에서 튼튼한 말 천 필과 졸마(倅馬) 십분지 이의 이백 필을 징발하여 목초지에 보내어 둔전을 돕게 하십시오(至四月草生 發郡騎及屬國騎伉健各千 倅馬什二 就草 爲田者遊兵)."[123]

이는 군현과 속국에서 말들을 징발하여 군량을 생산하는 둔전(屯田)을 돕게 하자는 조충국(趙忠國)의 건의였다. 이 조충국의 건의에서 드러나는 것은, 당시 한 제국은 유사시 속국 병력을 동원하였을 뿐만 아니라 필요에 따라서는 말(馬) 등의 군수물자도 징발하였다는 사실이다.

이 같은 사실을 종합해 보면 한 제국의 속국 설치와 분산 수용의 첫 번째 목적은 투항 이적들의 주거지 제공, 생활 안정과 보호를 통하여 이적들의 침탈을 무마하여 변경 안정을 도모하는 것이었다. 두 번째 목적은 한-흉노 간의 완충지에 위치한 속국을 이용하여 흉노의 동태와 주변 이적들의 정보를 보다 신속히 입수하여 신속한 대응을 준비하고 주변 다른 이적들의 투항을 유도하고, 세 번째 목적은 유사시 속국 병력을 동원하고 경우에 따라서는 군수물자도 징발하는 것이었다. 이같이 한 제국은 접경지 또는 북변 변군에 속국을 설치하여 이적들의 침탈을 제어하고 변경을 안정시키면서 필요 시에 다양하게 이용하고 있었다.

물론 속국이 한 제국의 의도대로 항시 순종하고 협조하였던 것은 아니었다. 원제 초원 원년(전48) 속국의 투항 이적들이 흉노 본족으로 되돌아가는 집단적 이탈도 있었고[124] 소제 즉위 초에도 상군 속국

123 《漢書》, 〈西域傳〉, p. 2987.
124 위 책, 〈元帝紀〉, p. 280.

의 투항 이적 1만여 명이 흉노로 되돌아 갔으며[125] 말기에는 하서 속국의 추장이 1만여 명을 이끌고 반란을 일으켰다가 봉세(奉世)의 토벌을 받기도 하였다.[126] 그러나 이 같은 부작용이 있었음에도 불구하고 전한 대 20여 개 이상의 속국이 설치되고 후한 대에도 계속되었던 사실을 감안하면 단순히 투항 이적들을 위해서 설치했던 것이 아니라 여러 가지로 유익하였기 때문에 양 한대에 걸쳐서 장기간 계속되었던 것으로 추정된다.

이와 같이 속국은 한 제국 영토 안에서 고유 풍속을 견지하고 자체 무력을 보유하고 자율적 통치를 누리고 있었으나 외국은 아니었고 또 자치구(自治區)도[127] 아니었다. 속국은 항시 속국도위의 감시와 보호 아래 있었으며 국가 목적과 전략적 필요에 따라 수시로 동원되고 활용되었다. 이런 점에서 볼 때 변경지에 설치된 속국은 한 제국이 투항 이적들을 수용 관리하고 필요 시에는 수시로 활용하였던 일종의 양식장 가두리였다고 할 수 있다.

3) 서역도호부 설치와 도호 통치

앞에서 언급하였지만 한 제국의 서역 진출은 흉노의 오른팔로 역속된 서역의 물자와 인력 공급 차단과 서역과의 대흉노 협공전략 차원에서 급속히 추진되었다. 그러나 이 같은 한 제국의 서역 진출과 세력 확대는 지금까지 서역을 장악하여 온 흉노의 입장에서는 방관할 수 없는 것이었으므로 흉노와 한 제국 간에는 서역 장악을 둘러싸고 다시 치열한 공방전이 계속되었다.

---

125 《漢書》, 〈馮奉世傳〉, p. 3295.
126 위 책, 〈馮奉世傳〉, p. 3295.
127 李大龍, 《漢唐藩屬體制硏究》, 中國社會科學出版社, 2006, p. 88.

이에 무제는 천한 2년(전99)에서 정화 3년(전90)까지 이광리를 비롯한 손오(公孫敖), 노박덕(路博德), 이능(李陵), 한설(韓說) 등의 장수들을 수차례 출동시켜서 흉노를 공격하였으나 모두 패하였다. 특히 상구성(商丘成), 마통(馬通) 등과 함께 13만의 병력을 이끌고 마지막으로 출전한 이광리 역시 흉노에게 대패당하고 그 자신도 흉노의 포로가 되었다.

여기에 더하여 국가 재정도 거의 바닥이 나고 사회적 위기감도 고조되고 있었으므로 말년에 무제는 전쟁을 중단하고 농업 진흥에 주력하겠다는 윤대의 조서를 발표하였다(전89). 그리고 흉노 역시 장기간의 전쟁으로 막대한 인력 손실과 가축이 상실되었으므로 고비사막 이북으로 깊숙이 후퇴하여 잠복하였으므로 양국 간의 전쟁은 자연적으로 소강상태에 접어들었다. 그리고 무제 사후 이 같은 화해 분위기는 소제(昭帝)와 선제(宣帝) 초기까지 계속되었다.

이에 따라 서역을 둘러싸고 전개되었던 양국 간의 충돌도 소강상태로 접어들었으므로 천산북로 일대는 흉노의 영향 아래 그대로 있게 되었다. 그런데 이 시기에 흉노 내부에서는 선우 후계자 계승을 둘러싸고 주변 집권세력 간의 권력투쟁이 대를 이어서 발생하고 심화되어 갔다.

기원전 96년 10대 호록고(狐鹿姑, 전191~85) 선우가 즉위하자 동생 아들이며 주변의 인망이 두터운 선현탄(先賢撣)을 서역 방어의 총책임자 일축왕으로 임명하였다. 이에 화답하듯 일축왕은 서역에 동복도위를 설치하여 서역 각국으로부터 부세와 노역을 징수하여 국가재정 기반을 확립하고 서역 방어력을 강화하였으므로 차기 선우 후계자로 주변의 촉망을 받고 있었다.

그런데 호록고 선우 사망 후 새로운 선우 등극이 몇 명의 선우 측근들에 의해 일방적으로 결정되기 시작하고 이 과정에서 일축왕은 여러 번 배제되고 또 신변 위협까지 받았다. 이에 불만이 누적된 일축왕 선현탄은 신작 2년(전60) 수만의 부하들을 이끌고 한 제국에 항복하였다. 이에 따라 차사(車師) 서쪽 천산북로의 흉노세력이 완전히 와해되었으므로 선제는 이 같은 절호의 기회를 놓치지 않고 서역을 무혈로 접수하였다.

이같이 서역을 평화적으로 접수한 선제는 쿠차 동쪽의 토지가 비옥하고 교통과 군사적 요충지 오루성(烏壘城)에 서역도호부(西域都護府)를 설치하였다. 그리고 선선 서쪽의 천산남로 국가들을 관리하고 있던 기도위 정길(鄭吉)을 초대 서역도호(都護)로 임명하여 천산남북로 일대의 서역 국가들을 통어하게 하였다

서역도호부는 도호를 정점으로 부교위(副校尉), 승(丞), 사마(司馬), 후(候), 천인(千人) 등의 속관(屬官)들로 구성되었는데 이후 도호부의 업무 확대에 따라 군사적 기능을 가진 무기교위(戊己校尉)가 설치되고 그 산하에 이순교위(伊循校尉)와 둔전교위(屯田校尉) 등을 두었다. 서역도호부의 임무는 중앙정부를 대리하여 서역 국가들을 개별적으로 관리하고 통어하는 것이었다. 시행 정책을 살펴보면 다양하였다.

"원귀미의 아들 성미(星靡)가 대를 이어서 대곤미가 되었으나 유약하였으므로 빙부인이 상서를 올려서 오손에 사자를 보내어 성미를 격려해 주기를 원했으므로 한 나라는 사졸 백 인을 보냈다. 도호 한선이 오손의 대사, 대록, 대감에게 금인을 하사하여 대곤미를 받들도록 상주하였으므로 한 나라는 그것을 허락하였다. 그 후 도호 한선이 성미는 겁이 많고 유약하므로 폐하고 그의 숙부 좌대장대락으로 대체할 것을 다시 상주하였으나 한 나라 정부는 허락하지 않았다. 그 후 단회종이

도호가 되어 망반자들을 회유하였으므로 정국이 안정되었다(元貴靡子星靡代爲大昆彌 弱 馮夫人上書 願使烏孫鎭撫星(彌), 漢遣之 卒百人送焉 都護韓宣奏 烏孫大吏 大祿 大監皆可以賜金印紫綬 以尊輔大昆彌 漢許之 後都護韓宣復奏 星彌怯弱 可免 更以季父左大將樂代爲昆彌 漢不許 後段會宗爲都護 招還亡畔 安定之)."[128]

원제 시에 오손국 왕 대곤미는 친한적이었으나 성격이 유약하고 세력이 미약하였으므로 한 나라는 사졸 백여 명을 보내어 대곤미의 세력을 강화하고 또 오손국의 대리, 대록, 대감 등의 대신들에게 천자의 금인자수를 하사하여 대곤미를 보좌하도록 하였으나 역부족이었다. 이에 도호가 오손국 내정에 직접 개입하여 한 나라에 유리한 왕의 교체를 중앙정부에 건의하였으나 수용되지 않았는데 위와 같은 일련의 사태는 서역도호가 오손국 내정에 직접 개입하려고 했던 사실을 말하고 있다.

"그 해 말에 소곤미가 백성들에게 살해되고 여러 령후(翎侯)들이 큰 혼란에 빠졌다. 한 나라는 회종을 불러서 좌조중랑장광록대부에 임명하고 오손국을 회유하고 소곤미의 형 말진장(末振將)을 소곤미로 즉위시켜서 오손국을 안정시키고 돌아오게 하였다(歲餘 小昆彌爲國民所殺 諸翎侯大亂 徵會宗爲左曹中郎將光祿大夫 使安輯烏孫 立小昆彌兄末振將 定其國而還)."[129]

오손국에서 친한적이었던 왕 소곤미가 실정으로 인해 백성들에게 살해되고 나라가 혼란에 빠지자 도호 회종이 내정에 개입하여 살해된 소곤미의 형이었던 말진장을 소곤미로 등극시켜서 오손국을

128 《漢書》 卷96下, 〈西域傳〉, p. 3909.
129 위 책, 卷70, 〈傳常鄭甘陳段傳〉, p. 3031.

안정시켰다. 이것은 도호가 직접 개입하여 오손국에서 친한적 정권을 계속해서 유지하게 하였던 사실을 말하고 있다.

> "… 소곤미 조취도가 죽자 아들 부리(拊離)가 대를 이었으나 동생 일리(日離)에게 살해되었다. 한 나라가 사자를 보내어 부리의 아들 안일(安日)을 소곤미로 세웠으므로 일리가 강거로 도망하여 의지하였다. 한 나라는 기교위군을 이동시켜 고흑에 주둔시키고 기회를 봐서 토벌하려고 하였다. 안일이 귀인, 고막, 익 3인이 비밀리에 따라가 일리를 죽이게 하였다. 이에 도호 염포가 고막익 등에게 금인 이십 근과 비단 3백 필을 하사하였다(星彌死 子雌栗靡代 小昆彌烏就屠死 子拊離代立 爲弟日離所殺 漢遣使者立拊離子安日爲小昆彌 日貳亡 阻康居 漢徙己校屯姑黑 欲候便討焉 安日使貴人姑莫匿等三人詐亡從日貳 刺殺之 都護廉褒賜姑莫匿等金人二十斤 繒三百匹)."[130]

오손국에서 친한적이었던 왕 소곤미 부리가 동생 일리(日離)에게 살해되자 도호가 부리의 아들 안일을 소곤미로 세워서 친한적 정권을 유지시키고 병력을 동원하여 일리를 암살하여 친한적 정권에 방해가 될 수 있는 잠재적 대상을 미리 제거한 것이다.

> "처음 초비왕 옹귀미의 흉노 처 아들인 오취도는 광왕이 부상을 당하였을 때에 여러 령후(領侯)들과 북산 중으로 이동하여 있으면서 외가인 흉노병들이 올 것이라고 큰소리를 치고 있었으므로 많은 군중들이 모여들었다. 후에 광왕을 습격하여 살해하고 자립하여 곤미가 되었다. 한나라는 파강장군 신무현에게 장병 만오천 명을 거느리고 돈황으로 가게 하였다. … 도호 정길이 … 오취도에게 한 나라 병력이 출동하면 반드시 멸망할 것이니 항복하는 것이 좋다고 하였다. 오취도가 겁에 질려서 소곤미만 되기를 바란다고 하였다. … 이에 선제가 … 원

130 《漢書》 卷96下, 〈西域傳〉, p. 3909.

귀미를 대곤미, 오취도를 소곤미로 세우고 모두에게 인수를 하사하였다(初 肥王翁歸靡胡婦子 烏就屠 狂王傷時驚 與諸翖侯俱去 居北山中 揚言母家匈奴兵來 故衆歸之 後遂襲殺狂王 自立爲昆靡 漢遣破羌將軍辛武賢將兵萬五千人至敦煌 遣使者案行表 穿卑鞮侯井以西 欲通渠轉穀 積居廬倉 以討之 … 都護鄭吉 … 以漢兵方出 必見滅 不如降 烏就屠恐 曰 願得小號 宣帝 … 立元貴靡爲大昆彌 烏就屠爲小昆彌 皆賜印綬)."[131]

오손국에서 친흉노 인물 오취도가 왕 곤미로 등극하자 도호가 중앙정부 지원하에 개입하여 위협하고 문책하면서 오손국을 양분하여 원귀미를 대곤미, 오취도를 소곤미로 즉위시키어 세력을 약화시키고 흉노 세력의 부활을 봉쇄한 것이다.

서역도호는 이같이 전략적 요충지 오루성에 주둔하고 있으면서 서역 각국의 동태를 감시하여 특정 국의 친한적 왕의 세력이 미약하면 보강해주었다. 왕이 교체되거나 살해되면 내정에 개입하여 친한적 인물을 왕으로 등극시키고 방해가 될 수 있는 인물은 암살을 통하여 미리 제거했다. 또 오손국 같은 강국에서 권력싸움이 발생하면 양분하여 각기 왕을 즉위시키어 세력을 약화시키는 등의 내정 감시, 간섭과 직접 개입 등의 방법과 위협을 통하여 서역 국가들을 국가 단위로 관리하고 흉노 세력의 부활을 저지하였다. 이에 강거를 제외한 서역 모든 국가들은 한 제국 외신 외번으로 책봉되어 서역도호의 통령을 장기간 받게 되었다.[132] 이런 점에서 서역도호부를 통한 한 제국의 서역 통치는 일종의 도호통치였다고 할 수 있다.

---

131 《漢書》卷 61, 〈張騫李廣利傳〉, p. 1695; 《漢書》卷96下, 〈西域傳〉, p. 3909.

132 한 제국의 서역 경략과 통령은 이후 왕망과 후한대까지 계속되었다. 이 기간 중 3통 3절(三通三絶)의 과정을 거치는 기복은 있었다. 그러나 무제 때의 한 제국의 서역 경략과 통령은 이후 서역을 포함한 중앙아시아 지역이 중국 영역에 편입될 수 있는 기초가 되었다.

이와 같이 무제 건원 년간(전140~135?) 장건의 서역 파견을 시작으로 시동된 한 제국의 서역 진출과 경략은 선제 신작 2년(전60)에 완성되었는데 거의 80여 년이 걸렸다. 이 경략 과정에서 한 제국이 취한 정책을 분석해 보면 진출 초기에는 빈번한 사신, 사절단의 파견과 자국의 우수한 물산을 앞세운 통상으로 서역 각국과 통교를 추진하고, 통교를 튼 후에는 무력행사는 최소화하면서 기존 국가체제와 지배계층을 온존시키는 정책으로 일관하였다. 이후 한 제국은 빈번한 사신과 사절단의 파견, 선물과 뇌물 제공, 질자 담보, 통혼책, 연병체제와 군사동맹 수립과 공동작전 수행, 교역 허용 등으로 구성된 기미외교로 서역 국가들을 친한 국가로 포섭하여 흉노 세력권을 잠식하였다. 또 서역을 접수한 후에는 교통 군사적 요충지에 중앙정부를 대리한 서역도호부를 설치하고 서역도호를 통하여 각국의 내정 감시와 간섭, 직접 개입 등의 방법과 위협으로 서역 국가들을 국가 단위로 관리하면서 서역을 장기간 통령하였다.

한편 한 제국의 서역 경략 정책은 이같이 단계마다 달랐고 또 다른 점령지에서 강행했던 군현화 정책과도 달랐다. 달랐던 정치·군사적 이유를 살펴보면 서역은 돈황으로부터 약 1,700km 정도 떨어져 있고 중간의 준험한 산맥, 광대한 초원과 타클라마칸 사막으로 격리된 절역 지역이었다. 또 서역 36개 국가들은 한 번도 통일된 적이 없는 오아시스 도시국가들로서 한 제국 서변을 위협할 수 없었던 반면 흉노의 오른팔로 역속되어 인력과 물자를 지원하고 있었다.

그러므로 이 같은 서역 특유의 자연환경, 지리조건, 전략가치 등의 요인들을 감안한 한 제국은 무력에 의한 군현화 대신 통상을 앞세워 통교를 트고, 통교를 튼 후에는 기미외교 활용으로 서역 국가들을 친한 국가로 포섭하여 흉노에 대한 인력과 물자 지원을 차단하였다.

그리고 서역 접수 후에는 중앙정부를 대리한 서역도호부를 설치하여 국가 단위로 관리하면서 전체 서역을 통령하였다. 이후 서역의 인력과 물자 지원을 상실한 흉노 제국은 재정적으로 고갈되고 대외적으로 고립되어 분열로 치닫고 동아시아 패권을 상실하게 되었다.

이와 같이 한 제국은 주변국에 대한 사면정벌을 통하여 광대한 점령지를 획득한 다음 점령지의 자연환경, 지리조건, 전략적 가치 그리고 토착 지역의 전통과 사정에 따라 변군 설치, 속국 설치, 서역도호부 설치 등의 다양한 점령지 정책을 개발하여 시행하고 내지화 정책을 통하여 한 제국의 항구적 영토로 편입하였다. 이 같은 사실에서 볼 때 한 제국의 사방 점령지 정책이 얼마나 용의주도하고 치밀하게 기획되어 추진되었는가를 알 수 있다.

제6장

한 제국의 동중아시아 패권 장악과 봉건적 국제질서 수립

1. 흉노의 남·북 분열과 한 제국의 분할 공략

앞 장에서 살펴본 것처럼 흉노-한 제국 간의 10여 년간 계속된 장기전으로 인하여 양국은 인력 상실과 물자 손실이 막대하였다. 한 측은 사졸이 많이 전사하고 말을 10만여 필이나 잃었기 때문에 고비사막 이북까지 진공하기가 어려웠으므로 기원전 119년 위청과 곽거병의 출병을 고비로 종전과 같은 대규모의 출병은 감행하지 못하였다.[1] 또 국가 재정도 경제도 파탄되고 사회 불안도 고조되어 국가 위기감이 전국적으로 확산되고 있었는데 이 같은 경제 파탄과 사회적 참상 그리고 국가적 위기감을《한서》〈식화지〉에서는 다음과 같이 지적하고 있다.

1 흉노 공략은 위청과 곽거병의 지휘 아래 대략 원광 6년(전129)부터 원수14년(전119)까지 10여 년 동안 계속되었다. 그 후에는 이광리의 흉노 정벌(전90)을 제외하고는 대규모 정벌이 없었다.

"일반 백성들은 … 1년에 한 달의 경졸(更卒) 병역을 마치면 다시 정졸(正卒)이 되어 1년 동안 변방의 수자리(屯戍)를 마칩니다. 그리고 일 년 부역을 담당하는데 그 기간이 옛날의 30배나 됩니다. … 가난한 백성들은 호족의 땅을 경작하더라도 수확의 10분의 5를 징수당합니다. 따라서 가난한 백성들은 항상 말이나 소가 입는 옷을 입고 개와 돼지가 먹는 음식을 먹었습니다. 탐욕하고 포악한 관리들은 형벌과 살육을 제멋대로 저질러 백성들을 근심에 빠지게 하고 바랄 것이 없게 만듦으로 산속으로 도망하여 도적이 됩니다. 죄인들이 길의 반을 차지하고 형벌을 받는 자가 수천수만을 헤아리고 있습니다(小民 … 又加月爲更卒 已復爲正 一歲屯戍 一歲力役 三十倍於古 … 或耕豪民之田 見稅什五 故貧民常衣牛馬之衣 而食犬彘之食 重貪暴之吏 刑戮妄加 民愁亡聊 亡逃山林 轉爲盜賊 赭衣半道 斷獄歲以千萬數)."[2]

"동중서 사망 후 세금과 요역이 더욱 심해졌으므로 천하의 재부가 텅텅 비었다. 사람들이 다시 서로 잡아먹기 시작하였다 … 무제 말년에 사방정벌을 후회하였다(仲舒死後 功費愈甚 天下虛耗 人復相食 … 武帝末年 悔征伐之事)."[3]

이와 같이 당시 한 제국은 흉노에 대한 장기간 공벌과 사면정벌 후유증과 부작용으로 경제가 파탄되고 민생은 피폐되어 백성들이 서로 잡아먹는 상태까지 이르게 되어 국가 위기감이 고조되고 있었다.[4]

이 시기 흉노 제국에서도 한 제국에 못지않은 경제 파탄과 사회 불안이 고조되고 있었다. 한군에 의해 살상되거나 투항한 흉노의 인

---

2 《漢書》 卷94上, 〈食貨傳〉, p. 1137.

3 위 책, 〈食貨傳〉, p. 1137.

4 흉노와의 전쟁도 초기와는 달리 불리하게 전개되고 있었다. 천한 2년(전99)과 4년(전97), 정화 3년(전90)의 3차에 걸친 흉노 원정은 모두 참담한 실패로 끝났으며 원정대를 지휘했던 이광리(李廣利), 상구성(商丘成), 마통(馬通), 이능(李陵) 등의 장수들은 모두 흉노 선우에게 포로가 되었거나 항복하였다.

력 손실은 20여 만 명이 넘었는데 이 같은 인력 손실은 인구가 희소하였던 흉노의 입장에서는 회복하기 힘든 것이었다. 또 한군에 의해 노획되거나 살육된 가축이 부지기수였다. 유목과 목축 이외의 대안 경제가 없는 흉노 경제에서 목축은 백성들의 주 생업이었고 경제의 근본이었는데 이 같은 가축 손실은 치명적인 것이었다. 여기에 더하여 하남, 하서 지역과 같은 최적의 목초지를 상실하고 계속된 가뭄과 병충해 만연으로 가축이 급감되고 또 중국 북변 약탈도 중단될 수밖에 없었으므로 흉노 경제는 결정적으로 파탄되어 국가 근간이 흔들리게 되었다. 이같이 양국은 10여 년간 지속된 전쟁의 후유증과 부작용으로 국가의 근간이 와해될 정도로 심각하였는데 이에 대한 양국의 대처 방법은 정반대였다.

한 제국 측에서는 흉노 공략을 거의 진두지휘하다시피 하였던 무제가 기원전 87년에 사망하고 소제(昭帝 전87~74)와 선제(宣帝 전74~49)가 각기 등극하고 또 흉노도 고비사막 이북으로 깊숙이 잠복하여 버렸으므로 전쟁도 소강상태로 접어들었다. 이에 양국 간에는 거의 40여 년간의 충돌이 없는 평화 시대가 계속되었다.

그런데 선제는 등극 전 민간사회에서 성장하였기 때문에 지방 사정과 사회 실상에 밝았고, 특히 지방 관리들의 부패, 탈법과 비행을 잘 알고 있었다. 그러므로 등극하자 바로 염철 전매하에 묶여 있는 고가의 소금 가격을 내렸으며, 전국 죄수들 중 억울한 자는 방면하고, 옥중에서 기아, 동사자가 없도록 배려하였다. 또 국가 소유의 공전(公田)과 원유(苑囿)를 개방하여 백성들이 사용할 수 있게 하였다.

이와 같이 선제는 도탄에 빠진 민생을 직접 챙기면서 법가 출신의 관료들을 중앙과 지방 요직에 중용하여 사회질서와 기강을 파괴하는 부패 관료, 호족, 도적 등을 엄한 형벌로 다스렸다. 그리고 유가 출신 관료들도 대거 등용하여 권농정책에 힘쓰고, 호구 수를 정확히 조사하여 조세를 공평하게 부과하고, 조세·인두세·요역 등의 세금을 모두 경감하였다.

한편 하늘에서는 선제의 이 같은 선정에 화답하듯 원강 원년(전65)에는 봉황이 태산(泰山)과 진류(陳留) 등지에 출현하고 미앙궁에는 감로(甘露)가 내렸다. 다음 해 봉황이 다시 출현하고 감로가 내렸으며, 신작(神雀)이라는 상서로운 새가 태산(泰山)에 많이 나타나는 등의 상서로운 일이 연달아 일어났으므로 연호를 오봉, 감로, 황룡으로 고치기도 하였다. 물론 이 같은 상서의 출현은 당시 참위설과 결합된 유가의 영향을 받은 것이었지만 당시 백성들에게는 하늘이 황제의 선정을 칭찬하는 것으로 인식되었다.

한 제국은 이 같은 선제의 선정으로 무제 이래로 파탄된 경제가 회복되고 피폐되었던 민생도 안정되고, 또 흉노와의 전쟁도 없었으므로 마침내 문·경 시대를 능가하는 태평시대를 맞이하게 되었다.[5] 반면 이 시기 흉노 제국 내부에서는 위에서 언급한 바와 같이 집권세력 간의 권력투쟁으로 치닫고 있었다.

원래 흉노 제국에서는 선우가 사망하면 장자상속제에 따라 장자가 선우 자리를 상속했다. 그런데 6대 오유 선우(烏維, 전114-105) 사망 후 선우 위는 아(兒, 전105-102), 구려호(句黎湖, 전 102-101), 저제후(且鞮侯, 전101-97)로 이어졌으나 모두 일찍 사망하여 장자가 상속할 수 없게 되었다. 그리고 이 같은 현상은 10대 호록고(狐鹿姑 전97-85) 선우 사망 때도 계속되었다.

호록고 선우가 사망할 때 호록고 선우는 자신의 아들이 어려서 나

5 이춘식, 《중국고대의 역사와 문화》, 신서원, 2007, pp. 375-377 참조.

라를 통치할 수 없으므로 총명하고 주변 신망이 높은 서역 방위의 총책임자 우곡려 왕(先賢撣, 동생 아들)에게 선우 자리를 물려주라는 유언을 남겼다. 당시 서역 방어의 총책임자 일축왕 선현탄은 서역의 교통 군사적 요충지에 동복도위를 설치하여 서역 각국으로부터 부세와 노역을 정기적으로 징수하여 재정을 증강시켜서 서역 지배와 방어를 강화하고 있었다. 이에 일축왕은 차기 선우 후보자로서 주변에서 높은 촉망을 받고 있었다.

그런데 평소 선현탄과 사이가 좋지 않았던 알지 전거(顓渠)가 총신 위율(衛律) 등의 주변 귀인들과 모의하여 호록고 선우의 유언을 따르지 않고 자신의 아들 좌곡려 왕을 선우로 옹립하였는데 이가 11대 호연제(壺衍鞮, 전85-68) 선우였다. 그런데 호연제 선우의 등극은 주변 측근들에 의한 일방적 결정이었으며 또 전통적으로 선우 후계자를 인정하고 정통성을 부여하는 용성회의(龍城會議)를 거치지 않는 것이었다. 그리고 이후에도 선우 후계자의 선정이 몇 측근들에 의해 일방적으로 결정되고 용성회의를 거치지도 않았다.

한편 선우 후계자 선정이 이같이 몇 사람 측근들에 의해 일방적으로 결정되고 이 과정에서 두 번이나 등극 기회를 놓치고 또 신변에 위험이 가해지자 일축왕 선현탄은 마침내 수만의 부하들을 이끌고 한 제국에 투항하였다(전60). 그리고 일축왕의 투항을 계기로 흉노 동변의 고석왕(姑夕王)이 계후산(稽侯𤢮)을 호한야(呼韓邪) 선우로 추대하고 악연구제 선우에게 대항하였으므로 악연구제 선우는 자살하였다.

이에 따라 호한야가 14대 선우로 등극하였지만 불만을 품은 일축왕 도기(屠耆), 서쪽의 호게왕, 우욱건왕, 오자도위, 선현탄의 형 욱건왕(薁鞬王) 모두가 선우로 자칭하고 서로 대립하고 공격하였으므로 호한야 선우, 도기 선우, 오자 선우, 호게 선우, 거리 선우로 구성된 소위 5선우 쟁립 시대가 연출되었다. 이 5선우 쟁립은 얼마 안 되어 세력이 강한 호한야 선우에게 거의 제압되었는데 이번에는 호한야 형 우현왕 호도오사(呼屠吾斯)가 호한야 선우와 대립하였다. 호도오사는 기원전 54년 호한야 선우를 패주시키고 최후 승리를 얻어서 질지(郅支, 전56-36)선우로 등극하였다. 그리고 권력투쟁에서 패배한 일축왕 비(比)는 남흉노를 따로 세우고 독립하였으므로 흉노 제국은 마침내 남북 흉노로 양분(전61)되었다.

이와 같이 흉노-한 제국 양국은 장기간의 패권 쟁탈전 여파로 국가의 근간이 흔들릴 정도로 위기가 심각하였는데 한 제국은 소제~선제 년간의 장기간 선정과 평화 지속으로 문~경제 시대 수준의 경제를 회복하고 사회를 안정시켰던 반면 흉노 제국은 계속된 선우 요절, 집권세력 간의 권력투쟁 발발과 5선우 쟁립의 무력대결로 비화되고 마침내 남·북으로 분열되는 최악의 상태로 치닫게 되었다. 이에 따라 당시 국제정세는 한 제국, 남흉노, 북흉노 간의 3국 쟁립의 국제역학구도로 급변하게 되었다.

한편 권력싸움에서 패배하여 남흉노를 수립한 호한야 선우는 여전히 북흉노 선우 질지의 무력 압박에 직면하였으므로 신하들과 장기간 격론 끝에 한 제국의 도움을 받기 위해 칭신 내조하기로 결정하고[6] 먼저 아들 우현왕 철루거당(鐵婁渠堂)을 선제에게 보내어 입시시키고 2년 후인 감로3년(전51) 정월에는 자신이 직접 내조하여 조하에 참렬하였다.[7]

6 《漢書》 卷8, 〈宣帝紀〉, p. 271; 〈匈奴列傳〉, p. 3798.
7 위 책, 〈匈奴列傳〉, p. 3798.

"흉노 호한아 선우가 오원 요새의 문을 두드리고 머리를 조아리면서 … 3년 정월 조하하기를 원하였다. 황제가 신하들에게 의논케 하였는데 신하 전부가 말하기를 … 흉노 선우가 폐하의 위엄에 이끌리고 덕을 사모하여 … 보물을 받들고 조하하는 것은 고래로 없었던 일입니다. 선우가 정삭을 받들고 있지는 않지만 왕자의 신분입니다. 의례는 마땅히 제후왕과 같이 하고 … 자리는 제후왕 아래에 배열해야 합니다. 황제가 조서를 내려 말하기를 '나는 삼황오제 때에는 예교가 있으나 시행할 수 없는 곳이 있었고 정령과 형법이 있으나 집행할 수 없는 곳이 있었다고 들었다. … 지금 흉노 선우가 북쪽 번신이 되어 정월에 조하 하는데 … 객례로 대우하여 그 좌석을 제후왕의 위에 배열하도록 하라'(匈奴呼韓邪單于于款五原塞 … 願奉國珍朝三年正月 詔有司議 咸曰 … 陛下聖德 充塞天地 光被四表 匈奴單于鄉風慕義 擧國同心 奉珍朝賀 自古未之有也 單于非正朔所加 王者所客也 禮儀宜如諸侯王 … 位次諸侯王下 … 其以客禮待之 位在諸侯王上)."[8]

이와 같이 선제는 호한야 선우가 자진하여 칭신하면서 내조하자 호한야 선우를 객신(客臣)으로[9] 우대하고 천자를 알현할 때에는 칭신하되 이름을 밝히지 않는 '칭신불명(稱臣不名)'의 특권을 부여하고 조회 시의 좌석은 제후왕의 상위에 배정하고 한 제국 제후왕 책봉의 상징인 황금새를 하사하였는데 이것은 호한야 선우가 칭신불명의 특권을 받은 객신의 대우를 받은 것이었으나 실제적으로는 한 제국 천자의 외신 제후왕으로 책봉된 것이었다.[10]

8 《漢書》 卷8, 〈宣帝紀〉, p. 271.

9 객신(客臣)의 의미를 살펴보면 선우는 자국 내에서는 선우라는 흉노 고유의 군주 존호를 그대로 사용하고 또 흉노의 예와 법을 사용할 수 있으나 한 제국과의 관계에서는 한 제국의 예와 법을 준수하는 것을 말한다.

10 토시카즈 호리(屈敏一)도 남흉노 선우가 선제에게 칭신 내조하여 새인을 받고 객신의 우대를 받았으나 실제적으로는 한 제국 천자의 외신 책봉으로 인정하고 있다(《中國と古代東アジア世界》, 岩波書店, 1993, p. 74, 참조).

이후 호한야 선우의 내조는 감로 4년(전51), 황룡 원년(전49)과[11] 원제 경녕 원년(전33) 정월 내조[12] 그리고 이후에도 계속되었는데 이 같은 호한야 선우의 내조 목적은 북흉노 질지 선우의 무력위협이 계속되자[13] 한 제국의 정치·군사적 보호를 받기 위한 것이었다.[14] 그리고 한 제국 역시 남흉노와 더불어 북흉노를 공동으로 대적할 필요가 있었으므로 남흉노의 지속적인 내조를 수용하고 각별히 우대하였다.

> "관대 허리에 두르는 띠, 저고리와 치마 황금으로 만든 도장(璽)과 끈 옥으로 장식한 검, 허리에 차는 칼, 활, 화살 4개, 덮개 수레 1대, 말안장과 고삐 한 벌, 말 15필, 황금 20근, 20만 전, 의복 77벌, 수놓은 비단, 주름 방단과 여러 종류의 비단 8천 필, 명주 솜 6천 근을 하사하였다(賜以冠帶衣裳 黃金璽綬 玉具劍 佩刀 弓一張 矢四發 棨戟 安車一乘 鞍勒一具 馬十五匹 黃金二十斤 錢二十萬 衣被七十七襲 錦繡綺縠雜帛八千匹 絮六千斤)."[15]

이와 같이 호한야 선우가 감로3년(전51) 처음으로 내조하였을 때 선제는 칭신불명의 특권을 부여하면서 대량의 재물을 하사하였는데 이 같은 대량의 재물 제공은 내조에 대한 하사품 명목이었으나 실로 파격적인 것이었다. 이 같은 파격적 재물 제공은 이후에도 계속되었다.

> "이듬해 호한야 선우가 다시 입조하였다. 예우와 재물 사여는 처음과 같았지만 의복 110벌과 비단 9천 필 솜 8천 근을 더 주었다(明年 呼韓

11 《漢書》卷8, 〈宣帝紀〉, p. 273.
12 위 책, 〈元帝紀〉, p. 297.
13 위 책, 〈匈奴傳〉. p. 3803.
14 위 책, p. 3798.
15 위 책, p. 3799.

邪 單于 復入朝 禮賜如初 加衣 百一十襲 錦帛九千匹 絮八千斤).”

“예우와 하사품은 연초와 같았다. 의복 110벌, 면백 9천 필과 솜 9천 필을 더 주었다(禮賜如初 加衣百一十襲 綿帛九千匹 絮八千斤).”[16]

“예우와 하사품은 연초와 같았다. 의복 비단과 솜을 황용 때보다 배로 더 주었다(禮賜如初 加衣服綿帛絮 皆倍於黃龍時).”[17]

“비단 2만 필과 솜 2만 근 더 하사하였는데 경녕 때와 같았다(加賜錦繡繒帛二萬匹 絮二萬斤 它如竟寧時).”[18]

“의복 370벌 비단 3만과 솜 3만 근을 더 하사하였는데 하평 때와 같았다(加賜衣三百七十襲 錦繡繒帛三萬匹 絮三萬斤 它如河平時).”[19]

이와 같이 한 제국은 남흉노 선우 내조 때마다 파격적인 재물을 제공하고 또 매번 증액하여 주었다. 그리고 원제 때는 남흉노 선우가 백성들의 식량이 부족하다고 호소하자 변군의 곡식을 식량에 보태주도록 지원하였는데[20] 이것은 사실상 식량 원조였다. 그리고 이 같은 파격적 재물 제공과 식량 원조는 “창고와 금고의 재물을 헛되게 낭비하는(虛費府帑)”[21] 것이라는 중신들의 반대도 있었으나 재물 제공은 변경에서 이적의 침탈을 미연에 방지한다는 의견이 우세하여 계속되었다.[22] 그런데 이뿐만이 아니었다.

16 《漢書》 卷94下, 〈匈奴傳〉, p. 3799.
17 위 책, 〈匈奴傳〉, p. 3803.
18 위 책, p. 3803.
19 위 책, p. 3803.
20 위 책, p. 3799.
21 위 책, p. 3813.
22 황무랑, 양웅 같은 신하는 이적들의 내조는 받아들여야 한다고 적극적으로 주장하면서 그 이유를 다음과 같이 설명하고 있다. “… 지금 선우는 입조를 원하고 있지만

"… 한창(韓昌)과 장맹(張猛)은 흉노 선우와 맹약을 맺으며 말하였다. '오늘부터 한과 흉노는 합하여 한 집안이 되었으니 대대로 서로 속이거나 서로 공격해서는 안 된다. 몰래 훔치는 일이 발생하면 서로 통보하여 절도한 자를 처벌하고 물건은 보상한다. 침략이 있으면 군대를 일으켜서 서로 돕는다. 한과 흉노 가운데 먼저 맹약을 배반하는 자가 있다면 하늘의 징벌을 받게 될 것이다. 자손 대대로 맹약을 따르게 한다'(… 昌猛卽與爲盟約 自今以來 漢與匈奴合爲一家 世世毋得相詐相攻 有竊盜者相報 行其誅 償其物 有寇發兵相助 漢與匈奴敢先背約者 受天不祥 令其世世子孫盡如盟)."[23]

원제 때 호한야 선우의 시자(侍子)를 남흉노로 호송하였던 거기도위 한창(韓昌)과 관록대부 장맹(張猛)이 북흉노의 위협에 대처하기 위해서 남흉노와 상호 군사적 협동을 포함한 친선조약을 체결하였는데 이것은 사실상 한-남흉노 간의 군사동맹 체결이었다. 그런데 당시 공경 대신들은 중앙정부의 허락 없이 남흉노와 조약을 임의로 맺은 한창과 장맹의 잘못을 들어 비난하면서 부도죄(不道罪)로 처벌하려고 하였다.

나라는 허락하지 않았습니다. 어리석은 신의 생각으로는 이 일로 사이가 벌어질 것입니다(今單于求朝 國家不許而辭之 臣愚以爲漢與匈奴從此隙矣), … 본래 북쪽의 적인(狄人)들은 오제(五帝), 삼왕(三王)도 복종시킬 수 없었고(本北地之狄 五帝所不能臣 三王所不能制) … 진시황의 강성과 몽념의 위엄으로도 흉노 본거지는 건들지 못하고 장성을 쌓아서 경계를 삼았을 뿐이며(以秦始皇之彊 蒙恬之威 帶甲四十餘萬 然不敢窺西河 乃築長城以界之), … 한 고조의 위엄 신령과 30만 대군으로도 평성에서 고역을 치렀으며(以高祖之威靈 三十萬衆困於平成), … 그 뒤 무제도 위청(衛青)과 곽거병(霍去病)에게 수십만의 대병력을 거느리게 하여 10여 년간 대사막을 누비게 하였으나 … 북적은 스스로 칭신한 적이 없었습니다(使衛青霍去病操兵 前後三十餘年 … 然而未肯稱臣也), … 그러므로 북적이 복종하지 않는다면 중국은 베개를 높이 베고 편안히 잠을 잘 수 없습니다(故北狄不服 中國未得高枕安寢也), … 이제 일축 선우와 호한야 선우가 엎드려 기면서 칭신하고 있으므로(日逐 呼韓使 單于 扶伏 稱臣), … 오직 폐하께서 난리와 전쟁이 일어나기 전에 유의하시어 변방에서 싹튼 화를 미리 막아 주시기 바랍니다(唯陛下少留意於未亂未戰 以遏邊萌之禍)." 《漢書》 卷94下, 〈匈奴傳〉, p. 3813-3817 참조).

23 《漢書》 卷94下, 〈匈奴傳〉, p. 3801.

그러나 이 조약으로 남흉노가 북변 요새를 지키는 한 나라의 울타리가 된 사실을 인지한 원제는 공경 대신들의 주장을 물리치고 자신의 사재로 한창과 장맹을 속죄시켜 주면서 동맹관계를 유지하게 하였다. 이같이 원제가 사재를 풀어서 한창과 장맹을 속죄시켜 주면서 동맹관계를 유지하게 하였던 이유는 한 제국 역시 북흉노를 대적하기 위해서는 남흉노와의 어떠한 유기적 관계가 필요하였기 때문이었다. 따라서 한 제국과 남흉노 간에는 상호 군사동맹관계가 굳게 수립되었다고 할 수 있다.

반면 한 제국과 남흉노가 이같이 가까워지자 고립과 위협을 느낀 북흉노 질지 선우도 한 제국에 경쟁적으로 접근하기 시작하였다. 질지 선우는 아들 우대장 구우리수(駒于利受)를 보내어 시봉시키고[24] 또 사신을 보내어 조하에 참여하여 봉헌하게 하였다.[25] 그런데 아래의 사실을 주목할 필요가 있다.

> "이듬해 두 선우가 모두 사신을 보내 입조하고 봉헌하였다. 한은 호한야 선우를 대우할 때 더해 주는 것이 있었다(明年 兩單于俱遣使朝獻 漢待呼韓邪使有加)."[26]

> "질지 선우 … 한 나라가 병력과 곡식을 내어 호한야 선우를 돕는다는 소식을 들었다(郅支 … 聞漢出兵穀助呼韓邪)."[27]

> "질지 선우 … 또 한 나라가 호한야 선우를 옹호하는 것을 원망하였다. 사신을 보내어 흉노의 시자(侍子)를 돌려보내 줄 것을 요구하였다.

24 《漢書》 卷94下, 〈匈奴傳〉, p. 3798.
25 위 책, 〈匈奴傳〉, p. 3799.
26 위 책, 〈匈奴傳〉, pp. 3813-3817.
27 위 책, 〈匈奴傳〉, p. 3801.

한 나라는 곡길(谷吉)을 보내 시자를 호송하였는데 질지 선우는 곡길을 죽였다(郅支 … 又怨漢擁護呼韓邪 遣使上書求侍子 漢遣谷吉送之 郅支殺吉)."[28]

이와 같이 북흉노도 경쟁적으로 사신을 보내어 공물을 헌상하고 친선관계 수립을 도모하였으나 한 제국은 북흉노는 홀대하고 남흉노를 파격적인 재물 공여와 식량 원조로 우대하고 더 나아가서 남흉노와 군사동맹을 맺어서 북흉노를 공동으로 대적하였다. 이에 질지 선우는 한 제국을 원망하고 한 제국 궁실에서 시봉하고 있는 흉노 시자의 귀환을 요구하고 시자 귀환을 호송하여 온 한 제국 사신을 살해하였으므로 양국 관계는 결정적으로 파탄되어 버렸다. 이에 따라 국제정세는 외신 외번관계에 기반한 한 제국-남흉노 간의 동맹체제와 북흉노 간의 2강 대립 구조로 변하게 되었다.

그런데 한 제국의 남·북흉노에 대한 이 같은 정책은 사실상 남·북흉노를 차별 대우하여 북흉노를 고립시킨 것이었으며 남·북흉노 간의 분열을 조장하고 고착시켜 항구적 분열을 의도한 이간책(離間策, Strategic Policy of Alienation)이었다. 이에 따라 국제정세는 외신 외번관계에 기반한 한 제국-남흉노 간의 동맹체제와 북흉노 간의 2강 대립 구조로 변하게 되었다.

한편 국제정세가 이같이 2강 대립구조로 확고하게 굳어지자 북흉노 질지 선우는 한 제국과의 친선관계 수립을 포기하고 강거와 연합하여 서역 진출을 도모하였다. 그러나 이 같은 정보를 사전에 입수한 서역도호 감연수(甘延壽)의 급습을 받아 질지 선우가 패사하였으므로 북흉노 세력은 와해되고 잔여 세력은 서방으로 이동 중 종적을

28 《漢書》 卷94下, 〈匈奴傳〉, p. 3801.

알 수 없게 되었다. 그리고 이 같은 국제정세의 급변에 홀로 남아 고립된 남흉노는 한 제국에 더욱 의지할 수밖에 없게 되었으므로 자청하여 사위국이 되어 신속하였다.

이와 같이 한 제국은 흉노 제국이 남·북으로 분열하자 차별이간정책으로 흉노의 남·북 분열을 조장 고착시킨 후 약한 남흉노를 껴안고 강한 북흉노를 공략하여 제거하고 다시 남흉노가 신속하지 않을 수 없게 만들었는데 이 같은 한 제국의 정책은 사실상 분할공략책(分割攻略策, Strategy of Divide and Conquer)이었다고 할 수 있다. 다시 말하면 한 제국은 흉노 제국이 남·북으로 분열되자 차별이간책으로 남·북 분열을 조장 고착시킨 후 분할공략책으로 각개 격파하여 제거하거나 신속시킨 것이었다. 이에 따라 동중아시아 국제사회는 중원 한 제국을 중심으로 주변의 이적만이 국가들로 구성된 일극체제의 국제질서가 수립되었다.

그런데 이 같은 일극체제의 국제질서 구조를 살펴보면 주변국은 모두 한 제국 천자의 책봉을 받은 외신 외번의 조공국들로만 구성되었는데 이같이 조공국들로만 구성된 일극체제의 봉건적 국제질서 수립의 성격을 이해하기 위해서는 책봉과 조공의 실체, 성격과 의미를 먼저 분석해 볼 필요가 있을 것 같다.

2. 한 제국의 동중아시아 패권 장악과 주변국 조공화

1) 책봉 조공의 실체와 성격

책봉(冊封)과 조공(朝貢)의 기원을 거슬러 올라가 보면 중국에서 최초의 체계적인 왕조였던 은(殷)·주(周) 왕조 시대까지 올라갈 수 있다. 조공은 '조(朝)'와 '공(貢)'으로 구성되었는데 '조'는 '제후가 군주를 직접 뵙는 알현(謁見)'의 뜻이고 '공(貢)'은 '제후가 군주를 알현할 때 올리는 공물'을 의미하였다. 그리고 '조'와 '공'은 왕망(王莽) 이전의 어느 시기에 합쳐져서 조공(朝貢)으로 정착된 것 같다.

'조(朝)'와 '공(貢)'은 은·주 왕조 때부터 출현하고 있다. 은대 갑골문에 보면 아래와 같은 기록이 있다.

"貞王何今六月入?."
"貞勿口(何)今(六)月入."[29]

위 글은 무정 때의 복사이다. '하(何)'는 국명으로 제후국으로 간주된다. '입(入)'은 '입상(入商)'을 의미하고 '입상'은 은왕에 대한 조근을 말하고 있으므로 '금년 6월에 은왕을 조근하였다(今年六月入商)'는 뜻이다.

"貯入四."
"貯入十."
"貯入二十."[30]

위의 점사(占辭) 중에서 '저(貯)'는 은 왕조의 봉국을 말하고 있는데 '저국'의 후가 노예 4인, 10인, 20인을 공물로 헌상하였다는 뜻이다.

"庚午卜 出 貞王陸曰 氏姜寧齊氏."[31]

---

29 齊文心, 〈關于商代稱王的封國長的探討〉, 《歷史研究(京)》, 1985. 2, p. 40.
30 위 논문 p. 37에서 재인용.
31 위 논문, p. 37.

위 점사의 뜻은 "정인이 점복을 쳤는데 '육(陸)'의 후가 선(先), 녕(寧), 제(齊) 등의 인성(人牲, 제사에 희생되는 노예)들을 공납할 것이라는 점괘를 얻었는데 과연 공물이 헌상되었다"는 뜻이다.

"周季歷來朝 王賜地三十里 玉十 馬十匹."[32]

이것은 주족 군장 계력이 와서 조근하므로 은왕이 땅 30여 리, 옥 10근, 말 10필을 하사하였다는 뜻이다.

"西伯率諸侯入貢."[33]

이것은 주족 군장 창(昌)이 서백으로 임면된 후 제후들을 대동하여 은왕을 알현하고 공납하였다는 뜻이다.[34] 이 같은 사실은 주족 군장 계력과 창도 주 왕조 개국 이전에는 제후로서 은왕을 알현하고 공납하였던 사실을 말하고 있다.

이와 같이 은 왕조 시대 은왕에 대한 제후들의 조근과 공납 즉 조공은 자료의 부족으로 확실한 것은 알 수 없으나 분명히 시행되었던 사실을 알 수 있다. 그런데 이 같은 제후들의 조공은 주 왕조 개국 이후에도 계속되었다.

"군자들이 내조하는데 깃발이 보이고 깃발이 펄럭이고 말방울 소리가 짤랑거린다. 건장한 말들이 이끄는 수레를 타고 군자들이 오셨네(君子來朝 言觀其旂 其旂淠 鸞聲嘒嘒 載驂載駟)."[35]

---

32 揚家駱 主編,《竹書紀年8種》, 臺北: 世界書局, 1967, 11a.
33 위 책, 8b.
34 위 책, 2: 14a.
35 齊文心, 앞의 논문, p. 15-1.

여기에서 '내조(來朝)'는 제후들의 주왕에 대한 조근(朝覲)으로 설명하고 있다. 또 가장 신빙성이 높은 주대 금문(金文)에도 조근의 일종이었던 '은(殷)'이 기재되어 있다.

"명보가 성주를 방문했다(明寶殷成周)."[36]

곽말약(郭沫若)의 해석에 의하면 '명보(明寶)'는 노국에 분봉되었던 주공의 아들 백금(伯禽)을 말하고 '은(殷)'은 긴급한 일로 제후가 천자를 알현하는 조근을 말하고 있다.

"유왕은 폭악 무도하고 형벌이 공정치 못하였으므로 제후들이 모두 조근하려고 하지 않았다(幽王也 暴虐無親 而刑罰不中 諸侯皆不欲朝 …)."[37]

이같이 서주 12대 유왕(幽王)은 무도하고 형벌이 공평하지 못하였으므로 제후들이 모두 조근하기를 기피하였다는 것인데 이것은 서주 시대 제후들의 주왕에 대한 조근이 주 동천 직전인 12대 유왕 때까지 계속되었던 사실을 말하고 있다. 그리고 제후들의 주왕 조근 시에는 공물 헌상이 필수적인 것이었던 것 같다.

"4년 봄 제(齊) 나라 군주는 제후들의 병력과 연합하여 채(蔡) 나라를 침공하여 무너뜨리고 초(楚) 나라를 침공하였다. 초 나라 군주가 사자를 보내어 제후 군사들에게 말하기를 … 무슨 일인가?'라고 물었다. 이에 관중이 대답하였다. … 이제 당신의 나라가 포모(包茅)의 공물을 보내지 않아서 왕실 제사를 받들지 못하고 제삿술도 올리지 못하고

36 郭沫若,《殷周青銅銘文硏正》, 北京, 1954, p. 38.
37《毛詩正義》, 15-1 : 9a.

있는데 나는 이것을 요구하는 것이오.' 이에 초 나라 측에서 '공물을 보내지 않는 것은 우리 군주의 잘못입니다. 어찌 감히 공물을 바치지 않겠습니까?' … (四年 春 齊侯以諸侯師侵蔡 蔡潰 遂伐楚 楚子使與師言曰 … 何故 管仲對曰 … 貢包茅不入 王祭不共 無以縮酒 寡人是徵 … 貢之不入 寡君之罪也 敢不共給 …)."[38]

위 인용문은 제(齊)·초(楚) 간의 대치 상황을 묘사하고 있다. 당시 남방 초국이 북상하여 정(鄭), 송(宋), 노(魯), 진(陳), 채(蔡) 등 중원의 약소열국들을 위협하자 약소열국들은 동방 대국 제국에 구원을 요청하였다. 이에 제 환공은 기원전 656년 중원 8국 병력과 연합하여 소능(召陵)에서 초군과 대치하였다. 이때 세가 불리하게 전개되자 초국은 대부 굴완(屈完)을 보내어 강화를 청하고 침공 이유를 물었는데 관중이 초국이 주 왕실 제사에 헌상하는 '포모(包茅)'를 공납하지 않았기 때문에 침공한 것이라고 대답한 것이다. 이에 대해 굴원은 주 왕실에 '포모'를 공납하지 않았던 것은 '우리 군주의 잘못'이라고 인정하였는데 이것은 초국이 주왕에 대해서 '포모'의 공납 의무를 지고 있었던 사실을 말하고 있다.[39]

'포모'는 원래 술을 빚는 일종의 채소였으므로 한갓 지방의 토산물에 불과하였지만 '포모'로 빚은 술은 주 왕실 제사에 올리는 제주(祭酒)였으므로 결코 없어서는 안 될 필수품이었다. 그러므로 굴원은 주 왕실 제사의 제주(祭酒) 원료 '포모'을 공납하지 않았던 초국의 잘못을 인정하고 '포모' 공납을 약속하였는데 이것은 초국이 주 왕실의 제사 술의 원료였던 '포모'를 주기적으로 헌상하고 있었던 사실을 말하고 있다. 그리고 이 같은 공물 헌상은 반드시 초국만이 아니고 주

38 《毛詩正義》, 12: 2ab.
39 H. G. Creel, 앞 책, p. 223.

왕조의 모든 제후들도 일정의 공물 헌상 의무를 지고 있었다고 보아야 할 것이다.

> "옛날 천자에게 헌상하는 공물을 할당하는데 작위의 서열에 따라서 그 양이 결정되었습니다. 작위 서열이 높으면 공물 양이 많았던 것이 주 나라의 제도였으며 작위 서열이 낮았어도 공물 양이 많은 것은 전복(甸服)뿐이었습니다. 우리 정 나라는 남작인데도 공작, 후작의 나라에 해당되는 공물을 내고 있습니다(昔天子班貢 輕重以列 列尊貢重周之制也 卑而貢重者甸服也 鄭伯男也 而使從公侯之貢)."[40]

이에 의하면 정국은 작위가 남작(男爵)에 불과한데도 불구하고 공작, 후작들의 공납에 해당되는 막대한 양을 내고 있으므로 경감해 달라고 요청한 것이다. 이 같은 자산의 공납 경감 요청은 주 왕조 시대 제후들의 주 천자에 대한 공납은 제후 작위(爵位)의 고하에 따라 결정되고 또 모든 제후들이 공납 의무를 지고 있었던 사실을 말하고 있다.

또 제후들이 주 천자에게 헌상했던 공물에 대해서《주례》중의 6복은 각기 제수품(祀物), 비단(嬪物), 그릇(器物), 의복(服物), 재목(材物), 화물(貨物) 등을 헌상한 것으로 기록하고 있는데 이들 공물은 대체적으로 각 지역의 토산물 아니면 특산물이었으나 신뢰하기는 힘들다. 그런데《춘추곡량전(春秋穀梁傳)》에 아래와 같은 기록이 있다.

> "주왕이 총재(冢宰)를 시켜서 제후에게 수레를 구하게 하였다. 옛날 제후들은 각기 진기한 토산물을 헌상하였는데 사양하고 강제로 구하지 않았다. 수레를 강제로 요구하는 것은 예가 아니다. 금품을 구하는 것은 지나쳤다(天王使家父來求車 古者諸侯時獻于天子 而其國之所有 故有辭

40《左傳注疏及補正》46: 5a-6b.

讓 而無徵求 求車非禮也 求金甚矣)."[41]

"주왕이 가재를 시켜서 수레를 구하게 하였는데 이것은 비례이다. 원래 제후는 수레 또는 의복을 공물로 헌상하지 않으며 천자는 사사로이 재물을 요구하지 않는다(天王使家父來求車 非禮也 諸侯不貢車服 天子不私求財)."[42]

위의 두 내용에 의하면 주대 제후들이 주 천자에게 헌상하였던 공물은 비싼 재물 또는 금품이 아니었음을 분명히 알 수 있다. 그리고 위에서 언급한 바 있는 남쪽의 대국 초국이 주 천자에게 헌상했던 공물도 제사에 헌상되는 제주(祭酒)를 빚는 '포모(包茅)'였던 사실을 감안하면 주 천자에 대한 제후들의 공물은 각 지방의 토산물 아니면 특산물이었을 것으로 생각된다.

다시 말하면 주 왕조 시대 제후들이 헌상했던 공물에 관한 직접적 자료는 없으나 《주례》, 《상서》, 《춘추좌전》, 《춘추곡량전》 등의 기록을 종합해 보면 제후들이 주 천자에게 일정의 공물을 헌상했던 것은 분명하고 그 공물은 대체적으로 그 지방의 토산물 아니면 희귀품이었으며 또 제후들의 이 같은 공물은 주 왕실 제사의 제수품으로 헌상되었던 것으로 생각된다. 이같이 주 왕조 시대 제후들은 일정 기간에 주 천자에 대해서 조근과 공납의 조공을 했는데 제후들이 행한 조공 목적이 무엇인가를 살펴보자.

먼저 '공(貢 Tribute)'의 뜻을 살펴보면 '공'은 원래 상고 시대의 부족사회에서 기원하였다. 농경의 발달, 인구 증가, 인구 증가로 인한 토지 부족, 생활필수품의 결핍, 활동영역의 확대 등의 여러 요인으로

41 《春秋穀梁傳注疏》 4: 5b-6a.
42 《左傳注疏及補正》 37: 20b.

부족 간의 전쟁이 격화되었는데 이같이 격화된 전쟁 와중에서 약소 부족은 강대 부족에게 생산물의 일부를 헌납하였는데 이것이 '공'의 발생이었다.[43] 요약하면 '공'은 약소 부족들이 강대 부족에 올리는 일부 생산물의 헌상, 헌납이었다.[44]

또 '공'에 관한 상고 시대 중국 측 기록을 보면 아래와 같다.

"공(貢)은 공(功)을 헌상하는 것이다(貢 獻功也)."[45]

"공(貢)은 헌상하는 것이다.(貢 獻也)."[46]

주소에는 '공(貢)'을 '바친다'의 헌상(獻上)으로 설명하고 있으며 또 다른 주소에는 '공'은 올린다(貢 上也)의 뜻으로 해석하고 있다.

"공(貢)은 아랫사람이 윗사람에게 바치는 것이다(貢 下之所納于上)."[47]

이와 같이 '공'은 아랫사람이 윗사람에게 바치는 헌납(獻納)의 뜻으로 설명하고 있는데 이 같은 사실에 의하면 '공'은 농경사회에서

---

43 Abraham I. Pershits, "Tribute Relations", *Political Anthropology : The State of Art*, S. Lee Seatonand Henri J. Claessen, ed., Paris and New York: Mowton Publisher, 1979, p. 150.

44 'Tribute'의 뜻을 살펴보면 약소 부족이 강대 부족의 침탈을 피하기 위해 헌상하였던 '헌물(獻物, Contribution)', 강대 부족이 약소 부족에게 정규적으로 부과하였던 '賦稅(Levy)', 모든 복속민에게 일률적으로 부과하였던 '租稅(Tax)'의 뜻을 포함하고 있는데 이를 정리해 보면 서양에서 'Tribute'의 뜻은 '헌물(獻物, Contribution)'과 '조세(租稅, Tax 또는 Levy)'의 두 가지 의미를 가지고 있었다. 상고 중국에서도 '공'은 헌물의 뜻 외에 조세를 의미하는 '부'의 뜻도 함축하고 있었는데 이것은 서양에서 'Tribute'가 'Contribution', 'Levy', 'Tax' 등과 같은 뜻으로 다양하게 사용되었던 현상과 유사하였다고 할 수 있다.

45 《說文解字義證》, 上海: 上海出印刷公司, 1987, p. 537.

46 《廣雅疎證》, 對北: 廣文書局, 1971, 2-1: 59a. 《漢子語源辭典》에도 '공(貢)'은 '공(工)'에서 파생된 명사로 상납(上納)의 뜻으로 설명하고 있다. p. 306 참조.

47 《經典釋文》, 臺北: 廣文書局, 1974, 2: 108.

아랫사람이 오곡, 포백 등 농산물의 일부를 윗사람에게 헌상·헌납하는 헌물(獻物)이었다고 할 수 있다. 그리고 상고 중국에서 이 같은 '공'의 뜻도 전쟁이 치열하였던 부족사회에서 약소 부족이 강대 부족에게 생산물의 일부를 헌상했던 공물(貢物, Tribute)의 뜻과 일치함을 알 수 있다. 또 '공'의 정치적 의미를 검토하기 위해서 앞에서 인용한 자료를 다시 살펴보자.

> "4년 봄 제(齊) 나라 군주는 제후들의 병력과 연합하여 채(蔡) 나라를 침공하여 무너뜨리고 초(楚) 나라를 침공하였다. 초 나라 군주가 사자를 보내어 제후 군사들에게 말하기를 … '무슨 일인가?'라고 물었다. 이에 관중이 대답하였다. … '이제 당신의 나라가 포모(包茅)의 공물을 보내지 않아서 왕실 제사를 받들지 못하고 제삿술도 올리지 못하고 있는데 나는 이것을 요구하는 것이오. … 나는 이것을 묻는 것이오.' 이에 초 나라 측에서 '공물을 보내지 않는 것은 우리 군주의 잘못입니다. 어찌 감히 공물을 바치지 않겠습니까?' … (四年 春 齊侯以諸侯師侵蔡 蔡潰 遂伐楚 楚子使與師言曰 … 何故 管仲對曰 昔召康公命我先君 … 貢包茅不入 王祭不共 無以縮酒 寡人是徵 … 貢之不入 寡君之罪也 敢不共給 …)."[48]

위에서 언급한 것과 같이 남방 초국이 주 왕실 제사에 올리는 술의 제조 원료인 포모(包茅)를 공납하지 않으므로 그 죄를 묻기 위해 제국이 중원 열국들과 함께 초국을 침공하였다. '포모'는 한 지방의 채소에 불과하였지만 주 왕실 제사에 올리는 술 제조에 없어서는 안 될 필수품이었으므로 침공을 감행한 것이다. 그리고 침공 이유를 알게 된 초국은 주 왕실에 '포모'를 공납하지 않았던 것은 우리 군주의 잘못(貢之不入 寡君之罪也)이라고 인정하였는데 이것은 초국이 주왕

48 《經典釋文》, 臺北 : 廣文書局, 1974, 12: 2ab.

에 대해서 '포모'의 공납 의무를 지고 있었던 사실을 말하고 있다.[49]

그런데 상고 시대 약소 부족의 강대 부족에 대한 정치적 복속 표시는 강대 부족의 제사를 받드는 것이었으며 약소 부족들이 올리는 공물은 강대 부족 조상 제사에 헌상되는 것이었으므로[50] 초국이 주 왕실 제사에 올리는 술의 원료 '포모'를 공납하지 않았던 것은 바로 주왕에 대한 복속 거부였다고 할 수 있다. 그러므로 주 왕실의 보호자로 자처하고 있는 제국은 열국과 더불어 초국을 공동으로 침공한 것이었다.

또 주대 제후들은 동성·이성을 불문하고 주 천자를 알현한 후에는 주 왕실 종묘에 들려서 참배하고 공물을 헌상하였는데 이 같은 주 왕실 제사에 대한 공물 헌상은 단순한 토산물 헌상이 아니라 제수품의 헌상이었다. 그리고 주왕에 대한 제후들의 조근은 반드시 주 왕실 종묘 참배로 이어졌던 사실을 알 수 있다. 그러므로 주왕에 대한 제후들의 조근과 공납의 조공은 바로 정치·군사적 복속의례였다고 할 수 있다.

그러므로 제후들의 조공에 대해서《주례》는 다음과 같이 기술하고 있다.

> "조근의 예는 군신 간의 예의를 밝히는 것이다(朝覲之禮 所以明君臣之禮)."[51]

> "조근은 작위 고하의 뜻을 바르게 하며 … 명령을 따르지 않으면 무력

---

49 H. G. Creel, 앞 책, p. 223.
50 이춘식,《조공과 사대》, 산지니, 2016, p. 346.
51《禮記王注》15: 2b.

으로 정벌한다(朝以 正班爵之義 … 征伐以討其不然)."[52]

이것은 조근의 예는 군주에 대한 신하들의 신례(臣禮)이고 그렇게 때문에 제후가 조근을 행하지 않으면 무력으로 응징한다는 뜻이었다.

> "제후가 조근을 한 번 안 하면 그 작위를 떨어뜨리고 두 번 안 하면 그 영지를 삭감하고 세 번 안 하면 주육사가 출동하여 제거한다(諸侯 … 不朝 則貶其爵 再不朝 則削其地 三不朝 則六師移之)."[53]

이것은《맹자》에 기록된 내용이다. 제후가 조근을 한 번 안 하면 작위를 강등당하고 두 번 안 하면 봉지를 삭감당하고 세 번 안 하면 주육사가 출동하여 응징한다는 것이다. 이 같은《맹자》의 기록을 증빙하는 사실이《춘추좌전》속에도 기록되어 있다.

> "주왕이 정(鄭) 나라 군주의 권한을 빼앗았는데 정 나라 군주가 조근을 하지 않았기 때문이었다. 가을에 왕이 제후들을 거느리고 정 나라를 응징하였다(王奪鄭伯政 鄭伯不朝 秋 王以諸侯伐鄭)."[54]

이것은 정국 군주가 불경하므로 주 환왕(桓王)이 그 권한을 박탈하였다. 이에 불만을 품은 정국 군주가 환왕에게 조근을 행하지 않으므로 환왕이 제후들과 연합하여 정국 군주를 무력으로 응징한 것이다. 이 전투에서 환왕은 어깨에 화살을 맞고 크게 패하였지만 여기에서 분명한 것은 제후가 조근을 행하지 않으면 주왕으로부터 무력 징벌을 받았다는 사실을 알 수 있다. 다시 말하면 주대 제후들이 주왕

52《左傳注疏及補正》10: 27b.

53《孟子住疏》12-1: 28.

54《左傳注疏及補正》6: 3a.

에 대해서 조근을 행하지 않으면 작위가 강등되거나 봉지가 삭감되고 심한 경우에는 무력 응징도 받았다.

이런 점에서 은·주 왕조 시대 제후들의 은·주왕에 대한 조공은 《예기》에서와 같이 군신관계를 밝히는 신례는 아니었다고 해도[55] 제후들이 은·주왕의 패권을 인정하고 복속하는 정치·군사적 복속의례였으며 은·주 왕조 시대 주기적으로 시행되었던 사실을 알 수 있다.

'책봉(冊封)'은 왕이 제후를 임명하고 봉지를 분봉하는 의식이었으며 절차였다. 책봉이 은 왕조 시대에 제도적으로 시행되었는지 여부는 자료 결핍으로 알 수 없다. 그러나 주 왕조 시대에는 분명히 시행되었다. 은 왕조를 타도하고 주 왕조를 수립한 주 무왕은 개국에 공이 큰 동맹부족 군장들을 제후로 책봉하고 분봉하였는데 그 의식과 절차는 석명예식(錫命禮式)을 통해서 진행되었다.

석명예식은 주 왕실의 태실(太室) 또는 태묘(太廟)에서 거행되었는데 참석인원은 주왕 및 근신의 내사(內史)와 수명의 제후 및 피봉될 제후 본인 등이었다.[56] 이 같은 인원으로 구성된 석명예식은 일정의 의례와 격식을 갖춰 엄숙히 거행되었다. 먼저 청동으로 제작된 임명장의 내용이 크게 낭독되었다. 내용은 피봉될 제후 조상들의 주 왕실에 대한 공적을 열거하고 제후로 임명될 본인의 충성을 다짐하는

55 王國維는 은주 초기의 왕과 제후 관계는 군신관계가 아니었다고 설명하고 있고(觀堂別集補遺), 顧頡剛은 王國維의 주장을 이어받아서 하상 시대의 '왕'은 춘추 시대의 '패'와 같은 성격의 것이었다고 주장하고 있다. 다시 말하면 주왕과 제후와의 관계는 군신관계가 아니고 국력의 강약에 의해 형성된 패주와 동맹국 간의 정치·군사적 복속관계였다고 설명하고 있다(侯外廬, 《中國古代社會史論》, 香港: 인민출판사, 1963). 반면 伊藤道治는 은왕과 연맹방국의 관계는 통치·피통치의 관계가 아니라 은족의 정치·군사적 우월을 인정한 약소 방읍의 연합체였다고 설명하고 있다(伊藤道治, 《中國古代王朝노の形成》, 東京: 創文社, 1977, p. 78 참조).

56 陳漢平, 《西周冊命制度研究》, 上海: 學林出版社, 1986, p. 116.

것이었으며 이에 대한 본인의 충성 서약이 있었다.[57] 이 같은 석명예식의 진행과 분봉 과정이 가장 상세히 전해지고 있는 것이 노국(魯國)의 책봉과 분봉 과정이다.

"숙부여 당신의 맏아들을 노 나라의 제후로 삼겠소. 당신의 나라를 크게 이끌어 주나라 왕실을 보좌해주시오. 이에 노공 백금(白禽)에게 명하여 동쪽 나라의 제후를 삼고 산천, 땅과 밭 그리고 주변의 부용국들을 하사하였다(王曰 叔父 建爾元子 俾侯于魯 大啓爾宇 爲周室輔 乃命魯公 俾侯于東 錫之山川 土田 附庸)."[58]

위 인용문에 의하면 노국 제후로 봉해진 백금은 주 왕실의 번병(藩屛)이 되는 조건으로 농경지, 산, 강과 주변의 군소 부용국을 포함한 광대한 영토를 받았다. 그런데 백금은 제후로 분봉되고 영토만 받은 것이 아니었다.

"주공의 아들 노공에게 천자가 타는 대로(大路), 용을 그려 넣은 깃발, 하(夏) 임금이 지녔던 옥(玉), 번약(繁弱)의 큰 활 그리고 은 나라의 조씨, 서씨, 소씨, 색씨, 장작씨, 미작씨의 6족을 나누어 주고 종족을 거느리고 흩어진 친족들을 모아 다스리며 주공을 본받도록 하였다(分魯公以大路大旂夏后氏之璜 封父之繁弱 殷民六族 條氏 徐氏 蕭氏 索氏 長勺氏 尾勺氏 使師其宗氏 輯其分族 將其類醜 以法則周公)."[59]

이같이 백금은 봉지뿐만 아니라 의식용의 대형 마차와 깃발, 하후씨(夏后氏)의 보물 그리고 큰 활(大弓) 등을 하사받았다. 이 중에서 대

57 齊思和, 〈西周錫命體考〉, 《燕京學報》 第32期, 1947, pp. 203-205.
58 《毛詩正義》 20-2: 3b.
59 《左傳注疏及補正》 54: 25a.

형마차와 깃발은 노공의 주왕에 대한 조근 시에 필요했을 것이며 입조 시에 노공의 위계를 상징하였을 것이다. 큰 활은 노공이 주 왕실을 대신하여 주변 이적들을 정벌할 수 있는 정벌권의 위임을 의미했을 것이다. 다음으로 백금은 은 유민의 6개 씨족들을 분배받았는데 이들 은 유민들은 백금에게 인솔되어 봉지인 곡부(曲阜)로 이주하여 노국 건립에 사역되었으며 이후 노국 백성들의 주류를 형성하였다.

> "비옥한 토지와 대축(大祝), 종인(宗人), 대복(大卜), 대사(大史), 기물, 서책, 제사 용기 그리고 상(商)과 엄(俺) 나라 백성들을 나누어 주었다(分之土田陪敦 祝 宗 卜 史 備物典册 官司彝器 因商俺之民命以白禽)."[60]

이와 같이 백금은 토지와 은 유민들을 지급받은 외에 유사(有司), 제기, 정인(貞人), 사인(史人), 비물(備物), 전책(典策) 등의 건국 과정에 필요한 인적, 물적 지원을 받았다. 그리고 노국의 책봉과 개국 과정은 반드시 노국에 국한되어서 시행된 것만이 아니고 당시 주왕으로부터 책봉된 모든 제후들에게도 똑같이 시행되었을 것으로 생각된다.

그러므로 책봉을 통해 임명된 제후들은 봉지에 부임하여 제후국을 수립하고 이어서 주왕에 대해 주기적으로 조공을 행하였다. 그런데 이 같은 주왕과 제후 간의 조공은 단순히 상면(相面)과 친목 증진의 의례로만 끝나는 것이 아니었다.《주례》에는 조공 시의 장면을 아래와 같이 서술하고 있다,

> "천자가 봄에 제후를 만나는 것을 조(朝)라 하는데 천하사를 도모한

60《左傳注疏及補正》54: 25a.

다. 가을에 만나는 것을 관(觀)이라 하는데 제후들이 이룩한 공적을 비교하여 정한다. 여름에 만나는 것을 종(宗)이라 하는데 천하의 일을 계획한다. 겨울에 만나는 것을 우(遇)라고 하는데 제후의 걱정을 협의한다. 때때로 만나는 것을 회(會)라고 하는데 사방의 책략을 강구한다. 긴급한 일이 있어서 만나는 것을 동(同)이라 하는데 천하의 정치를 시행한다(春朝諸侯 而圖天下之事 秋覲以比邦國之功 夏宗以陳天下之謨 冬遇以協諸侯之慮 時會以發四方之策 殷同以施天下之政)."[61]

주소에 의하면 주 천자는 제후들의 춘하추동 4철의 조근을 통하여 제후들의 국정(國政)의 보고를 받고 이어서 유공자를 표창하고 불복자를 징계하는 등의 천하의 정치를 논의하였다. 그러나《주례》의 신빙성이 약하므로 주 천자가 제후와 정치를 논의하였는지는 불분명하다.

"제후가 천자를 조근하면 자국의 정치 상황을 보고한다(諸侯朝於天子述職)."[62]

"제후가 조근하면 천자의 정령을 잘 받든다(諸侯朝修天子之業命)."[63]

위 두 문장은《맹자》와《국어》중의 기사인데 모두 제후들이 주 천자를 조근하면 자국의 정치 상황을 보고하고 또 주 천자로부터 정령을 받았던 사실을 말하고 있다.

"옛날에 제후들이 정월에 천자를 조근하면 제후들에게 잔치를 베풀어

61《周禮注疏及補正》37: 20b.

62《孟子注疏》11-2: 1.

63《國語戰國策》, 臺北: 商務印書館, p. 70.

서 즐기고 잠로시(湛露詩)를 불렀는데 천자는 태양에 해당되고 제후들은 천자의 명을 받아서 시행한다고 하였다. 그리고 제후들은 천자가 분개하는 자를 정벌하여 그 공을 천자에게 드리면 천자는 … 잔치를 열어서 보답한다고 하였다(昔諸侯朝而受正於王 王宴樂之 于是乎賦湛露 則天子當陽 諸侯用節也 諸侯敵王所愾 而獻其功 … 以覺報宴)."[64]

주소에 의하면 "朝而受正敎也"라고 하여 제후들이 주 천자를 알현하면 천자로부터 정령을 받는다고 하였는데 이것은 앞에서 말한 대로 제후들이 주 천자에게 조근을 행하면 그동안의 시정을 보고하고 또 주 천자의 정령을 받았으며 무공을 세우면 포상을 받았던 사실을 말하고 있다.

이 같은 사실을 종합해 보면 제후들의 주 천자에 대한 조공은 단순히 주 천자와 제후 간의 양자 상면과 친선 도모에만 있었던 것이 아니고 조공 시의 상면을 통하여 주 천자는 제후의 술직(述職)을 받고 또 국정에 관한 정령을 내렸으며 공이 있는 제후에게는 포상을 하고 겸해서 상호 간의 결속과 우의를 돈독히 하였음을 알 수 있다. 그런데 제후들의 주 천자에 대한 조공은 제후들의 국정 보고와 주 천자의 정령 하달로 끝나는 것이 아니었던 것 같다.

"… 제후들이 성왕에게 처음으로 내조하여 조근하고 무왕 묘에 참배하였다(… 諸侯始見乎武王廟也)."[65]

"… 성왕이 정치를 하자 제후들이 내조하여 성왕을 조근하고 성왕의 제사를 도왔다(… 成王旣政諸侯助祭也)."[66]

---

64 《左傳注疏及補正》19: 19a.
65 《毛詩正義》19-3: 14b.
66 위 책, 19-1: 4b.

이것은 주공이 섭정 7년 만에 물러나고 성왕이 친정을 행하게 되자 이 사실을 종묘에 고하고 제사를 지냈는데 이때에 제후들이 성왕의 제사 참배를 도왔던 사실을 노래한 것이다. 또한 제후들의 주 왕실 제사 참배는 주 왕실과 같은 희성제후(姬姓諸侯)에만 국한되지 않았던 것 같다.

> "두 왕의 후손들이 내조하여 성왕에게 조근하고 참배하였다(… 二王之後來助祭)."[67]

주소에 의하면 위의 두 왕(二王)은 하(夏)·은(殷) 왕실의 자손을 말하고 있다. 주지하고 있는 바와 같이 송국(宋國)은 은 주왕(紂王)의 서자 미자(微子)가 분봉된 제후국이었으며 기국(杞國)은 하 왕조의 자손이 분봉된 제후국이었다. 그러므로 이 두 제후국은 모두 주 왕실의 희성(姬姓)이 아닌 이성제후들이었는데 이들 이성제후들도 내조하여 성왕에 조근을 행하고 다시 주 왕실 종묘에 제사를 드렸는데 이것을 노래한 것이다.

> "… 미자가 내조하여 종묘에 참배하였다(微子來見祖廟也)."[68]

주소에 의하면 주공이 섭정 2년에 반란을 일으킨 무경(武庚)을 죽이고 미자(微子)를 송국 제후로 분봉하였는데 제후로 분봉된 미자가 내조하여 성왕에 조근을 행하고 주 왕실 종묘에 제사 드렸던 사실을 노래한 것이다.

---

67 《毛詩正義》 19-2: 4b.
68 위 책, 19-3: 15a.

"공자가 말하기를 제후가 천자를 조근하면 반드시 천자의 종묘에 들려서 고한다(孔子曰 諸侯適天子 必告于祖禰)."[69]

이같이 후대의 공자도 주대 제후들이 천자를 조근하면 반드시 천자의 종묘에 들려서 참배한다고 하였다.

이와 같이 조공은 이성·동성의 모든 제후들이 주 천자를 알현하여 자국 국정을 보고하고 정령을 하달받고 이어서 주 왕실 종묘에 참배하는 것이었으므로 조공은 주 천자에 대한 제후들의 정치·군사적 복속의례였으며 동시에 주 천자가 제후들을 통어하는 통어책이었다고 할 수 있다. 그런데 이 같은 책봉과 조공제도가 시대의 경과와 함께 변하기 시작하였다.

책봉과 조공제도의 변화는 주 왕조 말기 내지 춘추 시대에 시작되었던 것 같다. 책봉은 위에서 언급한 바와 같이 제후의 임명과 분봉의 의식과 절차였으며 그 임기는 제후 일대로 한정되었다.[70] 그러므로 제후가 사망하고 그 후손이 제후 위(諸侯位)를 계승하기 위해서는 주 천자가 주재하는 성주(成周)로 출두하여 새로 책봉을 받아야 했다. 그런데 춘추 시대 약육강식의 와중에 주 왕실은 쇠락하고 제후들의 세력은 강대해졌으므로 점차 제후들은 책봉을 다시 받기 위해서 낙양으로 출두하지 않았다. 이에 주 왕실의 권위를 유지하기 위해 주왕은 부득불 사신을 대리로 보내어 제후들을 책봉하기 시작하였다.

또 춘추 시대의 패국 진국(晉國)이 한(韓), 위(魏), 조씨(趙氏)의 유력세족에 의해 한(韓), 위(魏), 조국(趙國)의 3국으로 분할되었을 때 이들 3국은 각기 주왕의 책봉을 강요하기도 하였다. 반면 춘추오패

69 《禮記王注》6: 2a

70 齊思和, 〈周代錫命禮敎〉, 《燕京學報》第三十二期, 1947, p. 221.

가 출현하여 국제정치를 주도하고 회맹(會盟)을 중심으로 각기 패정을 전개할 때 오패국(五覇國)은 주변 약소열국 군주를 제후로 책봉한 예는 한 번도 없었다.

조공도 춘추 초기에는 군주가 상호 방문하는 열국 간의 정상회담으로 변하고 춘추 중기 약육강식이 치열해짐에 따라 조공은 소국의 대국에 대한 조근 헌공의 사대외교로 변하였으며 전국 시대에는 대소 열국 간의 할지 조빙의 사대외교로 변하였다. 이에 따라 주 왕조 봉건제도 아래 주왕이 다수 제후들을 통어하였던 책봉과 조공제도는 주 왕조의 쇠락에 따라 변질되었거나 사라진 것이었다. 그런데 한 제국이 개국하면서 주 왕조 시대의 책봉과 조공제도가 부활되기 시작하였다.

주지하는 바와 같이 기원전 202년 한 제국을 수립한 한 고조 유방은 개국공신들의 포상 문제, 진 제국의 군현제도 강행 실패. 항우의 시대착오적인 봉건제도에로 복귀 등의 여러 요인들을 감안하여 군현제도와 봉건제도의 장·단점을 절충한 군군제도(郡國制度)를 시행하였다.

이 같은 군국제도의 시행에 따라 한 고조는 노관(盧綰)의 연왕(燕王) 분봉을 시작으로 이성·동성의 다수 개국공신과 일족들을 각기 제후왕과 열후로 책봉하여 분봉하고 한 제국 천자에 대한 조공 의무를 부과하였다. 그리고 이 같은 제후왕과 열후들의 책봉과 분봉은 모두 한 고조 재위 년간(전202~198?)에 이루어졌다.

이에 따라 모든 제후왕과 열후들은 이성·동성을 불문하고 매년 1명의 제후왕과 4명의 열후가 한 제국 천자를 알현하는 '1왕4후(一王四侯)'의 원칙 아래 조공제도가 시행되었으며[71] 조근 의례가 끝나면

71 金翰奎,《古代中國的 世界秩序研究》, 一潮閣, 1982, pp. 128-129.

명당(明堂)에 들려서 한 황실 종묘에 참배하였다.[72] 그런데 이 같은 제후의 책봉과 조공제도가 한 제국 국내에서만 이루어졌던 것이 아니고 주변국에로 확대된 것이었다.

한 제국은 한 고조 11년(전196)에 남월국 조타를 외신 외번으로 책봉하였는데 남월국의 외신 외번의 책봉 과정을 살펴보면 아래와 같다.

> "고황제가 신 조타에게 새인을 내리어 남월왕으로 봉하여 외신으로 삼고 시시로 공물을 헌상할 수 있게 하였다(高皇帝幸使臣佗璽 以爲南越王 使爲外臣 時內貢職)."[73]

> "한 나라가 이미 중국을 평정하고 조타가 능히 월족들을 규합하여 남번을 보호할 수 있으므로 공납을 허용하였다(漢旣平中國 而佗能集楊越以保南藩 納貢職)."[74]

위 인용문은 한-남월국 수교 당시의 과정이다. 남월국 조타가 남월국을 수립하고 무제로 칭제하자 한 고조는 육고를 보내어 남월국 창업 주 조타를 남월국 왕을 외신으로 삼고 제후왕 상징인 황금새를 하사하고 공물 헌상을 허용하였는데 이것은 사실상 한 제국 천자가 육고를 파견하여 남월국 왕을 외신으로 책봉하고 사신 왕래와 공물 헌상 즉 조공을 허락하였다는 의미이다.

물론 위의 문장 중에서 한 제국 천자가 남월국 왕 조타를 책봉하였다든가 육고를 책봉사로 대리 파견하였다든가 하는 직접적인 언급은 없다. 그러나 무제 때 남월국 왕의 입조를 수차 강요하고 남월

72 金翰奎,《古代中國的 世界秩序硏究》, 一潮閣, 1982, p. 131.
73《漢書》卷95,〈西南夷兩奧朝鮮傳〉, p. 3851.
74《史記》,〈太史公自序〉, p. 3317.

국 왕 홍도 3년1조의 조공을 한때 승낙한 적이 있었고 또 군주 입조의 위험성을 감지한 남월국 왕들은 이후 무제의 수차에 걸친 입조 강요를 남월국이 멸망할 때까지 거부하였다.

그런데 수차에 걸친 한 제국의 남월국 왕 입조 요구와 남월국의 한 제국 천자에 대한 수차의 입조 거부는 역설적으로 한-남월국 간에는 조공관계가 수립되어 있었던 사실을 전제하고 있는 것이다. 또 책봉의식이 없는 외신 외번의 책봉은 있을 수 없는 것이고 춘추 시대 쇠락해진 주왕이 사신을 보내어 제후들을 대리 책봉하였던 여러 전례를 감안하면 육고가 한 제국 천자를 대리한 책봉사로 파견되어 남월국 왕 조타를 외신 외번으로 책봉하였을 것으로 추정된다.

다시 말하면 한-남월국 수교 당시 한 제국 천자는 육고를 책봉사로 파견하여 남월국 왕 조타를 외신 외번으로 책봉하여 조공의무를 부여하고 남월국은 한 제국 천자의 외신 외번 책봉과 조공의무를 수용하고 그 대가로 사신 왕래와 국경 관시에서 한 제국 선진문물을 구입할 수 있는 교역 특권을 얻었던 것으로 이해된다. 이에 따라 한-남월국 간에는 한 제국 천자의 남월국 왕의 외신 외번 책봉과 남월국 왕의 한 제국 천자에 대한 조공 의무 수용의 조공관계가 성립된 것이다. 그리고 한-남월국 간의 조공관계 수립은 조공제도가 주변국에로 확대되었던 첫 예였다고 할 수 있다.

또 한 제국과 위만조선 간의 공식적 수교는 이보다 약간 후인 혜제~여후 때 이루어졌다. 당시 수교 과정은, 앞서 인용되었던 자료를 다시 검토해 보면 알 수 있다.

> "때마침 혜제와 여후 시기로 천하가 아직 안정되지 않았으므로 … 요동 태수는 곧 위만과 약(約)을 맺고 외신이 되었다. … 요동 태수가 이

를 보고하니 천자가 허락하였다(會孝惠高后時 天下初定 遼東太守卽約滿爲外臣 … 以聞 上許之)."[75]

"연 나라 단이 요동 지역을 소란케 하자 위만이 도망하는 백성들을 거두어 해동에 집결시키고 진번을 병합하여 변방을 방위하였으므로 한나라의 외신이 되었다(燕丹散亂遼間 滿收其亡民 厥聚海東 以集眞藩 葆塞爲外臣)."[76]

위 인용문은 한 제국과 위만조선 간 수교 당시의 과정이다. 혜제~여후 때 동북 지역에서 위만조선이 수립되자 한 제국은 요동태수 중재에 의한 '약(約)' 체결을 통해 위만조선을 한 제국 천자의 외신 외번으로 책봉하고 위에서 언급한 바와 같이 동북 변경의 만이 관리와 변경 안정과 주변 군소 부족들의 한 제국 천자 입현 협조 등의 번병 임무를 부여하였다. 그리고 위만은 한 제국 천자의 외신 외번 책봉과 한 제국 천자에 대한 조공의무를 수용하고 그 대가로 병위재물의 군사·경제적 원조를 받아서 주변으로 영토를 확대하였던 것으로 이해된다.

물론 인용문 중에서 한 제국 천자가 위만조선 왕을 직접 책봉하였다든가 책봉사를 파견하여 대리 책봉하였다는 언급은 없다. 또 위만조선 왕이 한 제국 천자에 대해서 조공을 했다는 기록도 없다. 그런데 아래의 기사를 주목해 볼 필요가 있다.

"왕위가 아들에게 전해지고 다시 손자 우거에게 이르렀다. … 또 우거는 입조하여 천자를 뵙지도 않았다. … 원봉 2년에 한 나라는 섭하를 시켜서 우거를 꾸짖고 타이르게 하였으나 끝내 그는 천자의 명령을 받들지 않았다. … (傳子至孫子右渠 … 又未嘗入見 … 元封二年 漢使涉何譙諭

75 《史記》, 〈太史公自序〉, p. 3317.
76 위와 같음.

又渠 終不肯奉詔 …)."[77]

위 인용문 중에서 "아직 천자를 입현하지 않았다(又未嘗入見)"에서와 같이 우거왕은 등극 이후 한 제국 천자를 한 번도 입조하지 않았고[78] 또 위만조선 창업주 위만도 한 제국 천자를 조근하지 않았던 사실을 시사하고 있는데 이것은 역설적으로 위만조선이 병위재물의 군사·경제 원조 대가로 한 제국 천자의 외신 외번 책봉과 조공 의무를 수용하였고 또 한 제국은 위만조선이 조공 이행을 약속하였기 때문에 위만조선 왕의 불입조를 지적하고 조공 이행을 촉구하였던 것으로 이해된다.

또 위에서 말한 바와 같이 책봉의식이 없는 외신 외번의 책봉은 있을 수 없는 것이고 또 춘추 시대 쇠락해진 주왕이 사신을 보내어 제후들을 대리 책봉하였던 여러 전례들을 감안하면 위만조선 왕에 대한 한 제국의 외신 외번 책봉은 양국 간의 수교 중재자였고 질(秩) 2,000석의 고위관료였던 요동태수가 한 제국 천자를 대리한 책봉사로 위만조선 왕을 책봉하였을 것으로 추정된다. 이에 따라 한-위만조선 간에는 한 제국 천자의 위만조선 왕의 외신 외번 책봉과 위만조선 왕의 한 제국 천자에 대한 조공 이행의 조공관계가 성립된 것이었

77 《史記》 卷115, 〈朝鮮列傳〉, p. 2987.

78 조공에 관한 용어가 시일이 지남에 따라 조공(朝貢), 친조(親朝), 입조(入朝), 입공(入貢) 등의 여러 가지로 사용되었다. 이 중에서 조공은 제후의 군주 알현과 헌공, 친조는 제후의 군주 내방과 헌공, 입공은 사신 파견과 헌공 등의 뜻으로 이해하는 것이 좋을 것 같다. 또 분명한 것은 조공은 《예기(禮記)》의 기록과 같이 군신관계를 밝히는 신례(臣禮) 이행은 아니었다. 무력 강약으로 얽혀진 여러 집단 간의 역학구도 속에서 부족사회에서는 약소 부족이 강대 부족에게 행한, 은·주 왕조 시대에는 소방의 제후가 대방 군주에게 행한, 춘추전국 시대에는 약소 소국이 대국 또는 패권국에 행한 정치·군사적 복속의례였지 신속(臣屬)된다는 뜻은 아니었다. 본질적으로 조공은 대소 강약의 역학관계 속에서 형성된 정치·군사적 세력균형의 산물이었다(이춘식, 《조공과 사대》, 산지니, 2016, p. 381)

다고 할 수 있다.

이와 같이 한 제국은 평성 대패 후 흉노 제국에 정기적으로 입공을 행하고 있으면서[79] 다른 한편으로는 주변국 남월국과 위만조선을 각기 한 제국 천자의 외신 외번으로 책봉하고 한 제국 천자를 알현하고 공물을 헌상하는 조공 의무를 부과하였는데 이것은 한 제국의 주변국 조공화 정책이 한 제국 개국 직후인 한 고조 때부터 강행되었음을 말하고 있다. 그리고 이 같은 주변국 조공화 정책은 한 고조 사후에도 계속되었다.

그러므로 한 제국은 무제 때 국력이 팽창하자 흉노 공략과 더불어 사면정벌을 단행하면서 남쪽 월족, 서남이 등의 군소 부족국가들 중에서 비협조적인 부족국가들은 강제로 군현에 편입시키고 야랑국(夜郎國), 전국(滇國)과 같이 협조적인 부족국가들은 왕인(王印)을 하사하여[80] 외신 외번의 조공국으로 책봉하였다. 또 서역 경략 때도 서역 일부 국가들을 친한 국가로 포섭하여 외신 외번으로 책봉하고 사신 왕래와 교역을 허용하였으며 또 서역 접수 후에는 강거를 제외한 대부분의 서역 국가들을 포섭하여 외신, 외번의 조공국으로 책봉하였다. 그리고 기원전 61년 흉노 제국이 남·북으로 분열되고 남흉노 호한야 선우가 칭신 내조하자 객신으로 책봉하고 이어서 북흉노를 제거하였다.

이와 같이 한 제국은 흉노 제국의 패권에 도전하면서 주변국에 대한 사면정벌을 단행하였는데 이 과정에서 유일무이한 천명의 봉행자 한 제국 천자의 천하통치의 유일무이성을 인정하고 조공 이행을 약속하면 외신 외번의 조공국으로 책봉하였다. 그리고 남월국, 위만

79 이춘식, 《중국패권의 뿌리와 이념》, 고려대학교출판문화원, 2014, p. 207.
80 《漢書》 卷95, 〈西南夷兩奧朝鮮傳〉, p. 3843.

조선의 경우에서와 같이 조공 이행을 거부하면 무력으로 정벌하여 멸망시키고 군현으로 편입하였다. 이에 따라 당시 한 제국 주변국은 대소 강약을 불문하고 한 제국 천자 직속의 군현제도 안으로 편입되거나 아니면 외신 외번의 조공국으로 책봉되었다.

이에 따라 한 고조 11년(전196)에 시작된 한 제국의 주변국 조공화 정책은 선제-원제 연간 남흉노의 조공화로 마무리되었는데 145년여의 세월이 걸렸다. 한 제국의 주변국 조공화 과정을 정리해 보면 아래와 같다.

- 한 고조 11년(전196), 남월국 왕 조타의 외신 외번 책봉
- 혜제~여후 연간(전195~188?), 위만조선 왕 위만의 외신, 외번 책봉
- 무제 원봉3년(전110), 야랑국, 전국의 외신 외번 책봉
- 무제~선제 연간 서역 국가들의 외신 외번의 책봉
- 선제 감로3년(전51) 남흉노 호한야 선우 칭신 내조외 객신 책봉

이와 같이 한 제국 주변국이 한 제국 외신 외번의 조공국으로 책봉됨에 따라 동중아시아 국제사회는 한 제국 천자를 정점으로 책봉과 조공을 매개로 중앙 한 제국과 주변 외신 외번의 조공국들로 구성된 일극체제의 봉건적 국제질서가 수립되었는데 이 같은 국제사회의 성격을 검토해 볼 필요가 있다.

위에서 지적한 바와 같이 주대 제후들은 주 천자를 조근할 때 자국 국정을 보고하고 주 천자의 정령을 하달받고 주 왕실 종묘를 참배하였고 또 춘추 시대 약소열국 군주들이 패국 군주를 조근하였을 때 자국 국정을 보고하고 정령을 하달받았다. 그리고 한대 제후왕들도

한 제국 천자를 조근한 다음에는 한 황실 종묘에 참배하였는데 이 같은 여러 사실로 미루어 볼 때 한 제국과 주변국 간의 책봉과 조공관계도 한 제국 천자에 대한 주변국 군주의 알현, 국정 보고, 천자의 정령 하달, 한 황실 종묘 참배 등이 전제되었을 것은 분명한 것이었다. 그리고 이 같은 책봉과 조공을 매개로 주변국 군주의 한 제국 천자에 대한 알현, 국정 보고, 정령 하달, 황실 종묘 참배 등의 의식과 의례 이행은 사실상 주변국이 한 제국 천자의 제후국 즉 독립성을 상실한 신하국(Vassal State)이 되어 복속하고(臣屬), 섬기고(臣事), 따르는(臣從) 것이었다고 할 수 있다.[81]

그러므로 이 같은 조공의 성격을 인지하고 있었기 때문에 남월국은 한 제국 천자의 외신 외번 책봉과 조공 의무를 수용하고 그 대가로 얻은 교역권으로 국경 관시에서 한 제국 물산을 구입하여 무력 양성과 경제 발달을 추진하고 있었으면서도 수 차에 걸친 한 제국의 조공 이행 요청을 끝까지 거부하였다. 그리고 이 같은 조공 거부로 한 제국의 무력공략을 받아 남월국은 멸망되고 황제 직속의 군현으로 병합되었다.

위만조선 역시 이 같은 조공의 성격을 인지하고 있었기 때문에 한 제국 천자의 외신 외번 책봉과 조공 의무를 수용하고 그 대가로 얻은 병위재물의 군사·경제원조로 국력을 양성하여 주변으로 영토를 확대하고 있으면서도 한 제국의 조공 이행 요청을 끝까지 거부하였다. 그리고 이 같은 조공 거부로 한 제국의 무력공략을 받아 위만조선 역시 멸망되고 황제 직속의 한사군으로 병합되었다.

또 서역 국가들도 한 제국의 외신 외번으로 책봉되어 질자 담보로

---

81 《大漢和辭典》卷9, p. 387 참조.

충성을 서약하고 입공사들을 수시로 파견하였으며 또 한 제국 물산으로 동서 간의 중개교역에 종사하여 거대한 수익을 창출하고 있었지만 한 제국 천자에 대한 서역 국가 군주의 입조는 구자왕 강빈(絳賓)뿐이었다. 당시 구자왕 강빈은 황실 외손녀와 결혼한 황실 인척이었는데 인척 명목으로 입조하였을 뿐[82] 그 외의 서역 국가 왕들이 한 제국 천자를 알현했다는 조근 기록은 거의 찾아볼 수 없다. 다만 질자 담보와 사신들로 구성된 입공사 파견 등의 기록만 빈번히 보이고 있는데 이 같은 기록은 서역 국가들 역시 왕이 직접 알현하는 조공은 행하지 않고 사신들로 구성된 입공사들만 파견하여 공물을 헌상하였던 사실을 말하고 있다.

이 같은 사실들을 종합해 보면 한 제국의 주변국 조공화 정책은 주변국의 격렬한 반발과 저항을 야기하여 순조롭게 진행되지 않았던 것을 알 수 있다. 그러나 한 제국은 주변국의 격렬한 반발과 저항에도 불구하고 강력한 무력(Hard Power)과 선진적 경제·문화력(Soft Power)을 앞세우고 무력정벌을 단행하여 주변 이적만이의 주변국들을 외신 외번의 조공국으로 책봉하였음을 알 수 있다. 물론 이 과정에서 한 제국은 막대한 인명 손실과 천문학적인 경제·사회적 비용을 감당하고 또 대소의 주변국과 전략적 이해관계에 따라서 일시적으로 동맹도 맺고 친선관계도 수립하고 공동작전도 수행하였지만 한 제국 천자와 상대국 군주 간의 대등성은 절대로 인정하지 않고 유일무이한 천명의 봉행자 한 제국 천자 천하통치의 유일무이성을 견지하면서 주변국 조공화 정책을 무력으로 밀어붙였으며 145년여 만에 달성하였던 것이다. 이에 따라 동중아시아 세계는 한 제국 천자를 정

82 《漢書》 卷96下, 〈西域傳〉, p. 3917.

점으로 책봉과 조공을 매개로 중앙의 내번 한 제국과 주변 외신 외번의 조공국들로 구성된 봉건적 국제질서가 수립되었다.[83]

그런데 한 제국이 이같이 장기간 천문학적인 인명 손실과 경제·사회적 비용을 감당하고 또 주변국의 격렬한 반발과 저항에도 불구하고 주변국 조공화 정책을 강행하였던 것은 어떤 특정 이념에 대한 집념 또는 소명의식을 전제하지 않고서는 사실상 이해하기 힘든 것이다. 또 후술하는 바와 같이 한 제국 천자를 정점으로 수립된 봉건적 세계질서구조와 천명의 신성적 권위와 위엄에 의탁한 유가의 통치사상과 봉건적 천하일국상의 구조가 구조적으로 일치하고 있는데 이 같은 구조적 일치는 상호 간의 어떠한 불가분 관계를 전제하고 있는 것이다. 이 같은 시각에서 다음 장에서는 유가의 통치사상, 봉건적 천하일국상과 한 제국 대외정책 상호 간의 관계를 검토해 볼 필요가 있다.

2) 한 제국의 대외정책과 주변국 조공화

선진 시대 문헌에 의하면 천하는 천자가 주재하는 왕기(王畿)를 중심으로 9주(九州), 9복(九服), 9기(九畿), 5복(五服) 등의 질서정연한 행정구역으로 편성되어 있는데 이 중에서 제일 먼저 출현한 것이

83 니시지마 사다오는 한 제국과 남월국·위만조선 간의 상호관계는 한 고조의 남월국과 위만조선 왕 책봉에 의해 책봉체제로 변하였다고 하였다(西嶋定生, 東アジア史論集 第三巻, 1983, pp. 82-83, 96-97 참조). 그러나 조공을 전제하지 않는 책봉은 있을 수 없는 것이므로 한 제국과 남월국·위만조선 간에는 사실상 책봉조공관계 즉 조공관계가 성립된 것이었으며 주 왕조의 봉건제도의 부활이었다고 할 수 있다. 그러나 한 제국 천자의 정령이 조공국 내정에 미치지 못하고 주변국 군주의 한 제국 천자의 입조 즉 조공은 거부하고 입공사들만 파견하였으므로 한 제국과 주변국 간에는 한 제국 천자의 책봉과 주변국 사신의 입공만이 존재하고 주변국 군주의 한 제국 천자에 대한 입조는 선제 감로 4년 전까지는 거의 없었다. 이런 사실에서 필자는 한 제국과 주변국 간의 책봉체제 또는 책봉조공관계 수립은 대국과 약소국 간의 역학관계에 의한 봉건적 국제관계 내지 그 질서 수립으로 보고 싶다.

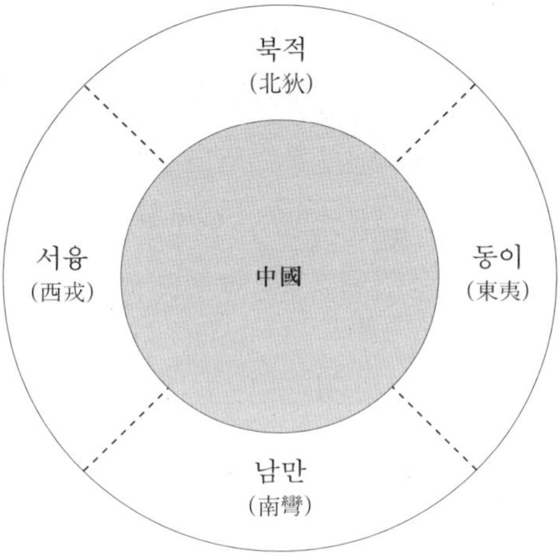

상고 중원의 중국과 이적만이 분포도

9주설이다. 9주설에 관한 기록은《상서》를 비롯하여《주례》,《여씨춘추》,《묵자》,《장자》,《사기》 등의 자료에 모두 언급되고 있는데 내용은 조금씩 다르고 명칭도 9복(九服), 9기(九畿), 9토(九土), 9국(九國) 등으로 다양하다. 그러나 천하가 모두 9개의 행정구역으로 질서정연하게 편성되어 있는 것은 공통적이다.

《상서》〈요전〉의 우공편에 의하면 순(舜) 임금으로부터 황하 치수 명령을 받은 우(禹)가 치수에 착수한 지 13년 만에 황하의 범람을 막고 천하를 9주로 나누었는데 기주, 연주, 청주, 서주, 양주, 형주, 예주, 양주, 옹주로 구성되었다.[84]《주례》〈하관〉 직방씨와 같은 책 〈추관〉 '사구 하'에는 9복에 관한 기록이 있다. 9복도 천자의 직할지인 왕기(王畿) 중심으로 그리고 사방 500리 지역을 단위로 후복, 전복, 남복, 채복, 위복, 만복, 이복, 진복, 번복으로 조직되었으며, 같은 책 하관 직방씨 편의 9복 역시 왕기를 중심으로 후복, 전복, 남복, 채복,

84《尙書注疏及補正》,〈禹貢〉, p. 1-7.

위복, 만복, 이복, 진복, 번복의 9복으로 조직되었는데[85] 두 편의 9복에 관한 기록 내용은 서로 일치하고 있다.

9기(九畿)에 관한 기록은《시경》〈국풍〉과《주례》〈대사마〉편에 각기 언급되고 있다. 주공이 천하를 얻고 태평을 이루자 천하를 9기로 나누었는데 9기 역시 국기(國畿)를 중심으로 사방 500리를 단위로 후기, 전기, 남기, 채기, 위기, 만기, 이기, 진기, 번기로 조직되어 있다.[86]《상서》〈하서〉 우공편에는 우 임금이 5복을 실시하였는데 이 5복 역시 경사(京師)를 중심으로 사방 500리 지역을 단위로 전복, 후복, 수복, 요복, 황복으로 구성되었다.[87] 또 같은 책 〈주서〉 강고편에도 5복에 관한 언급이 있다. 주공이 은 왕조를 멸한 후 정치·군사적 거점으로 동쪽에 낙읍을 조성하고 있을 때 후복, 전복, 남복, 채복, 위복의 5복 제후들이 자신의 백관과 백성들을 이끌고 와서 역사적 사업에 봉사하고 축하하였다는 내용인데 이것은 당시 천하는 후복, 전복, 남복, 채복, 위복의 5복으로 구성되었던 사실을 시사하고 있다.[88] 그런데 이들 9주, 9복, 9기, 5복은 반드시 화하국들로만 구성된 것은 아니었다.

9주는 왕기를 중심으로 중앙의 후복, 전복, 남복, 채복, 위복, 요복의 화하 제후국과 9주 밖 변두리에 위치한 번복의 이적만이 제후국,[89] 9복은 왕기를 중심으로 중앙의 후복, 전복, 남복, 채복, 위복은 화하 제후국과 변두리의 만복, 이복, 번복의 이적만이 제후국,[90] 9기는 국

85《周禮注疎及補正》,〈夏官 司馬下〉, p. 14a.
86《周禮注疎及補正》,〈夏官 司馬下〉, p. 6a.
87《尙書注疏及補正》,〈禹貢〉, 8a-b.
88 위 책,〈康誥,〉, p. 21a.
89《周禮注疏及補正》,〈秋官 司寇下〉, pp. 22b-23a.
90 위 책,〈夏官 司馬下〉, p. 14a.

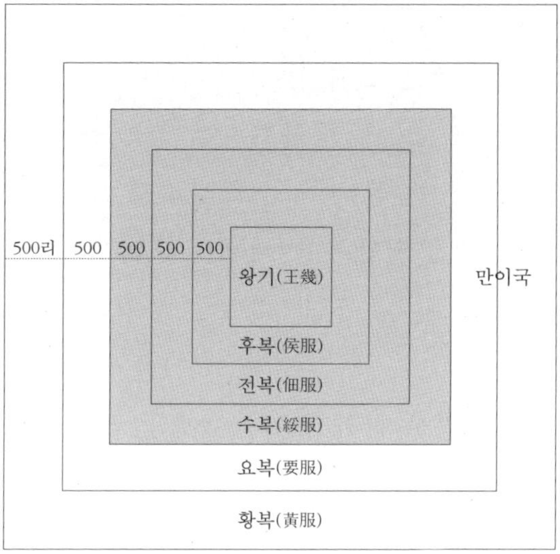

상서(尙書) 중의 오복도(五服圖)

기를 중심으로 중앙의 후기, 전기, 남기, 채기, 위기의 화하 제후국과 변두리의 만기, 이기, 진기, 번기는 이적만이 제후국,[91] 9기 역시 중앙의 후기, 전기, 남기, 채기, 위기의 화하 제후국과 변두리의 만기, 이기, 진기, 번기의 이적만이 제후국, 5복 역시 중앙의 전복, 후복, 수복은 화하 제후국과 변두리의 요복과 황복의 이적만이 제후국, 그리고 《순자》에 제시된 5복도 전복, 후복, 빈복은 화하 제후국과 요복, 황복의 이적만이 제후국으로 구성되었다.[92] 이와 같이 9주, 9복, 9기, 5복은 천자가 주재하는 왕기 또는 국기를 중심으로 문화가 발달된 중앙에는 화하 제후국 그리고 문화가 미발달된 주변에는 이적만이 제후국으로 구성되었다.

또 이들 9주, 9복, 9기, 5복의 모든 제후들은 화·이를 불문하고 작

91 위 책, 〈夏官 司馬下〉, p. 6a.
92 《荀子集解》, 〈正論〉, p. 220.

위의 고하와 거리의 원근에 따라 천자에게 차등적으로 조근(朝勤)과 헌공(獻貢)을 행하는 것으로 되어 있다.《주례》〈추관〉'사구 하'에 의하면 후복은 매년 1회 조근을 행하고 사물(祀物)을 헌납하고, 전복은 2년 1회 조근을 행하고 빈물(嬪物)을 헌납하고, 남복은 3년 1회 조근을 행하고 기물(器物)을 헌납하고, 채복은 4년 1회 조근을 행하고 복물(服物)을 헌납하고, 위복은 5년 1회 조근을 행하고 재물(材物)을 헌납하며 요복은 6년 1회 조근하고 화물(貨物)을 헌납하고 이적만이 제후들도 화하 제후들과 마찬가지로 천자에게 조근과 헌공을 이행한 것으로 되어 있다.[93]

《예기》〈명당위〉에도 삼공(三公)을 비롯한 제후(諸侯), 제백(諸伯), 제자(諸子), 제남(諸男)의 화하 제후들은 천자에게 조근을 행하고 9이(九夷), 8만(八蠻), 6융(六戎), 5적(五狄), 9채(九采) 등의 이적만이 제후들도 화하 제후들과 함께 천자에게 조근을 행하는 것으로 되어 있다.[94] 그리고 제후들의 천자 조근 시 공물 헌상은 필수적이었으므로 화하 제후들의 천자에 대한 공물 헌상은 물론 9이, 8만, 6융, 5적, 9채의 이적만이 제후들의 천자에 대한 공물 헌상도 당연히 행하였을 것이며 아주 먼 지역에 위치한 이적만이 제후들은 일생에 한 번 하는 것으로 되어 있다. 이같이 9주, 9기, 9복, 5복은 천자가 주재하는 왕기 또는 국기를 중심으로 문화가 발달된 중심부에는 화하 제후국 그리고 문화가 낙후된 주변부에는 이적만이 제후국이 배정된 구도로 설정되었는데 이 같은 9주, 9복, 9기, 5복의 구도 성격을 살펴볼 필요가 있다.

먼저 9기, 9복, 5복에서 언급되고 있는 '복(服)'과 '기(畿)'의 뜻을

93 《周禮注疏及補正》,〈秋官 司寇下〉, pp, 22b-23a.
94 위 책, p. 23a.

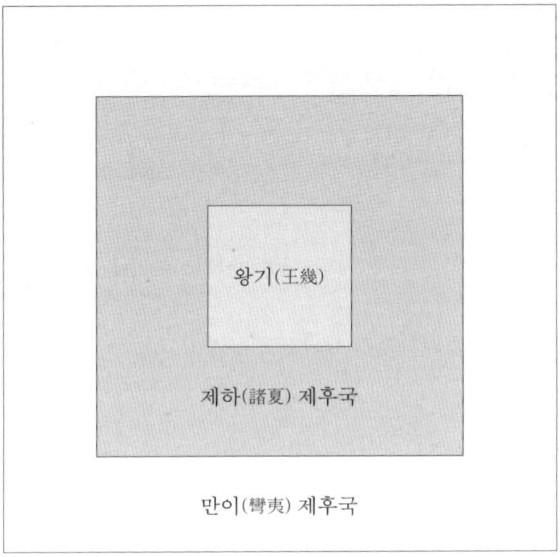

천하일국의 봉건적 세계구도

살펴보면 '복(服)'은 '천자를 받들어 복속한다(服 服事天子也)'는 뜻으로 천자에 대한 복속을 의미하고 '기(畿)'는 분한(分限), 한계(限界)와 같은 의미로 지역(地域) 또는 영지(領地)를 의미하므로.[95] 9주, 9복, 9기, 5복은 사실상 천자로부터 분봉된 제후국을 의미하고 있다. 또 9주, 9복, 9기, 5복의 각 제후들은 천자에게 주기적으로 조근을 행하고 공물을 헌상하는 것으로 되어 있는데 이것은 주 왕조 제후들이 조근 이행과 공물 헌상을 통해 주왕에 대한 정치·군사적 복속을 표시하였던 봉건적 신례(臣禮)와 사실상 같은 것이다.

이 같은 사실로 볼 때 천자가 주재하는 왕기 또는 국기를 중심으로 다수 제후국들로 구성된 9주, 9복, 9기, 5복의 기본구도는 사실상 주왕이 주재하는 왕기를 중심으로 다수의 봉건제후국으로 구성된 주 왕조의 봉건제도를 그대로 모방하여 구상된 정치제도였다고 할

95 田崎仁義 著, 王學文 譯,《中國古代經濟思想及制度》, 臺灣: 商務印書館, 1965. p. 221,

수 있다.

그러나 9주, 9복, 9기, 5복의 기본구도는 주 왕조의 봉건제도를 그대로 모방한 것만은 아니었다. 9주, 9복, 9기, 5복 구도는 모두 천자가 주재하는 왕기 또는 국기를 중심으로 중심부의 화하 제후국과 주변부의 이적만이 제후국으로 구성되었는데 이 같은 화·이의 제후국으로 구성된 9주, 9기, 9복, 5복 구도는 거의 화하 제후국으로만 구성되었던 주 왕조의 봉건제도와는 분명히 다른 것이다. 다시 말하면 9주, 9기, 9복, 5복 구도는 봉건제도 확대를 통해 종래 차별되고 무시되었던 주변 이적만이들을 천자의 신민으로 수용하여 천자를 정점으로 화하 제후국과 이적만이 제후국으로 구성된 봉건적 천하일국상을 제시하고 있는 것이다.

한편 9주, 9기, 9복, 5복 등에 관한 모든 기록을 담고 있는《상서》,《순자》,《주례》,《예기》등의 출현 시대를 살펴보면《상서》우공편은 춘추 말기에서 전국 초기에 편찬된 것 같고《순자》는 전국 말기,《주례》역시 전국 시대에 편찬된 것으로 알려지고 있다. 그러므로 천자가 주재하는 왕기 또는 국기를 중심으로, 5복, 9복 또는 9주 등의 봉건제도를 통치 근간으로 화·이를 망라한 봉건적 천하일국상의 수립 연대는 대체로 전국 시대였을 것으로 추정된다. 그리고 전국 시대 이 같은 봉건적 천하일국상이 사상가들에 의해 수립된 것은 당시의 시대 추세와 무관한 것 같지 않다.

주지하는 바와 같이 전국 시대는 정치·군사·경제·사회·문화 등의 모든 면에서 통일을 지향하고 있었다. 정치·군사적으로 볼 때 춘추 중기 이래 가열된 열국 간의 약육강식 현상은 전국 시대에 들어와서는 더욱 치열해져 갔으므로 춘추 초기 100-180여의 제후국이 춘추 말기에는 12개국으로 축소되고 전국 시대에는 다시 7개국으로 압축되었는데 이 같은 현상은 화하 열국이 치열한 약육강식의 시기를 거쳐 정치·군사적으로 통일되어 가고 있던 사실을 말하고 있다.

또 전국 시대에는 중국 고대의 산업혁명이라고 할 수 있는 철제 농구 사용, 우경(牛耕) 발달, 관개수리 사업 확대 등의 농업생산기술의 진보, 사전(私田)의 출현과 개별 소농민층의 형성에 의해 농업 생산이 비약적으로 발달하였다. 그리고 이 같은 농업의 비약적인 발달은 수공업과 상업 발달의 밑거름이 되었다.

수공업은 시(市) 또는 시사(市肆)에서 일상생활품을 제작하여 판매하던 공인들이 점차로 거공(車工), 석공(石工), 피혁공(皮革工), 도공(陶工), 옥공(玉工) 등의 전문 공인으로 발달하여 다양한 공산품을 대량으로 생산하기 시작하였는데 이것이 수공업의 출현이었으며 가내수공업의 발달이었다. 또 호민(豪民)들은 이들 일부 전문 공인들을 고용하여 대량생산하였으므로 대규모의 민수공업이 발달하고 또 국가에 의한 군수 공업도 대대적으로 발달하였으므로 전국 시대에는 소규모 가내수공업, 개인 수공업, 대규모의 관영수공업, 민영수공업 등 여러 형태의 수공업이 발달하였다. 이에 따라 수공업이 새로운 경제로 떠오르고 수공인 계층이 새로 형성되었다.

상업은 도시 발달과 공산품 대량 생산을 기반으로 각국에서 발달하였다. 각 도시 시(市)의 점포에는 각지에서 생산된 다양한 상품으로 가득 차고 거래가 활발하고 포전(布錢) 도전(刀錢) 원전(圓錢) 등의 화폐가 주조되어 널리 유통되었다. 그리고 상업이 새로운 경제로 발달하고 종사하는 인구가 급증함에 따라 상인층이 새로운 계층으로 대두되었다. 또 원격지 교역도 발달하였다. 각 지역에서 산출되는 다양한 토산물과 희귀품 산출 등에 의한 지역 간의 경제적 불균형과 가격 차이가 발생하였으므로 원격지 교역이 발달하였다.

원격지 교역에 종사하는 상인들은 교통의 불편과 위험, 각국 간의 관세장벽, 경제제도의 불일치 등의 불편과 위험에도 불구하고 막대한 이윤을 거두었으므로 지역과 지역을 연결하고 각국 간을 넘나드는 원격지 교역이 대대적으로 발달하였다. 이에 따라 전 화하세계를 망라하는 대규모의 시장망이 형성되고 각국의 통치 영역을 초월한 광범위한 경제 유통권이 수립되었다. 이 같은 상업의 발달, 상인계층의 형성 그리고 원격지 교역의 발달은 특정 지역과 특정 국가에 국한된 현상은 아니었으므로 화하열국은 경제적으로 이미 통합되어 가고 있었다.

또 동일 혈연의 씨족공동체 해체과정에서 방출된 일부 자유민들은 농업 수공업 등의 산업에는 종사하지 않고 학식과 지식을 습득하여 관리로서 출세하려고 하였다. 그러므로 각국을 유랑하며 관직을 구하고 또 학문과 지식을 연마하면서 상호 교류하고 토론에 몰두하였다[96] 이에 따라 학식과 지식으로 무장된 지식인 계층이 새로이 출현하였는데 바로 사인(士人)계층의 형성이었다. 그리고 이 같은 사인계층의 형성으로 당시 사회는 사·농·공·상민으로 구성된 사민(四民)사회가 형성되었다. 그리고 이 같은 사민사회 형성은 당시 각국에서 진행되고 있던 보편적 현상 중의 하나였다.

화하열국은 또 문화적으로도 통일되어 가고 있었다. 전국 시대 문

96 전국 시대 학술과 사상 발달의 대표적 중심지는 제(齊)의 직하학사(稷下學舍)였다. 직하학사는 제(齊) 환왕(桓王)이 설치하였는데 각국에서 수천 명의 학자들이 모여들었다. 여기에 참여하였던 대표적 학자들을 들어 보면 맹자, 송병(宋鈃), 환연(環淵), 신도(愼到), 순황(荀況) 등이었는데 이들은 모두 각 분야의 대표적인 학자들이었다. 직하학사에서 이들 학자들은 국가의 재정적 지원과 격려 속에 심오한 연구와 토론에 종사하였으므로 상호 간에 학술과 사상이 크게 교류되고 영향을 주고 받아 학문이 크게 융성하였는데, 이 직하학사야 말로 제자백가들이 학문의 꽃을 피울 수 있었던 요람이었다.

화 발달은 눈부신 상공업의 발달, 도시 발달, 개방적 사민(四民)사회의 형성, 각국의 부단한 정치·사회·군사적 개혁과 쇄신, 상호 간의 영향, 자극과 모방 등의 여러 요인들에 의해 촉진되었다. 그리고 문화 발달의 주역은 지식인 계층이었던 사인들이었다. 사인들은 몰락 귀족의 자손 또는 부유 농민과 상공인 집안 등의 미천한 출신들이었으나 산업 등에는 종사하지 않고 학문과 지식을 연마하고 상호 교류하고 토론에 몰두하였다.

이 중에서 공자, 맹자, 묵자 같은 일부 사인들은 자신의 학문과 사상을 실현하기 위해 수십 명에서 수백 명으로 구성된 학단(學團)을 조직하여 각지로 전전하면서 자신의 학설과 사상을 주창하고 전파하였다. 그리고 상호 교류, 접촉하고 치열한 비판을 전개하였으므로 학술과 사상이 발흥하였는데 이것이 제자백가(諸子百家)의 출현이었다. 그리고 이같이 발달된 화하문화는 주변으로 확대되어 진(秦), 초(楚), 월(越), 오국(吳國) 등의 이적만이 출신 국가들도 마침내 화하문화권으로 포섭하였으므로 당시 화하세계는 문화적으로도 이미 통일되어 가고 있었다.[97] 그리고 사상적으로도 천하대일통사상이 형성되고 있었다.

천하대일통사상은 원래 주대에 기원하였다. 주대에는 유일무이한 천명의 봉행자 천자를 정점으로 화·이를 망라한 천하일국의 봉건적 세계국가상이 수립되었는데[98] 이 같은 주 왕조의 통치사상과 봉건

97 전국 시대는 또 문화의 전달과 전파도 신속하였다. 우선 각 지역에서 도시의 발달은 지식인이었던 사인들의 생활기반을 마련해 주고 학문과 사상 연구 활동의 터전을 제공하였다. 약육강식의 와중에서 각국 간의 정치 군사 외교적 문제를 둘러싸고 수없이 전개되었던 조빙(朝聘)과 회맹(會盟), 정치·군사적 이유로 건설된 도로·교량 건설과 여인숙의 발달, 원격지 무역상의 활동 등은 각국 간의 통신과 접촉 교류를 빈번하게 하였을 뿐만 아니라 바로 문화발달의 촉진과 전파의 직접적 수단과 방법이 되었다.

98 李春植, 〈中華世界秩序理念의 탄생에 대하여〉, 《中國學論叢》 第11輯, 1998, pp.

적 세계국가상이 공자와 맹자에 그대로 전승되었다.

> "하늘에는 두 태양이 없고 지상에는 두 왕이 없다(天無二日 土無二王)."
> "하늘에는 두 태양이 없고 백성들한테는 두 왕이 없다(天無二日 民無二王)."
> "넓고 넓은 하늘 아래에 왕의 땅이 아님이 없고 온 땅 끝까지 왕의 신하 아님이 없다(溥天之下 莫非王土 率土之賓 莫非王臣)."[99]

위의 문장은 춘추전국 시대의 공자와 맹자가 각기 언급한 것인데 이 같은 공자와 맹자의 언급은 주 왕조의 통치사상과 천하일국의 봉건적 세계국가상을 그대로 이어 받고 또 후대 유가들에게 그대로 전수되었던 사실을 말하고 있다.

이와 병행하여 춘추공양가들은 천하대일통의 정치·군사적 실현 즉 천하일국의 봉건적 세계국가 수립에 대한 현실적 방법을 제시하고 있었다. 당시 춘추공양가들은 천하대일통을 필연적으로 이루어지는 천도(天道)로 규정하고[100] 천도이기 때문에 특정 지역에만 한정될 수 없고 화하와 이적만이를 포함한 천하가 그 대상이라고 하였다. 그러므로 천하대일통의 방법과 절차를 아래와 같이 제시하였다.

> "춘추에 의하면 자기 나라를 먼저 가까이 하고 다음으로 화하를 가까이 한다. 화하를 가까이 한 다음에 이적을 가까이 한다. 왕이 천하를 통일하는데 왜 내외를 언급하는가? 통일은 가까운 데서 시작하기 때문이다(春秋內其國而外諸夏內諸夏而外夷狄 王者欲一乎天下 曷爲以外內之辭言之)."[101]

242-243.

99 《毛詩正義》, 臺北: 中華書局, 13-1: 116, 溥天之下 莫非王土 率土之賓 莫非王臣.

100 《春秋公羊傳注疏及補正》, 隱公 元年, p. 2a; 《漢書》 卷56, 〈董仲舒傳〉, p. 2522; 《春秋繁露義證》, 〈天道無二〉, p. 346 참조.

101 《春秋公羊傳注疏及補正》, 成公 16년, p. 16a.

이같이 춘추공양가들은 천하를 자국, 화하제후국 그리고 이적만이국의 3개 지역으로 설정하고 천하대일통 과정을 3단계 구도로 상정하였는데 첫 단계는 자국을 가까이 해서 일통하고 두 번째 단계는 화하제후국을 가까이해서 일통하고 세 번째 단계는 이적만이를 가까이 해서 일통하여 천하대일통을 이루어야 한다고 하였다.

이와 같이 전국 시대의 화하세계는 정치·군사적으로는 장기간의 분열·대립·항쟁 속에 있었지만 사회·경제·문화적으로는 이미 통일 통합되어 가고 있었으며 사상적으로도 문화가 발달된 화하세계를 중심으로 하나의 세계관이 형성되고 있었다. 다시 말하면 중국은 진시황에 의한 정치·군사적 통일 이전에 사회·경제·문화적으로 이미 통일되어 가고 있었다. 그리고 이 같은 시대적 추세가 유학사상가들에 크게 영향을 주어서 마침내《주례》,《상서》,《순자》,《예기》 등의 유학 경전 속에 반영되어 천자를 정점으로 9주, 5복, 9복 등의 봉건제도를 기반으로 이(夷)·하(夏)를 망라한 천하일국의 봉건적 세계국가상이 탄생되었던 것으로 생각된다.[102]

그러나 진대 진시황에 의해 자행된 '모든 책을 불살라 버리고 유생들을 산채로 구덩이에 묻어버리는 분서갱유(焚書坑儒)의 사건에 의해 유가들은 극심한 탄압을 받고 지하에 잠복하지 않을 수 없었다. 이에 따라 학통(學統)은 거의 끊어지고 오직 동쪽의 제(齊)·노(魯) 지역에서만 겨우 명맥을 유지하고 있었다. 그러나 유가의 경학(經學) 연구는 지하에서 부단히 계속되고 있었다.[103]

102 이춘식,《유학의 천도관과 정치이념》, 고려대학교출판문화원, 2004, p. 196.

103 당시 유가의 경학 연구를 살펴보면 유가들은 특정의 경(經) 하나, 즉 일경(一經)만을 선정하여 평생을 통해 연구하고 그 연구 결과를 문하생들에게 전수하고 또 문하생들도 이 같은 스승의 사법(師法)을 그대로 따르고 지키고 있었으므로 당시 경학 연구는 분업화되고 평생 연구가 진행되고 또 대(代)를 이어서 계속되고 있었다. 이런

이후 한 제국이 수립되고 학문과 사상에 대한 통제와 속박이 해제되자 그동안 지하에 잠복했던 제자백가의 학문과 사상이 발흥하기 시작하였다. 이 중에서 유학은 왕씨역전(王氏易傳), 양씨역전(楊氏易傳), 주씨역전(周氏易傳), 정씨역전(丁氏易傳), 채공역전(蔡公易傳)과 한씨역전(韓氏易傳) 등의 역(易), 노(魯) 신공(申公)의 노시(魯詩), 제(齊) 원고생(轅固生)의 제시(齊詩), 연(燕) 한시(韓詩) 등의 시(詩), 제남 복생(伏生)의 서(書), 고당생(高堂生)· 소분(蕭奮)·맹경(孟卿)·후창(后倉)의 예(禮), 호모생(胡母生)의 춘추(春秋) 등의 경학(經學)이 부활하여 다른 학파의 추종을 불허할 정도로 발전하고 있었다.

또 일부 유가들은 한초전 때부터 현실에 참여하고 있었다. 한초전 당시 육고(陸賈), 유경(劉敬) 등의 유가들은 유방 진영에 참가하여 참모로서 활동하면서 수시로 유방에게 조언을 진언하였다. 그리고 한 제국을 수립하였을 때 육고는 유방에게 "폐하가 마상에서 천하를 얻었어도 마상에서 천하를 다스릴 수는 없다"[104]고 하면서《시(詩)》,《서(書)》에 의한 정치를 건의하였고, 유경은 유학의 단순한 덕치보다는 시세의 변화에 따른 현실적 덕치를 제의하였다. 숙손통은 옛 의례와 진 제국의 조정의례를 참고하여 황제를 정점으로 군신 간의 명분(名分)을 밝히고 신하 관료 간의 위계질서를 수립하는 조례를 제정하였다.[105] 그러나 무엇보다도 중요했던 것은 한 제국 창업주 유방의 유학에 대한 인식 변화였다.

원래 한 고조 유방은 젊었을 때 임협(任俠)을 좋아하여 무뢰배들과 어울려서 각지를 오랫동안 유랑하였으며 주막에서 유생을 만나

점에서 진대와 한 초의 유학은 겉으로는 위축되었으나 안으로는 깊은 연구가 집적되고 있었다.

104《史記》卷57,〈酈生陸賈列傳〉, p. 2699.

105 金谷 治,《秦漢思想史研究》, 京都: 平樂寺書店, 1981, p. 285.

면 유생의 관(冠)을 벗겨서 오줌을 누어 버릴 정도로[106] 유생들을 능멸하고 《시경》, 《서경》을 무시하였다. 그러나 한 고조는 비록 무식한 임협 출신이었지만 창업주로서 다년간의 전란에서 얻은 깊은 경륜과 시대 전환을 꿰뚫어 보는 총명과 안목을 가지고 있었고 또 육고와 유경을 포함한 유가들이 수시로 진언하는 조언과 영향 속에서[107] 유학의 가치와 의미를 깊이 인식하고 있었다.

그러므로 개국 후 재위 12년 순행 시 노국(魯國)을 통과하게 되자 한 고조는 공자의 사당에 들려서 제사를 성대하게 지냈다.[108] 그리고 임종 시에는 "내가 포의와 삼 척 칼 한 자루로 천하를 취하였는데 이것이 천명이 아니고 무엇이겠는가"[109]라고 하여 자신의 한 제국 창업을 천명에 의한 것으로 선포하였는데 이 같은 선포는 유학에 대한 한 고조의 근본적 인식 변화를 말하고 있는 것이다.

또 유학은 한 제국 지배층을 포함한 정관계와 사회에 급속도로 침투하고 있었다. 한 제국 수립 후 유가 출신의 창업공신들은 중앙과 지방의 요직에 두루 임명되었으며 특히 숙손통은 태사태부에 임명되어 태자 교육을 담당하고 있었다. 그리고 무제 때는 유가 출신의 위관(衞綰), 전분(田蚡), 두영(竇嬰) 등이 고위관료들로 활약하고 있었는데 이 같은 현상은 유학이 한초의 정관계와 사회에 급속도로 확산되고 있었던 사실을 말하고 있다. 이 같은 사실에서 볼 때 유학의 국학 채택은 그 씨앗이 이미 한초에 뿌려졌다고 할 수 있다.[110] 그리고 이와 병행하여 유학의 학문과 사상도 급속히 전수되고 있었다.

---

106 《史記》 卷57, 〈酈生陸賈列傳〉, p. 2693.
107 金谷 治, 《秦漢思想史研究》, 京都: 平樂寺書店, 1981, p. 259.
108 《漢書》 卷1上, 〈高帝紀〉, p. 77.
109 위 책, 〈高帝紀〉, p .79.
110 金谷 治, 《秦漢思想史研究》, 京都: 平樂寺書店, 1981, p. 291.

"'시경에 넓은 하늘 아래의 땅은 왕의 땅이 아님이 없고 넓은 해변에 사는 백성들은 왕의 신하 아님이 없다'고 하였는데 왕은 천자를 말한다. 수레와 배가 이르는 모든 지역과 인적이 미치는 모든 지역은 비록 이적만이가 살고 있어도 천자가 다스리지 않고 누가 다스리겠는가?(詩曰 普天之下 莫非王土 率土之濱 莫非王臣 王者 天子也 苟舟車之所至 人迹之所及 雖蠻貊戎狄 孰非天子之所作也)."[111]

"지금 한 나라가 중국을 다스리고 있다. 마땅히 후한 덕으로 사방 오랑캐를 감싸 안아야 하고 분명한 의를 원방에까지 과시하면 수레와 배가 이르는 모든 지역과 사람들이 미치는 모든 지역은 교화되지 않음이 없을 것이다. 누가 감히 천자의 뜻을 받들지 않겠는가?(今漢帝中國也 宜以厚德懷服四夷 擧明義 博示遠方 則舟車之所至 人迹之所及 莫不爲畜 又孰敢紛然不承帝意)."[112]

이같이 문제 때의 가의는 주대《시경》구절을 인용하면서 '수레와 배가 이르는 곳', '인적이 미치는 모든 지역', '화·이를 망라한 천하 만백성들'을 한 제국 천자의 왕토와 왕신으로 선포하였는데 이 같은 가의의 선포는 사실상 유일무이한 통치자 한 제국 천자를 정점으로 하늘 아래의 모든 땅, 바다, 화이를 포함한 천하 만백성들로 구성된 천하일국상을 제시한 것이다. 그리고 가의가 제시한 천하일국상의 구조는 유일무이한 천명의 봉행자 천자를 정점으로 내번의 화하 제후국과 외번의 이적만이 제후국으로 구성된 9주·9복·9기·5복의 천하일국의 봉건적 세계질서상의 구조와 일치하고 있는데 이것은《시경》에 뿌리를 둔 유일무이한 천명의 봉행자 천자를 정점으로 중앙의 화하와 주변의 이적만이로 구성된 천하일국상이 공자·맹자를 거쳐서

111《新書校注》,〈匈奴〉, 中華書局, p. 139.
112 위 책,〈匈奴〉, 中華書局, p. 135.

전국 말기의 9주·9복·9기·5복의 천하일국의 봉건적 세계질서상에 반영되고 한대 가의의 사상 속에 그대로 전승되었던 사실을 말하고 있는 것이다. 그리고 위에서 언급하였지만 동중서 역시 이와 유사한 의견을 견지하고 있었다.

> "왕의 사랑을 사방의 이적만이에까지 미치어야 한다(故王者愛及四夷)."
> "그러므로 그 나라를 먼저 안으로 하고 화하를 밖으로 한다. 화하를 안으로 하고 이적들을 밖으로 하는데 이것은 가까운 것에서 먼저 시작하는 것을 말한다(故內其國而外諸夏 內諸夏而外夷狄 言自近者始也)."

위 인용문에 의하면 화·이를 망라한 천하대일통을 천도로 규정하고 군주의 필연적 임무로 설정한 동중서가 제시한 천하대일통의 방법과 절차는 춘추공양가들이 제시한 천하대일통의 단계와 방법을 그대로 따르고 있는데 이것은 전국 시대 주대 유일무이한 천명의 봉

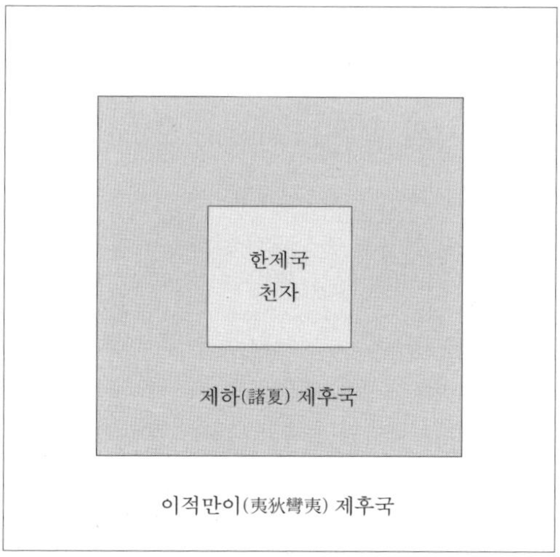

한제국의 봉건적 세계국가 구도

행자 천자를 정점으로 화·이를 망라한 천하일국의 봉건적 세계국가상과 춘추공양가들이 제시한 3단계의 천하대일통의 방법과 절차가 한대에 그대로 전승되고 있었던 사실을 말하고 있다.

또 천명의 신성적 권위와 위엄에 의탁한 유가의 통치사상과 화·이를 망라한 봉건적 천하일국상의 구조와 한 제국 천자를 정점으로 책봉과 조공을 매개로 중앙의 내번 한 제국과 주변 외번의 조공국들로 구성된 봉건적 세계질서 구조를 비교해 보면 구조적으로 완전히 일치하고 있는데 이 같은 구조적 일치는 한 제국을 중심한 봉건적 세계질서 수립은 바로 유가의 통차사상과 화·이를 망라한 봉건적 천하일국상의 정치·군사적 실현이었던 것을 알 수 있다.

그리고 이같이 정치·군사적 실현이었기 때문에 그 이념은 천상에서 유일의 태양이 온 누리를 두루 비추면서 천지자연만물의 생육 양장을 보살피고 있는 것과 같이 천하에서는 유일무이한 천명의 봉행자 한 제국 천자가 '하늘의 뜻'을 받들어서 화·이를 망라한 천하 만백성들의 생육 양장을 보살피는[113] 유가의 천도 구현이었다. 다시 말하면 한 제국 천자를 정점으로 책봉과 조공을 매개로 중앙의 내번 한 제국과 주변 외번의 조공국들로 구성된 한 제국의 봉건적 세계질서 수립은 천명의 신성적 권위와 위엄에 의탁한 유가 통치사상과 봉

113 공자와 맹자의 정치이념 목표는 지상에서 천도 구현이었다. 공자는 우주 천자 자연 속에서 진행되고 있는 항구적인 질서, 평형, 조화, 평화를 이루고 있는 '천도'를 북극성과 같은 덕치(德治)를 통하여 지상에서 구현하려고 하였다. 맹자는 하늘이 부여하여 인간에게 내재되어 있는 인, 의, 예, 지의 '천도'를 인정(仁政)을 통하여 지상에서 구현하려고 하였다. 그리고 지상에서 이 같은 천도 구현은 어떤 지역이나 국가에 국한될 수 없는 것이었으므로 공자와 맹자는 하늘 아래의 모든 땅, 바다, 천하 만백성들을 유일무이한 천명의 봉행자 천자의 왕토 왕신으로 설정하고 하늘에서 유일의 태양이 온 누리를 두루 비추면서 천지자연만물의 생육 양장을 돌보고 있는 것과 같이 하늘의 아들 천자가 천하 만백성들을 두루 돌보고 있는 천하일국상을 제시하였다(이춘식, 《중국패권의 뿌리와 이념》, pp. 338-339 참조).

건적 천하일국상의 정치·군사적 실현이었으며 이념적으로는 지상에서 천도의 구현이었다.

이 같은 여러 사실들을 종합해 보면 한초 유학이 다른 학파의 추종을 불허할 정도로 발전하고 전국 시대 유학의 학문과 사상이 그대로 전수되고 있던 추세 속에서 천명의 신성적 권위와 위엄에 의탁된 유학의 통치사상과 천하일국의 봉건적 세계질서상에서 깊은 영향을 받고 있던 한 고조와 정관계 위정자들은 유학의 통치사상과 봉건적 천하일국상을 한 제국 대외정책 독트린으로 설정하였던 같다. 그리고 남월국과 수교하게 되자 사신 왕래와 교역 허용을 앞세워 남월국을 외신 외번의 조공국으로 책봉하고 이어서 주변국에로 확대하였으며 145년여 만에 주변국 조공화 정책을 완성하였던 것이었다.

그러므로 천명의 신성적 권위와 위엄에 의탁한 유가 통치사상과 봉건적 천하일국상의 정치·군사적 실현과 그 이념이었던 천도 구현은 한대 중국몽(中國夢)이었다고 할 수 있다.[114] 그리고 이 중국몽을 달성하기 위해 한 제국은 막대한 인명 손실과 천문학적인 경제·사회적 비용을 감당 하고 또 대소의 주변국과 전략적 이해관계에 따라서 일시적으로 동맹도 맺고 친선관계도 수립하고 공동작전도 수행하였지만 한 제국 천자와 상대국 군주 간의 대등성은 절대로 인정하지 않고 유일무이한 천명의 봉행자 한 제국 천자 천하통치의 유일무이성을 견지하면서 주변국 조공화 정책을 부단히 추진하였으며 145년여

114 이갑영은 중국몽(中國夢)을 "중화민족의 위대한 부흥을 실현한다"는 뜻으로 이해하고 있고('일대일로와 동아시아교류', 인천대중국학술원, 2019년 2월 21일 초대장). 또 조경란은 중국몽은 중국 민족의 위대했던 시기를 복원하겠다는 국가 비존으로 인식하고 있다('중국식 천하주의를 받아들일 수 있겠는가',《중앙일보》, 2019년 3월 12일자). 이 같은 시각에서 볼 때 유가의 통치사상과 천하일국상의 정치·군사적 실현이 한대 중국몽이었다고 할 수 있다.

만에 달성하였던 것이다.

이에 따라 동중아시아 세계에는 정치·군사적으로는 한 제국 천자를 정점으로 책봉과 조공을 매개로 중앙의 내번 한 제국과 주변 외번의 조공국들로 구성된 봉건적 세계질서가 수립되었으며 이념적으로는 천상에서 유일의 태양이 온 누리를 두루 비추면서 천지자연만물의 생육 양장을 보살피고 있는 것과 같이 천하에서는 유일무이한 천명의 봉행자 한 제국 천자가 '하늘의 뜻'을 받들어서 화·이를 망라한 천하 만백성들의 생육 양장을 보살피는[115] 천도가 구현된 것이다.

이후 동중아시아 세계에는 신(新) 왕조와 후한 제국(25~220) 시대까지 한 제국 패권에 도전할 수 있는 초강대국의 출현이 없었다. 그리고 주변 군소 부족국가들도 대부분이 한 제국의 외신 외번으로 책봉되거나 관작질서 안으로 편입되어 주기적으로 조공 또는 입공을 행하였다. 이에 따라 동중아시아 국제사회는 유일무이한 천명의 봉행자 한 제국 천자를 정점으로 중앙 내번의 한 제국과 주변 외번의 조공국들로 구성된 일극체제의 봉건적 국제질서가 수립되었다.

115 앞의 각주 113 참조.

제7장

한 제국 패업 성격과 주변국 조공화의 의미

기원전 200년 평성전투로 시작된 흉노-한 제국 간의 동중아시아 패권 쟁탈전은 거의 2세기 가까이 전개되었는데 전쟁의 양상과 성격에 따라 1) 흉노 제국의 패권 장악 시기: 평성전투에서 마읍전투까지(전202~전133), 2) 흉노-한 제국 간의 패권 쟁탈전 시기(마읍전투에서 호한야 선우 칭신 내조까지(전133~전51), 3) 한 제국의 패권 장악 시기(호한야 선우 칭신 내조에서 전한 말기까지(전51~후9)의 3단계로 나누어 그 성격과 영향을 평가해 볼 수 있을 것 같다.

1) 흉노 제국의 패권 장악 시기: 이 시기 평성에서 참패한 한 제국은 대내외의 위협과 위기에 직면되어 있었다. 대외 위협은 북쪽 흉노 제국을 포함한 주변국의 압박과 위협이었으며 대내 위기는 한초전으로 인한 경제 파탄, 민생 불안, 독립적 이성·동성 제후왕국의 중앙 정부에 대한 도전 등이었다.

한 제국은 대외 위협에 대해서는 회뇌결화친의 입공, 유경의 통혼책, 가의의 삼표오이책, 조조의 이이제이책, 교역제이책, 원조제이책 등의 다양한 정책 개발과 대처로 흉노의 대규모 북변 침탈을 최소화하면서 북변의 안정과 평온을 장기간 유지하였다. 사방 수만 리의 영토를 장악하고 장사군과 국경을 마주 대하고 한 제국 천자와 같이 칭제하고 있는 남월국에 대해서 한 제국은 남월국을 외신 외번으로 책봉하고 남월국이 갈망하는 사신 왕래와 교역 허용 등의 교역책으로 남월국 칭제를 포기시키고 남쪽 변경의 안정과 평온을 도모하였다.

동북 지역에서 사방 수천 리의 영토국가로 성장하여 요동 패수를 경계로 국경을 마주 대하고 있는 위만조선에 대해서 한 제국은 위만조선을 외신 외번으로 책봉하고 위만조선이 갈망하는 병위재물의 군사·경제 원조를 제공하면서 동북 변경의 안정과 평온을 도모하였다. 또 변경을 빈번히 침탈하는 주변 군소 부족들에게는 관작 수여, 상여금 하사와 새내 이주 허용 등의 정책으로 역시 변경 안정을 도모하였다.

물론 이 같은 한 제국의 대외정책은 수동적이고 소극적이었으므로 백성들을 수탈하여 도둑들을 받드는 것이라는 후대의 혹독한 비난과 비평을 받았지만 사방 변경의 안정과 평온을 70여 년간 유지할 수 있었다. 그리고 이 기간 동안 한 제국은 안으로는 각 분야에 걸친 국가구조 개조와 제도 개혁을 추진하였다.

이 시기 한 제국은 안으로 황노무위정책, 중건제후정책과 삭번정책, 군현제도의 확대, 관료제도 개편과 견지법 제정, 호족 탄압과 소농민층 보호, 연호, 역법 제정, 강력한 법치 시행, 유학의 국학 채택 등의 정치, 경제, 사회, 사상 등의 거의 모든 분야에서 근본적 개조와 개혁을 단행하여 분권적 군국체제에서 강력한 중앙집권적 전제군주국가로 환골탈퇴하고 가급인족의 사회·경제적 번영을 달성하였다. 그리고 이 같은 환골탈퇴의 국가 개조와 개혁에서 창출된 국력으로 흉노 패권에 대한 도전과 더불어 주변국에 대한 사면정벌을 감행하였다. 이 같은 사실에서 볼 때 한 제국이 국력이 미약하였던 개국 초기 70여 년간에 걸쳐 시행하였던 대내외의 정책은 한마디로 말해서 '도광양회(韜光養晦)' 정책이었다고 할 수 있다.

'도광양회'의 사전적 의미는 '칼 빛을 감추고 힘을 기른다' 또는 '재주를 감추고 덕을 쌓는다'의 뜻이다.[1] 그런데 90년대 초 등소평이 '도광양회'와 '화평굴기'를 대외정책으로 표방한 이래 내외적으로 많은 주목을 받고 '칼날의 빛을 칼집에 감추고 힘을 기른다', '빛을 감추고 어둠 속에서 힘을 기른다', '재능을 감추고 밖으로 드러내지 않는다', 'conceal one's ability and pretend to be weak', 'hide one's ambitions and disguise its claws' 등 그리고 2002년도의 미국 국방부의 중국군사력보고서에도 'hide our capabilities and bide time'의 뜻으로 이해하고 있고 심지어는 '눈에 띄지 않게 혹은 떠들썩하지 않게 차분하고 조용하게 행하는 겸손, 또는 미덕'의 뜻으로 이해하고 있다.[2]

그러나 역사적으로 볼 때 중원에서 새로운 통일왕조가 출현할 때마다 주변국에 대해 책봉과 조공을 강요하고 주변국이 이를 거부하였을 때 정치·군사적 대립, 충돌이 야기되고 대지각 변동을 겪었는데 이 같은 사실을 감안하면 '도광양회'는 '재능을 감추고 힘을 기르면서 때를 기다린다'는 뜻이며 그 궁극적 목적은 중국 굴기이고 국제사회에서 패권 장악이었다고 할 수 있다.[3]

이런 점에서 볼 때 국력이 미약하였던 개국 초기 한 제국이 밖으로는 수세적 유화적 대외정책으로 주변국과 친선관계를 수립하여 사방 변경 안정과 평온을 도모하면서 안으로는 정치, 경제, 사회, 사

1 《大漢和事典》卷12, p. 213·396 참조.

2 노병열·천병돈, 〈중국 외교정책의 사상적 근원 — 韜光養晦와 和平屈起를 중심으로〉, 《陽明學》 제27호(2010. 12.), p. 281.

3 박병석, 〈중국화평굴기의 이론적 한계와 문제점〉, 《정치사상연구》 제15집 2호, p. 30.

상 등의 거의 모든 분야에서 환골탈퇴의 개조와 개혁을 추진하여 강력한 중앙집권적 전제군주국가로 재탄생하고 가급인족의 경제·사회적 번영 달성 등으로 구성된 개국 초기의 대내외 정책은 바로 '도광양회' 정책이었다고 할 수 있다. 그리고 이 같은 '도광양회' 정책 성공으로 창출된 국력으로 한 제국은 흉노 제국과 동중아시아 패권 쟁탈전을 전개하고 주변국에 대한 사면정벌을 단행한 것이다. 이런 점에서 볼 때 한 제국의 굴기와 팽창은 개국 후 70여 년간 재능을 감추고 힘을 기르면서 때를 기다렸던 '도광양회'정책 성공의 결과물이었다고 할 수 있다.

2) 흉노-한 제국 간의 패권 쟁탈전 시기; 이 시기 한 제국은 국력이 축적되자 흉노 제국의 동중아시아 패권에 도전하고 사면정벌을 단행하였는데 당시 한 제국의 대표적 대내 정책은 보졸 한군의 기마화, 재정정책 혁신, 흉노에 대한 후리제이책(厚利制夷策)을 들 수 있다.

흉노 제국 패권에 대한 첫 도전이었던 마읍전투에서 보졸 한군의 취약성과 낙후성 그리고 흉노 기마군단의 질풍 같은 기동력과 광폭적 행동반경을 목격한 한 제국은 국가자본으로 보졸 위주의 보병군단을 기마군단으로 개편하였다. 이후 한 제국은 흉노와의 사막전에서 흉노 기마군단을 수차례 격파하여 사막전의 주도권을 장악하고 군사적으로 우위에 설 수 있었던 것은 보졸 한군의 기마화 즉 보병군단에서 기마군단으로의 군제 개편이었다. 이런 점에서 볼 때 한군의 보병군단에서 기마군단으로의 개편은 이적의 특기를 배워서 이적을 제어하는 '사이지장기제이책(以師夷之長技制夷策)'의 군제 개편이었다고 할 수 있다.

또 한 제국은 흉노와의 장기전으로 국가 재정이 고갈되고 전비를 충당할 수 없게 되자 재정정책을 혁신하였다. 혁신된 재정정책은 염철주 전매제, 균수법과 평준법 시행, 산자전 증세, 오수전 발행 등으로 구성되었다. 이 중에서 염철주의 전매화와 균수·평준법의 제정과 국가 시행은 민간 사기업의 국영화(國營化)였으며 산자전 증세는 사회적 약자였던 농민들에 대한 증세는 피하고 부유층에만 부과된 특별 세제개혁이었다. 그리고 오수전 발행은 화폐의 전국적 일원화와 유통의 전국적 확대였는데 이 같은 재정정책은 모두 전례 없는 혁신적 재정정책이었다.

이와 같이 한 제국은 신속한 보졸 한군의 기마화와 전례 없는 재정정책 혁신을 통해 개전 초기에 불리하였던 사막전의 주도권을 장악하고 고갈된 국고를 회복하여 장기간의 패권 쟁탈전의 승기를 잡았다고 할 수 있다. 이런 사실에서 볼 때 보졸 한군의 기마화 개편과 재정정책 혁신이 흉노와의 패권 쟁탈전에서 결정적 역할을 하였던 사실을 알 수 있다.

이 시기 한 제국의 대외정책은 흉노에 대한 국제 협공전략, 사방 점령지의 변군 설치, 접경지의 속국 설치와 서역도호부 설치 등으로 구성되었다. 한 제국은 흉노 제국을 견제하기 위해 국제협공전략을 구사하였다. 서쪽에서 흉노 제국을 측면 지원하고 있는 서역을 견제하기 위해 장건을 2차에 걸쳐 서역으로 파견하여 통상과 통교를 수립하였다. 이후 한 제국은 대규모의 사신, 사절단 파견, 방대한 선물과 뇌물 제공, 질자 담보, 교역 허용 등의 기미외교로 서역 국가들을 어르고 달래어 친한 국가로 포섭하여 흉노에 대한 서역의 인력과 물자 지원을 차단하였는데 이것은 흉노 오른팔 절단이었다.

흉노와의 전면전 발발로 남월국이 남쪽 배후에서 한 제국 등에 비수를 꽂을 수 있는 잠재적 위협국으로 등장하자 한 제국은 장조와 종군을 특사로 파견하여 남월국의 내속을 회유하였으나 거부하자 무력으로 멸하여 남월9군을 설치하였는데 이것은 남쪽의 잠재적 위협국 제거였다. 2년 후 동북의 위만조선에도 섭하를 특사로 파견하여 우호관계 회복과 상호군사동맹 체결 가능성을 타진하였으나 실패하자 무력으로 멸하여 한4군을 설치하였는데 이것은 흉노의 왼팔 차단이었다. 이같이 한 제국은 국제 협공전략으로 남쪽 배후의 잠재적 위협을 제거하고 이어서 흉노의 좌우 양팔을 모두 절단하였으므로 이후 흉노 제국은 물자와 인력 지원이 차단되고 대외적으로 고립되어 와해 직전의 분열로 치닫게 되었다.

한대 사방 점령지에 설치된 변군은 총 31개에 달했는데 이 중에서 대표적 변군은 하서4군, 남월9군, 한4군을 들 수 있다. 이 중에서 하서4군은 서역 진출과 경략의 전진기지로 설치되고, 남월9군은 남쪽 배후의 잠재적 위협을 제거하기 위해서 남월국 점령지에 설치되었으며 한4군은 흉노의 동북 왼팔 제거하기 위해서 위만조선 점령지에 설치되었다. 한편 사방 점령지에 설치된 변군은 치밀한 내지화 정책을 통해 한 제국의 항구적 영토로 편입되었으므로 변군 설치는 완전히 성공을 거둔 점령지 정책이었다고 할 수 있다.

이적들과 대치된 접경 지역에 설치된 속국에 한 제국은 투항 이적들을 분산 배치하여 정착시키고 속국도위 감시와 보호 아래 그들 고유의 습속을 유지하게 하고, 무력을 보유하게 하고 자율 통치를 허용하였다. 그리고 속국을 이용하여 본족의 동태와 정보를 입수하고, 전쟁 시에 속국 병력을 동원하고 물자 등을 징발하여 활용하였다. 이같이 한 제국은 속국을 설치하여 변경 침탈을 자행하는 이적들을 수용하고 우대하면서 수시로 활용하였으므로 속국 설치는 사실상 양식장의 가두리 정책이었다고 할 수 있다.

한 제국은 서역을 3단계로 나누어 경략하였다. 1단계에서 한 제국은 사신, 사절단 파견으로 서역과의 통상 통교를 수립하고 2단계에서는 선물과 뇌물 제공, 질자 담보, 통혼책, 연병체제와 군사동맹 수립, 교역 허용 등의 기미외교로 서역 국가들을 어르고 달래어 친한 국가로 포섭하여 흉노 오른팔을 절단하였다. 서역을 접수한 3단계에서 한 제국은 군사적 요충지에 서역도호부를 설치하고 서역도호를 통하여 서역 각국의 동태 감시, 질자 담보, 내정 간섭과 암살, 교역 허용 등의 당근과 채찍으로 신속시키고 국가 단위로 관리하면서 서역을 장기간 통령하였다.

한편 한 제국의 서역 경략 정책은 단계마다 달랐고 또 다른 점령지에서 강행했던 군현화 정책과도 달랐는데 그 이유는 돈황으로부터 약 1,700km 정도 떨어지고 준험한 산맥, 광대한 초원과 타클라마칸 사막으로 격리된 절역 지역, 한 번도 통일된 적이 없는 오아시스 도시국가군 그리고 흉노의 오른팔로 역속되어 인력과 물자를 지원하고 있는 서역 특유의 자연환경, 지리조건과 전략적 가치에서 연유하였던 것으로 생각된다.

이와 같이 한 제국은 광대한 사방 점령지를 변군 설치와 내지화 정책, 속국 설치와 가두리 정책 그리고 서역도호부 설치와 도호 통치를 통하여 항구적으로 한 제국 영토로 편입하였다. 그런데 이보다 약간 앞섰던 시기 부왕 필립 왕을 이어서 등극한 알렉산더 대왕(전356-323)은 동방원정을 단행하여 그리스, 페르시아, 인도 등지를 정복하였는데 정복지 면적이 한 제국의 정복지 면적에 못지않게 광대한 것이었다. 그러나 알렉산더 대왕 사후 마케도니아 제국은 유력 귀족들 간의 분열과 대립으로 카산드로스(Kassandros) 가의 마케도니아, 셀레우코스(Seleukos) 가의 시리아, 프톨레마이오스(Ptolemaios) 가의

3국으로 바로 분열되어 해체되고 말았다. 이런 사실에서 볼 때 한 제국의 사방 점령지 정책은 역사상 전례가 없는 가장 성공적 점령지 정책이었다고 할 수 있다.

3) 한 제국의 패권 장악 시기: 이 시기 흉노 제국의 남·북 분열로 국제정세가 한 제국, 남흉노, 북흉노의 3국쟁립구도로 변하자 한 제국은 차별대우와 이간책으로 남·북흉노 간의 분리를 조장하여 고착시킨 다음 분할공략책으로 약한 남흉노를 껴안고 강한 북흉노를 제거하고 홀로 남아 고립된 남흉노가 자진하여 복속하지 않을 수 없게 만들었으므로 한 제국 주변국은 모두 한 제국 천자의 외신 외번의 조공국으로 책봉되었다. 이에 한 제국은 145년여 만에 주변국 조공화 정책을 완성하였다.

이에 따라 동중아시아 국제사회는 유일무이한 천명의 봉행자 한 제국 천자를 정점으로 책봉과 조공을 매개로 중앙 내번의 한 제국과 주변 외번의 이적만이 조공국들로 구성된 일극체제의 봉건적 세계질서가 수립되었으며 이념적으로는 천상에서 유일의 태양이 우주천지자연 만물의 생육 양장을 보살피고 천하에서는 유일의 천명 봉행자 한 제국 천자가 화·이를 망라한 천하 모든 백성들의 생육 양장을 보살피는 천도가 구현된 것이었다.

이후 동중아시아 세계에는 후한 제국 시대까지 한 제국 패권에 도전할 수 있는 초강대국의 출현이 없었으며 주변 군소 부족국가 대부분이 한 제국 천자의 외신 외번으로 책봉되거나 관작질서 안으로 편입되어 주기적으로 조공 또는 입공을 행하고 있었으므로 동중아시아 세계는 한 제국의 선진문화의 영향과 혜택 아래 인구가 증가하고, 도시가 융성하고 원격지 교역이 발달하고 문화 교류와 전파가 촉진되어 장기간의 안정과 평화를 누리게 되었으므로 팍스 시니카(Pax

Sinica)를[4] 이루게 되었다.

다음의 표는 한 제국의 패권 장악 과정에서 구사하였던 전략, 정책과 성과를 시대별로 정리한 것이다.

I. 흉노 제국 패권 장악 시기

1. 개국 초기 대외 정책	실적과 성과
1) 흉노 제이책	
-흉노 회뇌결화친 제이책	
-평성 참패와 회뇌결화친 체결	흉노 패권 인정과 입공 이행
-유경의 통혼책	흉노 북변 침탈 제어와 북변 안정과 평온 유지
-가의의 삼표오이책	
-조조의 이이제이책	
2) 남월국 교역 제이책	
-남월국 외번 책봉	사신 왕래와 친선관계 수립.
-교역 허용	금, 철제 농구, 가축 구입, 제호 사용 포기, 남변 안정과 평온 유지
3) 위만조선 원조 제이책	
-위만조선 외번 책봉	상호 친선관계 수립.
-병위재물의 군사·경제원조	동북 변경의 만이 관리와 안정 유지.
4) 군소 부족국가 제이책	강족, 오환, 동호, 선비 등에게 왕, 후, 군, 등의 관작 수여, 재물 하사, 속국 안주, 변방 안정과 평온 도모
2. 개국 초기 국내 정책	
1) 황노무위정책 시행	전후 경제 부흥과 사회 안정
2) 중건제후정책, 삭번정책 시행	제후왕국 해체와 군현제도 확대 분권적 군국제도 → 중앙집권적 제도
3) 연호, 역법 제정과 법치 시행	전제군주정치 확립
4) 관료제도의 개편과 견지법 제정	중앙집권적 관료제도의 확립, 전제군주 통치제도 완성
5) 호족 탄압	자작 소농민층 보호와 육성, 국가의사회·경제적 통치기반 확립.
6) 유학의 국학 채택	유학 독존의 사상 통일, 수직적 사회지도이념, 전제군주정치의 이념적 합리화

4 https://en. wikipedia, org/wiki/hegemony

7) 가급인족의 태평시대 달성	경제·사회적 번영, 흉노 공략과 사면정벌 추동력 창출

II. 흉노-한 제국 간의 패권 쟁탈전 시기

1. 국내 정책 혁신	
1) 보졸한군의 기마화	흉노 군사적 전략자산과 군사기술 탈취 모방 고비사막전의 주도권 장악
2) 염철주 전매화와 증세 정책	민간 사기업의 국영화, 균수·평준법의 국가 경영, 상공업자 산자세 증세, 고갈된 재정 회복과 전비 충당
2. 대외정책과 외교	
1) 장조·종군의 남월국 파견	남월국 내속 추진과 실패
2) 남월국 정벌과 9군 설치	남쪽 배후 위험 제거
3) 섭하의 위만조선 파견	위만조선과 친선관계 수립 도모,
4) 위만조선 정벌과 한사군 설치	대흉노협공 가능성 타진과 실패, 동북 흉노 오른팔 제거

III. 서역 경략과 기미외교 전개

1. 원광~건원연간(134~140년간)	흉노 포로로부터 서역 정보 입수
2. 장건의 1차 서역 파견(건원년간)	대월지국 흉노 협공전략 제의 거절, 강거, 대월지, 안식 등 서역국가의 물산, 교역 정보 획득
3. 장건의 2차 서역 파견(원수4년)	장건 대흉노 협공전략 제시, 사신, 부사신의 서역 각국 파견과 통상 통교 추진
4. 하서 4군 설치(원수2년)	혼야왕의 투항과 하서지역 접수, 무위군, 주천군, 장액군, 돈황군 설치
5. 고사, 누란국, 대완국 정벌	통행 장애 제거 윤대와 거려의 둔전 개간, 하서와 롭노르 통신시설 설치, 돈황 사자교위 임명과 둔전,망루 관리 총괄, 서역 전진기지 구축.
6. 기미외교 전개	선물과 뇌물 제공, 통혼 추진, 질자 담보 등 기미외교 전개, 흉노세력권 잠식
7. 서역도호부 설치	흉노 일축왕 항복과 서역의 무혈 접수, 오루성에 서역도호부 설치, 정길 초대 서역도호 임명, 서역 각국 동태 감시, 간섭과 개입 암살과 제거, 분열 조장 등의 내정 간섭과 직접 개입, 외신 외번 책봉

Ⅳ. 한 제국의 동아시아 패권 장악	
1. 흉노제국의 남·북 분열	한 제국, 북흉노, 남흉노의 3국 쟁립구도 형성
2. 한 제국의 남·북 흉노 차별 대우와 분열 조장	한 제국의 남흉노 식량 원조, 재물 제공, 북흉노 홀대와 분열 조장, 남흉노와 상호 군사동맹 체결
3. 한 제국의 남·북흉노 분할 공략	북흉노 궤멸, 남흉노의 조공과 주변국 조공화 마무리
4. 한 제국의 동중아시아 패권 장악과 봉건적 국제질서 수립	

맺는말

기원전 3~2세기경 장성을 중심으로 전개된 동중아시아 세계에는 장성 이북의 흉노 제국, 장성 이남 중원의 한 제국, 남쪽의 남월국, 동북의 위만조선, 중앙아시아 서역의 도시국가 그리고 주변의 군소 부족국가 등의 대소 국가들이 국제사회를 형성하고 한정된 상호 접촉과 교류 속에서 자국의 이해관계를 중심으로 치열하게 대립하고 있었다. 이 중에서 초강대국 흉노 제국과 한 제국은 정치, 경제, 사회, 문화 등의 거의 모든 면에서 이질적, 대립적, 상극적이었으므로 상호 충돌이 불가피하였다.

이에 따라 기원전 200년 평성전투로 시작된 흉노-한 제국 간의 동중아시아 패권 쟁탈전은 거의 2세기 가까이 전개되었는데 이 장기간의 패권 쟁탈전은 1) 흉노 제국의 패권 장악 시기, 2) 흉노-한 제국 간의 패권 쟁탈전 시기, 3) 한 제국의 패권 장악 시기의 3단계를 거쳐서 한 제국의 패권 장악으로 막을 내렸다. 이 과정에서 평성전투에서 대패한 한 제국은 흉노 제국 선우에게 매년 입공을 행하면서 다양한 전략과 정책을 개발하여 대내외적 위협에 대처하였다.

대외적으로는 회뇌결화친의 입공, 통혼책, 삼표오이책, 이이제이책, 교역 허용, 원조 제공, 관작 수여 등의 수세적이고 방어적인 정책으로 흉노 제국을 포함한 주변국과 친선관계를 유지하여 사방 변경의 안정과 평온을 유지하였다. 대내적으로 황노무위정책, 이성·동성 제후왕국의 해체와 군현제도의 확대, 중건제후정책과 삭번정책 강행과 군현제도의 확대, 관료제도 개편과 견지법 제정, 호족 탄압과 소농민층 보호, 강력한 법치 시행과 전제군주정치 완성, 유학독존의 사상통일과 사회지도이념 수립 등의 정치, 경제, 사회, 사상 등의 거의 모든 분야에서 환골탈퇴의 국가개조와 제도개혁을 단행하여 강력한 중앙집권적 전제군주국가로 재탄생하고 가급인족의 사회·경제적 번영을 달성하였다. 그리고 여기에서 창출된 국력을 기반으로 한 제국은 흉노 제국의 동중아시아 패권에 도전하고 주변국에 대한 사면정벌을 단행하였다. 그러므로 국력이 미약하였던 개국 초기 한 제국이 취한 대내외의 정책은 한마디로 말해서 '재능을 감추고 힘을 기르는 도광양회(韜光養晦)' 정책이었다고 할 수 있다.

이같이 '도광양회' 정책 성공으로 국력을 양성한 한 제국은 마읍 전투를 계기로 흉노 제국의 동중아시아 패권에 도전하고 주변 국에 대한 사면정벌을 단행하였는데 이 시기 한 제국이 취한 대표적 국내 정책은 보졸 한군의 기마화와 재정정책 혁신을 들 수 있다. 마읍전투에서 보졸 위주 한군의 낙후성과 취약성을 목격하고 질풍 같은 기동력과 광폭적 행동반경을 누리는 흉노 기마군단의 우수성에 충격을 받은 한 제국은 국가자본을 투입하여 보병군단을 기마군단으로 신속히 개편하였다. 이후 한 제국은 흉노기마군단을 수차례 격퇴하여 사막전에서 주도권을 장악하고 흉노를 고비사막 이북으로 축출하는데 성공하였다.

신재정정책은 염철주 전매제, 균수·평준법 시행, 산자 증세, 화폐 개혁으로 구성되었는데 이 중에서 염철주 전매화는 천문학적 수익을 내고 있는 사기업의 강제적 국영화였으며 균수·평준법 시행도 기존 상인들의 기득권을 배제하고 국가가 직접 경영하여 그 수익을 환수한 것이었으므로 역시 강제적 국영화였다. 산자 증세는 사회적 약자였던 농민들에 대한 증세는 피하고 여유 있는 특정의 상공업자들만을 대상으로 부과되었던 특별 세제개혁이었다. 오수전 발행에 의한 화폐의 전국적 일원화와 유통 확대는 이들 신 재정정책을 밑받침하는 화폐개혁이었다. 한 제국이 10여 년간 흉노와의 전쟁에서 사막전을 주도하고 장기간 전비를 조달할 수 있었던 것은 이 같은 군제 개편과 재정정책 혁신 때문이었다.

이 시기 대표적 대외정책은 국제협공전략, 사방 점령지 정책, 서역 경략으로 구성되었다. 국제협공전략은 남쪽의 남월국. 동북의 위만조선, 서쪽의 서역 도시국가들과 동맹하여 흉노 제국을 남, 서, 동북 방면에서 협공하는 것이었다. 그러므로 한 제국은 장건을 2차에 걸쳐서 서역으로 파견하여 통상 통교를 추진하고 통교를 튼 후에는 입공과 질자 담보, 방대한 선물과 뇌물 제공, 통혼, 교역 허용, 연병체제와 군사동맹 수립 등의 기미외교로 서역 국가들을 어르고 달래어 친한 국가로 포섭하여 흉노에 대한 서역의 인력과 물자 지원을 차단하여 흉노의 오른팔을 절단하였다.

남쪽 배후에서 비수를 꽂을 수 있는 잠재적 위협으로 등장한 남월국에 대해서 한 제국은 장조와 종군을 연이어 파견하여 내속을 회유하였다. 그러나 독립성 상실을 우려한 남월국이 완강하게 내속을 거부하자 한 제국은 남월국을 정벌하고 그 점령지에 황제 직속의 남월 9군을 설치하여 남쪽 배후의 잠재적 위협을 제거하였다. 또 흉노 왼팔로 복속된 동북의 위만조선에는 섭하를 특사로 파견하여 상호 우호관계 회복과 군사동맹 가능성을 타진하였으나 실패하자 역시 무력으로 정벌하고 황제 직속의 한4군을 설치하여 흉노 왼팔을 제거하였다. 이에 좌우 양팔이 절단된 흉노 제국은 재정이 고갈되고 대외적으로 고립되어 와해 직전의 내분으로 치닫게 되었다.

사방 점령지 정책은 변군 설치와 내지화로 구성되었다. 사방 점령지에 변군을 설치한 한 제국은 무인 출신의 변군 태수를 임명하였다. 변군 태수는 군 최고수장으로서 율령과 문서행정으로 군정(郡政)을 행하고 또 일정의 상비군과 작전권을 보유하여 유사시 급변을 대비하고 있었으므로 한대 변군 태수의 군정(郡政)은 일종의 군정(軍政)이었다고 할 수 있다.

이 같은 변군 설치 외에 한 제국은 점령지 각 지역의 특수성과 현지 사정 그리고 토착민의 성향을 감안하여 부도위를 포함한 속국도위, 농도위, 기도위(騎都尉)와 관도위(關都尉) 등의 여러 도위를 설치하고 또 흉노만을 전담하는 흉노중랑장, 오환만을 전담한 호오환교위, 강족만을 전담한 호강교위, 서남이만을 담당한 만이기도위 등의 전담 부서들을 설치하여 현지 문제를 전문적으로 다루게 하였다.

또 변군이 설치되면 사민 시행, 형도 이주, 성곽 수축과 수졸 주둔, 둔전 조성, 내지 경제유통망과 연결 등의 후속 조치를 바로 취했는데 이 같은 정책은 사실상 인구 이동, 언어, 의복, 풍속, 음식, 일상생활 필수품 등을 포함한 한 제국 선진문화의 이식과 전파를 동반하는 것이었으므로 사실상 변군의 내지화 정책이었다. 그리고 변군을 통한 군현 통치와 내지화 정책을 통해 한 제국은 기존의 국가체제와 토착 지배층을 그 뿌리까지 완전히 해체시켰는데 이 같은 변군의 군현적 통치는 황제의 통치가 점령지 말단까지 관철되는 중앙집권적 통치체제로 편입시키는 것이었다. 따라서 변군이 설치된 점령지는 항구적으로 한 제국 영토로 편입되었다.

이적들과 대치된 접경지에 설치된 속국에 한 제국은 투항 이적들을 분산하여 안치하고 속국도위 감시와 보호 아래 자율통치를 허용하고 원래 생활상을 유지하게 하고, 자체 무력도 보유하게 하였다. 그리고 속국 투항 이적들을 이용하여 본족의 동태를 살피고 속국 무력을 이용하고 물자를 징발하기도 하였다. 이같이 한 제국은 접경지에 속국을 설치하여 필요 시에 수시로 활용하였으므로 속국은 일종의 양식장 가두리 정책이었다고 할 수 있다.

돈황으로부터 약 1,700*km* 정도 떨어져 있고 중간의 준험한 산맥, 광대한 초원과 타클라마칸 사막으로 격리된 절역 지역에 위치하고 한 번도 통일된 적이 없는 오아시스 도시국가들로 구성된 서역은 흉노의 오른팔로 역속되어 인력과 물자를 지원하고 있었으며 또 한 제국이 서역과 협공하여 흉노를 서쪽에서 공략할 수 있는 전략 지역이었다.

이에 한 제국은 1단계의 사신, 사절단 파견과 상호 간의 교역 장려, 2단계의 통상 통교 수립과 더불어 입공과 질자 담보, 사신과 사절단의 파견, 방대한 선물과 뇌물 제공과 회유, 통혼에 의한 친선과 충성 담보, 교역 허용, 연병체제와 군사동맹의 공동작전 수행 등 통상외교와 군사정책으로 구성된 기미외교로 서역 국가 포섭과 흉노 세력권 잠식, 3단계의 서역도호부를 통한 서역 각국의 동태와 내정을 감시, 간섭, 암살 자행, 분열 조장, 위협과 협박 등의 방법으로 서역 국가들을 국가 단위로 관리하여 서역을 흉노로부터 격리시켰다.

흉노 제국이 장기간의 내분으로 인한 남·북 분열로 국제정세가 한 제국, 남흉노, 북흉노의 3국 쟁립 구도로 변하자 한 제국은 남흉노만을 우대하고 군사동맹을 맺는 등의 차별이간책으로 남·북흉노 간의 분열을 조장, 고착시킨 다음 한 제국은 분할공략책으로 약한 남흉노를 껴안고 강한 북흉노를 공략하여 제거하고 홀로 남아 고립된 남흉노도 한 제국에 신속하게 만들었으므로 한 제국의 주변국은 모두 한 제국 천자의 외신 외번으로 책봉된 조공국들로 구성되었다.

이에 한 제국은 한 제국 천자를 정점으로 중앙 한 제국을 중심으로 책봉과 조공을 매개로 북쪽의 남흉노, 남쪽 월족의 군소 부족국가, 서쪽 강족을 포함한 서남이 군소 부족국가 그리고 서역 국가들로 구성된 일극체제의 봉건적 세계질서를 수립하였다. 그런데 이 같은 한 제국의 봉건적 세계질서 수립은 사실상 유일무이한 천명의 봉행자 천자를 정점으로 중앙 내번의 화하국과 주변 외번의 이적만이 조공국들로 구성된 유가의 천하일국상의 정치·군사적 실현이었다. 그러므로 천명의 신성적 권위와 위엄에 의탁한 유가의 통치사상과 봉건적 천하일국상의 정치·군사적 실현은 한대 중국몽이었으며 이 같은 중국몽을 한 제국은 145년여 만에 달성한 것이었다. 그리고 이 같은 중국몽이 한 제국의 동중아시아 패권 장악과 주변국 조공화 추진의 이념적 추동력이었던 사실을 알 수 있다.

이에 따라 동중아시아 국제사회는 유일무이한 천명의 봉행자 한 제국 천자를 정점으로 책봉과 조공을 매개로 중앙 내번의 한 제국과 주변 외번의 이적만이 조공국들로 구성된 일극체제의 봉건적 세계질서가 수립되었으며 이념적으로는 천상에서 유일의 태양이 천지자연 만물의 생육 양장을 보살피고 천하에서는 유일의 천명 봉행자 한 제국 천자가 화·이를 망라한 천하 모든 백성들의 생육 양장을 보살피는 천도가 지상에서 구현된 것이었다.

이후 동중아시아 세계에는 후한 제국 시대까지 한 제국 선진문화의 영향과 혜택 아래 인구가 증가하고, 도시가 융성하고 원격지 교역이 발달하고 문화 교류와 전파가 촉진되어 장기간의 안정과 평화를 누리게 되어 팍스 시니카(Pax Sinica)를 이루게 되었다.

참고문헌

원전 및 자료

《春秋左傳》.

《韓非子》.

《春秋公羊傳何氏解詁》.

《春秋繁露義證》, 上海: 齊魯書社, 1987.

《史記》, 서울: 景仁文化社 編.

《漢書》, 서울: 景仁文化社 編.

《後漢書》, 서울: 景仁文化社 編.

《三國志》, 서울: 景仁文化社 編.

《說文解字義證》, 上海: 上海出版印刷公司, 1987.

《字通》, 平凡社.

《新書校注》.

《鹽鐵論》.

《漢舊儀》.

《觀堂集林》.

《增韻》.

《白虎通》.

《音義》.

연구논문 및 저서

강인욱, 〈서기 1세기의 고고학자료로 본 흉노와 동아시아〉, 《중앙아시아연구》 제15호, 2010.

江上波夫, 《騎馬民族國家》, 東京:中央公論社, 1992.

고마츠 히사오 저, 이평래 역, 《중앙아시아의 역사》, 소나무, 2005.

郭沫若, 〈天の思想考〉, 《東洋思潮》, 東京: 岩波書店, 1935.

屈 敏一, 《中國と古代東アジア世界》, 東京: 岩波書店, 1993.

金翰圭, 〈賈誼의 政治思想-漢帝國秩序確立의 思想史的 一過程〉, 《歷史學報》 第六十輯, 1974.

______,《古代中國的世界秩序硏究》, 서울: 一潮閣, 1982.
______,《天下國家》, 서울: 소나무, 2005.
______,〈西漢의 求賢과 文學之士〉,《歷史學報》, 第七十五·六合輯, 1977.
權五重,〈漢代 邊郡의 部都尉〉,《東洋史學硏究》, 第八十八輯.
______,〈樂浪郡의 設置背景〉,《世宗大學論文集》, 1984.
屈敏一,《中國と古代東ァジァ世界》, 東京: 岩波書店, 1993.
김병준,〈簡牘자료를 통해 본 秦漢시기 군현지배와 낙랑군〉, 2005.
______,〈秦漢帝國의 이민족 지배〉,《역사학보》217집,
김정배,《韓國古代國歌의 起源과 形成》, 고려대학교출판문화원, 1986.
김남중,〈위만조선의 영역과 왕검성〉,《한국고대사연구》22(2001).
金瑛河,〈韓國 古代社會의 政治構造〉,《韓國古代史硏究》8, 1995.
吉川幸次郎,《漢の武帝》, 東京: 岩波書店, 1970.
나가사와 가즈도시 저, 이재성 역,《실크로드의 역사와 문화》, 서울: 민족사, 1990.
니콜라 디코스모 저, 이재정 역,《오랑캐의 탄생》, 황금가지, 2007.
戴若仁,〈論賈誼的學術並及其前後的學者〉,《大陸雜誌》三十六卷 四期.
《大漢和辭典》卷12 昭和 43.
동북아역사재단 편,《漢書 外國傳 譯註 下》. 2009.
마상윤,〈영국학파의 국제사회론〉,《세계정치》10, 2008.
白川靜,《金文の世界》, 東京: 1973.
박성용 외,〈한 나라 군사작전으로 본 위만조선 왕험성 위치 고찰〉,《국방연구》제58권 제2호(2015,6).
박준형,《고조선사의 전개》, 서경문화사, 2014.
方壯猷,〈匈奴王號考〉,《燕京學報 第8期》.
榎一雄,〈中央아ァジァ·オアシス都市國家の性格〉,《世界歷史6》, 東京: 岩波書店, 1971.
尹乃鉉,《韓國古代史新論》, 서울: 一志社, 1999.
사와다 저, 김숙경 역,《흉 노》, 아이필드, 2007.
三上次南,〈韋氏朝鮮國の政治·社會的 性格〉,《中國古代史の諸問題》, 東京大學出版部, 1954.
西嶋定生,〈皇帝支配の成立〉,《世界歷史 4 東アジア世界の形成》, 東京: 岩波書店, 1971.
서영수,〈衛滿朝鮮의 形成過程과 國家的 性格〉,《韓國古代史硏究》9, 1996.
______,〈古朝鮮의 위치와 강역〉,《 韓國史市民講座》2, 1987.

徐復觀,《兩漢思想史 》卷二, 臺灣學生書局, 民國 68.
栗原朋信,《秦漢史の硏究》, 東京: 吉川弘文館, 1960.
松田壽男著作集2,〈匈奴の僮僕都尉と西域36國〉,《遊牧民の歷史》, 東京: 六興出版, 1986.
송호정,〈고조선의 국가적 성격〉,《역사와 현실》, 1994.
王震中,〈試論我國中原地區國家形成的道路〉,《中國史硏究(京) 3》, 1984.
王永祥,《董仲舒評傳》.
윤내현,《韓國古代史新論》, 일지사, 1994.
李大龍,《漢代中國邊疆史》, 黑龍江敎育出版社, 2012.
李兼斗,〈漢四郡 設置의 歷史的 背景〉,《中齊張忠植博士華甲紀念論叢》, 단국대출판부, 1992.
李景明,《中國儒學史》, 廣東敎育出版社.
李基白,《韓國史新論》, 一潮閣, 1976.
李春植,《事大主義》, 서울: 고려대학교출판문화원, 1998
______,〈漢代의 羈縻政策과 事大·朝貢〉,《史學志》, 제2집, 1972.
______,〈儒家政治思想의 理念的 帝國主義〉,《人文論叢》第27輯, 1982.
______,《유학의 천도관과 정치이념》, 고려대학교출판문화원, 2004.
______,〈左傳 중에 보이는 事大의 意味〉,《史叢》제14집, 1969.
______,〈兩漢代 制夷策과 羈縻策의 性格에 대하여〉,《東洋學》第25輯, 1995.
______,〈先秦시대 유학의 天道觀과 정치이념〉,《史叢》제27집, 2003.
______,〈동아시아 국제사회의 형성과 조공외교〉,《동양정치사상사》제5권 2호, 2006.
______,《조공과 사대》, 산지니, 2016.
______,《춘추전국 시대의 법치사상과 세(勢)·술(術)》, 아카넷, 2002.
______,〈흉노의 동아시아 패권 장악과 일극체제 수립〉,《정치와 평론》Vol. 20, 2017.
______,〈한 제국의 흉노 패권 탈취의 전략과 정책: 국제협공책, 차별이간책, 분할공략책 중심으로〉,《정치와 평론》Vol. 22, 2018.
羽田 明,〈西域〉,《世界の歷史》10, 河出書房新社, 1969.
日野開三郎,〈唐代の和藩公主〉,《日野開三郎 東洋史學論集》第9卷, 東京: 三一書店.
張蔭麟,《中國上古史綱》, 臺北: 中國文化出版社, 民國 42.
鄭日童,《漢初의 政治와 黃老思想》, 1977.
潮見浩,《東アジア初期鐵器文化》, 1982. .
曹德本 主編,《中國政治思想史》, 北京: 高等敎育出版社, 1999.

朱日耀 著, 鄭貴和 譯,《傳統中國政治思想史》, 新知書院, 1999.
重澤俊郎,〈賈誼新書の思想〉,《東洋史硏究》十卷 四期.
沈福傳,《中西文化交流史》, 上海: 上海出版社, 1988.
崔夢龍,〈韓國 古代國家 形成에 대한 一考察 — 衛滿朝鮮의 例〉,《全海宗博士回甲記念史學論》.
최슬기,〈衛滿朝鮮과 匈奴의 穢表 交易〉,《先史와 古代》52, 2017.
崔云燮,〈古朝鮮 社會의 成長過程〉,《北岳史論》2, 1990.
蔡致容,〈古朝鮮의 滅亡原因〉, 碩士學位論文, 1988.
護雅夫,〈匈奴-古代遊牧國家の形成〉,《東アジア文明の形成》, 東京: 筑摩書房, 1960.
侯外廬,《中國古代社會史論》, 香港: 인민출판사, 1963.

Barfield, Thomas. "Book Review: Ancient China and its Enemies ; The Rise of Nomadic Power in East Asian history", *T'oung Pao* Vol. 89, Fasc. 4/5 2003.
Chun-shu Chang, *The Rise of the Chinese Empire*, vol.1, Ann Arbor: the University of Michigan Press, 2007.
David T. Roy and Tsuen-hsuin, eds., *Ancient China*, Hong Kong: The Chinese University Press, 1978.
Gardiner, A. *Egyptian Grammar,* Oxford: Oxford University Press, 1957.
Loewe, Michael. *Dong Zhongshu, a Confucian' Heritage and the Chunqiu fanlu*, Brill: Leiden Boston, 2011.
Luckenbill, D. D. *Ancient Records of Assyria and Babylonia*, Vol. II (Chicago: University of Michael Loewe, Dong Zhongshu, a Confucian Heritage and the Chunqiu fanlu, Brill: Leiden Boston, 2011.
Nibley, Hugh. "The Hierocentric State", *Western Political Quarterly*, Vol. IV(June 1951).
RiIOTTO, Maurizio. "Ancient Koreans and Xiongnu: What was the Nature of Their Relationship?", *Journal of Northeast Asian History*, Vol.6, No,1(June 2009).
Sydney Roson, "Changing Conceptions of the Hegemon in Pre-Ch'in China" in Yihong, Pan. *Son of Heaven and Heavenly Qaghan*, Belinghan: Western Washington University Press, 1997.
Yu, Ying-shih, *Trade and Expansion in Han China*, Berkeley and Los Angeles: University of California Press, 1967.

세계도

한 제국(전한) 황제 세계도

1대 한 고조 유방(劉邦, 전206~195)
2대 혜제(惠帝 전195188)
3대 소제(少帝 恭 전188~184)
4대 소제(少帝 弘 전184~180)
5대 문제(文帝 전180~157)
6대 경제(景帝 전157~141)
7대 무제(武帝 전141~87)
8대 소제(昭帝 전87~74)
9대 선제(宣帝 전 74~49)
10대 원제(元帝 전49~33)
11대 성제(成帝 전33~7)
12대 애제(哀帝 전1~후5)
13대 평제(平帝 전1~후5)

흉노 제국 선우 세계도

1대 두만(頭漫) 선우(?-전209)
2대 묵특(冒頓) 선우(전209~전174)
3대 노상(老上) 선우(전174~161)
4대 군신(軍臣) 선우(전161~126)
5대 이지사(伊穉斜) 선우(전126~114)
6대 오유(烏維) 선우(전114~105)
7대 아(兒) 선우(전105~102)
8대 구려호(句黎湖) 선우(전102~101)
9대 저제후(且鞮侯) 선우(전101~96)
10대 호록고(狐鹿姑) 선우(전191~85)

11대 호연제(壺衍鞮) 선우(전85~68)
12대 허려권거(虛閭權渠) 선우(전68~60)
13대 악연구제(握衍朐鞮) 선우(전60~58)
14대 윤진(閏振) 선우(전56~54)
15대 복주류약제(復株絫若鞮) 선우(전31~20)
16대 수해약제(搜諧若鞮) 선우(전20~12)
17대 거아약제(車牙若鞮) 선우(전12~8)
18대 오주류약제(烏珠留若鞮) 선우(전8~후13)
19대 오루약제(烏累若鞮) 선우(13~16)
20대 호도이시도고약제(呼都而尸道皐若鞮) 선우(18~46)
21대 오달제후(烏達鞮侯) 선우(전46)
22대 포노(蒲奴) 선우(46~?)

ABSTRACT

The Strategy of Chinese Hegemony, and Vassalage of its neighbors in Han times

In the 3rd and 2nd century BCE, the international order of East Asia was sharply contested among various powers. To the north of the Great Wall was the Xio'ngnu Empire, to the south was the Han Empire, Nanyue'ghou, in the north east was Weimanchoxian, in the central Asia were the City-states of Western Region surrounded by various smaller tribal states. Among these, the Xiongnu Empire and the Han Empire were the most dominant super powers. However, the natural environment and geography of these two powers were very different.

The northern Eurasian plain occupied by the Xio'ngnu is very mountainous with barren desserts. Its continental climate conditions produced an extreme weather condition in which the change in temperature between cold and warm was the norm and thus made the practice of agriculture impossible. However, located farther down south, the Han Empire's climate condition was much more moderate and rainy that allowed the flourishing of an agriculture. Thus, these contrasting natural environment and geography have contributed much to the difference of the two empires political, social, and cultural structures.

While the Xio'ngnu Empire was founded on a nomadic culture, the Han Empire was founded upon a sedentary agricultural culture. The Xio'ngnu was based on a nomadic feudal structure whereas the Han Empire had developed a centralized nation state. The Xio'ngnu developed a nomadic economy while the Hand developed an agrarian economy. Therefore, Xio'ngnu's non self-sufficient economic structure had forced its empire to rely on pillage and plunder to secure grain and other necessities and luxuries. Hence, Xio'ngnu's constant invasion and plunder of Han was a long term and necessary international economic policy led by its political authority; a policy the Han Empire could not simply neglect and condone.

Additionally, the two empires were contradicting against each other from an ideological perspective. The Xio'ngnu's Cha'nyu' was considered to be the son of Che'ngli who was the creator of the universe and had been appointed to be the one and only ruler under heaven, who could not recognize any other ruling authority. Likewise, the son of Heaven of the Han Empire to was regarded as the son of Heaven (Tian) who was appointed as the only legitimate ruler under heaven. However, Xio'ngnu's Che'ngli and Han's Tian were merely different in terms but essentially connoted the same concept of the God of Heaven. Thus, the two empires were ideologically destined to clash with one another. Also, from a geopolitical perspective, one can easily predict that two great powers who differ in natural environment, geography, politics, economy, and culture will only be on the course to conflict.

Therefore, the struggle for hegemony between the Xio'ngnu and Han Empire that was caused by the Pingche'ng clash and began in 200 BCE lasted for 164 years until 33 BCE through which the Cha'nyu' of Northern Xio'ngnu was collapsed and the isolated Southern Xio'ngnu became a tributary state to the Han Empire. It is through direction and characteristics of this struggle for hegemony we are able to understand 1) the period of Xio'ngnu's hegemony, 2) Han's expansion and period of hegemonic struggle, 3) the period of Han's hegemony, and how the Han Empire's hegemonic policy and strategy that attempted to cope with all of these.

1) The period of Xio'ngnu's hegemony: During this period, Han Empire was confronted with internal and external threats. Externally, Xio'ngnu, Nanyue'ghou, Weimanchoxian, and other city-states pillaged and threatened Han. Internally, collapsed economic, social instability, and the challenges posed to the central authority from vassal states were a threat. In response, Han Empire coped with the external threats through various policies of tributes for friendly relations, policy of Intermarriage, policy of three virtues and five baits, strategy of pitting barbarians against barbarians, policy of trade to Barbarian states, policy of aiding Barbarian states, and finally policy of awarding government office.

The policy of friendly tributary relations was utilized when Han Empire suffered a great defeat in Pinche'ng and became tributary state to Xio'ngnu Empire. The Policy of intermarriage was used when Xio'ngnu's Chan'yu became the son-in-law to the son of Tian of the Han Empire. By promoting the moral, ethical, familial, and hierarchical relationship, this policy promoted to make the Chan'yu more submissive and moderate Xio'ngnu's desire to plunder the northern border of Han Empire. The policy of three virtues and five baits was used to assimilate and weaken others through advanced luxuries and practice of virtues. The policy of pitting barbarians against barbarians was in essence a strategy of "divide and conquer" without incurring damage to Han's own military prowess. The policy of trading with barbarians was used to promote stability with Nanyue'ghou by allowing a diplomatic relations and allowing exports of gold, iron farming tools, and live stock. The policy of aiding barbarians was used to help Weimanchoxian with military and economic aid to promote stability in the northeastern border. And finally the policy of awarding government policy was utilized to promote stability in various city-states by giving prizes and government offices.

However, these policies overall were passive and defensive in nature that had proven to be rather ineffective that it received heavy criticism by later generations. Nonetheless, Han Empire was able to promote peace and stability for 65 years until Emperor Wu launched his all-out Military Expeditions that targeted Xio'ngnu. In addition, it was during this period that Han was able to engage in various nation-state and structural reforms that led to a reinvention of the Han Empire that was able to launch its campaign against the Xio'ngnu and policy of all-out military expeditions. Therefore, from this point, Han's early foreign policies may have been considered too defensive and passive, but since it was these policies that allowed and promoted Han Empire to reinvent and reform itself, they must be considered as having been enormously effective that brought much positive contribution.

In coping with internal threats, Han Empire pursued various policies such as Policy of Non-Action, Policy of Multi-Vassal States, Policy of

Elimination of Territory of Vassal States, Bureaucratic Reform and Law of Mutual Watch and Prosecution, repression of powerful local families, establishment of monarchy, and adoption of Confucianism as National Learning. Among these, the Policy of Non-Action helped to recover the collapsed economy, law and order, peace, and stable society in the early years of the Han Empire. The execution of the Policy of Multi-Vassal States and Policy of Elimination of Territory, which resulted in elimination of Vassal states and the universal adoption of the county system directly under the imperial control had transformed the Han Empire from a decentralized nation-state into a centralized one. The bureaucratic reform and policy of Law of Mutual Watch and Prosecution allowed recruiting talents based on merit while preventing the practice of automatic transmission of Government office to children of office holders. As a result, these policies were a fundamental change that prevented the spread of corruption and established discipline all of which assisted the creation of a new bureaucracy that was more fitting to a centralized nation-state system.

The enactment of the practice of "Naming of years" and calendar, execution and strong support of rule of law, along with rule over provincial heads and keeping the powerful provincial families under surveillance all led to establishing a centralized autocratic nation state system. The adoption of Confucianism as the choice of national learning and ideology was an establishment of a national ethos based on loyalty and filial piety and simultaneously an ideological justification for the centralized autocratic nation state. Repression of powerful provincial families was to protect the interest of and prevent the collapse of the peasant class, which made up the majority of population and burdened by taxation, labor, and military conscription. All of these policies established and supported the social and economic governing base of the nation state.

With these successful restructuring and reform of the nation state, 70 years into the Han Empire's history under Emperor Wu, the Han Empire was transformed into a centralized imperial system that enjoyed a period of prosperous time of peace. It was this reform and period of peace that formed the Han Empire's governing base. Therefore, the passive and defensive foreign policy at the early years of the empire began to change and became more aggressive, this was the policy of All-out Military Expeditions that coincided with the strategy against the Xiongnu.

2) The period of the rise of Han Empire and its struggle for hegemony: The Han Empire's domestic policy during this period was the policy of Transformation of Horse Riding and new financial policy. The foreign policy was establishment of Outer Counties in Occupied territory, Advancement into Western Region and establishment of Government-General.

In the hegemonic struggle against the Xio'ngnu, the biggest challenge for the Han Empire was the Empire's financial depletion and Xio'ngnu's cavalry. The nomadic culture of Xiongnu's people who were raised on a diet of meat and milk, horse riding, harsh and combative natural environment produced a highly effective and superior cavalry largely unknown to the Han Empire. However, as the Han Empire became familiar with Xio'ngnu's superior cavalry, it eventually succeeded in transforming its military into an effective cavalry through the financial support from the state. Thus, Han's cavalry successfully defeated Xio'ngnu repeatedly in various battles in the desert and was able to drive out the Xio'ngnu Empire into Northern Desert.

In addition, as the hegemonic conflict with the Xio'ngnu continued and the empire's finances were depleted, the Han Empire executed various policies such as the Monopolization of Salt, Liquor, and Iron, Tax Reform, and Monetary Reform to keep funding the conflict. Among these, the most important and critical was the Monopolization policy. This policy, although there were degrees of difference depending on the industry, essentially was a policy of nationalization of private enterprise. The main purpose was to nationalize the enormous profit by private enterprise for the purpose of financing the war effort by the empire.

Thus, the Han Empire was able to carry on a long hegemonic struggle against the Xio'ngnu Empire for a decade by innovative policies like developing an effective cavalry that dominated in the deserts and nationalization of private enterprises to keep financing the war effort.

Also, the Han Empire established various Shuguo on the border and allowed considerable autonomy for subjugated barbarians to have their own military defense and practice their tradition and culture. It was through these Shuguo, the Han Empire was able to keep surveillance on the Xio'ngnu and gather intelligence which were used to stabilize the region and in emergency mobilize the Shuguo for to protect its imperial interests. Thus, the Han Empire utilized and relied on Shuguo for its own needs.

The Han Empire also established various Outer Counties. These Outer Counties along with Inner Counties were part of the Imperial county system and thus ruled by an appointee by the Emperor. This appointed Head of the Outer County was responsible for Civil and Military Administration that protected the border through surveillance on those beyond the border. After establishing an Outer County, the Han Empire would also immediately begin the policy of Sinicization. In addition, there would be an immigration policy that included prisoners, building of wall and garrisons, farming by soldiers, and eventually an economic policy of connecting the Outer county with the Inner counties. Among these, building wall and garrisons, and farming by soldiers were for defense purposes. While the policy of immigration of subjects and prisoners helped to increase the population and stimulate relations, connecting the Outer Counties economically with other areas were also transmission of the advanced Han culture to these areas. Thus, the Outer County increasingly became Sinicized and eventually became part of Han Empire's territory, which became the core and essential policy of the All-Out Military expeditions. The Western Region is designated as Tarim Basin located in an isolated area roughly 1,700km away. About 36 city-states flourished in the region, but with an economy based on handcrafts around Oasis they were rather small in scale. However, since the Western Region had submitted to the Xio'ngnu being requisitioned for materials and labor power, it was a region that could not be neglected. Furthermore, it had strategic value as it allowed the Han to coalesce with the region and check the Xio'ngnu on both ends.

Thus, understanding the peculiar geopolitical value and reality of the Western city-states, the Han Empire was able to minimize its use of force and relied on the policy of Bridle Diplomacy which included gift exchanges, bribery, marriage, military alliance, trade relations for the purpose of appeasing and swaying these city-states to join on their side and encroach the Xio'ngnu Empire. After taking control over the Western Region, Han established a General Office of Western Regions and kept surveillance engaging in hostage taking, interference and trade relations and at times through blatant threat controlled various city-states.

Thus, the Han Empire's policy towards the Western Region differed from its early period to its later period while it also differed from its usual policies enforced in other regions. The reason for this different political and military policy was due to the unique natural environment, geographical location, and strategic values characteristic of the various city-states of the oasis in the west.

3) The Period of Han Empire's hegemony: In 61 BCE, the split between the north and south of the Xio'ngnu Empire rapidly changed the East Asian international order into a balanced order between the Han Empire, North Xio'ngnu, and South Xio'ngnu. Within this order, both the inferior South Xio'ngnu and North Xio'ngnu, which feared isolation, attempted to establish a close and friendly diplomatic relation with the Han Empire. However, Han Empire's treatment to the powers was different and discriminatory.

The Han Empire gave particularly preference to the South Xio'ngnu going as far establishing a military alliance but treated North Xio'ngnu with much disdain. This in essence was a policy of discriminatory preferential treatment. In effect, this was a policy of alienation, which promoted the split between the North and South Xio'ngnu making its division permanent and prevented any chance of the two from unifying or combining its forces. Therefore, the Han Empire embraced the South Xio'ngnu and together faced off with the North Xio'ngnu until it collapsed, and this eventually led to the South Xio'ngnu as the remaining isolated power that had to submit to the Han Empire in the end. This was a classic policy of divide and conquer that separated the North and South Xio'ngnu, which led to their elimination.

Thus, through the policy of discriminatory treatment and divide and conquer, one by one the Han Empire was able to claim the hegemonic dominance of East Asia with the Han Empire, led by the Son of Tian, in the center and the non-Han Outer Vassal states forming an international feudal one world order. By the way, this vision of an International Feudal One World Order is identical with Confucian feudalistic ideology of a Single Unified States under Heaven. And this is because Han Empire adopted the ruling principles of Confucianism and its ideology of a Single Unified States under Heaven as its foreign policy doctrine and pursued them militarily and politically.

Therefore, the Han Empire's feudal world order is the realization of its Confucian ruling principles and political and military vision of the ideology of a Single Unified States under Heaven; at the same time, a realization of Han Empire's hegemonic dominance of East Asia. In addition, behind the Han Empire's willingness to incur and endure the astronomical level of loss in lives, economic loss, and social cost for nearly two centuries against the Xio'ngnu Empire was its persistent belief in its mission and responsibility in realizing the Confucian ruling principles and the feudal order of the Single Unified States under Heaven. In other words, Han Empire's establishment of the feudalistic order of the Single Unified States under Heaven is the political and military realization of its mission and responsibility. From these facts, Confucian ruling principles and the feudalistic order of a Single Unified States under Heaven were the foundational ethos and driving force that fueled Han Empire's policies and strategies for hegemonic dominance.

찾아보기

고대 중국의 패권전략과 주변국 조공화

초판 발행 1쇄 2020년 2월 21일

지은이 이춘식
펴낸곳 고려대학교출판문화원
www.kupress.com
kupress@korea.ac.kr
(02841) 서울특별시 성북구 안암로 145
Tel 02-3290-4230, 4232
Fax 923-6311
찍은곳 네오프린텍(주)

ISBN 979-11-90205-21-4 93910

값 21,000원
※ 잘못 만들어진 책은 바꿔드립니다.